한 줄로 읽는 한국근대사 연표 1863-1945

일러두기

1. 연도는 양력을 기본으로 하되 음력으로 기록된 것은 한국천문연구원 천문우주지식정보에서 양력으로 변환하여 해당 일자의 맨 끝에 음력 일자를 밝혀두었다.
2. 정확한 일자를 모를 경우에는 해당 월 마지막에, 월일이 불명확한 것은 해당 연도 마지막에 연표를 정리하였다.
3. 해당 연도마다 서기, 육십갑자, 한국, 일본, 중국 순으로 연호를 표기했다.
4. 법률·규정 등은 화살괄호(< >)로, 신문·잡지는 겹화살괄호(≪ ≫)로, 작품명·기사제목은 홑낫표(「 」)로, 책이름은 겹낫표(『 』)로 표기했다.

한 줄로 읽는 한국근대사 연표 1863-1945

이계형 편저

▨ 책을 펴내며

무거운 짐을 내려놓은 기분이다. 2009년 친일반민족행위진상규명위원회에서 근무할 때 어느 출판사로부터 한국근현대사 집필을 의뢰받았다. 박사학위를 받은 지 얼마 안 되었는데 대가들이나 펴내는 책을 초학자가 쓸 수 있나 싶었지만, 덜컥 그러겠다고 했다. 뭔가를 해야 한다는 절박감, 할 수 있을 것이라는 막연한 자신감이 그렇게 만들었다. 하룻강아지 범 무서운 줄 모르는 격이었다. 걱정도 앞섰다. 이때 떠오른 생각이 지도교수님의 가르침이었다. 논문을 쓸 때 관련한 연표부터 작성하라는 것이다. 인물이면 일생의 연보, 사건이면 전개 과정에 따라 일자별로 정리하면 오류도 잡을 수 있고 추이도 살필 수 있다는 말씀이었다.

생각이 여기에 미치자 먼저 그 동안 출판된 연표 책자를 구입하였다. 한국근현대사 책도 여러 권 구하였다. 막연하나마 남들과 다른 시각으로 한국근현대사를 집필하겠다는 의지를 다지며 천릿길도 한 걸음부터라는 심정으로 시작하였다. 한국근현대사 목차를 구상하고 연표도 살폈다. 먼저 여러 책자의 연표와 국사편찬위원회의 여러 자료를 비교하는데 날자가 맞지 않는 게 적지 않게 발견되었다. 또한 대부분의 연표가 언제 무슨 일이 있었는지에 대해서만 간략히 정리되어 있었다. 이에 욕심을 부렸다. 기존 연표와 차별화하여 책자로 엮어보기로 말이다. 그러다 보니 언제부턴가 주객이 전도되어 연표 작업에만 골몰하게 되었다. 천성이 게으른 탓도 있지만 하나씩 일자를 확인하고 가능한 한 줄에 많은 정보를 담고자 욕심을 내다보니 생각보다 시간이 많이 걸렸다. 어느 정도 연표 작업이 마무리 될 즈음에 책 제목을 '한 줄로 읽는 한국근대사 연표'라 정했다. 시기는 고종 즉위부터 1945년 8월 해방될 때까지로 정했다.

『한 줄로 읽는 한국근대사 연표』는 기존 정치사 위주의 연표 방식보다는 사회·문화 등 다방면의 내용을 담고자 하였다. 법률은 공포 시기·핵심내용, 인물의 경우 생몰년·활동상, 잡지는 창간·폐간 시기, 국문학 관련 단체·도서, 철도·항만 교통 관련, 단체의 설립 주체·활동 시기·변화상, 유행 영화·가요·동요 등도 수록하였다. 한국사의 이해를 돕기 위해 국외 연표로 간략하나마 함께 실었다. 본 책자를 통해 해당 연도의 정치상·사회상 등을 한눈에 파악할 수 있을 것이다.

한국근대사는 부침의 역사였다. 고종이 즉위한 후 한때 쇄국정책이 실시되었지만 이내 개화정책으로 방향이 바뀌었다. 이후 한국은 근대 국민국가로 나가야 했지만 정치 세력 간 다툼으로 지체되었고 대한제국 이후에도 그만한 여력이 없었다. 결국, 일제 침략에 모든 것이 흐지부지되었고 식민통치를 받아야만 했다. 그렇다고 마냥 손을 놓을 수는 없는 일이었다. 우리 민족은 35년간 일제의 갖은 차별과 탄압에도 국내외에서 끊임없이 독립운동을 펼쳤고 마침내 1945년 8월 15일 일제의 굴레에서 벗어났다. 이러한 한국근대사 80여 년의 역사를 한 줄로 담았다.

2008년 2월에 『한국근대사』(청아)를 펴냈지만 이제야 연표 작업을 마무리하게 되어 마음의 부담을 던 듯하다. 무엇보다 바쁜데도 책 표지디자인을 기꺼이 맡아준 국립해양박물관 이상현 선생님께 감사드린다. 이 책이 한국근대사에 관심이 있는 분들에게 조금이나마 도움이 되었으면 하는 바램을 가져본다.

2020년 7월

국민대학교 교양대학 교수 이계형

▨ 목 차

1863 계해(癸亥) 철종14 문구3(일) 동치2(청)

03.00(음) 이성계의 설화가 깃든 함남 안변의 석왕사 중건-태조 이성계의 글씨 보관

08.00(음) 화재로 한성 5전(五廛; 포전·지전·면자전·동상전·미상전) 전소

12.30 동학 교주 최제우, 경남 경주에서 피체(1864.4.7. 처형)

00.00 함북 경원의 최운보 등 13가족 60여 명, 두만강 건너 연해주 지신허에 첫 정착

01.01 [미국] 에이브러햄 링컨, 남부연합정부의 노예 해방 선포

01.10 [영국] 세계 최초의 런던 지하철 개통

07.01 [미국] 게티즈버그 전투 발발-남북전쟁 중 가장 참혹했던 전투, 북부 승리

08.11 [캄보디아] 프랑스 보호령이 됨

09.20 [독일] 형제작가 야고프 그림(1785~1863) 사망

11.19 [미국] 링컨, 게티즈버그 연설-국민의, 국민에 의한, 국민을 위한 정부

12.08 [칠레] 산티아고의 라 캄파니아 교회 화재로 2,500여 명 사망

1864 갑자(甲子) 고종1 문구4·원치1 동치3

01.26 조선 제25대왕 철종(1831~1863) 승하(12.8.음)

01.26 대왕대비 조씨(신정왕후) 전교로 흥선군 둘째 아들 명복(命福) 즉위(12.8.음)

01.27 흥선군 이하응, 대원군에 봉작(12.9.음)

01.31 고종, 창덕궁 인정전에서 제26대 왕으로 즉위-대왕대비 조씨, 수렴청정(12.13.음)

02.19 호조에서 1만7,830냥 지출-흥선대원군 거처(운현궁) 건축 및 수리 추진(1.7.음)

02.24 고종 종형 이재원, 흥선대원군 뜻에 따라 자신의 면세 전결 330결 환납(1.12.음)

02.29 내수사(內需司)에서 징수하던 행주강변과 각 도·읍·포구의 무명잡세 혁파(1.17.음)

03.01 〈서얼금고법〉 완화-서얼에게 과거 응시 허락, 인재 등용(1.18.음)

03.07 대왕대비, 한성부에 폐단이 심한 도고(都賈) 폐지 지시-민생 안정 도모(1.24.음)

03.17 〈비변사·의정부 사무규정〉 개정-비변사, 외교·국방·치안만 담당(2.10.음)

03.20 진휼청에서 철종 장례 때 한성에 온 역리·말에게 쌀·콩 각 40섬씩 지급(2.13.음)

03.22 서해안에서 인삼을 비밀리에 매매하는 청국 선박 단속 명령(2.15.음)

04.04 러시아인 5명, 두만강 건너 경흥부사 윤협에 통상 요구-조선 정부, 거부(2.28.음)
04.15 동학 교주 최제우(1824~1864), 대구에서 '혹세무민' 죄로 처형됨(3.10.음)
04.18 곡물 값 폭등에 각 도의 독자적인 방곡 엄금(3.13.음)
05.12 철종 국장, 승하 4개월 만에 거행-능호 예릉(경기도 고양시 원당)(4.7.음)
05.18 외교관계 문서 정리한 『동문휘고(同文彙考)』 속간 명함(8.21 간행)(4.13.음)
05.23 김좌근, 영의정에서 해임-안동 김씨 세도정치 붕괴(4.18.음)
05.25 광통교 지전(紙廛) 화재로 종각 소실(4.20.음)-1개월 후 복원
06.03 『철종실록』 편집 명함-정원용, 실록총관에 임명(4.29.음)
06.18 함경도 관찰사 이유원, 러시아인과 내통한 김홍순·최수학 효수(5.15.음)
06.19 가뭄에 삼각산·남산에서 첫 번째 기우제 지냄(5.16.음)-7.6. 일곱 번째 기우제
06.27 화재로 불탄 종로의 종각 재건, 파루 복설(5.24.음)
07.09 흥선대원군의 창덕궁 출입 편의를 위해 운현궁·금위영 사이에 대문 신설(6.6.음)
08.21 외교관계 문서들을 정리한 『동문휘고』 출판(7.20음)
08.31 대군(大君)·궁방(宮房)의 노비안 모두 소각 지시(7.30.음)
08.00 장마로 경기도 광주지역 민가 550여 호 유실, 5명 익사
10.24 비변사, 묘당(廟堂, 의정부)으로 개칭(1865년 폐지)(9.24.음)
11.00(음) 김정호, 『대동지지(大東地誌)』 22권 완성
12.00(음) 한국 천주교회의 첫 공식 교리서 『성교요리문답』 등 8종의 천주교 서적 간행

01.29 [일본] 에도막부, 프러시아와 조약서 교환(12.11.음)
02.16 [일본] 에도막부, 스위스와 통상조약조인(12.29.음)
04.06 [중국] 청 증국번, 태평천국의 천경(현 남경) 포위(3.2.음)
05.17 [일본] 프랑스와 파리조약 조인
05.19 [미국] 『주홍글씨』 소설가 너대니얼 호손(1804~1864) 사망
05.25 [프랑스] 나폴레옹 3세, 노동자의 파업권 승인
07.04 [중국] 태평천국의 난을 일으킨 홍수전(1814~1864) 자살(6.1.음)
07.24 [일본] 에도막부, 영·불·미·네덜란드 4국에 파리약정 폐기 통고
07.19 [중국] 태평천국의 수도 남경 함락, 태평천국의 난(1851~1864) 종식
08.05 [국제] 4개국 연합함대, 일본 시모노세키[下關] 포격(9.14. 강화 체결)

08.22 [국제] 국제적십자조약 성립

09.28 [국제] 영국 런던에서 제1인터내셔널(국제노동자협회) 창립

1865 을축(乙丑) 고종2 원치2 경응1 동치4

02.05 신정왕후, 덕흥대원군(선조 부친) 집(도정궁) 개수 지시-150칸(1913.12. 소실)

02.25 100세 이상 노인 46명에게 가자(加資)하고 숭정대부에 올림(1.30.음)

04.23 비변사, 의정부에 병합(3.28.음)

04.24 흥선대원군, 충북 청주의 만동묘 철폐(3.29.음)

04.27 경복궁 중건을 위한 영건도감 설치-조두순·김병학을 도제조로 임명(4.3.음)

04.29 경복궁 중건에 원납전을 낸 사민(士民)에게 관작과 포상 수여(4.5.음)

05.02 경복궁 중건비용으로 대왕대비가 내탕금 10만 냥 하사(4.8.음)

05.06 경복궁 터 주위의 철거된 민호(民戶) 구휼(4.12.음)

05.07 흥선대원군 지시로 경복궁 중건 착공(4.13.음)-1872.10. 경복궁 준공

06.02 흥선대원군 이하응, 국태공(國太公)에 봉함(5.9.음)

06.19 비변사의 의정부 통합 후 군령의 최고기관, 삼군부 복설(1880.12 혁파)(5.26.음)

07.05 『철종실록』, 『순조실록부록』 완성(윤5.13.음)

09.06 한성부 5부 안에서 홍수피해를 당한 1,322호에 휼전을 행함(7.7.음)

11.11 날씨가 추워 경복궁 건축공사장에 인원수에 따라 무명 1필씩 지급 지시(9.23.음)

04.09 [미국] 남북전쟁 종식-남부군사령관 리 장군, 북군 그랜트 장군에게 항복

04.14 [미국] 에이브러햄 링컨1809~1865), 극장에서 피격(4.15. 사망)

06.23 [미국] 남북전쟁에서 남부동맹의 스탠드 웨티 장군 항복-남군 마지막 부대

07.02 [국제] 감리교 목사 윌리엄 부스, 그리스도교 전도회(구세군 전신) 창설

07.04 [러시아] 러시아인, 사할린(樺太)에 포대 구축

12.18 [미국] 노예제 공식 폐지

12.24 [미국] 반(反) 흑인단체, 'KKK단' 결성

00.00 [오스트리아] 멘델, '유전의 법칙' 발표

1866 병인(丙寅) 고종3 경응2 동치5

01.16 조두순·김병학 등, 조선의 마지막 법전 『대전회통』 편찬(1865.11.30.음)
01.25 흥선대원군의 초청에 황해·충청 순회중인 선교사 다블뤼(Daveluy) 상경(12.9.음)
01.29 프랑스 선교사 베르뉘(Simeon-Francois Berneux, 장경일), 서울 도착(12.13.음)
02.02 『육전조례(六典條例)』 찬집 지시(12.17.음)
02.23 선교사 베르뉘(Berneux) 주교와 홍봉주 체포(1.9.음)
03.04 흥선대원군, 전국에 천주교 교리서와 목판 3월 6일(양)까지 소각 엄명(1.18.음)
03.07 병인박해-남종삼·홍봉주(새남터), 베르뉘 신부(노량진) 등 9명 처형(1.21.음)
03.07 천주교 서책 소각과 〈오가작통법〉 강화 지시(1.21.음)
03.10 각 관아에 서양인·천주교도 색출 명령, 은닉자 처벌 전국에 알림(1.24.음)
03.12 해안 방비와 이양선 왕래 엄단-밀무역선을 통한 천주교의 침투 방지(1.26.음)
03.29 대왕대비 조씨, 수렴첨정 거둠-고종의 친정 시작(2.13.음)
03.00 독일 상인 오페르트, 충남 서산군 조도와 해미현 조금진에서 통상 요구
04.19 동십자각 부근 경복궁 중건 공사장에 화재-가건물 800여 간과 목재 소실(3.5.음)
04.20 흥선대원군, 민치록의 딸을 왕비로 간택(3.6.음)
05.05 운현궁에서 고종과 민비 가례(3.21.음)
05.10 한성부 내 쌀값 폭등(3.26.음)
05.23 궁인 이씨, 고종의 첫째 아들 완화군(1866~1880) 출산(윤4.10.음)
06.22 가뭄에 삼각산·남산·한강에서 첫 기우제(5.10.음)-7.10 사직단 네 번째 기우제
06.30 프랑스 신부 리델·교도 10여 명, 병인박해를 피해 중국 천진으로 탈출(5.18.음)
08.06 독일인 오페르트 재차 입국, 충남 해미현 조금진에 정박하고 통상 요구(6.26.음)
08.16 리델 신부, 중국 천진의 프랑스함대사령관 로즈에게 천주교도 학살 보고(7.7.음)
08.16 청 정부로부터 프랑스 군함의 조선 공격 소식이 한성에 전해짐(7.7.음)
09.07 미국 상선 평양 대동강에서 전소-제너럴셔먼호 사건 발생(7.29.음)
09.11 고종, 〈병인척사윤음〉 반포-천주교 배척(8.3.음)
09.18 프랑스 동양함대(사령관 로즈), 중국 즈푸항 출항, 한강수로 탐색(~10.3. 귀항)
10.15 경복궁 중건공사 이후 원납전 1만 냥 이상 낸 자, 심사 후 관직 포상(9.7.음)
11.02 모화관에서 청의 사신을 접견하고 다례 행함(9.25.음)

10.26 병인양요-프랑스군, 강화도 문수산성 공격·전소-조선군 3명 전사·2명 부상(9.18.음)

10.30 프랑스군, 강화도 광성진·갑곶진 및 강화도 민가·관청·창고 방화, 약탈(9.22.음)

11.09 양헌수부대, 프랑스군과의 강화도 정족산성 전투에서 승리(10.3.음)

11.14 프랑스군함, 인천 세어도(3척)·팔미도(1척)로 퇴각 시작(10.8.음)

11.14 강화도에 영조도감(營造都監) 설치-군기·전선 등 수리(10.8.음)

11.17 정부, 청 화물의 수세 정식 선언(10.11.음)

12.06 러시아인, 경원부 아산진에서 통상 요구·재물 약탈(10.30.음)

12.06 흥선대원군, 경복궁 중건 위해 당백전 주조(10.30.음)(1867.5.15. 폐지)

12.12 궁핍한 국비의 충당 위해 금위영에서 당백전 주조(11.6.음)-1867.1. 당백전 통용

12.17 프랑스군, 외규장각 국보급 문화재 등 약탈 후, 강화도에서 철수(11.11.음)

12.27 고종, 〈천주교도 수색령〉 공포-매월 말에 검거 실적, 의정부에 보고(11.21.음)

00.00 홍순학, 북경 사신 체험을 기록한 장편 기행가사 『연행가』 저술

▩▩▩▩▩▩▩▩▩▩▩▩▩▩▩▩

01.00 [러시아] 도스토예프스키 장편소설 『죄와 벌』, 잡지 〈러시아 통보〉에 첫 발표

04.08 [국제] 프로이센·이탈리아, 오스트리아에 대항하여 공수동맹 성립

05.01 [미국] 노동자 약 20만 명, 8시간 노동제 요구하며 시위행진

05.11 [영국] 금융공황(암흑의 금요일)

06.14 [독일] 프로이센-오스트리아전쟁(7주전쟁) 발발-프로이센 승리, 독일통일 기초 확립

09.03 [국제] 스위스 제네바에서 제1회 제1인터내셔널 대회 개최

09.00 [인도] 2개월 지속된 벵골 대기근으로 150만 명 죽음

10.03 [일본] 각지에서 흉작으로 미가 폭등, 민중 폭동 빈발-11.18. 외국미 수입 허가

1867 정묘(丁卯) 고종4 경응3 동치6

01.23 경흥부사, 함북 경흥·온성·경원 등지에 침입한 러시아인과 접전(1866.12.18.음)

03.09 미군함 워추세트 함장 슈펠트, 대동강서 제너럴셔먼호 사건 해명 요구(1.23.음)

02.04 1866년 한성부 인구 20만59명, 4만5,646호(12.30.음)

02.24 조선왕실의 종합 족보, 『선원속보(璿源續譜)』 완성(1.20.음)

04.14 군비 명목(실제 경복궁 중수비)으로 4대문 통행세 징수(3.10.음)-1873.11 폐지
06.01 복식제도 개혁-관복·서민 복식 개량, 의복 간소화(4.29.음)
06.16 당백전 주조 중지(5.15.음)-6개월에 1600만 냥 주조, 물가폭등·재정혼란 야기
06.17 육전조례편찬소, 『육전조례』 간행-행정 법규와 사례 편집(5.16.음)
07.04 역관에 의해 밀수입된 청 화폐, 유통 허용(1874.2. 금지)(6.3.음)
10.06 한강에서 전함 진수식, 훈련대장 신관호가 제작한 수뢰포 시험 발사, 실패(9.9.음)
10.28 동대문(흥인지문)의 개건 공사 착공(10.2음)
12.09 경복궁 출입 시, 영추문 승지·광화문 동협문 문관·서협문 무관 이용(11.14)
12.11 경복궁 근정전 완성(11.16.음)

01.30 [일본] 고메이 왕 사망, 메이지 122대 왕 즉위
02.07 [일본] 에도막부, 요코하마[横濱]에 영어·프랑스어 어학소 설치
02.26 [독일] 북부독일연방 성립
04.01 [말레이시아] 영국의 직할식민지가 됨
05.29 [오스트리아] 오스트리아-헝가리 제국 탄생(~1919.9.)
07.01 [영국] 캐나다연방 성립
07.25 [독일] 칼 마르크스 자본론 제1권, 런던서 완성
08.31 [프랑스] 시인 샤를 보들레르(1821~1967) 사망
09.09 [영국] 런던조약 조인-룩셈부르크, 영세중립국 됨
10.18 [미국] 러시아로부터 알래스카를 720만 달러에 구입
11.09 [일본] 에도 막부 대정 봉환(大政奉還, たいせいほうかん), 국가 통치권 반납
11.00 [스웨덴] 노벨, 독일의 게스타흐트(Geesthacht)에서 다이너마이트 발명

1868 무진(戊辰) 고종5 명치1 동치7

03.23 흥선대원군, 1냥 이내는 엽전, 2냥 이상은 당백전 사용 명령(2.30.음)
04.05 임금이 화성 행궁에서 재숙(齋宿)(3.13.음)-4.8. 환궁
04.15 삼군부(三軍府) 다시 설치(3.23.음)

05.28 천주교회 창설 이승훈 아들 이신규·권철신 증손 권복 등, 서소문 밖 사형(윤4.7음)

06.08 독일인 오페르트, 흥선대원군의 선친 남연군묘 도굴(윤4.18.음)

08.19 고종, 창덕궁에서 경복궁으로 옮김(7.2.음)

09.11 경복궁 경회루 준공(7.25.음)

11.23 최익현, 토목공사 중지와 당백전 폐지 요구(10.10.음)

12.01 흥선대원군, 경복궁 중건에 필요한 원납전 징수(10.18.음)

00.00 문인 남병길 등, 김정희 『완당집』(활자본) 간행

01.03 [일본] 막부정치에 종장, 〈왕정복고령〉 발표

01.27 [일본] 무진전쟁 발발-반 메이지정권, 친 에도막부 세력의 내란(~1869.6.)

03.14 [일본] 메이지유신 선포

05.11 [프랑스] 신문발행의 자유를 인정하는 〈신문법〉 시행

05.00 [일본] 후쿠자와[福澤諭吉], 게이오의숙(경응의숙) 설립

09.03 [일본] 에도(江戶), 도쿄(東京)으로 지명 개칭

09.29 [스페인] 스페인혁명으로 여왕 이사벨라, 프랑스로 망명

11.03 [미국] 남북전쟁의 영웅 그랜트 장군, 미국 제18대 대통령에 당선

11.13 [이탈리아] '세빌리아의 이발사' 작곡가 로시니(1792~1868) 사망

10.12 [일본] 천황 즉위식 거행(11.11. 천장절 제정)

1869 기사(己巳) 고종6 명치2 동치8

02.12 왕족의 과거 응시 제한 해제(1.2.음)

03.13 정부, 일본 국서의 서식 문제로 '명치정부 성립 통고서' 수리 거부(1.31.음)

03.00(음) 전남 광양현 민란

08.00(음) 경남 고성현 민란

09.00(음) 러시아인, 경흥부에 표류

11.02 의정부에서 10조목의 대학별단서(大學別單書)를 올림(9.29.음)

02.26 [미국] 헌법개정, 흑인에게 투표권 부여
03.08 [프랑스] 교향곡 작곡가, 낭만주의 음악 선구자, 베를리오즈(1803~1869) 사망
05.10 [미국] 대서양 동부서 태평양 연안까지 '대륙횡단철도' 개통-농민들 서부로 이주
05.00 [미국] 여성참정권 운동, '전국여성선거권협회' 조직
08.09 [독일] 독일노동자조합대회에서 독일사회민주노동당 창립
11.17 [이집트] 수에즈운하 정식 개통
12.10 [미국] 와이오밍주, 미국 첫 부녀참정권법 제정

1870 경오(庚午) 고종7 명치3 동치9

02.00 일본 중앙정부의 대표, 부산에 와서 국교 교섭 재개 요구-한국 측 거부
03.04 청국인 370여 명, 평북 벽동군 아이진에 침입-관청·민가 소각, 물건탈취(2.3.음)
10.05 『정감록』에 따라 경남 고령에서 민란 도모 정만식, 영암군 추자도 귀양(9.10.음)
10.00(음) 청국인 7,000여 명, 평안도 후창군 두지동에 벌목 시도, 군대 파견 축출
10.00(음) 강화부에 1천 석을 지급, 기민 구제

06.09 [영국] 『황폐한 집』·『위대한 유산』 소설가 찰스 디킨스 사망(1812-1870)
07.19 [독일·프랑스] 에스파냐 국왕 선출 문제로 보불전쟁 발발
08.29 [중국] 이홍장, 직예총독이 됨
09.01 [프랑스] 보불전쟁서 프랑스군 참패-나폴레옹 3세 포로, 프랑스 제2제정 몰락
09.19 [독일] 프러시아군, 파리 포위
09.19 [일본] 평민에게 '성(姓)' 사용 허락
09.22 [프랑스] 보불전쟁 당시 포위된 파리에서 기구로 사람·우편물 운반. 첫 항공우편
10.02 [미국] 미국 남북전쟁 남군 사령관, 로버트 에드워드 리(1807~1870) 사망
10.12 [이탈리아] 빅토리오 엠마누엘 2세, 이탈리아 통일 완성
12.05 [프랑스] 소설 『삼총사』 작가 앙리 뒤마(1802~1870) 사망
12.30 [인도] 뭄베이-캘커타 간 철도 개통

1871 신미(辛未) 고종8 명치4 동치10

02.24 왕이 행차할 때 부근의 백성들 동원 금지(1.6.음)

03.24 조총 200정 확보-선혜청 2천냥으로 160정 구입, 훈련도감에서 40정 제작(2.4.음)

05.09 서원 철폐-사액서원 47곳만 남김-문묘종사인 이외 첩설 서원 철폐(3.20.음)

05.14 〈호포법〉 시행-군포를 양반에게도 징수(3.25.음)

05.24 주청미국공사 로우(F.F.Low)·아시아함대사령관 로저스, 남양부 풍도 도착(4.6.음)

05.27 오페르트 사건에 연루된 김여강·이돈호·김창실 처형-공주, '현'으로 강등(4.9.음)

06.01 신미양요-미 육전대(해병대) 450여 명 초지진 상륙, 조선군 야간 기습(4.23.음)

06.11 미군, 광성보 공격-조선 측 중군 어재연(1823~1871) 등 350여 명 사망(4.24.음)

06.12 흥선대원군, 전국에 '척화비' 건립 명령(4.25.음)

07.03 미군 함대 콜로라도호, 강화도에서 철수(5.16.음)

07.18 신미양요 당시 미국 측과 잠통한 우윤집 등 3명 처형(6.1.음)

07.19 신미양요 피해 지역, 초지진·광성진 민간에 내탕전 1천 냥 분급(6.2.음)

08.26 진주민란 주모자 이필제·정기현 등 44명 피체(7.11.음)

09.30 〈서원철폐령〉을 불이행한 지방관 도백·수령 견책(8.16.음)

01.18 [프로이센] 독일제국 선포, 빌헬름 1세, 신생독일제국 황제 즉위

03.00 [프랑스] 파리 시민·노동자 봉기로 수립된 혁명적 자치정부, 파리코뮌 수립

05.08 [미국-영국] 워싱턴조약 체결-중립국의 의무 규정

05.10 [독일-프랑스] 양국 프랑크푸르트 강화조약 조인(보불전쟁 종식)

05.12 [독일] 철혈재상 비스마르크, 독일수상에 취임

05.21 [프랑스] 파리코뮌 '피의 일주일' 시작

05.28 [프랑스] 파리코뮌(Commune de Paris) 소멸

06.13 [영국-중국] 런던-상해 간 전신 개통

07.01 [이탈리아] '로마'를 수도로 정함

08.29 [일본] '폐번치현' 조서 발표-3부 302현

09.13 [청-일] 청일수호조약 조인-중국인 일본 요코하마에 정착 계기(중화거리)

10.12 [일본] 천민 계급 폐지

10.27 [영국] 남아프리카 다이아몬드 산지 병합
11.10 [영국] 뉴욕헤럴드 통신원 스탠리, 행방불명된 영국 탐험가 리빙스턴 5년 만에 찾음
11.20 [일본] '이와쿠라사절단' 출발-미국·유럽 등 1년 7개월 동안 각국 시찰(~1873)
12.04 [독일] 금본위제 채택

1872 임신(壬申) 고종9 명치5 동치11

02.02 진주민란 주모자 이필제·정기현 등 처형(12.24.음)
03.30 박영효, 철종의 부마로 결정(2.22.음)
07.12 군기제조역소(軍器製造役所) 준공-선혜청의 경비 3만 냥 예산 지원(6.7.음)
07.25 일본 외무성 관리, 서계 접수거부 후 초량왜관 철폐-한일국교 일시 중단(6.20.음)
07.00(음) 박규수·오경석, 외교사절로 중국 방문-근대 문물제도 체험
10.17 경복궁 준공(9.16.음)-건축비 772만8,694냥, 단목 5천근, 백미 824석, 백반 3천근

04.02 [미국] 전신기 발명가, 모스(1791~1872) 사망
08.12 [중국] 평균 12살의 미국 유학생[유미유동], 상해 출발-4차 총 120명
09.06 [독·러·오] 3황제, 베를린서 회담-3제동맹 체결
09.13 [독일] 철학자 루드비히 포이어바흐(1804~1872) 사망
10.14 [일본] 일본 최초의 철도, 요코하마↔시나가와 개통
11.09 [일본] 태양력 채용-명치5년 12월 3일, 명치6년 1월 1일로 개정
12.28 [일본] 징병제 실시-징병 반대 소요 빈발

1873 계유(癸酉) 고종10 명치6 동치12

06.00(음) 진주 등지의 화재로 민가 326호 소실-정부, 2만 냥 지급 구휼
06.00(음) 평안·함경·황해도 일대에 폭우-가옥 6,857호 유실
10.17 과거에 응시하는 유생들의 문세(門稅) 징수 금지(8.26.음)
11.29 재정마련 위해 부과한 한양도성 문세 폐지-각 영의 부족액, 관세로 충당(10.10.음)

12.18 동부승지 최익현, 흥선대원군 배척하고 시정 폐단 논함(10.29.음)

12.18 정부, 원납전·결전 폐지(10.29.음)

12.22 최익현, '흥선대원군 탄핵' 재상소(11.3.음)

12.24 흥선대원군 실각, 고종 친정 선포(11.5.음)

12.31 최익현, 흥선대원군 탄핵 상소로 제주도 유배(1875.2.9. 해배)(11.12.음)

12.00 흥선대원군의 창덕궁 전용 공근문, 사전양해 없이 폐쇄-흥선대원군 첫 번째 하야

01.09 [프랑스] 제2공화국 대통령, 제2제정 황제, 나폴레옹3세(1808~1873) 사망

02.23 [중국] 청, 동치제의 친정 시작

05.01 [영국] 선교사·탐험가 리빙스턴(1813~1873) 사망-아프리카 횡단 최초 유럽인

05.07 [영국] 철학자 존 스튜어트 밀(1806-1873) 사망-『논리학체계』, 『자유론』 등 저술

05.09 [오스트리아] 오스트리아-헝가리 제국 주가 폭락-세계 경제 불황으로 이어짐

05.29 [중국] 청, 운남의 이슬람교도 반란 진압

06.29 [청] 동치제, 처음으로 외국 사신 접견

08.03 [일본] 사이고 다카모리[西鄕隆盛], 각의에서 정한론 제출

09.13 [독일] 보불전쟁 후 독일군, 프랑스에서 철수

09.20 [국제] 오스트리아·독일·미국 공황 발생-미국, 뉴욕 증권거래소 폐지

10.24 [일본] 일본왕, 이와쿠라의 정한론 불가 수용-사이고 다카모리 사직

11.20 [프랑스] 프랑스군, 베트남 하노이 점령

11.20 [네덜란드] 맥주회사 하이네켄, 암스테르담에서 창립

00.00 [노르웨이] 한센, 나병균 발견

00.00 [독일] 살충제 DDT 발명-1970년대 전 세계에서 사용금지 약품으로 규정

1874 갑술(甲戌) 고종11 명치7 동치13

01.27 경복궁 순희당, 화약물 폭발-자경전(대왕대비 침실) 등 400여 칸 소실(12.10.음)

02.06 고종, 대왕대비·왕대비·대비·왕비 등과 함께 창덕궁으로 거처 옮김(12.20.음)

02.20 경비 문제로 인해 경복궁 안의 기와 덮는 공사 중지(1.4.음)

02.22 청 화폐 통용 금지, 상평통보 사용 장려(1.6.음)

03.17 한성 물가 폭등, 각도의 매점 엄금(1.29.음)

03.25 민비, 가례 8년 만에 순종 출산(2.8.음)

03.30 주자에 제사를 지내는 '만동묘', 철폐 9년 만에 복설(2.13.음)

04.20 한성 지역의 소나무 벌목 금지, 나무심기 장려(3.5.음)

06.13 각 지방에 경복궁 중건에 쓸 재목 공급 지시(4.29.음)

07.14 궁궐 경호 무위소(武衛所) 창설-지휘관 무위도통사, 1,270여명 규모(6.20.음)

12.00(음) 전국 호수 1,593,728호, 남 3,255,482명, 여 3,317,938명, 총 6,573,420명

01.03 [스페인] 군부 쿠데타로 군주제 부활

01.24 [러시아] 일본에 치시마(千島)와 사할린 교환 제의(1875.5 교환조약 조인)

02.06 [일본] 각의에서 대만 정벌 결정(1874.4.4 출병)

03.15 [베트남] 프랑스의 보호국이 됨

10.09 [국제] 프랑스 빅토르 위고 주창, 스위스 베른에서 '제1회 만국우편회의' 개최

11.02 [일본] ≪요미우리신문[讀書新聞]≫ 창간

12.03 [일본] 청과 협정 체결(배상금 50만 냥) 후 대만 철병 시작

00.00 [러시아] 인텔리겐차, 나로드니키운동(인민 속으로) 시작

00.00 [영국] 탐험가 스탠리, 아프리카 내륙 999일간 동서로 횡단(『암흑대륙』 출간)

1875 을해(乙亥) 고종12 명치8 동치14·광서1

01.05 흥선대원군 처남, 병조판서 민승호 일가족 폭사-민영익, 양자로 감(1874.11.28.음)

02.24 조선 정부, 일본의 서계 접수 불허(1.19.음)

03.16 흥선대원군 하야 상소로 제주에 유배된 최익현 석방(2.9.음)

03.25 창덕궁 인정전에서 왕세자[순종] 책봉(2.18.음)

05.25 일본 군함 운요호 등 3척, 부산에 입항(4.21.음)

06.19 무리 지어 양반집에 들어가 사대부를 구타한 액정서 이원[掖隷] 사형(5.16.음)

06.22 경복궁의 전각 중건공사가 끝날 때까지 개인의 목재 사용 금지(5.19.음)

06.30 고종·민비·대비·왕대비·대왕대비·왕세자 등, 창덕궁에서 경복궁으로 이어(5.27.음)
07.24 흥선대원군, 양주 곧은골에서 1년 8개월 만에 운현궁으로 돌아옴(6.22.음)
09.20 일본군함 운요호, 강화도 침략(운요호사건)(8.21.음)-9.21. 영종도 첨사 이민덕 보고

01.12 [중국] 청 제10대 황제 동치제(1856~1875) 사망
01.20 [프랑스] '이삭줍기' 화가, 장-프랑수아 밀레(1814~1875) 사망
04.14 [일본] 입헌정체 수립 공포
05.07 [일본-러시아] 사할린-치시마 교환 조약 조인
05.20 [국제] 파리서 미터법 조약 조인
06.03 [프랑스] 가극 작곡가 조르주 비제(1838~1875) 사망
06.04 [독일] 서정시인 에두아르트 뫼리케(1804~1875) 사망
07.01 [국제] 국제우편조약 발표(만국우편연합 기념일)
08.04 [덴마크] 『인어공주』 동화작가 안데르센(1805~1875) 사망
11.25 [영국] 이집트로부터 수에즈 운하 매수

1876 병자(丙子) 고종13 명치9 광서2

01.27 일본 군함(2척)·운송선(3척), 수호조약체결을 위해 경기도 남양만에 도착(1.2.음)
02.11 접견대신 신헌 등, 일본 측과 강화도회담 시작(1.17.음)
02.17 최익현, 도끼 들고 경복궁 광화문 밖에서 일본과의 강화 반대 상소(1.23.음)
02.21 최익현, 일본과의 통상조약 반대 상소로 흑산도 유배(1879.2 해배)(1.27.음)
02.22 일본군함 맹춘호(孟春號), 강화도 초지진에 정박(1.28.음)
02.27 〈조일수호조규〉(강화도조약) 체결-치외법권 인정한 불평등 조약, 부산 개항(2.3.음)
04.24 경복궁 내 자경전·교태전·자미전·인지당 등의 건물 중건(4.1.음)
04.27 김기수, 일본 수신사 파견(~6.21)(4.4.음)
04.00(음) 황해도 곡산부에 대화재 발생-민가 272호 소실
05.09 삼각산·남산·한강 등지에서 1차 기우제 지냄(4.16.음)-70여 일 동안 가뭄 지속
05.29 수신사 김기수 일행, 일본 도착(5.7.음)-6.1. 메이지 왕과 만남

08.18 종묘·삼각산·남산·한강 등지에서 보사제(報謝祭) 지냄(6.29.음)-강우 보답 제사
08.24 조선 최초 국제법 〈조일수호조규부록 무역장정〉 조인-일본에 무관세 적용(7.6.음)
08.00(음) 수신사 김기수, 일본 다녀온 뒤에 『일동기유(日東記游)』 3권 바침
12.19 경복궁 화재-교태전·자경전·강녕전 등 830여 칸, 옥새·선대왕 친필 등 소실(11.4.음)

04.28 [영국] 의회, 빅토리아 여왕에게 인도황제 칭호 부여
06.25 [미국] 제7기병대, 인디언에게 전멸
06.30 [세르비아] 투르크에 선전포고
07.01 [러시아] 제정 러시아 혁명가, 무정부주의자 바쿠닌(1814~1876) 사망
07.02 [몬테네그로] 투르크에 선전포고-발칸전쟁 개시
12.05 [미국] 브루클린 극장 화재-295명 사망
12.22 [미국] 그레이엄 벨, 세계 최초로 전화기 발명
12.23 [터키] 오스만투르크, 제국헌법 반포

1877 정축(丁丑) 고종14 명치10 광서3

01.30 부산항 일본인 거류 조차지 조약(일본인 거류 조차 조약) 조인(음1876.12.17.)
02.02 진휼청, 작년 흉년에 쌀값 낮춰 한성5부의 가난한 백성들에게 미곡 발매(12.20.음)
02.11 북한산성 훈련도감 화약고 화재로 화약 7,597근 소실(12.29.음)
03.24 일본인 경영의 부산 제생의원, 매월 15일 종두 실시(2.10.음)
04.03 진휼청, 세궁민(細窮民)에 쌀 643석 분급(2.20.음)
04.08 방곡령 엄금 지시(2.25.음)
04.23 고종, 경복궁 내 화재로 창덕궁으로 이어(3.10.음)
04.26 국내 첫 전기통신업무, 조선전보총국(총판 홍철주) 창설(1893.8 전우총국)(3.13.음)
07.03 일본과 〈판리표류선척장정〉 체결-일본에 표류한 조선 선박에 관한 내용(5.23.음)
07.19 폭우로 한성부 민가 378호 파괴(6.9.음)
07.00 국내에 다시 잠입한 조선교구 주교, 리델·두세·로베르 등 피체(1878.5 추방)
09.16 훈련도감 소속 군병들, 급료 지급을 이유로 폭동 기도(8.10.음)

10.00 일본 군함, 전라·충청도 연해에서 개항장 물색을 구실로 측량 감행

11.25 초대 일본공사 하나부사(花房義質), 서울 도착-정부, 주재 거부(10.21.음)(~1878.8.)

11.27 일본 외무경 데라시마 무네노리(寺島宗則), 조선 정부 예조에 서계 제출(10.23.음)

12.25 주한일본공사 하나부사, 서대문 밖 백합지에 공사관 정함(11.21.음)

00.00 일본 불교 진종대곡파 본원사 오쿠무라(奧村圓心), 부산서 포교 시작

01.01 [영국] 빅토리아 여왕, 인도제국 성립 선언-직접 통치

02.08 [청] 첫 재외 공관, 주영공사관 설치

02.15 [일본] 정한론 주장한 사이고의 반정부 내란, '서남전쟁' 발발(~9.24)

04.16 [러시아-루마니아] 양국 간 동맹조약 체결

04.24 [러시아] 러시아-오스만투르크 전쟁 발발(~1878.1.)

07.16 [미국] 철도 파업, 군대동원 진압

07.31 [미국] 발명왕 토마스 에디슨, 축음기[토킹머신] 발명

08.08 [영국] 노동운동가, 차티스트 운동가 러벳(1800~1877) 사망

09.03 [프랑스] 제3공화국 창립, 『프랑스혁명사』 저자 초대 대통령 티에르(1797~1877) 사망

09.26 [독일] 벡터 미적분학 발전시킨 수학자 그라스만(1809~1877) 사망

12.10 [미국] 보스톤에 전화 개통

12.21 [국제] 그리스도전도회, '구세군'으로 개칭

12.31 [프랑스] 근대 회화의 모더니티를 주장한 화가 쿠르베(1819~1877) 사망

1878 무인(戊寅) 고종15 명치11 광서4

02.26 경상도 유림 등, 만인소 올려 서원 복설 청원(1.25.음)

05.01 한양도성 사산(四山:북악산·인왕산·남산·낙산)에서의 나무 남벌 금지(3.29.음)

05.05 고종, 서원 복설 상소 일체 금지(4.4.음)

05.07 일본 군함 천성호, 개항장 구실로 남해·동해 연안 측량(5.24 원산만 측량)(4.6.음)

06.04 프랑스 선교사 리델 신부 등, 북경주재 프랑스공사 요청에 국외로 추방(5.4)

06.12 철종의 비 철인왕후(哲仁王后) 김씨, 창경궁 양화당(養和堂)에서 사망(5.12.음)

06.00 일본 제일은행, 부산지점 개설
06.00 정부, 동해 개항지로 북청 결정
07.14 한성과 경기지역에 출몰하는 도적들에 대한 방책 지시(6.15.음)
08.00 일본 군함 천성호, 전라·충청 해안 측량
09.28 부산 두모진에 세관 설치-해관에서 관세 징수(9.3.음)
10.23 영조 생모 사당, 육상궁(毓祥宮)의 실화로 풍월헌·송죽재 등 123칸 소실(9.28.음)
10.25 일본 군함 천성호, 서해 측량 마치고 부산 입항(9.30.음)
10.31 홍수로 한강 구용산(舊龍山)의 수위, 10.6m에 달함(10.6.음)
11.29 주한일본공사 하나부사, 동래부사에게 두모진 관세 징수 항의(11.6.음)
12.19 일본 측 반발로 두모진 세관 폐쇄, 수세 중지(11.26.음)

03.03 [러시아] 러시아 제국과 오스만 제국, 산 스테파노 조약 체결
06.04 [영국-터키] 양국 간 비밀동맹 체결-영국, 지중해의 키프러스섬 획득
06.10 [일본] 육군사관학교 개교
07.20 [미국] 유머 작가 토마스 소프(Thomas Bangs Thorpe, 1815~1878) 사망
07.20 [미국] 에디슨 전기회사(현재 제너럴 일렉트릭) 영업 시작
10.21 [독일] 비스마르크, 사회주의자 탄압법 공포
11.20 [영국-아프가니스탄] 제2차 아프칸전쟁 발발(~1881)
12.01 [미국] 백악관, 처음으로 전화 설치
00.00 [영국] 축구 클럽 맨체스터 유나이티드 FC 창단

1879 기묘(己卯) 고종16 명치12 광서5

02.07 현릉원(사도세자능) 원찰, 수원 용주사 중수(1878.12.27.음)
05.03 한성부, 입경하는 일본공사 일행에게 돌을 던지는 행위 금지 지시(윤3.13.음)
05.16 일본인 군관 60여 명, 동래부청 습격(3.25.음)
05.00 원산 개항 반대한 덕원·안변·문천 등지의 유림 유배
06.13 경기 중영(中營)의 청수관(淸水館)에 일본대리공사 하나부사 주재(4.14.음)

06.15 성균관에 도적이 들어 존경각(尊經閣) 책 312권 도난(4.26.음)
06.16 주한일본공사 하나부사, 예조에서 청수관으로 돌아가는 중 돌팔매 맞음(4.27.음)
06.18 주한일본공사 하나부사, 조선 정부에 원산·인천 개항 요구(4.29.음)
06.00 일본에서 전파된 콜레라 전국에 만연
07.07 일본에 관세율 제정-일본화폐 통용, 등대 설치 등 허가(5.18.음)
07.08 조선 정부, 원산 개항 허가, 인천 개항 거절(5.19.음)
07.13 〈원산개항예약협정〉 조인-1880년 5월(음) 이후 개항(5.24.음)
07.24 주한일본공사 하나부사, 제물포 개항 요구(6.6.음)
08.22 한성부 홍수로 933호 붕괴·148호 유실-압사자 1명당 포 2필·돈 2냥씩 지급(7.5.음)
09.00 북한산성 경리청, 무위소(武衛所)에 합속
10.20 부산 최초의 서양식 건물, '일본관리청' 준공(9.6.음)
00.00 개화승 이동인, 성냥을 일본에서 들여와 처음으로 소개

04.04 [일본] 왕국 '류큐'(현 오키나와현) 귀속
07.15 [독일] 〈보호관세법〉 공포
08.06 [독일] 천문학자 요한 폰 라몬트(1805~1879) 사망
10.02 [청-러시아] 〈일리조약〉 체결, 일리(Ili) 지역을 청에 반환
11.05 [영국] 기체의 분자운동 연구한 물리학자 맥스웰(1831~1879) 사망
11.15 [영국-프랑스] 양국 간 해저 전화선 개통
12.03 [미국] 에디슨, 전등 발명
12.21 [노르웨이] 극작가 입센의 3막 희곡, 『인형의 집』 코펜하겐 왕립극장에서 초연

1880 경진(庚辰) 고종17 명치13 광서6

01.03 안동별궁(현 풍문여고 자리) 착공-1881.11 준공(1879.11.22.음)
01.17 지석영, 충주 덕산에서 종두 처음 실시(12.6.음)
03.07 춘추관과 4곳 사고(史庫) 실록 포쇄(1.27.음)
03.00 곤도 신스케(近藤眞鋤), 부산주재 일본 영사 부임-초량공관, 부산영사관으로 개칭

05.04 미 해군 제독 슈펠트(Robert W. Shufeldt), 부산에 와서 통상 요구(3.26.음)

05.05 동래부사, 슈펠트의 서계 접수 거부(3.27.음)

05.09 원산 일본영사관 개관(4.1.음)

05.24 민란 발생, 평안도 귀성(4.16.음)

05.25 서울 돈의문 밖 청수장에 일본공사관 설치(4.17.음)

06.08 원산에 일본인 거류지 위치 선정, 원산항에서 일본과의 통상 개시(5.1.음)

07.05 제2차 수신사 김홍집 파견-일본에 무관세 등 불합리한 조약 개정 목적(5.28.음)

08.15 이탈리아 군함, 원산항 입항-수교 요구(7.10.음)

09.17 김홍집, 일본 외무성이 권한 미국과의 통상조약 거절(8.13.음)

10.02 김홍집, 귀국 후 황준헌(黃遵憲)의 『사의 조선책략』을 고종에게 헌사(8.28.음)

10.06 밀사 이동인, 주일 청국공사 하여장(何如璋)에게 대미수교 알선 부탁(9.3.음)

10.25 이홍장, 청의 러시아·일본 세력 견제 위해 조선 정부에 서양과의 통상 권고(9.22.음)

11.01 〈조선국원변래학제조조련장정(朝鮮國員弁來學製造操練章程)〉 체결-영선사 파견(9.29.음)

12.27 주한일본공사 하나부사, 첫 주차변리공사 자격, 서울 주재(11.16.음)(~1882.9.)

00.00 성냥·석유·양염료·양철 등 일본에서 수입, 크게 유행

00.00 원산에 영생병원, 일본 우체국 설치

00.00 동학 2대 교주 최시형, 『동경대전』 간행

00.00 프랑스 신부 리델(Ridel), 일본 요코하마에서 국내 첫 서양어 자전 『한불자전』 간행

05.08 [프랑스] 『마담 보바리』 작가, 플로베르(Gustave Flaubert, 1821~1880) 사망

06.20 [프랑스] 국민대표의회 조직

11.17 [청-미국] 〈중국인 이민제한 조약〉 조인

00.00 [청] 북양 직예총독 이홍장, 천진에 북양해군 창설, 수사학당 설립

1881 신사(辛巳) 고종18 명치14 광서7

01.03 인천에 세관 설치(12.4.음)

01.19 삼군부 폐지, 통리기무아문 설치(12.20.음)

01.28 김홍집, 주한일본공사 하나부사와 20개월 후 인천 개항 합의(12.29.음)
01.00 오페르트, 런던에서 『금단의 나라』(독일어) 간행-영문판 1867년 간행
02.09 박정양 등 12명, '신사유람단[조사시찰단]' 임명-일본 신문물제도 시찰(1.11.음)
02.15 통리기무아문, 궐내에 설치하고 '내아문'이라 개칭(1.17.음)
03.25 경상도 유생 이만손 등, 천주교·『사의조선책략』 공박하는 만인소 올림(2.26.음)
05.00 별군관 임태경·이원순·김재우 등, 동피혁제조법 배우기 위해 일본 오사카에 파견
05.07 박정양·어윤중·홍영식 등, '신사유람단' 파견(4.10.음)
05.20 무위영에 '별기군' 설치, 일본 공병대 소위 교관 초빙(4.23.음)
05.25 신사유람단, 일본 도쿄 도착(4.28.음)
06.11 고종, 「척사윤음」 반포-척사 상소 금지(5.15.음)
06.00 최시형, 『용담유사』 간행
07.22 창덕궁의 수정전, 함녕전으로 개칭
10.21 안기영·권정호 등, 흥선대원군 서자 이재선의 왕 추대 모의, 밀고로 체포됨(8.29.음)
10.22 신사유람단 귀국(8.30.음)
11.17 김윤식 등 유학생 28명, 청에 '영선사' 파견-선진문물(무기제조법) 견학(9.26.음)
11.18 고종, 국가재정 궁핍에 동전 주조 명함(9.27.음)
12.18 흥선대원군 서자, 이재선(?~1881) 처형(10.27.음)
12.23 선혜청 별창(別倉: 숭례문 근처)에 주전소(鑄錢所) 설치, 주조 시작(11.3.음)
12.27 창덕궁 함녕전 화재로 전당(殿堂)과 행각(行閣) 등 150칸 소실(11.7.음)

02.01 [파나마] 이집트, 파나마 운하 착공(~1914.8.)
02.09 [러시아] 『카마라조프 가의 형제들』 소설가 도스토예프스키(1821~1881) 사망
02.19 [미국] 캔자스 주에서 금주법 실시
03.13 [러시아] 농노제를 폐지한 황제 알렉산더 2세(1818~1881), 폭탄에 암살
08.22 [영국] 아일랜드 토지법 성립
09.19 [미국] 제20대 대통령 제임스 가필드(1831~1881), 취임 6개월 만에 총격 피살
10.22 [헝가리] 최고 서사시인 오로니(1817~1882) 사망
00.00 [청] 훈춘에 초간국 설치-청국인들의 만주 이주 개간 장려

1882 임오(壬午) 고종19 명치15 광서8

01.06 영선사 김윤식 일행, 중국 북경에 도착(1881.11.17.음)
01.29 일본 거류민 '재부산상법회의소', 부산서 ≪조선신보≫ 창간(12.10.음)
02.07 김윤식·이홍장, 조미수호통상조약 체결 논의(12.19.음)
02.13 중앙군 5군영 폐지, 무위·장어 2군영 신설(12.25.음)
03.21 주청 영국공사 웨이드(T.F.Wade), 이홍장에게 한영수교 알선 요청(2.3.음)
03.25 이홍장, 전권위원 제독 슈펠트에게 조미조약안에 조선의 청 속국 명문화 요구(2.7.음)
03.00 청, 조선 정부에 조선인의 월경 금지 요구, 조선인 개간지에 지권 발급, 세금 징수
04.06 창덕궁 인정전에서 왕세자빈(순명효황후 민씨-민태호 딸)의 책빈례 시행(2.19.음)
04.08 고종의 장자 이척(순종), 안동별궁에서 순명효황후와 혼례 치름(2.21.음)
04.00 별기군, 일본에 무라마 소총 2만 정 주문
05.22 신헌·슈펠트, '조미수호통상조약' 조인(4.6.음)
06.04 서울 삼각산·남산·한강 등지에서 기우제 지냄(4.19.음)-50여 일 가뭄 지속됨
06.06 조영수호통상조약 조인(4.21.음)
06.30 조독수호통상조약 조인(5.15.음)
07.23 임오군란 발발-구식군대 급료 체불 등에 발생(6.9.음)-일본공사, 공사관 방화 후 도주
07.24 구식군인들이 왕비를 처단하려 창덕궁에 돌입, 민겸호·김보현 살해(6.10.음)
07.24 흥선대원군 정권 장악-통리기무아문·무위영·장어영 폐지, 삼군부·5군영 부활(6.10.음)
07.24 왕비, 장호원으로 피난-흥선대원군, 왕비의 국상 발표(6.10.음)
07.25 장사치들이 한성에 쳐들어온다는 소문에 성안 사람들, 남산·북악으로 도망침(6.11.음)
07.30 정부, 일본에 일본인의 울릉도 잠입과 벌목 행위 항의(6.16.음)
08.16 도망친 일본공사, 호위병 이끌고 한성 입성-이현의 금위대장 이종승 집에 머묾(7.3.음)
08.17 청나라 오장경이 지휘하는 3,000명의 청군, 마산포에 상륙(7.4.음)
08.20 일본 다카시마 소장이 이끄는 일본 육군과 해군 1,050명 한성에 들어옴(7.7.음)
08.23 청 도원(道員) 마건충(馬建忠), 한성 남별궁(현 조선호텔 자리)에 머묾(7.10.음)
08.25 일본공사 하나부사, 창덕궁에서 고종을 알현하고 7개 요구조건 제시(7.12.음)
08.26 청 군인, 흥선대원군을 천진으로 호송(7.13.음)
08.30 '제물포조약' 체결-임오군란 당시 일본 측의 피해보상 관련(7.17.음)

09.02 〈효유윤음(曉諭綸音)〉 내림(7.20.음)
09.04 서북인의 신분차별 폐지, 고위관직 등용 허용(7.22.음)
09.07 화폐 주조, 호조 전담, 각국과 통상을 위해 금전·은전·문전(紋錢) 허용(7.25.음)
09.12 민비, 충주 장호원에서 40여 일 만에 환궁(8.1.음)
09.16 고종, 영·미·독 서양과 수교 표명, 전국에 세워진 '척화비' 철거 지시(8.5.음)
09.20 수신사 박영효를 일본에 파견-태극기 처음 사용(8.9.음)
09.22 재만 조선인, 청 정부의 '조선인 청국호적 편입' 중지 요청(8.11.음)
09.26 한성에 있는 척화비, 종로 보신각 부근에 매장(8.15.음)
09.28 흥선대원군, 청의 하북성 보정부(保定府)에 유폐(~1885.10.)(8.17.음)
09.00 신사유람단 수행원 안종수, 우리나라 최초의 근대적 농서 『농정신편』 간행
09.00 전주성 안에 우두국 설치, 종두 실시
10.04 〈조청상민수륙무역장정〉 조인-청 상인의 조선 내륙 진출 가능(8.23.음)
10.05 임오군란 주모자 7명, 지금의 교보빌딩 바로 앞에서 능지처참 처형(8.24.음)
11.04 국왕 친위군, 친군영 창설-청 군제 모방, 친군 좌·우·전·후·별영 설치(9.24.음)
11.04 훈련원에서 원세개에게 훈련받은 부대, '친군 좌영' 호칭(9.24.음)
11.04 동별영(훈련도감 본영)에서 주선민에게 훈련받은 부대. '친군 우영' 호칭(9.24)
11.06 경복궁 중수를 위해 강제로 거둔 '원납전' 제도 폐지(9.26.음)
11.07 다케조에 신이치로(竹添進一郞), 조선변리공사에 임명(9.27.음)(~1885.6.)
11.09 일본 요코하마 정금은행(正金銀行)과 17만 엔 차관협정 조인
11.12 훈련도감 폐지-왕궁 숙위, 금위영·장어영이 분담(10·2.음)
11.17 호조에서 은화 주조, 상평통보와 병용(10.7.음)
11.22 경기 일대의 흉년으로 한성의 쌀값 폭등(10.12.음)
11.24 민간인의 화륜선·대형 범선 등 구매·통용 허가(10.14.음)
11.00 영선사 김윤식 등, 파견 6개월 만에 전원 귀국
12.14 독일인 묄렌도르프(G. von Moellendorff), 외교 고문으로 고빙(11.5.음)
12.21 선혜청 화재-111칸 소실, 무명 148동 36필, 돈 3,336냥, 은 147냥 소실(11.12.음)
12.26 통리내무아문·통리아문 설치(11.17.음)
00.00 고종, 묄렌도르프에게 민겸호의 집 하사-최초로 한옥을 양옥으로 개축
00.00 대영성공회, 조선에 선교 사업 시작

03.24 [독일] 세균학자 코흐(Robert Koch), 결핵 균 발견
03.29 [프랑스] 의무교육 관련 〈초등학교법〉 시행
04.19 [영국] 생물진화론 주장한 찰스 다윈(Charles R. Darwin, 1809~1882) 사망
04.27 [미국] '콩코드의 철학자' 에머슨(Ralph Waldo Emerson, 1803~1882) 사망
05.06 [미국] 〈중국인 이민 제한법〉, 미국 의회 통과-중국인의 10년간 이민 금지
05.20 [독·오·이] 비스마르크 주도 하에 방어 비밀동맹 '3국 동맹' 결성(~1915)
06.02 [이탈리아] 통일운동가 주제페 가리발디(Giuseppe Garibaldi, 1807~1882) 사망
06.06 [인도] 봄베이, 태풍과 해일로 10만여 명 사망
07.09 [영국] 근대 발생학의 창시자, 동물학자 밸푸어(Balfour, 1851~1882) 사망
07.13 [러시아] 트케르니 부근서 열차 탈선 사고 150명 사망
09.04 [미국] 토머스 에디슨, 뉴욕 맨하탄 59세대에 전기공급 발전소 가동-전기시대 개막
12.22 [미국] 최초의 크리스마스 트리 장식 전구 등장

1883 계미(癸未) 고종20 명치16 광서9

01.00 전운서 설립-충청·전라·경상도의 세곡 운송 담당
01.12 통리내무아문→통리군국사무아문, 통리아문→통리교섭통상사무아문 개칭(1882.12.4.음)
01.12 중앙부처 관직명, 독판(督辦)·협판(協辦)·참의(參議) 등 직제 확립(12.4.음)
01.13 독일인 외교관 묄렌도르프(Möllendorf), 교섭통상사무 협판에 임명(12.5.음)
01.30 삼군부·기무처, 통리군국사무아문에 통합(12.22.음)
02.05 양반의 상업종사와 상민(常民)의 성균관·사학·향교 등의 입학 허락(12.28.음)
02.06 박영효, 한성부 판윤에 임명(12.29.음)
02.08 인천항 개항(1.1.음)
02.20 감생청(減省廳), 각도와 각 고을의 아전 정원수 감원 지시(1.3.음)
02.28 고종, 박영효의 요청을 받아들여 한성부로 하여금 신문 간행 지시(1.21.음)
03.01 『통문관지 속편』 간행-사역원 내력, 외국과 통교 관련 사적·의절 등 수록(1.22.음)
03.01 용산 만리창 주전소, 동과 아연 생산지 함북 단천부로 옮겨 설치(1.22.음)

03.02 통리군국사무아문으로 하여금 도적을 막기 위한 '순경부' 설치 지시(1.23.음)
03.03 부산↔나가사키 간, 조일해저전선부설조약 체결-1884.2 개통(1.24.음)
03.06 태극기를 국기로 제정, 전국에 공포(1.27.음)
03.15 인천 개항장 내 일본 조계지 확정-현 인천 중구청 주변(2.17.음)
03.16 묄렌도르프의 건의에 따라 '당오전' 주조 결정-재정 위기 타개 목적(2.18.음)
03.19 경희궁·창덕궁·만리창에 주전소 설치(2.21.음)
03.24 〈조청상민수륙무역장정〉에 의거 '중강통상장정' 체결-중강무역 재개(2.26.음)
05.20 초대 주한미국공사 푸트(Foote) 부임(4.14.음)(~1884.7.)
06.08 주전소에서 당오전 7만 냥 주조(5.4.음)
06.15 동래부에 민란 발생(5.11.음)
06.15 기기창 설립-중국 천진공장 기술자 4명 초빙, 삼청동 북창에 첫 근대 병창공장(5.11.음)
06.15 청 상해에서 12마력 화륜선 기계 수입(5.11.음)
06.22 북한산·남산·한강에서 1차 기우제 지냄-40여 일 동안 가뭄
06.27 기기국 설치-군기 제조·수리 등 관장-박정양·김윤식 등 총판에 임명(5.23.음)
06.00 김옥균, 국가 재정 부족 문제 해결을 위한 차관 교섭차 도일
06.00 지석영, 공주에 우두국 설치-종두법 교습
07.08 미국 파견 전권대신(보빙사) 민영익, 부대신 홍영식 임명(1884.5 귀국)(6.5.음)
07.09 청과 〈회령통상장정〉 체결(6.6.음)
07.25 〈조일통상장정〉·〈일본인어채범죄조규〉·〈일본인조선국간행리정조약〉 체결(6.22.음)
07.26 해관세 시행-도매 및 무명잡세 금지, 5% 저율관세(6.23.음)
07.00 대한성서공회 설립-성서의 우리말 번역·출판 목적(1895년 공식 개설)
07.00 서북경략사 어윤중, 백두산정계비 근거로 청에 간도 국경문제 획정 요구
07.00 영어 교육기관 동문학 설립-교사 영국인 핼리팩스(Halifax) 초빙, 영어교육 실시
08.07 전환국 설치-우리나라 최초의 상설 조폐기관(7.5.음)
08.17 박문국 설립-서울 저동에 세워진 최초의 근대식 인쇄출판기관(7.15.음)
08.27 경상·전라·강원·함경 등 4도 연안의 어채권(漁採權), 일본에 허가(7.25.음)
08.30 포삼(包蔘: 포장한 홍삼) 밀무역 금지(7.28.음)
09.01 보부상, 통리군국사무아문에 부속(8.1.음)
09.02 보빙사 민영익 등을 태운 태평양 횡단 여객선 아라빅(Arabic)호, 샌프란시스코항 도착

09.08 경상도 성주, 결가 등귀에 반대 농민봉기 발생(8.8.음)
09.18 보빙사 일행, 뉴욕에서 체스터 A. 아서 미국 대통령과 첫 회동(8.18.음)
09.19 개항장(인천·부산·원산)에 해관사무를 위한 '감리' 설치(~1895.6.)(8.19.음)
09.19 혜상공국 설치-보부상 보호와 민폐 근절(~1904)(8.19.음)
10.08 관세 수납 업무, 일본 제일은행 각 지점 출장소에 위탁하는 계약 체결(9.8.음)
10.16 부산↔나가사키 간, 해저전선 착공(~1884.3.)(9.16.음)
10.31 ≪한성순보≫ 창간-국내 첫 신문(~1884.12.)(10.1.음)
11.00 일본 제일은행 부산지점, 인천출장소 설치
11.22 군 훈련소 '교련소' 신설-친군전영(親軍前營)이라 호칭(10.23.음)
11.26 〈조영수호통상조약〉, 〈조독수호통상조약〉(1884.10. 비준) 조인(10.27.음)
12.18 미국에 라이플총 4천 정 주문(11.19.음)
00.00 근대적인 교육기관, 원산학사 설립
00.00 지운영, 마동에 영업 사진관 개설

01.18 [영국] 이집트를 속령으로 함
03.14 [독일] 『자본론』 저술한 칼 마르크스(Karl Heinrich Marx, 1818~1883) 사망
04.30 [프랑스] '인상주의 아버지' 화가 마네(Edouard Manet, 1832~1883) 사망
05.20 [인도네시아] 크라카타우 섬 화산 폭발
08.25 [베트남-프랑스] 위에조약 체결, 안남·통킹의 프랑스 보호령
09.03 [러시아] 『첫사랑』 작가 투르게네프(Ivan S. Turgenev, 1818~1883) 사망
09.09 [미국] 북태평양 철도 완성
10.30 [독일] 작곡가 로베르트 폴크만(Robert Volkmann, 1815~1883) 사망
12.00 [인도] 인도 독립운동 단체, '전인도국민협의회' 발족

1884 갑신(甲申) 고종21 명치17 광서10

01.03 관세 관련 〈해관세칙〉 반포(1883.12.6.음)
01.18 서울 이외 동전 주조 관청 '주전소', 모두 폐지(12.21.음)

01.27 최초의 근대식 민간인쇄소, 광인사 설립(12.31.음)
01.00 일본 육군참모부 육군 중위, 광개토왕릉비 탁본 후 『東扶餘永樂大王碑銘 해석』 발표
01.29 한성 청계천 대광통교 약점(藥店)에서 살인사건 발생-청과 외교 분쟁 발생(1.2.음)
01.31 경기 부평부에 기연해방영(畿沿海防營) 설치-수군 통할 목적의 설치된 군영(1.4.음)
02.02 통리군국사무아문, 친군영에 광산 채굴 허가, 이익금 군비 충당(1.6.음)
02.11 대궐문의 출입을 엄격히 단속, 파루를 해뜨기 한 시간 전에 치도록 함(1.15.음)
02.17 순종 탄생 이후의 일을 기록한 『동궁일록(東宮日錄)』 60권 완성(1.21.음)
02.22 청나라 제독 오장경, 차관 8명·병사 60명을 인솔하고 남단(南壇)에 머묾(1.26.음)
02.26 기기국, 군기시(軍器寺)에 통합(1.30.음)
03.25 부산↔일본 나가사키 간 해저전선 개통(2.28.음)
03.00(음) 전라도 강진현 완도 가리포에서 농민봉기
04.13 〈조청상민수륙무역장정〉 제4조 개정-청 상인의 내륙통상 허락(3.18.음)
04.18 일본공사관, 한성부 중부 정선방의 박영효 사저 매입, 이전(3.23.음)
04.22 고종의 전교로 우정총국 설치(총판 홍영식)(~12.6.)(3.27.음)
04.25 주청영국특명전권공사 해리 파크스(Harry Parkes) 내한(3.30.음)
05.03 우정총국, 일본·영국·홍콩의 우정국과 〈우편물 교환 약정〉 체결(4.9.음)
05.22 조영수호통상조약 비준서 교환, 정동에 영국공사관 개관(4.28.음)
05.00(음) 독일인 칼 월터, 세창양행 지점설치 위해 인천 도착
06.04 주한 외교대표단의 외국인 거류지, 양화진으로 선정(5.11.음)
06.07 친군영 담당, 친군 전영-화도진, 친군좌영-양화진, 친군우영-장산진, 어영청-한강진
06.26 조이수호통상조약 조인(윤5.4.음)
07.07 조러수호통상조약 조인(윤5.15.음)
07.12 정오와 인정·파루 때 시각을 알리는 포를 금천교에서 쏘도록 함(윤5.20.음)
07.12 청 상인, 청상회관(淸商會館) 설립-회현방 낙동 이범조 형제 집 개축(윤5.20.음)
07.24 복제 개혁, 사복에 좁은 소매 옷[窄袖衣] 착용(6.3.음)-복식의 현대화 첫 걸음
07.30 삼청동 별창 자리에 기기국 무기고 '번사창' 건립(6.9.음)
08.12 미국 북감리교회 선교사 매클레이, 포교 및 육영사업 허가 받음(6.22.음)
08.19 황해도 장연군 대구면 솔내에 국내 첫 소래교회 건립(6.29.음)
08.27 미국 전권공사의 직위, '판리공사 겸 총영사'로 격하(7.7.음)

09.03 연무대에서 이주한 부대, '친군 후영' 호칭(7.22)
09.05 조문, 『삼정도설(三政圖說)』 간행-토지측량 방법 관련 연구서(7.16.음)
09.20 선교사·의사 알렌(H.N.Allen), 미국공사관 관의(官醫) 자격으로 내한(8.2.음)
10.16 일본 요청으로 양화진 대신 '용산'을 각국 개시장으로 결정(8.18.음)
10.18 잠상공사(蠶桑公司) 설립-총리군국사무아문 관리, 근대적 양잠업 개시(8.30.음)
11.02 일본공사 다케조에(竹添進一郎), 임오군란 배상금 잔액 40만 엔 반환(9.14.음)
11.18 우정총국 개국-우정사무 시작, 최초의 우표 발행-5·10·25·50·100문(10.1.음)
12.04 김옥균·박영효 등, 우정총국 낙성식 축하연 이용 '갑신정변' 발발(10.17.음)
12.04 갑신정변에 민영목·민태호·조영하·이조연·윤태준·한규직 등 피살(10.17.음).
12.05 급진개화파, 경우궁에서 새 내각 조직, '14개조 혁신정강' 반포(10.18.음)
12.06 청·일 양국의 병사들이 창덕궁에서 무력 충돌. 홍영식·박영교 등 피살(10.18.음)
12.06 박문국 사옥·활자·인쇄시설 등 전소, ≪한성순보≫ 정간(10.19.음)
12.07 고종, 청군 본영의 하도감(下都監)으로 이어(10.20.음)-12.10 창덕궁으로 환궁
12.07 군민, 청 병사들과 함께 일본공사관 습격(10.20.음)
12.08 갑신정변 이후 새 내각 조직, 정변 중의 모든 개혁 환원-우정총국 폐쇄(10.21.음)
12.10 고종, 청 군영에서 창덕궁으로 환궁(10.23.음)
12.11 김옥균·박영효·서광범·서재필 등 갑신정변 주역들, 일본으로 망명(10.24.음)
12.23 판소리 이론가·작가 신재효 사망(1812~1884)-춘향가·심청가 등 6마당 완성(11.6.음)
12.24 금위영·어영청 부대 합쳐 '친군 별영' 설치(11.7.음)
00.00 광인사, 국내 첫 근대식 출판물 『충효경집주합벽(忠孝經集註合璧)』 발간
00.00 자딘 매더슨 상회, 상해↔인천 간 기선 항로 개설
00.00 전환국, 일본인 주화기술자 초빙 최초의 동화 주조-주화 1냥 은화, 5문 동화
00.00 우리나라 최초의 양옥, 인천 세창양행 사택 건립

01.06 [오스트리아] '멘델의 유전법칙'을 만든 유전학자 멘델(1822~1884) 사망
02.27 [남아공] 남아프리카공화국 성립
03.21 [프랑스] 〈노동조합법〉 공포
05.11 [프랑스-청] 천진조약 성립-안남, 프랑스 보호령화
05.12 [체코] 국민음악파, 작곡가 스메타나(1824~1884) 사망

06.06 [베트남, 안남], '후에조약'으로 프랑스 보호령
07.10 [독일] 이집트학 학자·체계적인 근대 고고학 창시자 레프시우스(1810~1884) 사망
08.23 [프랑스] 프랑스 함대, 청의 복건함대 전멸
08.26 [스페인] 『음유시인』 극작가 가르시아 구티에레스(1813~1884) 사망
08.26 [프랑스-청] 청불전쟁 발발
10.01 [독일·러시아·오스트리아] 3황제, 폴란드에서 회담, 독소밀약 성립
10.13 [영국] 런던 그리니치 자오선, 지구 경도의 원점으로 채용
11.06 [영국] 오세아니아 북서부의 세계 제2의 큰 섬, 뉴기니아섬 보호령화
11.15 [독일] 독일·프랑스 등 14개국, 베를린회의 개최, 아프리카 분할 논의

1885 을유(乙酉) 고종22 명치18 광서11

01.03 갑신정변 때 죽은 한성의 백성 50명에게 무명 2필씩 지급(1884.11.18.음)
01.03 갑신정변 처리를 위해 일본특파전권대사 이노우에(井上馨) 내한(11.18.음)
01.09 〈한성조약〉 체결-10만 원 보상금 지불, 공사관 공사에 2만원 지급(11.24.음)
01.23 갑신정변 가담자 처벌을 위해 '국청' 설치(12.8.음)
02.00 평안북도 초산 봉기
03.03 고종, 창덕궁에서 경복궁으로 환궁(1.17.음)
03.03 경복궁 출입 시 신하들 영추문, 이속(吏屬)들 건춘문(建春文)으로 이용 지시(1.17.음)
03.00 최초의 서양식 건축물인 전환국 공사 착공(~1887.1. 준공)
03.00 일본 민간인들의 한성 거주 허용
04.05 미국 개신교 선교사 언더우드·아펜젤러, 제물포항에 도착
04.08 경기도 여주 농민 봉기, 관청 습격(2.23.음)
04.14 의사 알렌, 광혜원[제중원] 설립-한성부 북부 재동에 최초의 서양식 병원(2.29.음)
04.15 영국 동양함대, 러시아의 남하 견제 위해 거문도 점령(~1877.3)(3.1.음)
04.26 서양병원 광혜원, '제중원'으로 개칭(3.12.음)
04.27 강원도 원주 농민 봉기(3.13.음)
05.08 경기 연안의 해방아문(海防衙門), 용산 만리창 터로 이전(3.24.음)

05.12 박문국, 광인사로 옮기고 ≪한성순보≫ 계속 발간 결정(3.28.음)
05.00 혜상공국, 인천객주회 설치-개항장 상인들로부터 영업세 징수(음3월)
05.00 종루에 보신각(普信閣)이란 현판을 달고 이후 '보신각'이라 칭함(음3월)
05.00 국내 최초로 기독교 부활절 행사 거행(음4월)
05.00 지석영, 국내 최초의 우두종서 『우두신설』 발간(음4월)
05.31 1차 조러밀약 교섭-러시아 군사 교관 파견, 청일전쟁 시 조선 독립 보장(4.18.음)
06.02 청 예부에서 토문강 구경계의 공동조사 요청(4.20.음)
06.02 평양 감영에 '친군 서영' 설치(4.20.음)
06.07 통리군국아문, 의정부에 통합(4.25.음)
06.14 서울 생민동(현 충무로 4가)에 '친군 서영' 병사 신축(5.2.음)
07.07 내무부 설치-궁궐 내 사무 총괄(5.25.음)
07.07 조러수호통상조약 비준(5.25.음)
07.10 조이수호통상조약속약 체결(5.28.음)
07.17 서울↔의주 간 전선가설을 위한 '조청전선조약' 체결(6.6.음)
08.13 진휼청, 홍수 가옥 유실 528호 돈 3냥, 반파 192호 2냥, 사망자 베 2필 지급(7.4.음)
08.30 한성에 주둔하고 있던 일본군, 인천항으로 철수(7.21.음)
09.11 미국 선교사 아펜젤러, 정동에 배재학당 설립(1886.6.8 교명 하사받음)(8.3.음)
09.16 영국 총영사 에스턴, 연간 5,000파운드에 거문도 임차 제의
09.25 전환국 조폐창·기기국 기기창, 남대문 밖 선혜청 별창 설치(8.17.음)
09.28 한성전보총국 화전국(華電局) 개국(8.20.음)
10.03 서울↔인천 간 전신업무 시작-국내 첫 전기통신 실용화(8.25.음)
10.05 흥선대원군, 청으로부터 3년여 만에 귀국(8.27.음)
10.14 미국인 메릴, 해관총세무사에 임명(9.7.음)
10.24 조청상민수륙무역장정에 따라 통상분국 설치(9.17.음)
10.29 평양 전보분국 개국-서울↔평양 간 전설가설공사 준공(9.22.음)
11.06 토문감계사 이중하, 청과 토문감계에 대하여 회담(9.30.음)
11.17 청의 원세개, 주차조선총리교섭통상사의로 부임(10.11.음)
11.21 토문감계 문제, 조·청 대표를 3반으로 편성, 동북국경 공동답사(10.15.음)
12.15 부산에 일본재판소 설치(영사재판)(11.10.음)

12.21 〈부산구설해저전선조관속약〉 체결(한성↔부산)(11.16.음)
00.00 김옥균, 일본에 망명하여 저술한 『갑신일록』 발간
00.00 경복궁 안에 처음으로 서양인 기술자에 의해 두 대의 써치라이트 설치
00.00 한성 미동과 종로의 기와집 매입, 고아원·양로원 건물로 사용

03.16 [일본] 후쿠자와 유키치[福澤諭吉], 『탈아론』 발표-일제의 침략성 정당화 이론
04.18 [청-일본] 텐진조약 체결-청일 양군 철수, 조선에 군대 파병 시 상호 통보 등
07.21 [청 · 일본] 양국 군 '텐진조약'에 따라 철병, 외무협판 묄렌도르프 파면
07.23 [미국] 남북전쟁 북군 총사령관, 제18대 대통령 율리시스 그랜트(1822~1885) 사망
09.23 [독일] 『가난한 시인』 화가 슈피츠베크(1808~1885) 사망
11.14 [미얀마] 영국과 제3차 미얀마전쟁 발발
12.17 [프랑스] 아프리카 남동쪽 인도양의 마다가스카르섬, 보호령으로 결정
12.22 [일본] 태정관제 폐지, 내각제도 확립, 1차 이토 히로부미 내각 구성(~1888.4.)
12.28 [인도] 영국 지원 하에 뭄바이서 제1회 인도국민회의 개최
00.00 [독일] 칼 벤츠(Karl Benz), 가솔린 3륜 자동차 발명

1886 병술(丙戌) 고종23 명치19 광서12

01.02 독일상사 세창양행에 '은 10만 냥' 차관-연리 10%, 12년 상환(1885.11.28.음)
01.15 총융청 폐지, '친군 우영'에 이속(12.11.음)
01.20 내무부, 전국의 호적 작성 위해 〈오가작통절목〉 마련, 전국에 반포(12.16.음)
01.31 김윤식·다카히라(高平小五郎), 〈조차절영도기타조약〉 조인-일본 해군 저탄장 설치(12.27)
02.06 세습제 폐지-새로 태어난 노비 자녀에게 노비 세습 금지(1.2.음)
02.00 미국인 타운젠트, 서대문 밖에 수력화약공장 건설
03.01 박문국, 국내 첫 주간신문 ≪한성주보≫ 창간(~1887.7.)-국한문 혼용(1.25.음)
03.27 국내 첫 신문광고 등장-≪한성주보≫ 4호 세창양행 광고(2.22.음)
03.31 청나라 상인의 한성개잔(漢城開棧)을 용산으로 옮겨 무역하도록 함(2.26.음)
04.08 청 북양대신 이홍장 추천 미국인 데니(Deny), 외교통상사무 장교당상 임명(3.5.음)

04.14 형조, 〈사가노비절목〉 작성-노비 소생 매매금지, 양인 자격의 법적 보장(3.11.음)
05.02 세브란스병원에 의학부 신설(3.29.음)
05.11 일본정부, 수교 방해 이유를 들어 김옥균 추방 명령
05.31 스크랜튼, 이화학당 설립(1887.2. 교명 하사받음)(4.28.음)
06.00 언더우드, 언더우드학당 설립(1905. 경신학교로 개명)
06.04 〈조불수호통상조약〉 체결(5.3.음)
06.04 내무부 공작사, 국내 첫 기선 해룡호(236톤) 구입-1892 조양호·창룡호·현익호 구입
07.11 한성·경기에 콜레라 징후 발생-역질 여귀에게 제를 올리는 여제(厲祭) 실시(6.10.음)
07.12 육영공원 교사, 미국인 길모어·벙커·헐버트 등이 한양 도착(6.11.음)
07.18 국내 첫 국립 근대교육기관 육영공원 설립-9.23 육영공원 개원(~1894)(6.17.음)
08.09 내무부사 심순택, 러시아공사 베베르에 '친러항청정책' 국서(조러밀약) 전달(7.10.음)
08.20 원세개, 〈조러밀약〉에 이준용 국왕 추대 음모, 천진 이홍장에게 파병 요청(7.21.음)
08.27 관리양성 목적에 〈육영공원설학절목〉 작성-외국어·근대교육 실시(7.28.음)
10.07 미국 선교사 스크랜튼, 이화학당 내에 병원(1887.12. '보구여관' 명명) 개설(9.10.음)
11.24 종래 대궐 뜰에서 시행하던 죄인 신문 금지(10.29.음)
12.06 러시아인, 한강 양화진에 성냥공장 설립
12.06 러시아공사 베베르, 한국 유민 연해주 지역 유출 금지 요청
12.07 각국 공사에게 상민(商民)들을 용산으로 옮기도록 요청(11.12.음)
00.00 정병하, 『농정촬요(農政撮要)』 간행-국내 첫 서양식 활자로 인쇄한 국한문 서적
00.00 육영공원 교사 헐버트, 세계 지리서 『사민필지』(순한글) 간행
00.00 일본인 요시키[吉城梅溪], 서울에 최초의 개인병원 '찬화병원' 개원

04.29 [미국-일본] 범인인도조약 조인
05.01 [미국] 메이데이 제정
05.08 [미국] 코카콜라 시판
07.31 [헝가리] 피아노의 거장 리스트(1811~1886) 사망
08.06 [콜롬비아] 콜롬비아공화국 성립
08.16 [인도] 힌두교 성자 라마크리슈나(1836~1886) 사망
10.28 [미국] 독립선언 100주년을 맞이하여 뉴욕에서 '자유의 여신상' 제막

11.11 [프랑스] 리옹서 제1회 전국노동조합대회 개최
00.00 [독일] 다임러, 세계 첫 사륜자동차(250cc 0.8마력 가솔린엔진, 마차에 장착) 발명

1887 정해(丁亥) 고종24 명치20 광서13

02.10 한성부판윤 이원회, 경략사로서 거문도 형지 살핀 후 설진방략(設鎭方略) 지시(1.18.음)
02.27 영국 동양함대, 거문도 점령 22개월 만에 철수(2.5.음)
03.00 미국으로부터 증기발전기 도착
03.04 일본인, '상업회의소' 설립인가 신청(2.10.음)-3.17. 인가, 운영규칙 제정, 10명 임원
03.09 경복궁 전등 설비한 에디슨전기회사 멕케이(W. Mckay), 총기 오발로 사망(2.14.음)
04.06 조선전보총국(남전국)(총판 홍철주) 설치-독자적인 전신사업 관할(3.13.음)
04.18 청, 한성↔부산 육로 전선(남로전선) 가설권을 조선전보총국에 이양(3.25.음)
04.18 일본임시공사 스기무라(衫村), 경상도지방의 방곡령 철폐 요구에 해제(3.25)
04.27 광무국 설치(총판 민영익_-광산 사채(私採)·세금체납·외국인 채광 업무 담당(4.5.음)
04.27 저자 미상, 농사의 중요 사항을 조목별로 작성한 『권농절목』(한글) 편찬(4.5.음)
04.27 토문감계사 이중하, 청국 진영과 정계비 및 부근의 수원 조사(4.5.음)
04.30 아펜젤러, 최초의 감리교 '정동교회' 설립(4.8.음)
05.16 북한산·남산·한강 등지에서 1차 기우제 지냄(4.24.음)-60여 일 가뭄)
05.19 첫 프랑스공사 플랑시(Plancy) 부임-조선인 무희 리진과 결혼-(4.27.음)
06.30 경복궁 건청궁 주변에 100W 아크등 점등-멕케이 사망으로 늦춰짐(5.10.음)
06.00 에디슨전기회사, 경복궁 향원정 근처에 3kW 증기발전기 2대 설치
07.00 미국 북장로교 선교사·여의사 앨러스, 정동 제중원 사택에 정신여학당 설립
07.21 한시의 운율사전 『어정규장전운(御定奎章全韻)』(이덕무 편찬) 간행(6.1.음)
08.03 곤도 신스케(近藤眞鋤), 제3대 주한 일본공사 임명(~1890.12.)
08.18 박정양, 첫 주미공사 임명(6.29.음)
08.18 심상학, 영·독·러·이·프 5개국 공사에 임명-7.29. 조민희로 대치(6.29.음)
09.07 성균관, '경학원'으로 개칭(7.20.음)
11.00 제일은행 인천지점에서 '한성 출장소' 설치

11.12 미국 북장로교 선교사 언더우드, 국내 첫 조직 교회 설립(현 새문안교회)(9.27.음)
11.16 주미공사 박정양 부임(~1889.7.)(10.2.음)
12.13 전환국 조폐창(현 남대문초등학교)·기기국 기기창(서울 삼청동) 준공(10.29.음)
12.15 정동의 배재학당 강당 준공-벽돌로 건축(11.1.음)
12.27 일본상인들 전라도 백목(白木)의 한성부 이현 판매에 백목전 상인들 반발(11.25.음)
00.00 영국의 기자 맥켄지 등, 신지식 보급 목적에서 '광문회' 설립
00.00 성서번역위원회(위원장 언더우드 목사) 설립

01.28 [프랑스] 파리 에펠탑 착공(~1889.3)
04.04 [영국] 런던서 제1회 식민지회의 개최
06.18 [독일-러시아] 비스마르크 주도로 비밀조약, '재보장조약' 체결
10.00 [청-포르투갈] 양국 간 수교통상조약 체결, 포르투갈에 마카오 할양
10.17 [프랑스] 프랑스령 인도차이나연방 결성

1888 무자(戊子) 고종25 명치21 광서14

02.06 고종, 근대 사관학교 연무공원 창설 지시, 미국인 교관 초빙 교섭 시작(1887.12.25.)
02.00 이화학당, 최초로 주일학교 개설
04.10 연무공원 미군 교관, 소장 다이(Dye, 대좌 커민즈(Cummins), 소좌 리(Lee) 도착(2.29)
04.16 한성↔부산 '남로전선' 가설 한성에서 착공(감독 핼리팩스)(3.6.음)-7.6 준공
04.17 경복궁 승정원 우사당 화재로 『승정원일기』 361책 소실(3·7.음)-1891.1 개수 완료
04.17 양반가의 노비들과 일반 무뢰배들 사이의 '계 조직' 금지 단속 지시(3.7.음)
04.22 조병식, 미·러·이 3국 공사에게 정부 승인 외 기독교 선교·학당 설립 금지 요청(3.12)
05.20 미국 교련교사 육군 소장 Dye·대좌 Cummins·소좌 Lee 도착(4.10.음)
05.29 군제 개편-중영에 통위영, 좌영에 장위영, 우영에 총어영 등 3영 설치(4.19.음)
06.19 외국인·천주교도들이 '어린아이를 잡아 먹는다' 소문 주모자 체포 지시(5.10.음)
07.06 조선전보총국, 〈전보장정〉 반포-국내 첫 전신관련(한글 전신부호·요금) 법규(5.27.음)
06.28 민영익·한규설·이종건, 연무공원 판리에 임명-학교 운영 담당 위원(5.19.음)

07.14 박문국 폐쇄, ≪한성주보≫ 폐간(6.6.음)
07.29 일본에 망명 중인 김옥균, 오가사와라섬[小笠原島]에서 북해도로 추방(6.21.음)
07.00 함경도 정평부 초원광점에서 봉기, 관리 9명 피살. 함경도 영흥에서도 농민봉기
08.20 러시아와 〈조러육로통상장정〉 체결-러시아에 경흥 개방, 국경무역 시행(7.13.음)
08.29 내무부, 「연무공원직제절목」 공표(7.22.음)
09.00 증기선 용산호(16톤)·삼호호(13톤) 도입-마포↔인천 간 운행
10.00. 삼남지방에 큰 흉년
10.17 선교사 언더우드, 『한영문법전』·『영한자전』 간행(9.13.음)
11.00 일본 제일은행 인천지점 서울출장소 설치
12.27 평양의 기자묘, '기자릉'으로 개칭(11.25.음)-1959년 김일성의 명령에 파괴
00.00 천주교, 서울 명동성당 구내에 '성서활판소' 설치

10.16 [국제] 영·프·독 등 9개국, 콘스탄티노플 조약(수에즈운하 자유항행권)
11.10 [국제] 유럽열국, 아프리카 노예무역 금지결의
03.09 [독일] 독일제국의 초대 황제, 빌헬름 1세(1797~1888) 사망
06.15 [독일] 빌헬름 2세, 황제 즉위(~1918)
04.30 [일본] 구로다 기요타카(黒田清隆), 제2대 총리대신 임명(~1889.10)
11.30 [중국] 캉유웨이 등, 변법자강운동 전개
12.17 [중국] 청, 북양해군 창립-정여창, 북양해군제독

1889 기축(己丑) 고종26 명치22 광서15

01.11 각국 선박 마포 잠입, 인천·부산·원산항 서기관(書記官)을 마포에 배치(18812.10)
02.02 영남감영(대구)에 우두국 설치, 종두 실시(1.3.음)
02.00 함경북도 길주에서 민란
02.00 강원도 정선에서 민란-군수 축출, 사령 불태워 죽임
02.00 육의전을 비롯한 한성 상인들, 외국 상인의 철수를 요구하며 철시
04.21 화폐 주조 남발로 물가 폭등, 주전소 폐지(3.22.음)

05.12 부산에 최초의 기선회사 설립(4.13.음)
05.19 친군위영·탕춘신영 화약고 실화-총어영 화약 8만여 근 소진, 민가 15호 소실(4.20.음)
06.20 고종, 육영공원 교사 헐버트·길모어·벙커 등 접견(5.22.음)
06.00 유길준, 『서유견문』 집필-1895.4.1. 일본 도쿄서 간행
07.10 러시아, 동양함대 기류지 및 저탄장으로 남해의 녹도 요구-정부 거절(6.13.음)
08.07 일본 공사, 일본 상인의 개항장 외 내륙 행상 요청(7.11.음)
08.30 '대조선국보(大朝鮮國寶)' 등 어보 제작케 함(8.5.음)
09.00 일본거류민을 위한 인천우체국 한성출장소 설립
10.08 경희궁 숭정문(崇政門) 화재-행각 40칸 전소(9.14.음)
10.11 전라도 광양에서 농민 봉기(9.17.음)
10.18 조병식, 함경도에 〈방곡령〉 공포(9.24~1890.1.음)
11.07 일본대리공사 곤도 신스케, 방곡령의 철폐 및 손해배상 요구(10.15.음)
11.09 경기도 수원에서 농민봉기(10.17.음)
11.12 〈조일통어장정〉 조인-일본인의 조선 연안 어업 활동 허용(10.20.음)
12.00 인천항의 분읍제 실시로 매매 주선 독점권, 25객주에 인가
00.00 개신교, 배재학당 내에 소미미활판(所美美活版所)(삼문출판소:Trilingual Press) 설치
00.00 언더우드, 조선야소교서회(현 대한기독교서회) 조직

02.11 [일본] 〈대일본제국헌법〉 공포
03.04 [청] 서태후 물러나고 광서제 친정
03.17 [미국] 존 홀랜드, 잠수함 첫 개발
03.31 [프랑스] 프랑스혁명 100돌 기념 박람회, 에펠탑 준공(높이 300m)(5.6. 개관)
05.06 [프랑스] 파리에서 국제사회당(제2인터내셔널) 성립(~1914)
05.21 [프랑스] 최초로 축전지를 만든 물리학자 플랑테(1834~1889) 사망
06.03 [오스트리아] 작곡가·지휘자 요한 슈트라우스(1825~1899) 사망
07.14 [국제] 엥겔스 제창, 제2인터내셔널(국제노동자협회) 창립(파리)-유럽 19개국 참가
08.13 [미국] 윌리엄 그레이, 주화 사용 전화기로 특허
10.25 [일본] 산조 사네토미(三條實美), 임시 내각총리대신 임명(~12.24)
11.15 [브라질] 공화국 성립-11.17. 황제 일족, 포르투갈에 망명

12.24 [일본] 야마가타 아리토모(山縣有朋), 제3대 내각총리대신 임명(제1차)(~1891.5)
00.00 [일본] 흉작으로 물가 등귀, 일본 첫 경제공황 시작

1890 경인(庚寅) 고종27 명치23 광서16

01.26 종로 상민들, 청·일 상인들 철수 요구하며 제2차 철시 단행, 연좌 시위(1.6.음)
01.27 일본 측 요구에 함경도 방곡령 철회, 조병식 감봉 처분(1.7.음)
01.31 서울 육의전 등 상인들, 청·일본 등 외국 상인의 용산 이전 요구 철시(1.11.음)
01.00(음) 경기도 안성군수 최낙주 탐학에 농민봉기
02.01 박제순, 조민희 후임으로 영·독·러·이·프 5개국 공사에 임명(1.12.음)
03.09 미국 퇴역 장성 리젠드르[이선득], 2품직 협판내무부사 임명(2.19.음)
03.09 연무공원 공로자 닌스테드(Nienstead)·다이(Dye), 병조참의·참판 수여(2.19.음)
03.00(음) 제주도 어민, '조일통어장정'에 반대하여 봉기
05.09 미국공사 겸 총영사 A. 허어드(Heard) 부임(3.21.)
06.04 익종비 대왕대비 조씨(1803~1890, 신정왕후), 경복궁 흥복전에서 사망(4.17.음)
06.21 우리나라 부동산 중개 최초 법제, 〈객주·거간규칙〉 제정(5.5.음)
07.19 정동에 영국공사관 건물(옛 임해군 저택, 현 관저) 착공-1892.5. 완공
07.24 부산항, 25객주 분읍제 실시-매매 주선 독점권을 25객주에 인가(6.8.음)
07.29 양화진 외국인 공동묘지 설치 인가-1893.10. 〈외인묘지규칙〉 공포(6.13.음)
09.00(음) 함경도 함창현에서 농민 봉기
10.03 조선정부, 일본 선원의 제주도민 살해·가재도구 약탈에 일본 공사에 항의(8.20.음)
10.15 뮈텔, 제8대 조선교구장에 임명(~1933)-53년간 조선에 체류(9.2.음)
10.25 주차조선미국공사관 참찬관 알렌, 주경대리총영사(駐京代理總領事)로 취임(10.2.음)
12.01 일본어선의 제주도 연해 출어 허가 만기일 연장(~1891.5.)(10.20.음)
12.25 영국 성공회, 서울에 자리를 잡음(11.14.음)
00.00 길주·원산·대구 등지에서 서양의 사과·복숭아·배 등 재배 시작
00.00 일본산 면직물, 시장 석권
00.00 코피·홍차 등 차류, 최초로 궁중에 소개

01.21 [일본] 자유당 결성
03.18 [독일] 비스마르크 수상 실각
05.01 [국제] 프랑스 파리에서 제1회 국제메이데이 행진 실시-노동자 권익, 복지 향상
07.01 [영국-독일] 영독협약-양국 간 동서아프리카 접경 결정(독일, 에리고랜드 획득)
07.01 [일본] 제1회 중의원 의원 총선거 실시
07.29 [네덜란드] 후기 인상주의 작가 빈센트 반 고흐(1853~1890) 사망
10.30 [일본] 교육칙어(教育勅語) 발포
11.29 [일본] 제1회 제국의회 개회
12.04 [독일] 세균학자 베어링, 혈청요법 발명
12.27 [영국] 〈노동자보호법〉 제정
12.29 [미국] 9기병대, 인디언보호구역의 수(Sious)족 수백 명 몰살
00.00 [독일] 벤츠, 바퀴 4개 달린 휘발유 내연기관 자동차 발명

1891 신묘(辛卯) 고종28 명치24 광서17

01.01 제4대 주한일본공사 가와키타 도시스케(河北俊弼) 부임-1891.3. 사망
01.03 미국인 그레이트 하우스, 내무협판에 임명-외국 법률 담당(1890.11.23.음)
01.21 조선-일본, 월미도기지조차조약 체결-4,900평에 연 80원(12.12.음)
01.28 전환국, 평양주전소 분소 설치(12.19.음)
01.00 한성↔구리 동구릉 간, 전선가설 완료-고종의 익종비 전화 문상 목적
02.15 조선-청, 〈조선북로전선조약〉 체결-청, 서울↔춘천↔원산 간 전선가설권 획득
04.07 일본인 하야시(林德右衛門), 제지공장 준공-관아 사용의 각종 제지류 공급(2.29.음)
04.29 제주도민, 일본과의 통어철폐 요구-제주민란 발발(3.21.음)
05.02 제5대 주한일본공사 가지야마 가나에스케(梶山鼎介) 부임(~1892.12.)
06.21 일본어선 수십 척, 제주도 건입포로 들어와서 주민 살해, 약탈 자행(5.15)
07.25 한성부 남부 주동에 일어학당 개설-교사, 일본인 오카쿠라(岡倉由三郎) 초빙(6.20.음)
07.29 북로전선(한성↔원산) 준공(6.24.음)

07.29 외무독판 민종묵, 일본공사에게 〈조일통어장정〉 개정 요구(6.24)-일본, 거부
10.01 내부협판 리젠드르, 일본 어선의 제주어채금지·조일통상 등 개정 교섭(8.29.음)
11.28 워싱톤 주미 한국공사관 건물, 25,000달러에 구입(10.27.음)
12.05 사용 중지 은화·동화 전환국에서 다시 주조, 교환국, 엽전·당오전 통용 허용(11.5.음)
12.08 일본 공사, 함경도 원산항의 방곡령 손해 배상 14만7천 여원 청구(11.8.음)
12.17 평양 일대의 탄광 담보로 연안 경비용 군함, 영국서 구입 결정(11.17.음)
12.00 알렌, 영문잡지 *Korean Repository* 발간
00.00 일본인, 부산수산주식회사 어시장 개설
00.00 언더우드가 설립한 경신학교, 교과목 개편 후 체조과목 신설

02.00 [러시아] 시베리아횡단철도 건설 결정, 시베리아횡단철도위원회(니콜라이 2세) 조직
03.18 [프랑스] 파리↔런던 간 전화 개통
05.06 [일본] 마쓰카타 마사요시(松方正義), 제4대 내각총리대신 임명(~1892.8.)
05.11 [러시아] 니콜라이 2세, 시베리아횡단철도 착공식 참석차 일본 방문 중 피습
05.20 [미국] 에디슨, 최초의 등사기(활동사진)를 대중에 공개
05.31 [러시아] 시베리아횡단철도 착공-1916.10.18. 전 구간 개통
11.10 [프랑스] 천재 시인 랭보(1854~1891) 사망
11.11 [청] 금단교도 봉기, 기독교도와 충돌
11.28 [미국] 캐나다 출신 미국인 제임스 네이스미스, 농구 최초 고안
12.01 [청] 광서제, 동문관에서 서양학문 학습
12.24 [미국] 구세군 자선냄비 첫 등장
00.00 [독일] 릴리엔탈, 글라이더 비행 성공
00.00 [스위스] 카를 엘스너(Karl Elsener), 스위스 군대에 처음 군인용 칼 납품

1892 임진(壬辰) 고종29 명치25 광서18

02.20 영국의 한성주차총영사대리 힐리어(Hillier), 총영사로 부임(1.22.음)
03.00 정부, 일본의 평양개방 요구 거절

04.06 함흥부에서 농민 봉기(3.10.음)
04.00 덕원부에서 농민 봉기
05.09 일본 제일은행 인천지점에서 은 5천원 차관-신정왕후 제사 비용 충당(4.13.음)
05.25 미국 감리교, 인천에 영화학교 설립(4.29.음)
05.00 일본인, 제주도 화북포에 침입 약탈 자행-7월 정부, 일본에 배상 요구
06.23 일본 도쿄에서 〈조오수호통상조약〉 조인(5.29.음)
09.00 예천군민, 광산 개발 금지에 항의·봉기
11.06 용호영·총어영·경리청, '친군'으로 개칭(9.17.음)
11.17 일본공사, 황해도 방곡령 실시로 입은 손해액 6만 9,469원 보상 요구(9.28.음)
11.24 조청윤선공사 창설-소기선 2척, 한강 통해 청 상인의 화물·조세미 운반(10.6.음)
11.24 청으로부터 은 10만 냥 차관-상환기간 100개월, 월 이자 6리(10.6.음)
12.08 동학지도층, 통문을 돌려 충남 공주에서 교조신원운동 전개(10.20.음)
12.15 동학교단 차원 첫 전북 삼례집회 개최-교조 신원, 교도 탄압 금지 호소(10.27.음)
12.20 인천전환국 설치-서양식 조선화폐 주조(11.2.음)
12.20 일본에서 은화 25만 원 차관(11.2.음)
00.00 일본 제58은행, 서울지점 설치

01.21 [영국] 해왕성을 발견한 천문학자 존 애덤스(1819~1892) 사망
02.00 [독일] 루돌프 디젤, 디젤기관 발명
08.08 [일본] 이토 히로부미(伊藤博文), 제5대 내각총리대신 임명(제2차)(~1896.8)
08.23 [브라질] 공화국의 초대 대통령 폰세카(1827~1892) 사망
11.00 [프랑스] 쿠베르탱, 올림픽 부활 제창
12.06 [독일] 전자공학자 베르너 폰 지멘스(1816~1892) 사망

1893 계사(癸巳) 고종30 명치26 광서19

01.25 오이시 마사미(大石正己), 제6대 주한일본공사 부임(~1893.7.)
01.00 평안도 성천·강계, 함경도 종성 농민 봉기

02.08 임오군란 당시 궐에 침입하였다가 도망한 군인 박홍근 등 7명 체포(12.22)
02.11 경향(京鄕)에 출몰하여 재물 약탈·인명 살상한 강도단 13명 체포·효수(12.25)
02.19 지석영, 교동에 '우두보영당' 설립-소아를 상대로 우두접종 시작(1.3.음)
03.10 상해 영국회풍은행에서 은 5만 원 차관(1.22)
03.22 강화도 갑곶진에 해군영(해군사관학교) 설립 칙령(2.5.음)
03.29 동학교도 40여 명, 교조신원을 위해 광화문에서 3일간 복합상소(2.12.음)
03.30 한성에서 남의 집문서 위조·절도로 전당잡히거나 팔아먹는 사례 자주 발생(2.13.음)
03.31 '외국인 추방' 내용의 동학교도들의 벽보, 한성과 외국공관 벽에 부착(2.14.음)
04.09 평안도 함종부민, 부사 심인택의 학정에 민란 발생(2.23.음)
04.23 서대문에서 성요셉가톨릭교회 헌당식 거행(3.8.음)
04.25 동학교도 2만여 명, 충청도 보은집회에서 '척왜양의' 기치 내걺(~5.18)(3.10.음)
04.26 동학교도, 전북 금구 원평서 '보국안민'·'척왜양의' 농성(3.11.음)
04.28 계동 직조국(織造局) 건물, 일본어학당으로 이용토록 함(3.13.음)
05.01 미국 콜롬비아세계박람회에 1000달러 상당 수공품 출품-'대조선' 국호 사용(~10.30)
05.19 일본과의 함경도 방곡령 배상액, 11만 원으로 결정(4.4.음)
05.23 왕실에서 연등놀이 행사에 화약비 80만 냥 소모(4.8.음)
06.30 미국대리공사 요셉 헤로드(Joseph R. Herod), 한성에 부임(5.17.음)
07.01 북한산성 행궁과 각 관청의 성첩 중수 완료(5.18.음)
07.19 주청일본공사 오토리 게이스케(大鳥圭介), 주 조선공사 겸임(6.7.음)
07.30 방곡령 사건 배상금 1차분 상환 위해 청으로부터 은 3만5천 원 차관(6.18.음)
08.00 충청도 횡간, 황해도 재령서 농민 봉기
09.00 선교사·의사 에이비슨(Avison), 제중원 책임자·국왕 전의에 임명-양의학 보급
11.03 서울 중림동에 최초의 서양식 성당, '약현성당' 준공(9.25.음)
11.06 오오토리 게이스케(大鳥圭介), 제7대 주한일본공사 부임(~1894.10.)
12.01 부산·원산 항구에서 방곡령 실시(~1894.3.)(10.24.음)
12.06 의화군 부인(김사준의 딸)의 친영례 행함(10.29.음)
12.23 개성 부민 봉기(11.16.음)
00.00 러시아령 블라디보스토크에 한인촌 건립
00.00 최초의 시계 상점, 한성 구리개(현 을지로)에 등장

01.16 [하와이] 왕제폐지, 공화정부 수립
05.02 [미국] 국립광업회사 파산, 전 미국에 대공황
06.24 [노르웨이] 난센 등 북극탐험대 13명, 프람호를 타고 크리스티아나라항 출항
07.06 [프랑스] 『비곗덩어리』 작가 모파상(1850~1893) 사망
07.30 [프랑스-태국] 샴조약 체결, 프랑스 메콩강 동쪽 연안 획득
10.03 [프랑스-태국] 프랑스, 태국의 메콩강 영유권 포기, 300만 프랑 배상 지불 합의
11.06 [러시아] 작곡가 차이코프스키(1840~1893) 사망
12.17 [라오스] 인도차이나연방 하나로 프랑스 보호령이 됨
12.31 [러시아-프랑스] 삼국동맹(독·오·이)에 대항, 양국 간 군사협정 체결
00.00 [미국] 에디슨, 세계 최초의 영화 스튜디오(검은 마리아) 설립

1894 갑오(甲午) 고종31·개국503 명치27 광서20

01.01 주차일본판리대신 공관, 화재로 전소(1993.11.25.음)
02.15 전라도 고부 군민, 군수 조병갑 탄압에 항거하여 고부관아 점령(1.10.음)
02.27 한성부 거주 일본인 아다치(安達謙藏) 등, ≪한성신보≫(일본어) 간행(1.22.음)
03.03 궁내부 설치용 첫 전화기 인천에 도착(1.26.음)
03.06 부산·인천·원산항 〈미곡출구금지령〉 해제-각국 상민에게 운미 출구세 징수(2.1.음)
03.21 동학교도와 농민군, 전북 고부 백산봉기-제1차 동학농민운동(2.15.음)
03.28 갑신정변 주범 김옥균(1851~1894), 상해에서 홍종우에게 피살(2.22.음)
03.28 갑신정변 주범 박영효, 일본 도쿄서 정부에서 파견한 이일식에 피습 부상(2.22.음)
03.28 전국에 민란 발생-각도·군·읍 백성들에게 윤음을 내림(2.22.음)
04.14 김옥균의 시신을 양화진 민방(民房)에 안치-검험(檢驗) 지시(3.9.음)
05.00 일본인 치과의사 노다오지(野田應治), 한성 남대문로에 최초의 치과병원 건립
05.07 고종, 거처를 경복궁에서 창덕궁으로 옮김(4.3.음)
05.08 양호초토사 홍계훈, 동학농민군 토벌 위해 경군(京軍) 800명 인솔, 인천항 출발(4.4.음)
05.30 창덕궁에 증기발전기 설치, 점등(4.26.음)

05.31 동학농민군, 전주성 점령(4.27.음)
06.01 충청도 동학농민군 봉기-정부, 동학농민군 진압을 위해 청에 원병 요청(4.28.음)
06.05 조선의 원군 요청에 청 정여창 제독, 2척 군함·군사 1,500여 명, 인천 도착(5.2.음)
06.06 청, 천진조약에 따라 조선에 군사 파병을 일본 측에 통보(5.3.음)
06.09 일본 군함 2척, 혼성여단 선발대대 800명 인천에 상륙(5.6.음)
06.09 청군 섭지초 제독·섭사성 총병, 청군 2,400명을 이끌고 아산 상륙(5.6.음)
06.10 동학농민군, 청·일본군 상륙에 전주화약 체결-철수 후 집강소 설치(5.7.음)
06.10 일본공사 오오토리, 특전대 420명과 대포 4문을 앞세우고 서울 침입(5.7.음)
06.12 일본군 보병 1대대 1,050명, 인천에 상륙(5.9.음)
06.16 일본군 혼성여단(인원 2,673명, 말 186두), 인천에 상륙(5.13.음)
06.25 청군 400명, 아산에 상륙(5.22.음)
06.26 일본공사 오오토리, 국왕에게 내정개혁 건의-고종 거절, 일본군 철수 요구(5.23.음)
07.03 일본공사 오오토리, 내정개혁안 5개항 27조목 제시(6.1.음)
07.10 〈조세금납제〉 결의-세금을 돈으로 납부
07.10 노인정회담 개최(민영준 별장)-오토리 공사의 내정개혁안 논의, 세목 제시(6.8.음)
07.10 한성 주재 외국공사들, 미국공사관에 모여 인천항 중립 문제 논의(6.8.음)
07.10 일본, 독단으로 경인·경부 간 군용전선 공사 착공(6.8.음)
07.13 고종, 자주적으로 내정개혁을 담당할 '교정청' 설치(6.11.음)
07.23 청군 2,300명 증원부대 상륙(6.21.음)
07.23 용산 주둔 일본군, 경복궁 점령(갑오변란)(6.21.음)
07.23 흥선대원군, 세 번째 입각, 국정 참여(~11.22)(6.21.음)
07.23 『관보』 제1호 발행(6.21.음)
07.25 일본 군함, 서해 풍도 앞바다에서 청국 군함 격침-'청일전쟁' 발발(6.23.음)
07.27 최고 정책 결정 기관, 군국기무처 설치-갑오개혁 추진(~12.17)(6.25.음)
07.28 일본군, 충남 천안 외곽 성환읍에 주둔한 청군 공격(성환전투)-청군 패배(~7.29)
07.30 군무아문 군제 개편, 연무공원 폐지
07.31 개국기원 사용-고종 31년, 개국 503년(6.29.음)
08.03 〈과거제〉 폐지(7.3.음)
08.06 박영효, 갑신정변 후 일본에 망명한 지 10여 년 만에 귀국(7.6.음)

08.06 전봉준, 전주서 전라감사 김학진과 회담-집강소 인정, 전라도 행정권 이양(7.6.음)

08.11 군국기무처, 〈신식화폐 발행 장정〉 제정·공포-상평통보 대신 은본위제 채택(7.11.음)

08.11 군국기무처, 전국 각 가호(家戶)에 문패를 달게 함(7.11.음)

08.15 1차 김홍집내각 성립-대신 민영달·김윤식·어윤중·이규원·윤용구·박정양·엄세영(7.15.음)

08.20 고종, 〈갑오경장 윤음〉 공포-관직제도 개편, 시급히 시행할 업무 선정(7.20.음)

08.20 〈조일잠정합동조관〉 체결-경복궁 점령 정당·조선 내정간섭·철도부설권·목포개항(7.20.음)

08.23 일본군, 궁성 내 대포 30문, 기관포 8문 등의 무기를 만리창으로 옮김(7.23.음)

08.24 고종, 친정 발표-개화당 인물들로 정부 조직(7.24.음)

08.26 〈조일공수동맹〉 체결-일본, 일본군을 이용 청군·동학농민군 패퇴(7.26.음)

08.28 소학교 교과서, 학무아문에서 편찬(7.28.음)

09.16 일본, 청과의 평양전투에서 승리(8.17.음)

09.21 죄인의 '연좌율제도' 폐지(8.22.음)

10.01 제2차 동학농민운동 재봉기-반외세 운동 전개(9.3.음)

10.03 의화군 이강, 일본보빙대사로 임명(9.5.음)

10.05 외무아문, 일본공사 요청에 경기·충청·경상도에 일본 군용전선 절단행위 엄금(9.7.음)

10.16 동학교주 최시형, 무력봉기 선언(9.18.음)

10.16 국내 첫 관립교동소학교 설립(9.18.음)

10.17 장석원, 일본군 전신선 절단죄로 황해 감영에서 사형 집행(9.19.음)

10.26 이노우에 가오루(井上馨), 제8대 주한일본공사 부임(9.28.음)(~1895.10.)

10.29 군국기무처, 새 도량형 통일-신식 장척(丈尺:길이)·두곡(斗斛; 용량)·저울(10.1음)

11.18 흥선대원군, 정계은퇴 성명 발표(10.21.음)

11.20 일본공사 이노우에, 20개조 〈내정개혁강령〉 제안(10.23.음)

12.05 동학농민군, 충남 공주 우금치 전투에서 일본군에 대패(11.9.음)

12.16 〈청상보호규칙〉 공포-국내에서 거주 생활하는 청국인의 보호 장정(11.20).음)

12.17 2차 김홍집내각 성립-박영효·조희연·서광범·신기선·엄세영·윤웅렬, 중추원 신설(11.21.음)

12.28 전봉준, 전북 순창 피노리에서 피체, 서울로 압송(12.2.음)

08.01 [일본] 청에 선전 포고(음6.30)

09.08 [독일] 『힘의 보존에 대하여』 과학자 헬름홀츠(1821~1894) 사망

09.13 [프랑스] 광시곡으로 유명한 작곡가 엠마누엘 샤브리에(1841~1894) 사망
11.01 [러시아] 민족주의를 지지한 러시아의 황제 알렉산드르 3세(1845~1894) 사망
11.04 [청] 공친왕(恭親王), 영·미·독·불·러의 공사에게 청일전쟁의 휴전조정 요청
11.20 [러시아] 작곡가 루빈스타인(1829~1894) 사망
11.21 [일본] 일본군, 청의 여순 점령
11.24 [청] 중국혁명가 손문, 미국 하와이에서 흥중회 창립
11.25 [국제] 근대올림픽 개최 결정
12.01 [일본] 일본군 전신국, 공중전신 개시
12.03 [영국] 『지킬 박사와 하이드』 소설가 로버트 루이스 스티븐슨1850~1894) 사망
12.22 [독일] 스파이 누명을 받은 프랑스 포병대위 드레퓌스, 종신형 선고
12.27 [이탈리아] 마지막 나포리 왕 프란체스코 2세(1836~1894) 사망
12.29 [영국] 여성시인 크리스티나 로제티(1830~1894) 사망

1895 을미(乙未) 고종32·개국504 명치28 광서21

01.05 전통시대 태·장·도·유·사 등의 형벌 대신 일부 '징역형' 시행(1894.12.10.음)
01.17 고종, 〈홍범14조〉·〈독립서고문〉을 종묘에 고함(12.12.음)
01.21 의정부, '내각'이라 개칭-8아문, 7부로 편제(12.16.음)
01.22 '주상전하'를 '대군주 폐하'로 왕실 존칭 변경(12.17.음)
01.22 최고 정책결정 기관 군국기무처 폐지, 일본의 내정간섭 심화(12.17.음)
02.05 각 성문의 잠금장치 관리, 군무아문에서 주관(1.11.음)
02.12 청일전쟁 종전-청 북양함대 사령관 정여창, 일본 함대에서 항복 서명
02.23 문벌·지방에 구애 없이 덕행·재예·현능·방정한 자, 추천·등용하도록 함(1.29.음)
02.24 왕의 가마·외양간·목장 등을 관장하던 '태복시' 폐지(1.30.금)
02.26 〈교육입국조서〉 발표-학교설립·인재 양성 조칙, 근대식 학제 마련 계기(2.2.음)
03.08 훈련대 설치-옛 친군영 장정 선발 1개 대대 규모, 이노우에 공사의 건의에 따라 설치
03.30 정부, 일본은행과 300만 원 차관조약 체결(3.5.음)
04.01 유길준의 『서유견문』, 일본 문순사에서 간행

04.08 계동 직조국에 일본어학교 개교-학생 30명(3.14.음)
04.12 모든 범죄에 대해 태형·장형 등 폐지 방침-갑오·을미개혁 중단에 미실시(3.18.음)
04.17 정부, 최초로 예산 편성(3.23.음)
04.18 흥선대원군 장손 이준용, '반역음모죄'로 구속
04.17 청일전쟁 후 〈시모노세키 조약〉 조인(5.10. 발효)-일본, 요동반도 확보
04.19 〈재판소구성법〉 공포-지방·고등재판소·특별법원·순회재판소·개항장재판소(3.25.음)
04.19 〈법관양성소규정〉 공포-6개월 과정, 1895.11. 47명 1회 졸업, 1896.2. 중단(3.25.음)
04.19 개혁안 34건 의결·공포-을미개혁 단행(3.25.음)
04.19 정부 관제 개정-'아문'을 '부'로 고침(4.25. 각부 대신 임명)(3.25.음)
04.19 〈중추원 관제 및 사무장정〉 공포-내각 자문 및 안건 심사(3.25.음)
04.23 동학농민운동 지도자 전봉준·손화중 등, 서소문 밖 네거리에서 교수형(3.29.음)
04.23 일본 당국의 도움에 승려 도성 출입 허락(3.29.음)-250여 년 만에 금지령 해제
04.23 일본, '삼국간섭'(러시아·프랑스·독일)에 요동반도를 청국에 반환
04.26 왕실 업무를 총괄하는 〈궁내부 관제〉 공포·시행(4.2.음)
05.00 재일유학생 어윤적·윤치호, 대조선인일본유학생친목회 결성-친목·학식교환·문화계발
05.02 경운궁에 전등 가설
05.03 〈육군복장규칙〉 제정-무관·포졸 복장, 근대식 제복으로 처음 바뀜(4.9.음)
05.08 흥선대원군 손자, '이준용 반역음모사건' 재판-5.13. 이준용 종신유형(4.14.음)
05.09 한국 역사상 처음으로 〈검사직제〉 공포, 시행(4.15.음)
05.10 학부, 〈한성사범학교 관제〉 공포-관·공립소학교 교원 양성 목적(4.16.음)
05.21 평양에 훈련 제3대대 설치-경무청 순사에게 서양 소총 지급, 훈련 실시(4.27.음)
05.31 〈공문식〉 공포-법률·명령은 국문 혹은 국한문으로 사용토록 함(5.8.음)
05.31 박정양, 총리대신에 임명-제2차 김홍집내각 실각(5.8.음)
06.00 아펜젤러, 최초의 월간잡지 《교회》 창간
06.02 〈외국어학교 관제〉 공포-외국어학교(영어·일어·법어) 통합 교장 임명(5.10.음)
06.04 일본 내각, 한국에 대한 '보호국화' 폐지
06.06 창덕궁 연경당에서 '독립경축원유회' 개최(5.14.음)
06.08 〈훈련대 사관양성소 관제〉 공포-근대적 초급 무관 속성 양성 목적(5.16.음)
06.15 평양 운산광업권, 미국인 제임스 모스에게 허가(5.23.음)

06.18 지방관제 개편 반포-전국 행정구역, 23부 331군(5.26.음)-6.23. 시행
06.23 신설대(新設隊) 12개대 설치-구식 군인 중 건장한 장정, 후비병 성격(윤5.1.음)
06.25 〈군기(軍器) 등 보관 검열에 관한 건〉 공포-군 무기의 개인 소지 엄금(윤5.3.음)
06.29 〈각도 외영병정(外營兵丁) 해산 건〉 공포-7.12. 지방군 반발 우려 무기연기(윤5.7.음)
07.01 각처 봉대의 '봉수군(烽燧軍)' 폐지(윤5.9.음)
07.02 〈개항장재판소·지방재판소 개설에 관한 건〉 반포(윤5.10.음)
07.04 〈검역규칙〉 공포-내륙과 항구의 검역·정선(停船) 시행(윤5.12.음)
07.06 〈콜레라예방규칙〉 공포-콜레라 환자, 24시간 내로 경무서에 신고 등(윤5.14.음)
07.07 박영효, 반역음모사건으로 재차 일본에 망명(윤5.15.음)
07.12 고종, 일본의 내정간섭 비판-새로운 제도 강구 천명(윤5.20.음)
07.17 삼국간섭에 일본 약화, '시위대' 신설-2개 대대로 편제, 궁궐 호위 목적(윤5.25.음)
07.18 〈국내우체규칙〉 공포-전국 우체제도 실시 계획(시행 7.22~1905.7)(윤5.26.음)
08.05 〈법률기초위원회규정〉 공포-형법·민법·상법·치죄법·소송법 등 법안 기초(6.15.음)
08.06 충북 청주에 제4대대 설치(6.16.음)
08.16 한성 남문 내 콜레라 사망자, 52명 보고(6.26.음)
08.21 〈성균관 관제〉 공포-성균관의 학부 소관 편제, 경학과 설치(7.2.음)
08.24 제3차 김홍집내각 성립-내부 박정양·중추원의장 어윤중·부의장 신기선(7.5.음)
09.01 미우라 고로우(三浦梧樓), 제9대 주한일본공사 부임(~1895.10.)
09.03 3도 통제영, 각도 병영·수영, 각 진영·진보 폐지-지방군 해산, 의병 참가(7.15.음)
09.07 〈소학교령〉 공포-초등교육 제도적 기반 마련, 심상과 3년, 고등과 2~3년(7.19.음)
09.16 장동·정동·계동·주동 관립소학교 설립(7.28.음)
09.27 〈성균관 경학과 규칙〉 반포(8.9.음)
10.04 울릉도에 '도감(都監)' 설치-1900.10. 도감을 '군수'로 개칭(8.16.음)
10.07 고종, 훈련대 해산 명령-시위대와의 잦은 충돌 원인
10.08 일본 낭인들, 민비 시해[을미사변](8.20.음)-훈련대 동원
10.10 친일내각, 시위대 폐지 후 훈련대에 편입
10.13 지세·호포·광세·수출입물품세 등 국세 외 모든 잡세 폐지(8.25.음)
10.17 일본, 민비시해 주범 미우라 공사 소환 명령(8.29.음)
09.00 우리나라 최초의 교과서, 『국민소학독본』 출판(8.00.음)

10.17 고무라 주타로(小村壽太郎), 제10대 주한일본공사 부임(~1896.5.)(8.29.음)
10.21 〈홍삼 증조 규례〉 발표-홍삼 제조, 민업제로 실시(9.4.음)
10.30 김홍집내각, 민비 시해 가담 훈련대 폐지, 친위대(서울)·진위대(지방) 설치(9.13.음)
11.00 프랑스인 모텔(E. Mautel), 서울 종로구 수송동에 법어학교(프랑스어) 설립(10.음)
11.22 친위대 및 진위대 각 대대의 정원령 반포-1개 대대 정원 880여 명(10.6.음)
11.23 〈종두규칙〉 시행-소아, 생후 70일부터 만 1년 안에 종두 시행(10.7.음)
11.27 춘생문사건 발생-친미·친러파, 고종을 미국 공사관으로 피신 계획, 실패(10.11.음)
12.30 〈단발령〉 반포(1897.8.12. 취소)-고종 단발(11.15.음)
00.00 을미의숙 설립(낙영의숙 전신)
00.00 학부 편집국, 목활자 교과서 편찬-『조선력사』·『조선역대사략』·『조선약사』 등 간행
00.00 학부 편집국, 『동국사략(東國史略)』 간행
00.00 육의전 특권 폐지
00.00 새문안교회, 영신학당(永信學堂) 설립

▩▩▩▩▩▩▩▩▩▩▩▩

01.30 [러시아] 황제 빌헬름 2세, 전제정치 선언
04.08 [노르웨이] 탐험가 난센, 북극 정복-북위 86°14′ 지점 탐험
06.03 [청] 일본에 대만과 팽호도 할양
06.07 [이탈리아] 마르코니, 무선 전파 라디오 발명
06.17 [일본] 대만에 총독부 설치
06.29 [영국] 『진화와 윤리』 생물학자 T.H. 헉슬리 사망
07.18 [불가리아] '불가리아의 비스마르크' 독재 정치가 스탐볼로프(1854~1895) 사망
08.05 [독일] 경제학자 프리드리히 엥겔스(1820~1895) 사망
08.19 [영국] 런던에서 국제협동조합연맹(ICA) 창립
09.28 [프랑스] 생물학자 파스퇴르(1822~1895) 사망
10.27 [중국] 손문, 최초의 거병 시도 실패(광주사건)
11.08 [독일] 물리학자 뢴트겐, X-선 발견
11.30 [독일] 마샬군도 점령
12.28 [프랑스] 뤼미에르 형제, 세계최초의 영화 상영

1896 병신(丙申) 고종33·건양1 명치29 광서22

01.01 건양 연호, 태양력 사용(1895.11.17.음)
01.01 프랑스어 가르치는 법어학교, 박동으로 이전
01.03 왕실 의무 주관 부서 전의사(典醫司), 태의원(太醫院)으로 개칭
01.03 외부대신 김윤식, 일본공사 고무라(小村壽太郞)에게 일본인 교관 24명 초청 의뢰
01.08 경복궁 북문 신무문(神武門) 밖에서 관병식 거행
01.11 고종, 단발령 이행을 촉구하는 조칙 발표
02.03 조폐기관 〈전환국 관제〉 반포
01.11 김윤식 등 47명, '건양협회' 조직-민권옹호와 정치개선의 촉진
01.11 러시아공사 베베르 후임에 스페이어[士貝耶] 부임
01.11 육군편제 강령에 따라 〈사관양성소관제〉 폐지, 〈무관학교 관제〉 공포
01.17 제천의병장 유인석, 〈격고팔도열읍(檄告八道列邑)〉 격문 발포-의병 궐기 호소
01.18 역 찰방 폐지-역의 토지·재산, 해당 지역의 관청에 예속
01.25 조선에 일본헌병대 창설-1903.12. 한국주차헌병대로 개칭
02.01 러시아 수병 120명, 인천 군함에서 내려 입경
02.05 전주·공주·남원·나주 등, 〈우체사 설치령〉 반포
02.10 러시아 공사관 경호병, 93명에서 200명으로 증원, 대포 1문 설치
02.11 고종, 아관파천 단행-친러내각 성립(총리 김병시)
02.11 김윤식, 피신 중 체포. 1897.12. 을미사변 관련혐의로 제주도에 종신유배
02.11 전 총리대신 김홍집·농상공부대신 조병하, 서울 시민들에 피살
02.13 유길준·조희연·장박 등, 일본으로 망명-1907.8. 귀국
02.15 일본유학생들, 도쿄에서 한국인 최초의 잡지 ≪친목회회보≫ 창간(~1898.4.)
02.17 탁지부대신 어윤중, 향리로 피신하던 중 용인에서 살해됨
02.18 고종, 〈의병해산조칙〉 공포-단발이 강제가 아님을 알리며 의병 해산 권고
02.19 노응규, 경남 안의에서 의병 봉기(1.7.음)-4.1. 진주성 점령(4.11. 퇴각)
02.23 고종, 을미사변·춘생문사건 관계자 재판의 불공정 시정 지시
02.25 이춘영, 원주에서 의병 봉기(1.13.음)-1896.4. 충주에서 전사
02.29 김복한·김도화, 각각 홍주·안동에서 의병 봉기(1.17.음)

02.00 백정, 면천하여 갓 쓰는 것 허락
02.00 정부, 일본공사를 통해 일본제 무라마 소총 3,000정·탄환 60만 발 구입 요청
03.02 정부, 일본공사에 의병진압을 위해 각처에 파견된 일본군 철수 요청
03.03 이소응, 춘천에서 의병 봉기(1.20.음)-3.13. 춘천관찰사 조인승 처단
03.04 친위대 2개 대대 증설 공포
03.09 김구, 황해도 치하포서 왕후시해 보복에 일본인 쓰치다 조스케[土田讓亮] 처단
03.13 민용호, 강릉에서 관동구군도창의소 결성(1.30.음)-10.24. 함흥 점령
03.16 유인석, 제천 일대의 의병부대 통합, 호좌창의대장(湖左倡義隊長)에 취임(2.3.음)
03.29 미국인 제임스 모스(James Morse), 경인철도부설권 획득
03.30 정부, 일본공사에게 개성-서울 간 노선 및 북로전선(경원간)의 조속 반환 요구
04.01 러시아특명전권공사 민영환, 윤치호 등과 러시아로 출발-10.21. 귀국
04.02 일본군, 경북 안동부에 방화-민가 2천여 호 소실
04.03 기우만, 전남 광주에서 의병 봉기-광산회맹소(光山會盟所) 설치(2.21.음)
04.04 〈형률명례〉 공포-형률, 사형·유형·역형·태형 등으로 구분-장형을 태형에 통폐합
04.05 유인석 의병부대, 충주 함락(2.23.음)-4.17. 제천으로 이동
04.07 서재필, ≪독립신문≫ 창간(~1899.12.4)
04.10 이천의병(의병장 김하락), 서울 진입계획을 세우고 남한산성 점령
04.17 관립 러시아학교 개교
04.17 미국인 제임스 모스, 평북 운산금광 25년간 채굴권 획득(~1939)
04.20 약현성당에서 첫 한국인 신부 임명-한성 강영서, 예산 강진형, 광주 정규화 등
04.22 러시아인 니시겐스키, 함경도 경원 종성의 금광채굴권 획득
05.02 동대문 밖 삼선평서 영어학교 교사 허치슨, 화류회 개최-최초 운동회·육상경기
05.10 수비병 교체를 이유로 일본군 병사 300명이 한성에 옴
05.12 ≪독립신문≫ 첫 광고-언더우드의 한영자전, 일본인 상회 등
05.14 〈베베르·고무라 각서〉 교환-친러정부 인정, 일본의 을미사변 책임 인정
05.20 민영환, 러시아 외상 로바노프와 회담-경제·군사원조 등 5개 조항 협약
05.23 지방대 설치-의병 진압, 진위대 설치 이전 잠정적 지방 군사 조직(1900.7. 폐지)
06.11 한성사범학교 학생들, 한글 교수 금지에 동맹퇴학원서 제출
06.25 개화관료 주도, 상인 참여로 대조선은행소 창립, 국내 첫 근대은행(~1899.10.)

07.02 서재필·윤치호 등 30여 명, 독립협회 결성-의장 안경수·위원장 이완용 (~1898.12.)
07.03 프랑스인 그릴, 러시아공사 베베르 후원에 '경의선부설권' 획득-1899.7. 박탈
07.07 하라 다카시(原敬), 제11대 주한일본공사 부임(~1896.10.)
07.14 이천의병장 김하락(1846~1896), 경북 영덕에서 관군 기습에 강물 투신 순국
07.23 ≪독립신문≫에 한성 거주 일본인 1,075명 보도
07.23 전보통신 관장하는 〈전보사 관제〉 제정, 공포
07.28 한성·개성·평양·의주에 전보사 설치-전신업무 실시 공고(1897.6. 한성전보총사)
08.26 충주·홍주·상주·원주에 〈지방대 설치령〉 공포
08.04 전국 지방행정구역 23부 331군에서 13도 7부 1목 331군(5등제 편제)으로 개편
08.07 개항장 감리 복설-개항장 행정 처리와 재판소 관할
08.10 경운궁(현 덕수궁) 수리 조칙-9.28. 경운궁 수리공사 준공
09.01 〈호구조사규칙〉 공포-10호 1통 근대 호구조사·호적 작성-1995년 '통계의 날'로 지정
09.09 러시아에 함북 무산, 압록강 유역 및 울릉도에 대한 삼림 채벌과 양목권(養木權) 허가
09.17 지방공립소학교 위치 38곳 발포-한성부·13도 관찰부·4항·2부·18군
09.19 유인석 의병부대, 평안북도 초산 도착(8.23.음)-압록강 건너 봉천성 관전현 망명
09.24 내각 폐지, 의정부 복설
09.24 공주·춘천·강계·충주·홍주·상주·원주 지방대 폐지
09.28 경운궁 수리공사, 준공
09.29 황토현~흥인문, 광통교~숭례문 도시계획 공포-도로폭 50척, 가가(假家) 허용
10.11 흥선대원군 부인 민씨, 뮈텔 주교에게 세례 받음
10.24 러시아 포차타 대령, 사관 3명·군인 10명 동반, 한국군 훈련 위해 도착
10.26 게일(J. S. Gale), 『천로력정』 최초로 국역
11.21 독립협회, 영은문 헐고 독립문 착공-러시아 기사 사바친 설계(~1897.11.20.)
11.30 배재학당 학생들, 최초의 학생단체인 협성회 조직(~1898.3.)
11.30 독립협회, 기관지 ≪대조선독립협회 회보≫ 창간

04.06 [그리스] 제1회 아테네 올림픽 개막-13개국의 285명 선수 참가(~4.15.)
06.03 [청-러시아] 이홍장과 로바노프, 러청밀약 조약 조인-일본 공격에 공동방위 밀약
06.05 [일본-러시아] 야마가타(山縣有朋)·로바노프 협정 성립-한국에 관한 러일협정서

06.08 [프랑스] 천문학자 디스란드 보르 성층권 발견
07.01 [미국] 『톰 아저씨의 오두막』 작가 스토(1811~1896) 사망
07.16 [프랑스] 작가 에드몽 콩쿠르(형)(1822~1896) 사망
08.01 [독일] 민법 공포
08.06 [프랑스] 마다가스카르연합법 성립
09.18 [일본] 마쓰카타 마사요시[松方正義], 제6대 내각총리대신(제2차) 임명(~1898.1.)
10.06 [영국] 풍자만화가 뒤 모리에(1834~1896) 사망
12.10 [스웨덴] 발명가·화학자, 노벨(1833~1896) 사망

1897 정유(丁酉) 고종34·건양2·광무1 명치30 광서23

01.01 서울시내에 최초의 석유가로등 등장
01.05 일본 불교 '정토종' 전래
01.06 민비 시호 '문성(文成)', 능호 '홍릉(洪陵)'으로 결정-3.2 시호, 명성(明成)으로 바꿈
01.23 각종 잡세, 인지(印紙)로 시행케 함
01.00 ≪독립신문≫, 영문판 ≪The Independent≫ 분리하여 2종으로 간행
02.01 친러정권 타도하려한 한선회(중추원 참서)·이근용(대대장) 등, 제주도 유배 15년
02.02 아펜젤러, 감리교회 주간신문 ≪조선그리스도인회보≫ 창간-국내 첫 교회 신문
02.19 김종한, 한성은행(현 신한은행) 발기, 자본금 20만 원-1928년 조선식산은행에 통합
02.20 고종, 러시아공사관에서 경운궁(현 덕수궁)으로 환궁
02.24 가토 마스오(加藤增雄), 제12대 주한일본공사 부임(~1899.5.)
03.09 일본공사에 '베베르·고무라각서'·'로바노프·야마가타의정서' 항의-자주권 침해 이유
03.16 시위대 복설-친위대에서 정병 선발로 구성, 러시아식 신병 훈련 실시
03.20 〈국내우체규칙〉 대폭 개정 반포-국내 우체제도 정비(~1905.7.)
03.23 중추원에 교전소 설치-신구법의 절충과 법전 편찬 목적
03.29 국내 첫 철도, 경인선(제물포↔노량진) 착공(~9.18)
04.01 언더우드, 장로교회 주간신문 ≪그리스도신문≫ 창간
04.06 러시아공사, 단천·삼수 광산 채굴허가 요청-삼수광산만 허가

04.14 일본은행 차관 300만 원 중 100만 원 상환 통고
05.01 관립한어(漢語)학교 설립-역관 양성 목적, 수업연한 3년, 3학기제(~1911)
05.04 일본인, 경인철도인수조합(京仁鐵道引受組合) 설립
05.08 미국 모스회사와 〈경인철도양수결약(京仁鐵道讓受結約)〉 조인
05.15 〈육군복장규칙〉 공포-정장·예장은 위관급만 지급, 계급별 모자와 제복 차별화
05.20 전권위원 이범진, 미국 워싱턴서 만국우편연합(UPU) 조약 체결-1898.7.29. 비준
05.23 독립협회, 모화관을 독립관으로 개축-황태자(순종)의 '독립관' 현판 하사
07.16 친미파·친일파 암살을 꾀하던 송진용·홍현철, 모반죄로 처형됨
07.28 군대 교련 교사로 초빙한 러시아 군인 13명 입국
08.12 고종, 〈단발령〉 취소
08.14 연호, '건양'에서 '광무'로 개칭(8.16. 시행)
08.14 전 미국공사 서광범(1859~1897), 미국에서 사망
08.23 기독교 신자 1천여 명, 동대문 훈련원에서 '국왕 탄일경축회' 개최
10.01 경운궁 대안문 앞 남별궁 터에 원구단 축조 지시(10.2. 공사 시작)
10.01 목포·진남포 개항
10.01 체신교육기관, 우무학당(국립 체신고등학교 전신) 개교-체신업무 기술자 양성기관
10.03 고종, 칭제 선포
10.11 국호, '대한제국'으로 결정
10.12 황제 즉위식, 원구단에서 거행-왕후 민씨를 황후로, 왕세자를 황태자로 개칭
10.22 한성에서 공주-전주-무안-목포 간 전선 가설
11.20 독립문, 착공 1년 만에 준공
11.21 명성황후의 국장 거행-경기도 남양주 홍릉에 안장
12.02 황제즉위일 '10월 12일', '계천기원절'로 정함
12.06 한성에서 전주 간 전신(電信) 개통
12.13 서재필, 중추원 고문직 해임
12.20 김윤식·이승오, 을미사변 관련혐의로 제주로 종신 유배
12.24 손병희, 동학 제3대 교주가 됨
12.31 미국의 스탠다드 석유회사, 인천 월미도에 석유탱크 건립
00.00 서울 광교에 최초의 서점 '안동서관' 개점

04.03 [독일] 작곡가 요하네스 브람스(1833~1897) 사망
04.17 [그리스-터키] 크레타 섬의 영유를 둘러싼 '30일 전쟁' 발발
04.19 [미국] 제1회 보스턴 마라톤 대회 개최
08.04 [일본] 정치가, 메이지 유신의 지도자 고토 쇼지로(1838~1897) 사망
08.06 [영국] 〈노동자보호법〉 공포
08.29 [오스트리아] 유대인 작가 헤르츨, 제1회 시오니스트(시오니즘) 대회 개최
09.12 [러시아] 우수리철도 개통
12.02 [러시아] 금본위제 채택
12.04 [그리스-터키] 콘스탄티노플 평화조약 체결
12.10 [쿠바] 스페인으로부터 독립
12.31 [독일] 실용적 디젤기관 제작(1892.2. 디젤기관 발명)

1898 무술(戊戌) 고종35·광무2 명치31 광서24

01.01 배재학당 학생회 단체 '협성회', 주간지 ≪협성회회보≫ 창간(~1899.4.)
01.08 고종 모친, 여흥부대부인 민씨(1818-1898) 사망
01.12 채광권·철도부설권, 외국인 불허 방침 칙령 반포
01.16 김두승·이근배, 국내 첫 전기회사 '한성전기회사' 설립-자본금 30만 원(~1909.8.)
01.28 덕수궁 내에 전화 설치, 각 아문 및 인천 감리와 통화
02.09 독립협회, 종로 사거리에서 만민공동회 개최-한러은행, 러시아 재정·군사고문 비판
02.22 고종 부친, 흥선대원군(1820~1898) 사망
02.25 외부, 부산 절영도를 러시아에 조차 허가
02.27 독립협회, 부산 절영도 조차 항의, 해명 요구-독립협회 임원 개편(회장 이완용)
02.00 목포항 부두노동자, 일본자본가들을 대상으로 임금인상 동맹파업 단행
03.01 러시아, 조선의 재정권 장악 목적에 서울 새문안에 '한러은행' 설립(3.11 폐쇄)
03.02 ≪경성신문≫(≪황성신문≫ 전신) 창간, 사장 윤치호-국내 첫 상업신문(~1910.9.)
03.02 제주도에서 봉기 발생-장화세(場火稅) 사건

03.10 독립협회, 1차 만민공동회 개최-한러은행 등 러시아 세력의 배척 결의
03.11 러시아 재정고문·군사교관 정식 해고, 한러은행 폐쇄
03.14 '독립협회 회표' 제정-원안에 국기와 '독립협회 충군애국' 글자 새김
03.23 탁지부, 일본 은전(銀錢) 통용 폐지
04.09 협성회 주간지 ≪협성회회보≫, 최초의 일간지 ≪매일신문≫으로 속간
04.16 고종, 조선·청 국경 분쟁에 〈백두산정계비〉 조사 지시
04.25 독립협회, 종로에서 제2차 만민공동회 개최- 중추원 관제를 개정 목적(~10.12.)
04.25 일 외상 니시(西德二郎)·러시아 공사 로젠, '한국에 관한 의정서' 조인(니시·로젠 협정)
05.26 마산항 개항
05.27 시위 1대대·2대대 통합, 시위연대로 개편
05.29 명동성당 준공-코스트 신부 설계, 파리선교회 재정 지원
06.08 마병대 폐지, 친위기병대 창설 반포
07.01 ≪독립신문≫, 주 3회 발행에서 일간으로 변경
07.01 경우궁(현 종로구 신문로)에 육군무관학교 개교-신식 장교 양성(~1909.9.)
07.07 보부상들, 독립협회에 맞서고자 어용단체 '황국협회' 창립(회장 이기동)(~1898.12.)
07.19 안경수의 광무황제 양위 음모 사건 발각-안경수, 일본으로 망명(1900. 교수형)
07.21 동학 2대 교주 최시형(1827~1898) 교수형
08.10 이종일 등, 일반민중 대상 순한글지 ≪제국신문≫ 창간(~1910.8.2.)
08.30 일본공사 가토(加藤增雄) 귀국, 이토(伊藤博文), 경부철도부설허가 지원 위해 내한
08.15 인천의 탁지부 전환국, 용산으로 이전
09.05 남궁억 등 ≪황성신문≫ 창간-국한문 혼용, 유교 층 계몽 목적(~1910.9.)
09.08 경부철도부설권, 일본인 사사키(佐佐木淸)에게 허가
09.11 '김홍륙독다사건' 발생-한성부 판윤 김홍륙, 고종 시해코자 커피에 독약 투입 지시
09.15 외부고문 그레이트 하우스, 황실보호를 위해 외인부대 30명을 이끌고 들어옴
09.27 대한제국 정부, 영국인 모건에게 광산채굴권 허가
10.02 미국 남감리교 여선교사 조세핀 캠벨, 필운동에 배화학당 설립
10.03 독립협회, 독차사건 처리에 구법 적용 항의-법부대신 신기선 파면
10.07 이스트하우스, 숭례문서 가스등으로 파랑스 파테사의 단편영화 상영-첫 영화상영
10.08 독립협회, 남궁억·한치유 제소위원에 선정-수구파 7대신 퇴진 요구 상소 올림

10.11 구관습 폐지·자유 절규의 시민시위운동 발생-서울시내 상점 폐점, 부녀자 가담
10.17 서대문↔홍릉 간 단선 전차궤도 부설공사 기공-12.25. 준공, 1899.5. 개통식
10.17 황국협회 회원, 독립협회 본부 습격
10.21 서울 서강·한강·왕십리에 종두소 설치
10.24 독립협회, 의회 설립 안 〈중추원 관제 개정안〉 정부에 제출
10.25 언론자유 허락·무명잡세 금지 등 각종 내정 쇄신의 관민합작 12개조 조칙 내림
10.27 관민공동회(대회장 윤치호) 종로에서 개최, 시민 4000여 명 참가(~11.4)
10.29 관민공동회, 고종에게 〈헌의 6조〉 건의-10.30. 윤허
11.02 〈중추원 관제〉 개정-의원 50명 중 25명, 독립협회 등 민회에서 선출
11.04 고종, 조병식 등의 공화제 무고에 독립협회 해산·주요인사 체포·중추원 관제 폐기
11.05 독립협회, 3차 만민공동회 개최(~12.26.)-고종, 만민공동회 해체·주동자 체포 지시
11.06 내부, 법부에 만민공동회의 혁파 명령
11.07 독립협회 회원, 이상재·정교·이건호·남궁억 등 17명 피검
11.21 황국협회, 보부상 수천 명 동원 만민공동회 습격
11.22 독립협회 복설 허가, 독립협회원의 구속자 전원 특사
11.24 민영환 등이 설립한 '흥화학교' 개교 인가
12.25 독립협회 해산
12.00 주시경, 『국어문법』 저술-현재 전하지 않음
00.00 네덜란드 화가 보스, 고종의 초상화 그림(최초의 서양화)

01.12 [일본] 이토 히로부미(伊藤博文), 제7대 내각총리대신(제3차)(~6.30)
02.19 [미국] 에디슨의 납관식 축음기 특허 획득
03.03 [러시아] 사회민주노동당 결성
04.21 [미국] 쿠바독립 승인
04.24 [스페인] 쿠바 봉쇄한 미국에 전쟁 선포
06.30 [일본] 오쿠마 시게노부(大隈重信), 제8대 내각총리대신 임명(~11.8)
07.30 [독일] 정치가 오토 폰 비스마르크(1815~1898) 사망
08.08 [프랑스] 『트루빌의 해변』 풍경화가 부댕(1824~1898) 사망
08.09 [미국] 마취 전문의 콜턴(1814~1898) 사망

08.13 [미국] 미국군, 마닐라 점령
09.19 [영국-프랑스] 식민지 정책, 아프리카 파쇼다에서 충돌
09.21 [중국] 서태후 친정 선언, 광서제 유폐
10.05 [영국-독일] 포르투갈 식민지영토에 관한 비밀조약 체결
11.08 [일본] 야마가타 아리토모(山縣有朋), 9대 내각총리대신(제2차) 임명(~1900.10)
11.29 [스페인] 작가 가니베트 이 가르시아(1865~1898) 사망
12.10 [미국-스페인] 평화조약 조인- 괌·필리핀 등 미국에 이양
12.26 [프랑스] 퀴리부부, 라듐 발견

1899 기해(己亥) 고종36·광무3 명치32 광서25

01.20 황국협회, 기관지 ≪시사총보≫ 창간(~8.17.)
01.30 서울 상인 김두승 등, 고종의 적극적인 지원에 대한천일은행(현 우리은행) 창립
01.31 러시아 신임 공사 파블로프(Pavlov) 부임-1904.2. 철수
01.31 일본인 경인철도인수조합, 미국인 모스에게 경인철도부설권 인수-비용 100만 달러
01.00 독립신문사, 서재필이 미국 귀국 후 아펜젤러가 운영
02.01 전북 흥덕에서 농민봉기-2.24 전주·임피군 등지에서 균전(均田) 문제로 농민봉기
03.07 박근일, 서울 청진동에 제생의원 개업-산부인과·소아과·내과·안과 등 진료 시작
03.15 주미공사에 민영환, 주러·불 공사에 이범진 임명
03.28 관립의학교(교장 지석영) 설립-1902.1. 부속병원 설치
03.29 러시아 케이제틀링에게 울산 등지의 포경권 허가
04.04 〈중학교 관제〉 공포-심상과 4년, 고등과 3년(1900.10. 관립중학교 설립)
04.04 협성회 ≪매일신문≫ 폐간
04.08 서울시내 전화 개통
04.24 내부 직할병원 개원-1900.6. 보시원·광제원으로 개칭, 1907.3. 대한병원 개칭
05.01 군산항 개항
05.15 일본인 경인철도주식회사 설립
05.17 한성전기회사, 서대문에서 홍릉 간 단선전차궤도 개통식 거행

05.19 정익서 등, 전라도서 무장조직 '영학당' 결성-척양배일(斥洋排日) 주장 봉기
05.24 인천·원산·목포·진남포 등 각 해관에 기상관측소 설치
05.26 종로 2가서 5살 어린 아이 전차 교통사고 사망 후, 성난 군중들 전차 소각
05.30 〈재판소구성법〉 개정-지방·한성·각 개항장·순회·평리원(고등재판소)·특별법원 등
06.01 성진항 개항
06.01 영국인 엠벌린, ≪독립신문≫ 사장에 취임
06.08 만민공동회 회원들, 신기선·조병식 등 저택에 폭발물 투척
06.11 국내철도용달회사(사장 박기종), 경성↔원산↔경흥 간 철도부설권 획득
06.22 대한제국 최고 군사기관, 〈원수부 관제〉 공포
06.24 〈관립상공학교 관제〉 공포-상업과 공업 교육 실시, 4년제
06.29 하야시 곤스케(林權助), 제13대 주한일본공사 부임(~1906)
07.03 프랑스 그리유에게 허가한 경의선부설권 취소-계약기간 내 착공 지연
07.04 표훈원 설치-훈장 수여자의 선발·시기 등 담당
07.08 경의선부설권, 대한철도회사 박기종에게 허가-8.16 일본 방해로 취소
07.27 법부, 독립협회 회원 최정식 교수형, 이승만 종신징역형 판결 승인
08.17 국내 첫 근대적 헌법, 〈대한국국제〉 반포-황제권 강화
08.25 〈중추원 관제〉 개정-부의장·의관 선거제도 폐지, 관선제도 실시
09.06 천연두 예방법 〈두창예방규칙〉 반포
09.11 〈한청통상조약〉 체결-양국 간 균등 관계 인정, 총영사관 설치 약정
09.18 인천↔노량진 간 경인선(33.2km) 개통-국내 첫 철도
09.27 영국 상회에 은산금광 채굴권 허가
09.00 일본인 거류민 50여 명, 김포반도 강령포 등지의 삼포(蔘圃)에 침입, 약탈
10.02 관립의학교 개교-학생 50명, 수업 연한 3년
10.10 주한 각국공사와 마산·군산·청진의 〈거류지 규칙〉 조인
11.12 사도세자 추존 의절 진행-12.7 묘호를 장조(莊祖)로 추존
12.14 정부, 서재필에게 4천 원 지급, ≪독립신문≫ 판권·인쇄시설 매수, 이후 발행 중단
12.29 그리스인 벤틀리스, 인천에 영미연초공장 준공, 생산 개시-국내 첫 연초공장
12.29 일본 제일은행 인천지점 준공
00.00 학부 편, 현채 저, 『대한역대사략』·『대한지지』 1·2, 『동국역대사략』 발간

1899

01.05 [필리핀] 아키날도 장군 독립선언
02.25 [영국] 세계 최초의 통신사, '로이터 통신사' 창설자 로이터(1816~1899) 사망
04.11 [스페인] 미서전쟁 종전으로 식민지 필리핀을 미국에 양도
04.20 [프랑스] 유기화학자·광물학자 프리델(1832~1899) 사망
06.30 [독일] 스페인으로부터 마리아나, 카로린 군도 등 획득
09.06 [미국] 존 헤이 선언, 열강에 청국의 문호개방 및 기회균등 제의
10.11 [네덜란드-영국] 보어전쟁 발발
10.21 [미국] 에디슨, 전기 형광램프 발명
11.16 [청-프랑스] 광주만 조차조약 조인
12.02 [미국-영국] 사모아군도 분할협정 체결

1900 경자(庚子) 고종37·광무4 명치33 광서26

01.01 만국우편연합(UPU) 가입, 업무 고시, 시행
01.07 궁내부특진관 이유인, 시무 15조 상소-을미사변 복수, 유교를 바로세울 것 등
01.15 전 미국 공사관 서기관 샌즈, 궁내부 찬의관에 임명-외교 사무 서리
01.19 우편국, 미국 외교문서를 최초로 우송
01.19 원수부 친위대, 육군무관학교 제1회 졸업시험 시행-장연창 등 128명 합격
02.00 삼남지방 화적, 활빈당 표방 활동 개시(~1906)
02.14 일본 원양어업회사에 경상·강원·함경도 해역의 포경권 허가
02.20 은산금광 한국인 광부들, 영국인들의 불법침탈에 저항
03.02 충남 홍주·연산 등지에 활빈당 1,000여 명 출몰
03.23 통신국 폐지, 통신원 신설-우체·전신·선박·해원(海員) 등의 사무 총괄
03.28 프랑스 법률가 크레마지(Laurent Cremazy), 정부 법률고문관에 임명(5.10. 부임)
03.30 러시아에 마산합포구 해안 어귀의 율구미(현재 창원시 가포동) 조차 허용
03.30 영국인 멀덕(Murdoch)과 헤이(Hay)에게 은산광산 채굴 허가
03.00 목포부두노동자, 일제의 경제수탈에 파업

03.00 시부사와(澁澤榮一), 광부 700여 명 이끌고 직산금광 도굴·경관 동원 약탈 자행
04.09 활빈당 1,000여 명, 충북 연풍·괴산, 경북의 문경 등지에 출몰
04.10 한성전기회사, 종로에 전등 3개 가설-최초의 민간 가로등
04.14 〈사립학교 규칙〉 반포-학생 30명 이상, 관립학교 과정 준함, 계절말 시험 실시
04.17 한국 최초로 〈훈장조례〉 공포-금척대훈장·이화대훈장·태극장·자응장 등 4종
04.00 동대문발전소에 125kW 직·교류 양용발전기 증설-200kW 전력 생산
05.16 영국인 허치슨(Hutchison)에게 은산금광 채굴권 허가
05.17 평리원, 황제양위운동을 벌인 안경수·권형진에 사형선고, 당일 집행
06.12 〈경부관제〉 공포-경무청을 '경부'로 개칭, 서울·지방개항장의 경찰사무·감옥서 감독
06.16 진고개(현 명동) 일본인 상가에 최초의 민간전등 등장
06.16 영국 왕립아세아협회(현 왕립아세아학회), 서울에 한국지부 설치
06.25 고종, 중국의 '의화단 사건' 전말 청취
06.28 직산금광 노동자들, 일본인에 대해 저항
06.30 〈육군헌병조례〉 공포 시행-원수부 내에 육군헌병 설치
06.30 내부병원, '보시원'으로 개칭-1900.7. 광제원으로 다시 개칭
06.30 청 의화단 습격에 대비 평안북도·함경남북도에 진위대대 설치
07.05 한강철교(1,110m), 착공 3년 4개월 만에 준공(1897.3.~)
07.08 한강철교 개통에 경인선(인천↔서대문역) 완전 개통
07.20 지방군대 진위대와 지방대 명칭, '진위대'로 통일
07.25 우체사·전보사 관제 반포 시행
08.07 조병식, 주일본특명전권공사에 임명
08.10 길주군민 수백 명, 성진 감리서를 습격 방화, 진압됨
08.16 궁내부대신 윤정구·시부자와 등과 직산금광 채굴합동조약 체결
08.17 고종의 둘째 아들 이강을 '의왕'에, 셋째 아들 이은을 '영왕'에 책봉
08.17 경부전선(京釜電線), 복선공사 완료
08.29 전북 전주 등지에 활빈당 창궐
09.03 〈중학교 규칙〉 공포-역사·지지·산술·경제·박물·외국어·법률·공업·농업 등 교육
09.04 광업에 필요한 실학교육기관, 〈광무학교 관제〉 반포
09.04 〈육군법률〉 공포 시행-현역 군인의 범죄 처벌 규정

09.04 〈한성종두사 세칙〉 공포-광제원에서 한성종두사 독립, 한성 내 종두사무 총괄
09.10 용산 전환국, '백동화' 주조 시작
09.13 궁내부에 서북철도국 설치-경의선·경원선 부설, 직영
09.17 〈육군법원 관제〉 공포 시행-군법을 다스리던 사법기관(~1907.7.)
09.19 서울 군인-친위대 3천명, 시위대 2천명, 평양 1천명, 포병 1천명, 마병(馬兵) 1천명
09.27 육군참위 김규복·노백린·어담 등 19명, 일본유학 명함
09.29 〈형률〉 개정-1896년 폐지된 참형 복구(~1905.2.)
09.30 경인철도주식회사에서 주문한 황제용 승용차[어차] 도착-국내 첫 자동차
09.00 경상도 울산·영천·경주, 전라도 용담 등지에 활빈당 출몰
10.03 관립중학교, 서울 화동에서 개교
10.05 일본인 어업구역을 기존 전라·경상·강원·함경도에 경기도 추가-20년간 허가
10.25 울릉도를 울도군, '도감(島監)'을 '군수'로 개칭
10.27 남산영(南山營) 터에 장충단 설치-홍계훈 등 을미사변 이후 전사한 장병 제사
11.03 시위기마대 설치, 편성 408명(12.15. 원수부로 편입)
11.05 함흥↔북청 간 전선가설, 통신업무 개시
11.12 서대문역에서 경인선 개통식 거행
11.15 대한성공회 강화읍 성당 축성
11.27 일본 미쓰이 물산(三井物産)에 관삼(官蔘) 위탁 판매 허가
12.04 경인철도 최초의 운전 규정 제정
12.07 영국 빅토리아 여왕, 광무황제에게 인도 제국의 최고영예 기사훈장 수여
12.08 〈태극기 규정〉 제정-흰 바탕에 길이 2척·넓이 1척·태극 7촌 청홍색
12.19 〈군악대설치령〉 공포
12.27 일본인 회사에 부산해안 일부 매립공사 허가
12.00 경운궁 석조전 착공, 영국인 브라운 설계(~1910.6.)
12.00 장고도 사건(일본 어선 홍주 장고도에 좌초)-일본공사, 한국에 손해배상 청구
00.00 〈철도의 노래〉 유행-일본의 창가 형식
00.00 개신교, 『신약성서』 완전 국역
00.00 군악대 대장 백우용(시위연대 참위), 국가를 서양 악보로 편곡

01.20 [영국] 비평가 존 러스킨(1819~1900) 사망
02.28 [영국] 노동당의 전신인 노동자대표위원회 설립
03.14 [미국] 금본위제 채택
04.14 [프랑스] 파리 만국박람회 개막, 한국 출품
05.01 [일본] 도쿄에 전차 운전 개시
06.14 [프랑스] 파리-리용 간 최초로 국제자동차레이스(경주) 개막
07.10 [프랑스] 파리 지하철 개통
07.14 [국제] 제2회 파리올림픽 개막
07.16 [러시아] 레닌, 러시아 탈출해 스위스 망명
07.30 [영국] 광산법 제정, 소년의 지하노동 금지
08.08 [국제] 제1회 데이비스컵 선수권대회 개막
08.25 [독일] 실존주의 선구자 철학자 니체(1844~1900) 사망
09.22 [프랑스] 제2인터내셔널 파리대회 개최(~9.27)
10.03 [중국] 손문의 흥중회, 혜주에서 거병, 실패(혜주사변)
10.19 [일본] 이토 히로부미, 제10대 내각 총리대신(제4차) 임명(~1901.5)
11.16 [필라델피아] 세계최초로 시민이 창설한 필라델피아 관현악단, 첫 콘서트 개막
11.30 [아일랜드] 천재 작가 오스카 와일드(1854~1900) 사망
12.13 [러시아] 레닌 등, 주간지 『이스크라』(불꽃) 제1호 발간
12.14 [독일] 막스 플랑크, 양자론 발표

1901 신축(辛丑) 고종38·광무5 명치34 광서27

01.09 유두표(피터 유), 한국 상인으로 최초로 하와이 호놀룰루에 도착
01.00 경인철도주식회사 종업원, 임금 인상 요구 파업 단행
02.04 평양에 1개 대대 증설, 연대로 편성
02.12 〈신식 화폐조례〉 공포-금본위제 채택, 100전을 1환
02.16 국경 근처의 민호(民戶)를 보호하기 위하여 경무서(警務署) 설치
02.27 일본 해군 군악대 교사 독일인 에케르트(Eckert), 군악대장에 임명

03.00 서울 회동에 독일영사관 청사 신축 공사 준공-1902.5. 이전
03.20 영국·이탈리아공사 민영돈, 독일·오스트리아공사 민철훈, 미국공사 조민희 임명
03.23 한국-벨기에 〈한백수호통상조약〉 체결
04.01 경인철도, 우편물 운송 개시
04.17 서울에서 프랑스와 〈한불우편협정〉 조인
04.26 일본에서 신식 소총 1만 정과 실탄 1백만 발 구입
05.01 한일 간 특수우편제도 실시
05.15 숙위소(현 시청) 한성부·한성재판소, 전동으로 이전, 상경한 평양 2대대 주둔 지시
05.15 마펫(S.A.moffett, 馬布三悅), 평양에 장로회신학교 설립
05.19 정부, 일본 요구에 〈방곡령〉 등의 손해배상 11만원을 6개년에 걸쳐 지불 약속
05.28 제주도 봉기-천주교도 700여 명 학살, 신축교안(辛丑敎案)·제주교난(濟州敎難)
05.30 서울↔충주 간, 부산↔창원 간 전선 개통
05.30 이용태, 주일 공사에 임명
06.01 용산전환국, 은화 주조 개시
06.02 한·일·불 등의 군함, 제주봉기 진압을 위해 제주도 도착
06.07 프랑스인 살타렐, 평북 창성 광산채굴권 획득
06.07 러시아인 우렘노프, 한성기계창 기수로 초빙
06.25 시부자와, 경부철도주식회사 설립-자본금 2000만 원(~1906.7.)
07.23 전국적인 흉작으로 토목공사와 미곡 반출 금지-7.24. 안남미 수입 계약 체결
07.31 단군묘 봉함 결정-평남 강동의 단군묘, 기자·동명왕릉과 함께 숭봉(崇封)
07.00 충남·전북 각 군에 방곡령 실시-7.23. 일본 공사, 충청·전북의 방곡령 해제 요구
08.10 프랑스인 르페브르(盧飛鳧, G. Lefevre), 서북철도국 감독 임명
08.17 서울시내 전등 시점식, 동대문 밖 한성전기회사에서 거행
08.20 경부철도주식회사, 영등포에서 경부철도 북부 착공식
08.20 미국 스탠다드 석유회사, 부산지점 개설-지점장 에클런트(C. E. Ecklundt)
09.05 일본 제일은행과 조세를 담보로 50만원 차관결약(借款結約) 조인
09.07 군악대장 에케르트, 광무황제 50회 생신날 〈대한제국 국가〉 처음 연주
09.17 흥선대원군, 왕으로 추봉
09.21 경부철도주식회사, 부산 초량에서 경부철도 남부 착공식 거행

10.01 〈방곡령〉 해제 공포(11.15. 실시)
10.09 기아민 진휼기관 혜민원 설치-10.16. 〈혜민원관제〉 공포 시행
10.09 제주 도민과 천주교도 간에 '이재수의 난'(제주민란) 주동자, 이재수 교수형
10.20 토지문권 발급기관 '지계아문' 설치-지계아문 직원 및 처무규정 공포(~1904.4.)
12.03 민영찬, 프랑스·벨기에 특명전권공사에 임명
12.04 서울에 총혜민사 설치-각 군에 분혜 민사 설치
12.08 경찰 업무와 한성부·감옥서 등을 관장하던 '경부', '경무청'으로 환원
12.11 원수부 산하에 육군병원 개설
12.18 이탈리아 총영사관 개관(현 서소문동 41번지)
00.00 광문사, 박지원의 『연암집』, 정약용의 『흠흠신서』 간행
00.00 한성제직회사(漢城製織會社) 설립

01.04 [미국] 카네기, '카네기재단' 설립
01.22 [영국] '군림하되 통치하지 않는다' 원칙 세운 빅토리아 여왕(1819~1901) 사망
02.01 [러-청] 만주에 관한 러청밀약 성립
02.03 [일본] 메이지 시대의 사상가, 후쿠자와 유키치(1835~1901) 사망
02.25 [미국] 카네기철강, J.P.모건에게 매각
04.01 [프랑스] '라울의 법칙'을 공식화한 화학자, 라울(1830~1901) 사망
05.10 [일본] 사이온지 긴모치(西園寺公望), 임시 내각총리대신 임명(~6.2.)
06.02 [일본] 가쓰라 다로(桂太郎), 제11대 내각총리대신(제1차) 임명(~1906.1.)
06.08 [러시아] 러시아군, 만주 철군 개시
06.16 [중국] 손문, 일본에 망명
07.07 [스위스] 『알프스 소녀 하이디』 작가 슈피리(1827~1901) 사망
07.11 [이탈리아] 마르코니, 무선 통신 대서양 횡단 실험 성공
09.09 [독일] 최초로 대륙을 식물지리구로 나눈 식물학자 심퍼(1856~1901) 사망
09.09 [프랑스] 날카롭고 박력 있는 소묘 화가 앙리 드 툴루즈 로트레크(1864~1901) 사망
09.14 [미국] 25대 대통령 매킨리, 무정부주의자에 암살-부통령 루즈벨트, 26대 대통령 취임
10.02 [영국] 처음으로 잠수함 진수
10.12 [프랑스] 이탈리아와 조약체결로 모로코 획득

11.07 [청] 청말 주요 외교문제를 장악한 이홍장(1823~1901) 사망
11.22 [러시아] 동물학자 알렉산드르 코발레프스키(1840~1901) 사망
11.27 [스위덴] 노벨상 제정
12.02 [미국] 질레트, 일회용 안전면도기 발명
12.10 [국제] 제1회 노벨상 시상(화학(1)·문학(1)·평화(2)물리(1)·생리·의학(1)
12.12 [독일] 최초의 금속제 비행기, 〈융커스 J-1〉 첫 비행 성공

1902 임인(壬寅) 고종39·광무6 명치35 광서28

01.05 한국 최초의 전기회사 종로의 한성전기회사 사옥, 화재로 소실-1907.7 재건
01.19 정부, 공문서 작성 시 미농지에 괘선을 박은 '인찰지(印札紙)' 사용 제도화
01.27 고종, 국가(國歌) 제정 명함-1902.8. 제정
02.06 성진군민 1천여 명, 성진감리서에서 길주·성진 합군 반대 농성
02.08 고종, 재위 40년을 맞이하여 경운궁 중화전(中和殿)에서 하례 받음
02.15 김가진·지석영 등, 한성사범학교 내에 국문학교 설립-국문 널리 통용 목적
02.16 궁내부에 광학국(礦學局) 설치-광물의 생산과 기술 교육 전담
03.09 식량난 극복을 위해 수입한 제4차 안남미 1만 7천 여포, 인천항에 입항
03.15 각국 공사, 일본공사관에서 회동하고 백동화 주조 금지 요구 결의
03.20 서울↔인천 간 공중전화 최초 개통-마포·도동·시흥·경교에 설치-5분당 50전
03.00 독일인 손탁, 정동에 손탁호텔 건립-6.25전쟁 당시 소실
03.00 광흥학교, 보통과(야학)·법률과(주학) 개설-1909.9 법부 인가로 법률전문과 확장
04.16 정부, 일본 제일은행으로부터 일화(日貨) 15만 원 차입 계약 체결
05.04 51세 고종, 기로사(耆老社) 입사(入社)-어극 40년 칭경기념비(현 광화문역) 건립
05.06 프랑스 해군소장 베일르(Rear Ad.Bayle), 단트르카스트호를 이끌고 인천 입항
05.08 서북철도국, 마포에서 경의선(마포-개성) 부설기공식 거행
05.13 원산 객주·상민, 운수업 '협무회사' 설립, 통신원(通信院)에서 도내 통상 허가받음
05.13 〈마산포일본전관조계협정서〉 조인-70만평 일본인 거류지로 허가
05.19 정약용의 『목민심서』, 광문사에서 신식활자로 간행

05.21 일본 제일은행 부산지점, 일본화폐 1원권 발행·유통–8월 5원권·12월 10원권 발행
05.24 이범윤, 간도시찰원으로 파견-간도의 실태 조사(1903.7. 간도관리사)
05.24 미국·러시아·영국·프랑스 공사관과 경운궁 남쪽 도로 폐쇄-각국 공사 맹렬 반대
05.31 서울↔개성, 전화 통신 개시
06.12 선교사 아펜젤러, 성경 번역을 위해 인천에서 목포로 가던 중 선박 충돌로 사망
06.16 이상재 등, 개혁당사건에 관련되어 구속됨
06.17 독일·프랑스·러시아 3국 공사, 러시아공관에서 한국 철도·광산 등 이권탈취 모의
07.05 대한의학교, 제1회 졸업식 거행-졸업생 8명
07.15 한국-데마크, 양국 간 수호통상조약 조인
08.02 군부, 경무청 관리와 전·현직 육군부장 이하의 단발 명령
08.02 일본 제일은행 발행 수표, 한국 내 통용 시작
08.15 에케르트 작곡, 〈대한제국 국가〉 공식 제정
08.18 황제어기, 예기(睿旗), 친왕기(親王旗), 군기(軍旗) 등 제작 명령
09.00 고종 즉위 40주년 기념으로 황궁우 옆에 석고단(石鼓壇; 돌북) 건립
09.00 일본 정토종 승려, 서울 남산에 본원사(경성별원) 설립-해방 후 호국역경원
09.00 전국에 콜레라 만연-7,000여 명 사망
10.10 경부선 영등포↔명학(경기도 안양) 열차운행 개시
10.10 〈도량형 규칙〉 공포(1903.9.1 시행)-길이 기본 척(尺), 무게 기본 양(兩)
10.10 간도 거류민, 정부에 관리 파견 요청-1902.5 이범윤, 북간도 시찰원으로 파견
10.18 국내 첫 기념우표, 〈광무황제 즉위 40주년 기념〉 우표 발행
11.05 전 육군교관 김형섭·김의선, 일본에 망명중인 이준용 암살 미수, 체포됨
11.16 궁내부에 수민원(綏民院) 설치-해외여행·유학·개척이민 사무 주관(~1903.10.)
11.27 서울역 앞에 세브란스병원 착공(~1904.11.)
12.02 고종 즉위 40주년 기념 축전 10일간 거행
12.08 경성일본상업회의소, 백동화 가치 하락에 주조 중지와 환수를 한국정부에 요구
12.22 첫 하와이 이민 121명, 갤릭호로 인천항 출발-1903.1.13 하와이 호놀룰루 도착
12.00 첫 국립극장(황실극장) 협률사(현 새문안교회) 건축-2층 500석 규모(1906.4 폐지)
00.00 김택영 저, 『동사집략』 간행
00.00 최초의 영업적 실내극장, '협률사' 등장

1902

01.29 [미국] 철강왕 카네기, 카네기협회 설립
01.30 [러시아] 시베리아횡단철도(블라디보스토크↔하바로스크) 개통
01.30 [영국-일본] 영국 런던에서 제1차 영일동맹 조인
02.01 [청] 만족·한족의 통혼 허락, 전족 금지령 공포
04.05 [독일] 알렉신 살균제를 발견한 세균학자, 한스 부흐너(1850~1902) 사망
04.11 [이탈리아] 엔리코 카루소, 호텔에서 최초로 음반 녹음
04.20 [프랑스] 퀴리 부부, 염화라듐 정제
05.02 [서인도제도] 마르티니크섬 펠레이 화산 분출, 4만 명 사망
05.08 [프랑스] 몽펠레 화산폭발, 3만 명이 넘는 사망자 발생
05.20 [쿠바] 미국으로부터 독립, 쿠바공화국 수립
05.31 [영국] 보어전쟁 종결 후 트랜스발·오렌지, 영국의 식민지화
06.16 [호주] 뉴질랜드에 이어 세계 2번째로 모든 성인여성에게 참정권 부여
06.28 [독일·이탈리아·오스트리아] 3국 동맹, 제4차 갱신 6개년 연장
07.13 [미국] 윌리스 캐리어, 에어컨 발명
07.28 [미국] 프랑스 파나마운하회사로부터 파나마에 대한 권리를 4천만 불에 매수
08.18 [일본] 『일본도덕론』(1887)을 저술한 니시무라 시게키(1828~1902) 사망
08.31 [미국] 〈반트러스트법〉 제정
09.29 [프랑스] 자연주의 문학운동 창시자, 『목로주점』 작가 에밀 졸라(1840~1902) 사망
10.16 [프랑스] 지문, 범죄자 식별법으로 채택
12.10 [이집트] 나일강 애스완댐 준공
12.18 [영국] 보통교육령 반포(의무교육 실시)
12.28 [미국] 시카고 이러쿼이 극장서 화재, 602명 사망

1903 계묘(癸卯) 고종40·광무7 명치36 광서29

01.15 이연록, 마포 경강상인 보호 목적에 보험회사 '보선회사(保船會社)' 설립(2.8. 혁파)
01.18 제5차 안남미 1만5천여 포, 인천항 도착

01.23 궁내부에 박문원(博文院) 신설-국내외 각종 서적·신문·잡지 보관(~1904)
02.05 개성↔평양 간 시외전화 개통
02.05 영사관 구락부와 각국 구락부, '서울구락부'로 개명(회장: 스타인, 간사: 찰머스)
02.05 한성판윤 장화식, 일본 제일은행권의 유통 금지령 공포(2.13. 해제)
02.10 〈국내전보규칙〉 반포-전보비·전송비·전보서법·자수 계산 등
02.10 제2차 하와이 이민 124명, 인천 출발(1903.3.2. 호놀룰루 도착), 통역자 현순
02.16 러시아공사, 서북철도부설권 요구-한국 정부 거절
02.00 일본 화폐의 대량 유통으로 한국 화폐가치 폭락
03.06 법부, 신로문 밖 유동에 법관양성소 새롭게 설립-1년 6개월 과정
03.07 한강변에서의 무명잡세(無名雜稅) 징수 금지
03.18 원수부, 〈징병조례〉 제정-17~40세 장정. 선비·후비·예비·국민병으로 징집(미실행)
03.00 외국산 옷감 사용금지와 공산품 장려 지시
04.15 일본 미쯔비시[三井物産]에서 구입(55만 엔)한 군함 양무호(석탄운반선), 인천 입항
04.21 만주 진출 러시아군, 평북 용암포·압록강 하구 강점(용암포 사건)(~1904.3.)
04.25 주차한성독일판리공사 살데른(von Saldern, 謝爾典) 부임-총영사관의 공사관 승격
05.13 러시아, 군대 12,000명 평북 의주에 진주 후 노골적인 군사기지화정책 강행
05.14 한국 내 주차 일본군 제38연대 중 제9·12중대 서울에 주둔
05.20 러시아, 용천 진주, 용암포 토지매수·삼림채벌-5.25 용암포 병력 증파, 포대설치
06.14 주한각국공사, 러시아 공사관에서 비밀회담
06.20 윤이병 등 공제회 조직-일본제일은행권·청상동순태표(淸商同順泰票) 배척운동
06.00 한성 내 가옥 중 2/3가 외국인에게 저당 잡혔다가 기한을 넘겨 빼앗김
07.04 주일 공사 고영희, 러일전쟁 개전 결정 통보
07.04 정부, 한성부 판윤에게 일본 제일은행권 통용 방해 엄금 지시
07.18 정부, 일본 공사에게 일본군의 경부전선 철폐 요구
07.20 삼림감리 조성협, 러시아 삼림회사와 용암포 조차 계약 체결
07.22 광제원장 강홍대, 러시아 침략 대비의 서북방어책 상소-산포대 중심 방어영 설치 등
07.26 서울↔평양 간, 전화 교환업무 개시
07.00 러시아, 용암포↔안동 간 전선 가설, 용암포 조차 요구
08.07 홍승하·윤병구, 호놀룰루에서 최초의 교포단체 '신민회' 조직

08.08 함경북도 길주군·성진군 분리
08.10 영국·일본 공사, 러시아에 용암포 조차 철폐와 의주 개시 요구
08.11 간도시찰사 이범윤, 북변간도관리사에 임명-간도 거주 한인 보호 및 관할권 행사
08.11 한국-덴마크, 통상조약 체결
09.01 외국인에 상업행위 허용한 평양개시장 폐쇄(1898.8 지정), 의주 개시장으로 변경
09.08 대한철도회사(대표 박기종)에 경의선부설권 허가
09.23 안창호·이대위 등, 샌프란시스코에 상항친목회(1905.4. 공립협회로 개칭) 조직
10.15 고종, 육군법원을 전 수민원(외국여행권 담당 관청)으로 이전 지시
10.28 YMCA연합회 국제위원회가 파송한 질레트, 황성기독교청년회 YMCA 창립
11.03 일본서 들여온 인력거 100대, 칙임관에게 분양키로 결정
11.15 영국인 해밀턴, 오쿠다 사다타로(奧田貞太郎)와 합자, 인천연초회사 설립(11.29. 발매)
11.24 일본에 망명 중인 고영근, 민비 시해 사건에 관여한 우범선 암살
11.26 함경북도 무산·종성·회령 등지에서 한·청 양군 교전
11.00 목사 홍승하, 호놀룰루에 한인 감리교회 설립-미국 최초 한인교회
11.00 인천부두에서 러시아 수병과 일본인 간 충돌
11.00 정부, 의주·용암포 개항 결정
12.01 이범윤, 정부에 간도 산포대(山砲隊)의 진위대 편입 요청
12.21 목포 일본영사·경부·상인 등, 일본군 백여 명 동원, 무안감리서에 난입, 난동
12.00 러시아 '동양함대', 인천 입항
00.00 고종 재위 40주년을 맞아 포드 자동차의 'T형 4인승 무개차' 수입
00.00 장지연, 『대한강역고』 편찬-정약용의 『아방강역고』 증보

01.21 [미국] 브로드웨이, '오즈의 마법사' 초연
01.22 [미국-콜롬비아] 파나마운하조약 조인
02.22 [영국-티베트] 수교통상조약 성립
04.19 [소련] 키시네프에서 유태인 120명 학살
05.08 [프랑스] 화가 고갱(1848~1903), 남태평양 섬에서 심장병 발작으로 사망
06.15 [미국] 포드자동차사 설립(7.23 첫 판매, '모델 A')
07.30 [러시아] 사회민주노동당 제2회 대회서 맨셰비키와 볼셰비키로 분열

08.21 [일본] 러시아에 한국·만주 문제 타협안 제시
08.22 [영국] 보수당 정치지도자 솔즈베리(1830~1903) 사망
10.01 [미국] 프로야구, 제1회 월드시리즈 개막(10.13 보스턴 레드삭스 우승)
10.20 [미국-캐나다] 알래스카 국경 확정
11.03 [파나마] 콜롬비아로부터 독립
11.13 [프랑스] 인상주의 화가 피사로(1830~1903) 사망
11.18 [미국-파나마] 파나마운하조약 체결-미국, 건설-운영-관리-보호 등 모든 권리 획득
12.08 [영국] 철학자 스펜서(1820~1903) 사망
12.17 [미국] 라이트 형제, 세계 최초 비행 성공

1904 갑진(甲辰) 고종4·광무8 명치37 광서30

01.05 미군 36명, 자국 상민 보호 이유로 입경(入京)
01.06 러시아 군인 20여 명 입경
01.08 영국 군인 20여 명 입경
01.09 이탈리아 수비대 해병 20여 명 입경
01.11 기아민 진휼하던 혜민원 폐지-명색만 있고 실속 없다는 이유(1901.10. 설치)
01.11 대한제국, 일본과 포경 기지(장전포·진포도·울산포) 조차 조약 조인-기간 11년
01.11 지계아문 폐지, 탁지부에 업무 인계(1901.10. 설치)
01.11 프랑스 해병 41명 입경
01.16 인천감리서, 일본군의 탄환 반입 저지
01.22 일본군, 러일전쟁에 필요한 물자조달과 노임 지급을 위해 군용수표 발행
01.23 정부, 러일전쟁 개전에 앞서 엄정 중립 선언
02.06 일본 함대, 부산과 마산포에 입항-부산의 러시아 기선 묵덴호(moukden) 포획
02.06 일본군, 창원·부산전보사 점령
02.07 일본 순양함 치요다(千代田) 호, 인천 출항-아산만의 일본함대와 합류
02.08 러시아 포함 코레이즈(koryetz) 호, 여순항으로 출항-일본함대 인천외항 봉쇄로 회항
02.08 일본함대 인천해상에서 러시아 함대 공격, 러시아 군함 2척 격파-러일전쟁 발발

02.08 일본 육군, 인천·남양·군산·원산에 상륙 개시
02.09 일본군 선발대 1개 여단, 한국 정부의 중립선언 무시하고 서울에 진주
02.10 일본, 러시아에 선전 포고
02.11 일본, 경의선 군용철도 부설 목적에 임시 군용철도감부 설치-주한일본군사령관 예하
02.12 〈한일의정서〉 체결을 반대한 이용익, 일본으로 납치당함
02.12 주한러시아공사 파블로프 철수
02.15 일본군 12사단(사단장 이노우에 미쓰루(井上光, 육군 중장), 인천에 상륙
02.18 일본군, 용산역 동쪽 광장에 육군임시철도감부 청사 착공(3.20. 준공)
02.23 공수동맹 성격 〈한일의정서〉 체결-일제가 한국을 세력권에 넣고자 함(2.27. 공포)
02.26 여영조·이학재 등, 국시건의소(國是建議所) 조직-건의서 올리고 종로·남대문에 게시
02.27 권중석(의정부참찬)·이유인(중추원부의장) 등 한일의정서 반대
02.29 일본군, 한국 군영 강점하고 쌀 4만 석, 밀 1만 5천 석 강탈
03.01 이유인·이지용(의관), 〈한일의정서〉 체결에 가담한 구원희 탄핵 상소
03.02 〈한일의정서〉 체결 담당자 외부 교섭국장 구완희·강홍대 집에 투탄 사건 발생
03.17 러일전쟁 중 일본 특파대신 이토 히로부미, 서울 도착
03.20 일본 제1군(원수 구로키 다메모토(黑木為楨)), 평남 진남포에 상륙
03.20 일본 정부, 일본 도쿄에서 조선주차군사령부 편성
03.21 일본군 1사단, 평남 평양 도착
03.23 일제의 강압에 용암포 개항-영판리공사 Jordan(朱邇典)에게 용암포 개항 통지
03.27 최윤백, 하와이 호노룰루에서 ≪신조신문≫ 창간(월 2회)-1905.4. 재정난에 폐간
03.00 전남 목포 등 5개소에 최초 임시 기상관측소 설치
03.00 장지연 등, 시정개혁에 관한 50조 건의-인허한 외국인 이권의 회수 방안 강구 등
04.03 조선주차군사령부, 한국에 설치-일본의 주차대사령부, 주차군으로 개편
04.09 임시군용철도감부, 개성↔평양 간 노반공사 착수
04.14 밤 10시 경운궁 대화재-함녕전·중화전·즉조당·석어당 등 전소-함녕전 아궁이 과열
04.18 종로 당주동 내섬사(內贍寺)에 동제의학교(교장 장용준) 설립(~1907)-첫 근대 한의학교
04.00 일본 제일은행, 한국에서 10전·20전·50전의 소액권 발행, 통용
05.04 제3차 하와이 이민 130명 출발-6.1. 호놀룰루 도착
05.11 학부, 각 학교에 〈애국가〉 배포

05.18 주러공사관 철폐, 러시아와의 조약·협정 모두 파기-이범진 공사 소환·불응
05.20 주한일본공사 하야시, 18개조의 '대한방침 관련 협의안' 일본에 발신
05.26 내부에서 서울에 〈위생청결법〉 시행-쓰레기 청소, 공중변소 설치, 우물 청결
05.31 일본 각의, '대한방침'·'대한시설강령' 결정-적당한 시기에 한국 보호국화·병합 추진
06.04 〈한일 양국 인민어로구역 조례〉 체결-일제, 서해안 어업권 확보(기간 20년)
06.06 일본공사 하야시[林權助], 전국 황무지개간권 요구(~8.1)-국내의 거센 반발 야기
06.08 〈농상공학교관제〉 반포-상공학교(1899.6. 설립) 개편, 예과 1년(17~25세)·본과 3년
06.12 충남 금산에서 경부선 공사 중인 한·일 노동자 충돌-한국인 12명 사상
06.15 〈한중변계선후장정〉 체결-북간도 지역 한인에 대한 관리 문제 규정
06.17 ≪한성신보≫·≪황성신문≫ 황무지개척권 요구 보도 이후 반대운동 거세게 일어남
06.20 전 의관 정기조, 전 감찰 최동식 등, 황무지 조칙에 대한 통문 전국에 배포
06.22 원산↔인천 간 전화 개통
06.23 일본, 〈한일의정서〉 근거로 한국 정부에 도로 건설을 위한 인부·물자 징발 요구
06.25 의병장 허위 등, 〈배일통문〉 전국에 발송
06.27 외부대신 이하영, 일본의 황무지개간권 요구 거절
06.00 ≪The Korea Times≫ 창간-1호 발간 후 베델, ≪The Korea Daily News≫ 개제
07.09 경향 각지의 유생들, '황무지개척안' 반대 건의서 올림-부제조(副提調) 이순범 체포
07.11 한국농광회사, 국내 황무지 개간·관개·채벌 및 광산채굴사업 특허 획득
07.13 원세성·송수만·이기, 보안회 조직-일제 황무지개척권 반대-7.16. 원세성 등 체포
07.18 ≪대한매일신보≫ 창간(국한문본)-사장 영국인 베델, 총무 양기탁(~1910.8.)
07.20 일본 군경, 〈군사경찰훈령〉 공포-총포·탄약·병기·화구 소지, 검사·압수·처벌 등
07.21 주차일본군사령관, 한국 정부에 치안유지 위해 한성 내외의 군사경찰 실시 통고
07.22 2천여 명 군중, 종로에서 일본의 황무지개척권 요구 반대 시위, 전차 운행 중지
07.23 정부, 황무지를 일본에 제공하지 말 것을 각지에 고시
07.28 한성부, 주차일본군사령부 군령 〈철도전신선보호〉 고시-군용전선·철도 방해자 사형 등
07.30 고려왕릉 도굴 후 유물을 일본인에게 판 박광본 체포
07.00 경무사, 부녀자의 인력거 합승 엄금
07.00 일본, 군사경찰훈령에 따라 한국 치안을 일본군이 담당한다고 통고-군사경찰제 시행
08.01 용산↔수색 간, 1일 4회 간격으로 열차 운행

08.01 일본 공사 하야시, 조선 정부의 반대로 황무지 개간권 요구 취소
08.08 일본군 보병과 러시아 기병 500여 명과 원산에서 충돌
08.15 주차일본군사령관, 남대문 밖 양동·도동 일대·한강변 군용건축 용지 강제수용 통고
08.16 이용구, 동학교도 일부 포섭 친일단체 '진보회' 조직
08.18 송병준·윤시병 등, 친일단체 '유신회' 조직-8.20 유신회, '일진회'로 개칭
08.20 일제, ≪제국신문≫·≪황성신문≫ 주무원에게 군사문제 게제 금지·사전검열 통고
08.22 〈한일외국인고문초빙에 관한 협정서〉(한일협정서) 체결-고문정치, 외교·재정 고문 파견
08.30 경운궁 별채 수옥헌(중명전)에 청사 신축-대지 2,399㎡, 건축면적 877.8㎡
09.01 민영휘, 경운동에 광성의숙(현 휘문고) 설립-1906.5 휘문의숙으로 개칭
09.11 이준·이상재·이동휘, 황무지 개간권 취소 후 보안회 해체, '협동회' 조직-활동 미흡
09.14 경기도 시흥군민 수천 명, 일본군의 경부선 강제부역에 반발 시위
09.16 일본군 훈련원 연병장 점령-친위대 시외로 이전하여 훈련 실시
09.19 이중진 등, '국민교육회' 조직-국민 지식발달과 폐습 혁파 목적
09.21 일본군 헌병, 군용철도 방해죄로 김성삼·이춘근·안순서 등 공덕리에서 포살
09.24 육군유년학교(幼年學校) 설립-무관학도 양성 목적, 일본 육군유년학교 모방
09.24 홍천의병장 홍일청, 홍천 남면 신주막에서 거의 촉구 격문 각지에 보냄
09.25 일제 침략자들, 정부 통치자 매수를 위한 유흥장 '대동구락부' 조직
09.27 원수부·군부·육군무관학교·육군연성학교 관제 개정-일제, 한국 군대의 무력화 추진
09.28 일본공사, 다시 황무지개간권 요구
09.00 유인석, 최익현 등에게 활국양책(活國良策)은 오직 거의뿐이라며 창의 촉구
10.03 황해도 곡산군민, 일제의 노동자 징발 반대, 경의선 공사청부자 일본인 7명 살해
10.05 황실제도 정리국 설치(총재 완평군 이승응)-황실제도 정리 목적
10.13 주한일본군사령관 하세가와(長谷川好道) 부임
10.14 정부, 일본인 메가다(目賀田種太郎)와 재정고문 고빙 계약 체결
10.15 상동교회 안에 중등교육기관 상동청년학원(초대 교장 이승만) 개교
10.24 평남 곽산 출신의 문창호, 전선 절단 혐의로 정주경찰서 일본 헌병에게 포살
11.01 경부선, 영등포↔대전(회덕) 간 영업 개시
11.05 경운궁 강태실에서 순종의 첫 부인 순명효황후 사망(1872-1904)-능호 유릉
11.06 이승만, 고종의 밀지 휴대하고 도미 차 인천 출발

11.10 경부선 완공-1905.1.1 영업 개시
11.16 서울역 앞에 세브란스병원 준공-1902.11. 착공
11.26 이준·나유석·윤효정 등, 보부상 규합 진명회 조직-12.3 공진회로 개칭(~1905.2.2.)
11.28 전환국 폐지-동화 주조 중단
12.04 윤시병·이용구, 일진회·진보회와 통합-일진회 창립-1910.9. 해체
12.06 탁지부, 〈인쇄국 관제〉 공포-전환국의 인쇄 시설과 제지 공장 전수 받음
12.17 영국인 마야스, 오오바(大庭貫一)를 통해 멕시코 이민 모집 광고(≪대한매일신보≫)
12.21 〈대한적십자 관제〉 공포-세계적십자사에 가맹
12.25 경무청, 공진회 설립 주도한 이준 등 구속
12.27 미국인 스티븐스, 외교 고문 고빙
12.28 함북·간도, 간도관리사 이범윤을 축출하려는 종성진위대 등 성토 및 의병 모집
12.00 각국 외교관 및 영사관 관제 폐지
12.00 만주에서 귀국한 유인석, 평남 개천 지방에서 의병 조직
12.00 일본 활동사진회, 소광통교 부근서 영상시설 갖추고 영화 상영 시작
00.00 상해·홍콩·일본의 영·미계 6개 보험회사, 한국에 대리점 설치
00.00 정부, 마포에 벽돌공장, 영등포에 토관공장 설립
00.00 충무로 2가-5가 도로 개수

02.05 [러시아-일본] 국교 단절, 북쪽의 일본인들 평양으로 피난
02.08 [일본] 중국 여순항의 러시아 함대 기습 공격-러일전쟁 발발
02.10 [국제] 일본, 러일전쟁 선전 포고
02.17 [이탈리아] 밀라노 라 스칼라 극장서 오페라 〈나비 부인〉 초연
04.08 [영국-프랑스] 영국에 이집트, 프랑스에 모로코 권익 상호 승인
05.01 [체코] 작곡가 안토닉 드로브작(1841~1904) 사망
05.04 [파나마] 파나마 운하(길이 81km·폭 30~60m) 착공(~1914.8.)
05.05 [미국] 투수 사이 영(1928-2017), 메이저리그 최초의 퍼펙트 게임
05.05 [일본] 일본군, 요동반도 상륙 개시
05.06 [독일] 화가 프란츠 폰 렌바흐(1836~1904) 사망
05.10 [영국] 아프리카를 '암흑의 대륙'이라 부른 탐험가 헨리 스탠리(1841~1904) 사망

05.14 [국제] 제3회 세인트루이스 올림픽 개막
05.21 [국제] FIFA(국제축구연맹) 창립
05.21 [프랑스] 정교분리문제로 대교황청관계 악화, 바티칸 대사 소환
06.20 [일본] 만주군 총사령부 설치
07.12 [러시아-독일] 양국 간 통상조약 체결
07.15 [러시아]『지루한 이야기』작가 안톤 체호프(1860~1904) 사망
07.23 [영국] 현대 공중보건 서비스의 기초를 세운 의사 사이먼 사망
08.09 [일본] 러시아 포츠머드에서 러일전쟁 강화협상 개시
08.14 [국제] 제2인터내셔널 암스테르담 대회
08.19 [일본] 일본군, 여순 총공격 개시
09.08 [미국] 디어도 루즈벨트, 대통령에 당선
10.27 [미국] 뉴욕지하철 개통

1905 을사(乙巳) 고종42·광무9 명치38 광서31

01.01 경부선(영등포↔부산 초량), 전 구간 개통, 업무 개시
01.05 한국주차일본군사령관, 일본군의 한성과 부근 치안담당 군령 발표-치안 경찰권 장악
01.15 미국 ≪워싱턴포스트≫, 이승만의 '일본의 한국 침략 폭로' 인터뷰 기사 게재
01.15 동학접주 조창식 등 8명 등 동학교도 73명 교수형
01.18 〈화폐조례〉 공포-일본 화폐의 유통 공인
01.26 윤덕영, 한성법학교 설립-법학전문과(야간)·예비보통과(1905.9. 보성전문학교에 통합)
01.28 경무청, 〈고등경찰제〉 실시-현행범은 고관이라도 체포 가능
01.30 정부, 한성 제일은행과 300만 원 차관 계약 조인
01.31 일본 제일은행에 국고 취급 및 화폐정리 사업 일체 위임
02.02 서울 상인, 경무청에 일본 상인의 종로 진출 금지 요구
02.09 함북 경흥군 주둔 러시아 군인 200명, 연해주 연추[노우키에프스크] 등지로 철수
02.10 정현구·김익성, 하와이 호놀룰루 성앤드루교회에서 '한인성공회' 설립
02.11 엄주익, 양정의숙(현 양정고) 설립(광화문 세종문화회관 뒤편)-국내 첫 민립 사학

02.15 이용익, 서울 박동의 전 아어학교에 중앙학교(현 중앙고) 설립
02.15 고순재·한덕경 등 20여 명, 차관 반대 장서(長書), 모금액 800만 원 국고수납 건의
02.16 일본인 시데하라(幣原坦), 학정참여관에 용빙
02.17 최익현·이지용 등 6명 규탄 상소 올림-3.22. 최익현, 일본 헌병에 피체
02.22 일제, 독도 강탈-다케시마(竹島)라 하고 일본 시마네현(島根縣)에 편입
02.25 경의선 임진강 철교 개통-6.25전쟁 당시 파괴
02.26 〈중추원 관제〉 개정-부의장 신설, 의관을 찬의로 개칭, 찬의 15명 임명, 기구 축소
02.26 〈경무청 관제〉 공포-경무청, 서울의 경찰·소방·경무서·감옥서 총괄
02.27 참형 폐지-1896년 폐지 후 1900년 부활
02.00 한성부 종두사 폐지, 광제원에 종두소 별도 설치-전국 종두 사무 총괄
02.00 ≪조선일보≫(일어) 창간-≪조선시사신보≫·≪부산일보≫ 합병
03.06 멕시코 이민 1,033명(여자 231명 포함), 인천 출항
03.08 주한일본공사 하야시, 외부대신 이하영에게 8개 조목의 군령 적용 통고
03.10 인천 전환국 터에 철도이원양성소 설치-운수과·기차과 80명(한국인·일본인 각 40명)
03.11 최익현·김학진·허위 등, 일본 헌병대장에게 〈한일의정서〉 비난하여 구금
03.21 〈도량형법〉 공포-1척: 30.3㎝, 1주척: 20.0㎝, 1포백척: 51.5㎝, 1리: 420m
03.23 일본 제일은행, 한국에서 제일은행권 발행
03.24 경의선 평양 대동강 철교 준공-6.25전쟁 당시 파괴
03.25 고종, 상해의 러시아 장군 멧시노에게 '일본 견제 호소' 밀서 전달
04.01 〈한일통신기관협정〉 체결-일제에 통신기관 위임, 통신권 박탈
04.01 외부, 하와이·멕시코 이민 엄금 지시
04.03 이용익, 서울 수송동에 보성학교(고려대 전신) 설립
04.05 안창호 등, 샌프란시스코 상항친목회를 '공립협회'로 개칭
04.05 주청공사관원 김필희 등 3명, 철수-5월 주영, 7월 주미한국공사관 철수
04.06 미국에 머물던 의친왕 이강 귀국(1900. 미국 유학)-9.25 일본으로 출국
04.10 정부, 미국 북장로회 선교부로부터 '제중원' 환수
04.13 한국군 감축-친위대 폐지, 군인 수 반감
04.18 〈형법대전〉 공포, 대명률 폐지-형벌, 사형·유형·역형·금옥형·태형으로 구분
04.00 지석영, 『대한국문설』 집필-한글의 문자 체계 확립(1907.5. 발표)

04.00 한성 무녀, 빈민질병구료사업 관청 '동서활인서'에 소속-전염병 환자 치료·간호 임무
05.00 이승훈·안태국 등, 태극서관 설립-평양에 서적이나 유인물 출판·공급
05.01 서울 서대문↔부산 초량 간, 1일 1회의 직통 급행열차 개시, 14시간 소요
05.03 하와이 오하후에서 에와친목회 창립-항일운동·일화배척·동족상애 목적(~1907.9)
05.11 일본군, 교전지역인 함경도에 군정 실시
05.12 정부, 각국 파견 공사 소환 명령
05.12 주영공사 이한응(1874~1905), 한국 정부의 공사 소환 명령에 불응, 자결 순국
05.14 제1회 관·사립소학교 연합운동회 개최
05.20 서울 마포·시흥·인천 등지의 우체사·전보사, 일본 측에 인계
05.24 이준·양한묵·윤효정 등, 헌정연구회 조직-반일진회운동 전개(1906.2. 해체)
05.25 경부선 낙동강철교(경전선 낙동강역↔한림정역) 준공(~1962)
05.26 마산선(마산포↔삼랑진) 철도 개통(1903년 착공)-홍수로 선로 유실, 10.21. 개통
05.28 서대문역에서 경부선 개통식 거행
06.10 미국 공사 알렌(Allen) 귀국, 모건(Morgan) 부임
06.24 〈구백동화 교환에 관한 건〉 공포-1905.7. 구백동화 교환 시작
06.24 〈국고증권조례〉 공포-200만 원의 단기 국채 발행
06.24 용산 철도공장 설립-철도 차량의 수리 및 개조
06.30 대한천일은행, 경영난으로 휴업
06.00 이기·나인영·오기호, 도일 후 이토 히로부미 등에게 '보호국화' 정책 폐기 요구
07.01 경복궁 앞 탁지부 내 화폐교환소 설치-구 백동화 교환 업무 개시
07.01 일본 제일은행 경성지점 발족, 한국중앙은행 업무 담당-1909.10. 한국은행 설립
07.01 일본, 한성우체사·전보총사 인수, 경성우편국 설치
07.02 평북 강계우체사, 일본에 양도-한국의 통신사업 일본에 완전히 강탈
07.05 광장주식회사 설립(본점: 동부 이현 전간동)-광장시장 개설
07.06 이승만·윤병구, 미국 대통령에게 〈한국독립청원서〉 제출-미 정부, 거절
07.19 서울 상인들, 한성상업회의소(의장 김기영) 설립-상업은행 창립, ≪상공월보≫ 발행
07.29 미국·일본, 〈가쓰라·태프트 밀약〉 체결-일본의 대한제국, 미국의 필리핀 지배 인정
07.00 보부상 단체 '동아개진교육회' 조직(~1908.8.)-한말 상인의 이익 도모, 학교 설립 등
08.09 일본군, 서울 남대문 밖을 군용지로 강점-한국인들 항의 유발

08.11 ≪대한매일신보≫ 영문판 자매지 *The Korean Daily News* 창간
08.16 의병장 원용팔, 충청도 영춘·강원도 영월 일대에서 기병
08.27 일본 공사 하야시, 한국의 해관사무 담당 총세무사 브라운의 퇴직 종용
08.00 국민교육회, 보통학교 보광학교(낙연의숙 후신) 설립
09.05 러일강화조약 '포츠머스조약' 조인-러일전쟁 종전
09.11 첫 관부연락선, 1,680t급 이키마루(壹岐丸) 취항-부산·시모노세키, 11시간 30분 소요
09.12 인천서 각 청년회의 연합동맹회 개최-가내 노비 해방, 단발 등 결의
09.15 일본 도쿄에서 서북 출신 유학생들, '태극학회' 조직-1909년 대한흥학회에 통합
09.23 종로 시전 상인, 경기 불황에 각종 납부의 지불 3개월간 유예·분납 결의
09.25 원용팔 의병 원주진위대에 진압-원용팔 체포(1906.3. 원용팔 옥중 순국)
10.03 윤치호, 개성에 한영학원(현 송도고등학교) 설립
10.10 종합병원 대한적십자병원 개원-경북궁 영추문에 설립(1907. 대한의원에 폐합)
10.11 정운경 의병장, 단양읍 점거-원주진위대에 와해, 정운경 피체·황주 철도로 유배
10.15 일진회, 〈한일보호조약〉 촉구 성명
10.17 의병 300여 명, 경북 영천우체소 습격-1905.6. 영천임시우체소 개소
10.23 경무청, 민중을 선동하는 무속인 무당·점쟁이·잡술배 체포 시작
10.27 대한적십자사 창설-적십자조약·국제적십자회의 인도적 임무 달성(1909.7. 폐지)
10.00 일진회, 광무학교 설립-일본어 교육 중심
10.00 의병 2백여 명, 경북 순흥우체소 습격-1905.6. 순흥임시우체소 설치
10.00 국민교육회, 국어교과서 『초등소학』 발간
10.00 독지가 이필화, 종로구 관철동에 경성고아학교 설립-국내 첫 근대적인 고아 시설
11.03 일진회, 한국의 외교권을 일본에 위임하도록 촉구 성명, 각계에서 선언문 반박
11.04 영국인 피어스, 황해도 수안광산 채굴권 획득
11.05 경의선(한성↔평양) 철도 개통식 거행
11.08 최초의 변호사 제도 〈변호사법〉 공포-변호사 제도 확립
11.09 이토 히로부미, 특파대사로서 을사늑약 강행 차 내한(11.29. 귀국)
11.10 이토 히로부미, 고종 알현하고 일본왕의 친서 전달
11.14 <변호사시험규칙> 공포-1906.6. 제1회 변호사 시험 실시
11.17 〈을사늑약〉 강제 체결-한국의 외교권 박탈(12.16. 『관보』에 발포)-의병 촉발

11.18 수십 명의 군중, 을사늑약에 찬성한 이완용의 집에 돌입하여 방화
11.18 시민들, 경운궁 대안문 앞에서 을사늑약 파기 주장
11.19 참정 이상설, 을사오적(이완용·박제순·이근택·이지용·권중현) 주참 상소
11.20 장지연, ≪황성신문≫에 「시일야방성대곡」 게재-800여 부 배포, 300여 부 압수
11.21 조맹선 등 대한13도유약소, 일본공사 하야시(林權助) 비난, 을사늑약 폐지 상소
11.21 일진회, 을사늑약 지지 선언
11.22 재미한인단체 공립협회, ≪공립신보≫ 창간-월 2회 발행(1909.2. ≪신한민보≫ 변경)
11.23 ≪차이나 가젯트지≫(상해), 을사늑약의 강압 체결 요지 게재
11.24 이상설의 을사늑약 반대 상소문, ≪대한매일신보≫에 게재-국민들의 각성 촉구
11.26 고종, 황실고문 헐버트에게 을사늑약의 무효를 만방에 알리도록 지령
11.26 을사늑약 체결에 종로상가 철시, 각급학교 맹휴
11.26 전 의정 조병세, 대안문 앞에서 을사늑약 폐기·오적처단 상소-11.28. 조병세 구속
11.27 최재학·이시영 등 평양청년회원 5명, 대안문 앞에서 을사늑약 반대 복합상소
11.27 전 참판 홍만식(1842~1905), 을사늑약 반발 자결 순국
11.28 고종, 금융회사 한성공동창고주식회사 설립-자본금 15만 원
11.28 미국 공사 모건, 대한제국 외부에 주한미국공사관 철수 통고
11.30 시종무관장 민영환(1861~1905), 을사늑약 체결에 반발 자결 순국
11.30 주한영국공사관, 일본정부 요구에 철수
11.30 총세무사 브라운 사임, 메가다(目賀田種太郎)가 세관관리
11.00 각지에서 을사늑약에 반대하는 연합시위 및 의병 항쟁 발발
11.00 ≪제국신문≫·≪황성신문≫·≪대한매일신보≫, 일진회 보호청원에 반박기사 게재
12.01 손병희, 동학을 '천도교'로 개칭
12.01 특진관 조병세(1827~1905), 을사늑약 체결에 반발 자결 순국
12.03 학부주사 이상철(1876~1905) 자결 순국
12.04 일본인, 고려 공민왕릉 도굴
12.05 국내 첫 수학 잡지, ≪수리학잡지≫ 창간-과학·수학 사상 계몽 및 신문명 소개
12.08 영등포우편국, 전화통화 업무 개시
12.09 장경·김마리아 등, 공립협회 맞서 미국 캘리포니아에 대동교육회(회장 김환제) 조직
12.11 일본 외무성, 한국 수교국인 각국 주재 일본 공사에게 한국공사관 철수 훈령

12.12 주독일 한국공사관 철수
12.14 〈외교관 및 영사관 관제〉 폐지
12.15 정부, 독일·프랑스·청·일본 등의 재외 공사들 철수 명령
12.20 〈통감부 및 이사청 관제〉 공포-13개소 이사청, 관찰사 소재지 11곳 지청 설치
12.21 이토 히로부미(伊藤博文), 초대 통감에 임명-재임 기간 1906.2.~1909.6.
12.21 주일본 한국공사관(공사 조민희) 철수
12.26 최익현, 노성 궐린사(闕里祠) 집회 개최-항일 구국투쟁 결의
12.30 〈가로관리규칙〉 반포-야간에 등화 없이 자전거 통행 금지
12.30 충북 제천군 등에서 체포된 의병 권종철·강중명 등, 한성으로 압송
00.00 김택영, 『동사집략』 증보판 『역사집략』(단군~고려) 간행
00.00 동양금광회사 운산금광, 청천강 지류 구룡강에 550㎾ 수차 설치-첫 자가용 수력발전
00.00 미 선교사 질레트, YMCA 회원 현동순·허성·김연호 등 야구 지도-국내 야구 효시
00.00 박승직, 일본인과 합자무역회사 공익사 설립(자본금 2만600원)
00.00 수산물 전문시장의 효시, 경성역 앞에 경성수산물시장 설립
00.00 영국인 존스턴, 인천 만국공원 정상에 별장 건축-4층 453평, 국내 첫 스팀 난방
00.00 헐버트, 『The History of Korea』 간행
00.00 헐버트가 윤기진에 위탁, 중국 상해에서 『대동기년』(조선 태조~1895) 간행

01.01 [러시아] 시베리아 철도(파리↔블라디보스토크 구간) 특급열차 운전 개시
01.02 [일본] 일본군, 여순 점령
01.19 [인도] 근대 인도 철학자·종교개혁가 라빈드라나드 타고르(1861~1905) 사망
01.22 [러시아] 페테르부르크 동궁광장서 노동자 학살사건, '피의 일요일 사건' 발생
02.22 [일본] 독도를 다케시마로 개칭, 시마네현에 편입
02.23 [미국] 사회봉사·세계평화 표방한 실업가·전문가의 단체, 국제로터리클럽 창설
03.24 [프랑스] SF문학의 창시자, 작가 쥘 베른(1828~1905) 사망
06.02 [미국] 루즈벨트 대통령, 러일전쟁 강화 권고
06.19 [청] 미국 상품 배척운동
06.30 [미국] 아인슈타인, 〈특수상대성원리〉 완성, 발표
07.01 [독일-프랑스] 협정 성립, 모로코의 영토보전 협약

07.02 [프랑스] 광산노동자 최대 일일 노동시간 9시간으로 단축

08.12 [일본-영국] 런던에서 제2차 영일동맹 조인, 일본의 대한제국 지배 승인

08.20 [중국] 손문, 일본 도쿄에서 중국혁명동맹회 결성

09.18 [청] 과거제 폐지, 신교육제 채택

10.06 [러시아] 모스크바 첫 카잔철도 수리공장 노동자 파업

10.13 [영국] 극장경영자, 셰익스피어 배우로 명성 얻은 헨리 어빙(1838~1905) 사망

10.17 [러시아] 황제 니콜라이 2세 즉위

10.17 [일본] 요동에 관동총독부 설치-1906.9.1. 관동도독부로 개칭, 1919.4. 관동청

10.30 [러시아] 황제 니콜라이 2세, 국민참정권 인정, 의회소집 선언

11.06 [영국] YMCA창설자 조지 윌리엄스(1821~1905) 사망

12.09 [프랑스] 〈정교분리법〉 제정

1906 병오(丙午) 고종43·광무10 명치39 광서32

01.06 내부대신 이지용, 협판 이하의 모든 관리에게 삭발 지시

01.05 내부, 전국 13도 의병 활동 금지 명함

01.05 손병희, 일본으로 망명했다가 귀국-1901.3. 정부의 동학 탄압에 일본으로 망명

01.06 시위대, 근위대로 개편

01.06 일진회, 기관지 ≪국민신보≫ 창간(~1910.10.)

01.10 체신행정 담당 기구 통신관리국 설치(~1910)

01.17 〈외부관제 개정〉-대한제국 정부의 외부 폐지, 의정부에 '외사국' 설치

01.20 대한제국 외교관·공사제·영사제 폐지

01.24 전 참판 송병선(1836~1906), 을사늑약 체결에 반발 자결 순국(음.12.30.)

01.29 고종 황제, 런던 트리뷴 기자 더글라스 스토리에게 을사늑약 반대 밀서 전달

01.29 일본 공사, 한국 정부에 주한일본공사관 사무를 통감부로 이관 통지

01.31 서울 주한일본공사관 철폐

01.00 경부철도주식회사, 영등포~남대문 간 철도 선로 건설공사 준공

02.01 일제, 남산에 통감부 설치-일본공사관 건물 사용

02.08 스토리 기자, ≪런던트리뷴≫에 을사늑약 체결 경위와 고종의 밀서 번역 게재
02.09 주한 일본 헌병, 한국 정부의 행정·사법·경찰권 장악
02.15 김도현, 경북 영양에서 거의 직후 안동진위대에 의해 강제 해산
02.16 기산도·이근철 등, 을사오적 군부대신 이근택 습격
02.28 ≪황성신문≫ 복간-「시일야방성대곡」 기사(1905.11.20. 게재)로 정간
02.28 일진회, '통감 이토 히로부미 환영' 현수막을 남대문에 게시
02.00 봉원사 이보담과 화계사 홍월초 등, 불교연구회 조직-동대문 밖 원흥사(소흥사) 내
02.00 프랑스 공법학자 레이, 잡지 〈국제공법〉에 을사늑약 무효 주장 논문 발표
03.01 이사청 설치-부산·마산·군산·목포·경성·인천·평양·진남포·원산·성진 등지
03.02 초대 통감 이토 히로부미, 서울 착임
03.09 전 참판 민종식, 청양 묵점(墨店)에서 의병을 일으킴
03.11 현양운·신봉휴 등 30여 명, '대한체육구락부' 발기회 개최-6.10 개운사에서 발족
03.15 훈련원에서 최초의 야구경기(덕어학교↔YMCA) 개최, 덕어학교 승리
03.16 의병장 민종식, 1차 홍주 의병운동 전개, 일본군과 충돌-40여 명 피체, 의병해산
03.16 정부, 일본흥업은행에 흥업차관 1천만 원 도입-상환기간 10년, 전국 해관 담보
03.18 정재홍, 인천항에 한국 상인 전용부두 건설 인가 청원
03.21 〈은행조례〉·〈농공은행조례〉 반포-농업·공업의 개량 발달 목적, 6.1. 농공은행 설립
03.31 장지연·윤효정 등, 대한자강회 조직(~1907.8.21.)
03.00 용산 방면 일본인 거주지·남대문로 연결 지점에 보세시장 개설-일본 수입상품 판매
04.01 서울 중구 필동에 사립 숭문학교(경성야학교) 설립
04.02 한어학교 교사 오규신·유광렬, 중등과정 사립 중동학교 설립-관립외국어학교 내
04.03 청천강 철교 준공-경의선(서울↔신의주) 완전 개통-통감부 철도관리국으로 이관
04.06 신돌석, 경북 영덕의 영릉의병장에 추대-의병 규모 100여 명
04.08 의병장 채광묵(1850~1906), 충남 홍성 전투에서 순국
04.10 박영운 등, 보민회(保民會) 조직-교육 발달. 환난상구 도모
04.17 통감부, 〈보안규칙〉 공포-언론규제, 언론인 탄압 목적
04.20 서울 이화동 낙타산 부근에 공업강습소 개소
04.21 엄귀비, 서울 자하골(현재 창성동)에 진명여학교(현 진명여고) 설립
04.22 동대문 훈련원에서 최초의 자전거 대회 개최

04.22 대구신사(천조대신), 달성공원에 설립-이후 각지에 신사 설립
04.25 경운궁 대안문(大安門), 대한문(大漢門)으로 개칭
04.28 〈농공은행조례〉에 따라 각도 소재지에 한성농공은행 설립(6.2. 개업)
04.00 정용기·이한구 등, 의병부대 산남의진 결성-경북 청송·영천 등지에서 활약
05.01 광성의숙(민영휘 설립), 휘문의숙(현 휘문고)으로 개칭
05.05 경운궁 대한문 수리 시작(~12.19. 준공)
05.08 원흥사, 동대문 밖에 명진학교(현 동국대) 개교-승려 교육(1906.2. 인가)
05.08 하와이 에와 친목회, 월간 ≪친목회보≫ 창간(주필 김성권)-문맹퇴치, 국권 회복
05.10 하와이 이주한인, 혈성단(회장 공덕화) 조직-배일운동·동족상애 목적
05.19 민종식, 홍주의병 봉기-홍주성 점령(5.31. 퇴각)
05.19 한일은행 설립 인가-1906.5.10. 서울의 실업가 30여 명이 설립 인가 신청
05.22 엄귀비, 서울 박동에 보신여학관(명신여학교, 현 숙명여고) 설립(교장 이정숙)
05.24 최익현, 거의 명분과 목적을 밝힌 「창의토적소(倡義討賊疏)」 상소
05.27 고종, 각지에 〈의병해산조칙〉 내림
05.31 군부, 강원도 강릉의 의병 진압에 경병(京兵) 50명 파견
05.00 고관부인들 30~40명, 서울 원동에 '여자교육회' 설립-국내 첫 여성단체
06.01 ㈜ 한성농공은행 설립-1907년 전국에 11개의 농공은행 설립
06.04 최익현·임병찬, 전북 태인에서 의병 봉기-6.11. 일본 헌병대의 무력 진압에 해산
06.10 여자교육회, 신문 밖 냉정동에 양규의숙 개교-학생 20여 명, 연령 6세~18세 여자
06.10 정부, 전주·남원진위대에 최익현 의진 토벌령 하달
06.12 최익현·임병찬 등, 순창에서 피체-8.18. 일본 대마도로 유배
06.15 통감부, 수원에 권업모범장 설치-국내 농업기술 시험·조사·지도, 일본 농업기술 이식
06.17 천도교, ≪만세보≫(사장 오세창) 창간(~1907.6.29.)
06.18 한성↔평양 간 수력전기사업, 일본인 시부사와(澁澤榮一)에게 허가
06.25 대한자활협회 윤효정·심의성 등, 기관지 ≪조양보≫ 창간-매월 10일, 25일 발행
06.26 유일선 등, 상동청년학원 내에서 순한글 월간지 ≪가정잡지≫ 발행 인가
06.26 통감부, 〈한국의 재판사무에 관한 법률〉 공포-정치적 권리와 자유 말살
06.26 신돌석 의병, 영해읍 점령-7.3. 영덕읍 공격, 9.18. 영양읍 공격
06.29 〈이민보호법〉 공포-이민·이민업자, 농상공부대신의 허가(7.19 시행 세칙)

06.29 통감부, 〈광업법〉 공포-국유 명목으로 광산 약탈, 일본인에게 광업권 허가
06.00 주차경성일본군사령부, 의병 봉기에 각 지방에 일본군 20명씩 파견
06.00 통감부, 〈고문경찰제〉 확장-전국 각지에 고문경찰, 이사청 경찰 배치
06.00 한강로(서울역-한강) 준공
06.00 국민교육회, 국사교과서 『대동사략(大東歷史略)』 발간
07.01 경인선·경부선, 통감부 관리로 귀속
07.01 남대문우편국 승격-1905.5. 경성우편국 남대문출장소 설치
07.02 마루야마(丸山) 경무고문, 궁중 경위권 박탈
07.06 통감부, 〈궁금령〉 발표-한국인의 경운궁 출입 제한, 고종 감시 목적
07.08 신해영·조제환 등, 각종 서적 인쇄 보급을 위해 '보성사' 설립
07.12 한국·일본 〈이민조례〉 공포(9.15. 시행)
07.14 통감부, 어용단체 '일본인거류민회' 조직
07.22 이인직의 「혈의 누」, ≪만세보≫에 연재(~10.10.)
07.31 대한자강회, 기관지 ≪대한자강회월보≫ 창간(~1907.7.)
07.00 이옥경 등, 대한부인회 양잠강습소(용산) 설립
08.01 영국계 한국수도회사, 서울 수도 공사 착공
08.02 일진회, 서소문 내 제3호 양옥에 진흥회사 개업-일진회 하부조직
08.07 일본군, 군자재 운반을 위한 인천 월미도 교량 준공
08.07 대한제국 대한적십자사, '만국적십자조약'에 가맹
08.08 한일은행(은행장 조병택) 개업-자본금 15만원(1930.11. 해체)
08.11 의병장 최익현·임병찬 등 9명, 대마도에 유배-11.5. 최익현 사망
08.13 통감부, 서울 일대에 일본의 〈고등군사경찰〉 시행 공포
08.15 〈공원규칙〉 공포-남산의 수목 채취·조수(鳥獸) 포획 금지
08.15 한국주차일본군사령부(사령관 하세가와) 정식 발족
08.15 일본인 경성거류민단 설치
08.19 일진회 간부·일본인, 대한식산장려회 조직-일제 식민 경제정책에 적극 협조
08.21 통감부, 군항 예정지로 진해만·영흥만 결정-1923.3. 진해 군항 완공
08.24 재도쿄한인유학생, ≪태극학보≫(발행인 장응진) 창간(~1908.12.)
08.27 통감부, 〈사범학교령〉·〈고등학교령〉·〈외국어학교령〉·〈보통학교령〉 공포

08.00 농상공부, 동대문 낙산 아래에 공예장(工藝場) 설립 결정
08.00 이상설·이동녕·박정서 등, 북간도 연길현 용정촌에 서전서숙 설립
09.01 용산부인회양잠소 제1회 졸업식 거행-김영환 등 18명 졸업
09.01 통감부, ≪한성신보≫·≪대동신보≫ 통합, ≪경성일보≫(일문) 창간-1945.11.1. 폐간
09.02 하와이 한인감리교회, 한인기숙학교 설립-1913. 한인중앙학원으로 개칭
09.08 통감부, 〈한국인외국여권 규칙〉 공포-도일 한인의 여권 휴대 면제
09.13 경복궁에서 고종 탄신일 축하, 만수축하원유회(萬壽祝賀苑遊會) 개최
09.20 마포에 대한천일은행 출장소 설치
09.21 목수 정태진 등에게 대한대공흥업장 설치 인가
09.00 국민교육회, 보통학교 한남학교 설립-9.22. 국민교육회장 이준, 설립 축하강연
09.00 평양 숭실학당 대학부 설립-국내 최초의 대학부
10.01 지방 행정 구역, 13도 7부 1목 331군→13도 11부 333군으로 개편
10.10 이인직 소설 「귀의성」, ≪만세보≫에 연재(~1907.5.31.)
10.15 서울 수동 2층 양옥에 농공은행 설립-1906.3.21 〈농공은행조례〉 공포
10.19 압록강·두만강 삼림경영에 관한 〈한일합동약관〉에 조인
10.19 프랑스인 안세화(安世華, Demange) 신부, 주간 ≪경향신문≫ 창간(~1910.12.)
10.20 조선인 포목상 88명, 미에이조합에 맞서 면제품 직수입을 위해 '창신사' 설립
10.23 황족·귀족 교육기관 '수학원(修學院)' 설치-1910년 폐지
10.26 이갑 등 관서 인사들, 계몽운동 단체 '서우학회' 조직(1908.1. 서북학회로 개칭)
10.29 이준·이동휘 등 평안·황해·함경 출신, 한북흥학회 조직(1908.1. 서북학회로 개칭)
10.31 〈토지건물증명규칙〉 반포-일본인의 토지 소유 인정
10.00 이기홍 등, 예선회사 설립-용산·한강을 중심으로 화물 운반·여객 수송 담당
10.00 평해군수 강재천, 임실군에서 의병을 일으켜 전라북도 일대에서 활약
11.01 이인직·이해조 등, 최초의 소년잡지 ≪소년한반도≫ 창간(1907.4. 종간)
11.06 일진회 송병준 등, 국민농업회사 설립-국내 진황지 개척, 소유지 확대
11.16 〈토지가옥전당집행규칙〉 발표-일본인들의 고리대금 행위 법적 보장
11.20 의병장 민종식, 공주 탑산에서 피체-1907.7.3. 교수형 선고, 1907.12. 특사
11.00 용산역사 개축 준공-목조 2층, 887평
11.00 최초로 호구 조사 실시-2백33만87호, 9,781,671명

12.01 경성이사청, 우측통행제 원칙 실시
12.01 서우학회, 기관지 ≪서우≫ 창간(1908.5. 폐간)
12.02 민찬호·이래수 등, 하와이 호놀룰루에서 자치계몽단체 '공진회' 조직(~1907.9.)
12.02 한성 각 통에 장명등 1개씩 설치 지시
12.11 순종, 황태자비 순정효황후(윤택영 딸)와 재혼
12.19 경운궁(현 덕수궁) 대한문 완공
12.29 통감부, 〈지방세 세칙〉 공포-시장·포구·여각·가마·인력거·자전거 등의 세금 수탈
12.31 김하란사(河蘭史), 미국 오하이오주 웨슬리언대 졸업 후 귀국-국내 첫 여성 유학생
00.00 기존 독일영사관 건물, 경성구락부에서 사용
00.00 김기호, 평양에 최초의 양말공장 설립
00.00 남대문 밖 평동의 한미전기회사 콜브란 저택 매수, 독일영사관으로 사용
00.00 부산 곡물현물시장 개설
00.00 서울↔목포 간 직통전화 회선 개설
00.00 국내 첫 백화점 미쓰코시오복점(三越吳服店) 개점(현 충무로 사보이 호텔 자리)
00.00 인천·부산 등 8개 항구 축항공사 시작
00.00 홍종섭, 대한요업합자회사 설립
00.00 김구·최광옥·김용제 등, 황해도 안악에서 면학회 조직-1909. 해서교육총회로 개칭

01.07 [일본] 사이온지 긴모치(西園寺), 제12대 내각총리대신(제1차) 임명(~1908.7.)
02.16 [영국] 노동당 결성
04.18 [미국] 샌프란시스코에 지진, 7백여 명 사망
04.19 [프랑스] 〈퀴리의 법칙〉 발견한 피에르 퀴리(1859~1906)(퀴리부인 남편) 사망
04.27 [영국-청] 티베트 조약 조인
05.01 [프랑스] 파리서 20만 명 파업, 계엄선포
05.06 [러시아] 헌법 공포
05.21 [이탈리아-스위스] 알프스산맥을 뚫은 심플론 터널(19.8㎞) 개통
06.01 [미국-일본] 해저전선 준공
06.30 [미국] 미국식품의약국(FDA) 제정
07.12 [프랑스] 최고재판소, 독일 간첩 누명을 쓴 드레퓌스에게 무죄 선고

07.23 [브라질] 리오데자네이로에서 제3회 범미(汎美)회의 개최
08.01 [미국-독일] 〈호혜관세조약〉 조인
08.04 [영국] 총리를 지낸 정치가 러틀랜드(1818~1906) 공작 사망
08.17 [칠레] 바르파라이소 대지진, 수 천명 사상
09.02 [독일] 드레스덴서 제1회 범게르만회의 개최
10.06 [러시아] 소비에트 결성
10.22 [프랑스] '근대 회화의 아버지' 화가 세잔(1839~1906) 사망
11.06 [일본] 남만주철도회사 설립
11.21 [청] 〈아편금지령〉 공포
11.22 [국제] 베를린서 1회 국제무선전신회의, 'SOS(··· --- ···)' 채택
11.26 [인도] 전인도 이슬람교도연맹 결성
11.26 [일본] 남만주철도주식회사(약칭 만철) 설립
12.14 [독일] 잠수함 U보트 1호 진수
12.21 [영국] 〈노동쟁의법〉 제정

1907 정미(丁未) 고종44·광무11·융희1 명치40 광서33

01.01 최익현(1833~1907), 일본 대마도에서 순국-노성 무동산에 안장(음.11.17.)
01.16 《코리아데일리뉴우스》, 고종의 을사늑약 인허·친서 부재 보도
01.21 황간분파소 순검들에 노응규 의병장 등 피체-의진 와해
01.24 《대한매일신보》, 고종의 을사늑약 부인의 칙서 게재
01.24 고광순, 전남 담양 창평 등지에서 의병을 일으킴
01.24 황태자(순종), 순정효황후 윤비(윤덕영의 조카)와 안동 별궁서 재혼
01.25 통감부, 남산 왜성대의 신축 청사로 이전
01.29 서상돈·김광제 등, 경북 대구에서 국채보상운동 발기
01.00 송병준·이용구 등, 서울 견지동에서 시천교 창시-1938.11. 대동일진회로 개조
01.00 미국 공립협회, 대한신민회 발기-독립전쟁 수행 위한 통일연합기관 국내지부 설치
02.03 일본 침략단체 동양협회 지부, 동양협회 경성지부 조직

02.03 하와이에서 노소동맹회 창립(회장 편성원)-동족상애·일화배척 목적
02.05 오영근·유문상 등, 종합잡지 ≪야뢰(夜雷)≫ 창간(~1907.7.5.)
02.05 하와이 이주한인, 마우이 가히기아에서 국민단합회 조직-대동단결·일화배척 목적
02.12 남원지역 의병장 양한규, 지리산 일대를 근거로 의병 거병
02.16 경상도 진주의병장 노응규(1861~1907) 경무청 감옥에서 옥중 순국(음.1.4.)
02.21 대구민의소, 단연회 조직-국채보상운동 전개
02.22 국채보상기성회 조직-3월 말까지 전국에 27개의 국채보상운동단체 설립
02.24 고종 최측근 이용익(1854~1907), 러시아 블라디보스토크서 병사
02.26 대마도 유폐의병 가운데 임병찬·안항식 석방
02.27 고종, 단연을 실천하고 영친왕의 길례를 7월(음력)로 연기하도록 명함
02.28 나인영·오기호, 5적 중 박제순·이지용 자택에 폭발물 우송, 처단 실패
03.02 미국 샌프란시스코 장경·김우제 등, 대동보국회 조직-동지 단결과 민지(民智) 계발
03.03 도쿄 대한유학생회, ≪대한유학생회학보≫ 창간-1907.5. ≪대한유학생회보≫로 개칭
03.10 광제원·의학교관제 폐지-의정부 직할 〈대한의원 관제〉 반포-1908.11. 청사 준공
03.14 이완용·조중응 등, 친일 유교단체 대동학회(1909.10 공자교회로 개칭) 조직
03.24 홍석현·박정선 등, 친일파 중심 경제단체, '실업연구회(경제연구회 전신) 설립
03.25 나인영·오기호 '오적암살단', 권중현 등 오적 습격·미수-4.1. 피체, 진도 등 유배
03.25 중추원, 통감부 법무원으로 이전
03.26 일본 와세다대학 모의국회 사건-한국 황제의 일본 화족(華族) 대우 의제 발단
03.00 마포에 연와제작소(煉瓦製作所) 설립
03.00 일본군, 마차에 대포를 싣고 길거리를 왕래하면서 시민들 위협 시위
03.00 한국주차일본군사령부, 용산·평양·의주 등 군용지 내 가옥·분묘 철거 강요
03.00 제천의병 원용팔(1862-1907), 45세의 나이로 옥중 순국
04.01 일본인, 선린상업학교(현 선린인터넷고등학교) 설립
04.01 미국남장로교, 전남 광주에 수피아여학교 설립, 4.15. 전주에 기전여학교 설립
04.08 국채보상지원금총합소(소장 한규설) 설립-국채보상운동 각 지방의 수금 총괄
04.18 일본군, 동대문 밖 둔지미 등지를 군용지로 점령, 분묘 이장 강요
04.20 이준, 헤이그 만국평화회의 특사 파견-4.21. 서울역에서 부산으로 출발
04.00 숭례문 좌우 측 성벽 철거, 도로 개설

04.00 미국인 선교사 길레트(P. Gillett), 최초로 농구 경기 한국에 소개
04.00 안창호·이갑·양기탁·이시영, 비밀결사 신민회 조직-1911. 105인 사건에 해체
05.02 일진회, 정부에 대한 탄핵문 발표-국채보상운동 비난
05.08 헐버트, 고종의 밀지를 받고 헤이그특사 돕고자 출국
05.17 블라디보스토크 신한촌 개척리에 계동학교 설립-1909.8. 한민학교에 통합
05.22 이완용 친일내각 성립-이완용, 이토 히로부미의 추천으로 총리에 기용
05.23 ≪대한매일신보≫ 순한글판 창간-국한문판·영문판·순한글판 등 발행
05.00 이강년·안성해·백남규 등, 제천에서 거병-8.13. 제천 점령
06.08 일본에 망명 중이던 박영효, 비밀리 부산에 도착-12년 만에 귀국
06.13 〈내각관제〉 공포-의정부 폐지 내각제 실시, 수상을 내각총리대신으로 개칭
06.25 헤이그 만국평화회의 특사 3명(이상설·이준·이위종), 네덜란드 헤이그 도착
06.29 헤이그 특사 이위종, 네덜란드 헤이그 만국기자협회에서 연설
06.30 인명의숙 경영자·미국청년회 정재홍, 박영효 귀국환영회에 이토 불참, 총살 실패
06.00 한국인자전차상회, 동대문 훈련원에서 자전차경기대회 개최
06.00 동우회(회장 이윤용) 조직-한일 양국의 교육·자선·식산사업 도모, 고종양위 반대
07.01 제1회 변호사시험 실시-이항종·허헌 등 6명 선발
07.02 박영효·유길준 등, 조선인과 일본인 친목 단체 '한일동지회' 조직
07.03 헤이그특사사건, ≪대한매일신보≫에 의해 처음으로 국민들에게 알려짐
07.03 이토 통감, 고종에게 헤이그 특사 파견 추궁
07.04 〈국유미간지이용법〉 공포(9.15 시행)-방대한 면적의 무주지, 국유 미간지로 편입
07.06 송병준, 어전회의에서 광무황제 양위 주장(1차)
07.06 호남출신 계몽운동가 강엽·고정주 등, 서울서 호남학회 창설(~1910.8.)
07.08 학부에 국문연구소(위원장 학무국장 윤치호) 설치(~1909.12.)
07.10 한국 최초의 노동야학, 마산노동야학 설립
07.12 나주의병 김태원·신덕순, 전북 정읍에서 창의-전남 나주·함평·장성 등지에서 활동
07.14 특사 이준(1859~1907), 네덜란드 헤이그에서 순국
07.16 고종, 이완용의 헤이그특사 관련 일왕에 사과 및 양위 요청 등 모두 거부
07.16 경기 광주 출신의 의병장 구연영(1864~1907), 아들 구정서와 함께 총살 순국
07.17 이완용·송병준 등, 전 각료 어전회의에서 고종 양위 주장(2차)

07.18 대한자강회·동우회·기독교청년회 회원 등, 대한문에서 고종 양위 반대시위
07.18 이인직, ≪만세보≫ 인수-친일지 ≪대한신문≫ 창간(~1910.9.)
07.19 고종, 조칙(詔勅)을 내려 황태자로 하여금 정사(政事)를 '대리'케 함
07.19 학생·시민들의 대리섭정 반대 운동 전개, 일진회 기관지 국민신보사 습격
07.20 경운궁에서 황태자의 '대리청정(代理聽政)' 하례 거행
07.20 시민 수만 명, 석고단에서 결사회 조직-이완용 가옥 방화·철도 파괴 결의, 시행
07.20 일본왕, 의도적으로 황태자 대리를 '양위'로 해석, '황태자 황제즉위 축하' 전보
07.21 시위대, 동소문 밖 이지용·이근택·이근호 별장, 이지용 용산강정(龍山江亭) 방화
07.21 황태자, 고종 황제에게 '태황제(太皇帝)' 칭호 조칙 발포
07.22 융희황제 즉위-칙서에 '대리' 대신 황제 칭호 허락-8.27. 경운궁에서 즉위식 거행
07.23 동대문 훈련원서 국내 첫 농구 공식 경기(기독교청년회원팀↔도쿄 유학생팀) 개최
07.24 〈신문지법〉 제정, 신문발행 허가제·신문기사 사전 검열-언론·출판 자유 제한
07.24 〈한일협약(일명 정미조약)〉 조인-일제의 차관정치 시작
07.25 서울에 일본군 1개 사단 진주
07.27 〈보안법〉 공포-집회·결사·언론 자유 탄압, 무기휴대 금지
07.27 경무청, 경시청(警視廳)으로 개칭-일본 경시청제 모방, 1910. 국권피탈로 철폐
07.30 경시청, 융희황제 대리 반대 시위와 이완용 집 방화 주도 동우회 회원 30명 체포
07.30 성벽처리위원회 설치-참정대신 박제순, 내부·군부대신으로 구성
07.31 늦은 밤에 순종 황제가 〈군대해산조칙〉 공포
07.00 하와이에서 신간회 창립-무예장려·항일운동 목적
08.01 동대문 훈련원에서 군대 해산식 거행-도수교련 허위로 군인들 집결-9.3. 완료
08.01 박승환(1869~1907) 대대장, 군대 해산에 반발, 자결 순국
08.01 시위대 1대대·2대대 병졸, 군대 해산에 반발하여 일본군과 총격전
08.02 순종 황제 즉위 후 '광무' 대신에 '융희' 연호 사용
08.02 의병장 남상덕(1881~1907), 일본군과 백병전을 벌이다 전사
08.03 개성과 청주진위대를 필두로 지방진위대 해산
08.05 원주진위대 민긍호 등 대원 250여 명, 군대해산에 반발 봉기
08.07 영왕(英王), 황태자로 봉함(영친왕)
08.08 각부에 일본인 차관 임명 시작-정미조약에 근거

08.09 강화진위대 병사들 봉기
08.09 화폐교환소, 탁지부에서 일본의 '제일은행'으로 이관
08.14 조혼 금지-남 17세, 여 15세 이하
08.17 순검, 일본식 명칭인 '순사'로 개칭
08.19 대한자강회 해산령-8.21. 대한자강회 해산
08.23 박영효, 황태자 대리 하례 불참 이유로 태형 80대 처벌, 귀가 직후 다시 연행
08.23 통감부, 북간도 용정에 임시간도파출소 설치(~1909.11.)
08.26 태황제·황제·황태자, 모두 단발
08.27 경운궁 돈덕전에서 융희황제 즉위식 거행
08.00 정미의병(노병대의병·이인영의병·이강년의병·신돌석의병) 봉기
09.02 하와이에서 재미 24개 단체 통합, '한인합성협회'(총회장 임정수·정명원) 조직
09.03 북청진위대를 끝으로 지방진위대 모두 해산-군대 해산 완료, 장교 1,225명 해고
09.04 전·현직 고위관료 부인과 친일 인사, 자선부인회 조직-고아·맹아의 사회사업
09.06 강화분견대 의병 유명규, 통진에서 무기조달을 위해 활동하다 체포·총살
09.10 의병장 김동신, 80여 명 의병 이끌고 순창 우편취급소·경무고문분파소 습격
09.15 일본인 용산거류민단 설치
09.15 통감부, 한국 통치를 기만·선전하기 위해 충무로 진고개에서 '일한박람회' 개최
09.17 고종, 경운궁 중명전에서 즉조당으로 옮김
09.21 소네 아라스케(曾禰荒助), 부통감에 임명
09.24 일본군, 철원 석교(石橋) 부근에서 의병 100여 명 공격, 민가 방화
09.26 의병장 민종식 은신처 제공한 이남규(1855~1907), 아산 송악면에서 일본군에 피살
10.03 미국 샌프란시스코 한인단체 대동보국회, 기관지 ≪대동공보≫ 창간(~1910.9.)
10.06 산남의진 의진 패전-의병장 정용기, 이한구·손영각·권규섭 등 전사 순국(음.8.19.)
10.07 순종 황제, 거처 장소 창덕궁 수리 지시
10.09 일본군, 제14헌병대를 한국주차헌병대로 개편, 경찰권 장악
10.09 통감부, 대한매일신보 사장 베델을 영국 총영사관에 기소-10.15. 6개월 근신 처분
10.15 노백린, 대한국민체육회 설립-국내 첫 체육단체
10.15 하와이 한인합성협회, 주간 ≪한인합성신보≫ 창간(한글전용)-1909.1. 종간
10.16 고광순(1848~1907) 의병장, 구례 연곡사에서 일본군과 격전 중 전사

10.16 일본 황태자 요시히토, 한국 방문-10.20. 환국 시, 순종황제 남대문역에서 전송
10.21 미주 공립협회, 아세아실업주식회사 설립-독립군기지 개척·재러한인 실업 진흥 목적
10.25 국내에서 처음으로 역사소설『이태리건국삼걸전』출판-신채호, 국한문으로 역술
10.29 한·일간 경찰사무 집행에 관한 취함서(取函書) 조인-한일 경찰 합병
10.30 의병장 기삼연, 호남창의회맹소 결성 봉기(~1908.1.)
10.00 김가진·이도재·송병준 등 전·현직 관리, 신사회 조직-일본 황태자 환영 준비
10.00 성벽처리위원회, 도로 건설을 위하여 남대문 부근의 남지(南池) 매몰
10.00 북간도 용정에 간도우체국 설치
11.03 강원·충북·경북 등지에서 활약하던 의병장 지용기(1848~1907), 전사 순국
11.05 외국어학교(일·영·독·불·중), 동일 구내로 집결-1909.12. 관립한성외국어학교 통합
11.07 이정실·김익제 등, 미국 시애틀에서 동맹신흥회 조직-친목도모, 항일운동 전개
11.10 대한자강회 재정비, 국민 개화교도 취지로 대한협회 창설(~1910.9.)
11.13 순종 황제, 경운궁에서 창덕궁으로 옮김-고종의 정치 간여 염려
11.20 의병장 김덕흥(?~1907), 경기도 양구군 선안리에서 교전 중 순국
11.21 의병장 김대규(1878~1907), 안동 장갈령 전투에서 전사 순국
11.23 이토 통감의 지시로 일진회원 자위단 '원호대' 조직-의병과 맞섬
11.29 흥사단(단장 김윤식) 조직-1913.5 안창호가 미국에서 설립한 흥사단과 다름
12.06 허위·이강년 등, 경기도 양주에서 '13도창의군' 결성-총대장 이인영
12.15 영친왕 이은, 통감 이토 히로부미에 이끌려 일본 도착-1963.11월까지 일본 생활
12.20 의병장 정환직(1843~1907), 경북 청하에서 피체(12.11), 영천에서 총살(음.11.16.)
12.23 〈재판소구성법〉 공포(1908.1.시행)-구재판소·지방재판소·공소원·대심원, 3심 제도
12.24 이승훈, 정주에 오산학교(현 오산고등학교) 설립
12.27 한성위생회 창립-경성의 전염병 예방, 환경위생 사업 추진-노상 용변 금지
00.00 단성사·장안사·연흥사 등 연예장 개설
00.00 안창호, 평양에 대성학교 설립
00.00 한미전기회사, 동대문 차고에 활동사진 관람소(극장) 설치

01.25 [러시아] 만주철병 선언

02.02 [러시아] 주기율 발견자, 멘델레예프(1834~1907) 사망
05.10 [포르투갈] 조아오 프랑코 수상, 독재정치 선포
05.13 [스웨덴] 보통선거 실시
05.21 [중국] 중국혁명동맹회, 광동성 황강봉기 실패
06.10 [국제] 북경-파리 간 최초의 장거리 자동차레이스 스타트
06.10 [프랑스] 류미엘 형제, 칼라사진방식 발표
06.14 [노르웨이] 여성 참정권 부결
06.15 [네덜란드] 제2회 만국평화회의 헤이그에서 개막(~10.18)
06.19 [미국] 신문발행인 커티스, 합동통신사 UP(United Press) 설립
07.05 [프랑스] 하원, 8시간 노동법 가결
07.14 [영국] 아닐린 염료를 발견한 화학자 퍼킨(1838~1907) 사망
07.15 [중국] 청말 여성혁명가·시인 추진(秋瑾, 1875-1907) 처형-반청 활동 전개
07.30 [러시아-일본] 제1차 러일협약 조인-양국의 남북 만주의 이권 상호 지지
08.31 [영국-러시아] 협상 조인, 영국·프랑스·러시아 '3국 협상' 성립
09.04 [노르웨이] 민족음악파 창시자, 작곡가 그리그(1843~1907) 사망
09.09 [러시아-일본] 러시아와 일본, 통상어업조약 조인
09.26 [뉴질랜드] 뉴질랜드, 독립하여 영국자치령 선언
10.14 [미국] 뉴욕, 금융공황 발생
10.17 [독일] 함부르크에 금융대공황 발생
11.13 [프랑스] 자동차 제작자 폴 코르뉘, 헬리콥터 설계, 최초 시험 비행에 성공
11.16 [미국] 오클라호마, 미합중국에 편입

1908 무신(戊申) 융희2 명치41 광서34

01.02 춘천 의병장 이인금, 일본군 양구분견대와 치열한 교전 중 전사순국
01.03 민긍호·신돌석 의병, 경기도 양구에서 일본군에 피습
01.04 서우학회·한북흥학회 통합, 서북학회(회장 정운복) 조직(~1910.9. 강제 해산)
01.08 의병장 심남일, 전남 함평 신광에서 거병-전남 남평·능주·영암·해남 일대에서 활약

01.09 내부, 인천·부산·평양에 수도 시설 관련 출장소 설치
01.09 함남 중평장에서 의병 400여 명, 일군과 충돌하여 50여 명 전사
01.09 함북 청진항 개항
01.10 의병 300여 명, 함북 갑산우체국 습격
01.19 각 보통학교 학생들에게 종두 실시
01.19 정영택 등, 교육계몽 목적에서 기호흥학회 설립(~1910.9.)
01.21 광주·장성·영광·함평 의병, 연합하여 함평 습격. 의병장 현덕호, 개성에서 전사
01.22 통감부, 〈삼림법〉 공포-소유주의 신고제 실시로 산림 강탈(1911.6. 시행)
01.25 모든 공문서류에 국한문 혼용 시행
01.27 동양척식회사 창립 목적에 조사위원회 조직(1908.12. 창립)
01.28 최린 등, 일본유학생 단체 낙동친목회·호남학회 통합, 대한학회 설립(~1909.1.)
01.29 신응회·이규완 등, 한성재목시탄주식회사 설립-한성 내 목재와 연료 공급
01.29 허위, 13도창의군 결사대 300여 명 지휘, 동대문 밖 30리까지 진격, 통제본부 설치
02.03 의병장 기삼연(1851~1908), 순창에서 일본군에 피체(2.2), 전남 광주서 총살 순국
02.06 한성부·각 도에 부령·도령(道令) 공포 시 사전에 내부대신 승인 받을 것 훈령
02.07 〈대한제국표준시소〉 공포(4.1. 시행)-도쿄 127도 30분 기준
02.16 보부상 단체 '대동회(후신 중립회·진보회)' 설립-보부상 권익 향상·상업 발달 표방
02.26 러시아 블라디보스토크의 최봉준 등, 순국문지 《해조신문》 창간(~1908.5.)
02.28 차도선·홍범도 의병부대 300여 명, 함남 귤별리에서 일본군과 격전
02.29 민긍호의병부대, 충주수비대와 교전-의병장 민긍호(?~1908) 전사
02.00 이승훈 등, 신민회 외곽단체 평양 마산동에 자기제조주식회사 설립(1908~1919)
02.00 의병장 안규홍, 보성 동쪽 색청에서 일본군과 격전 '색청대첩'
03.04 의병장 김영백, 정읍 단곡리에서 일본군 수비대와 격전
03.06 불교연구회, 불교교단 통솔기구 원종종무원(圓宗宗務院) 설립(~1911.6.)
03.09 의병장 심남일, 전북 인근의 의병들과 연합작전으로 일본군과 격전
03.23 전명운·장인환, 샌프란시스코에서 스티븐슨 처단-3.25. 스티븐스 사망
03.25 창경궁동물원 준공(1909.11.1. 일반에 공개)-1986. 복원 후 일반에 공개
03.31 이익삼의 한남창의소(漢南倡義所), 일진회 회원의 은닉 금지 격문 발송
03.00 최남선, 7·5조의 창가 〈경부철도가〉 발표-문명개화의 동경과 민중 계몽 내용

04.01 〈창덕궁 정문 개폐 통행 제한〉 반포
04.01 관립한성고등여학교(현 경기여고) 설립(교장 어윤적)-2년제 예과, 3년제 본과
04.01 부산과 신의주 간 급행열차, '융희호' 첫 운행-947.2km, 11시간 소요
04.03 의병, 한강 상류에서 땔나무·식량 실은 '시량선(柴糧船)' 소각-시내 식량문제 발생
04.05 13도창의군 결사대, 동대문 밖 30리에서 일본군과 교전-서울진공작전 전개
04.16 의병장 김수민, 황해도 장단에서 일본 헌병대 습격
04.18 회동구락부 조직-탁지부 일본인·조선인 고위관료 사교클럽-국내 첫 연식정구 소개
04.27 김약연, 북간도 화룡현 명동촌에 명동서숙(숙장 박무림) 설립-1909년 명동학교 개칭
04.30 통감부, 〈신문지 규칙〉 공포-한국 내 외국인 명의 및 해외한인 발행 신문 반입금지
05.11 〈관립한성외국어학교 속성과 규칙〉 공포-속성과 2년
05.23 샌프란시스코 교포, 한국부인회 설립-한글 교육과 친목 목적
05.24 민원식 등, 친일단체 대한실업장려회 조직-대한제국 실업 장려
05.26 황실·왕족과 고위 친일관료 부인들, 대한여자흥학회 조직-관립고등여학교 후원
05.31 이화학당, 첫 메이퀸 대관식 행사 개최
06.01 김기중 등, 기호학교(현 중앙중고등학교) 설립
06.08 삼남의병도대장 김동신, 충남 회덕에서 질병치료 중 체포됨
06.11 의병장 허위, 철원헌병대에 경기도 영평군에서 피체(6.17. 서울로 호송)
06.11 일본 헌병보조원 한인 모집, 의병 진압 목적-헌병 2,347명, 헌병보조원 4,234명
06.15 의병장 노병대, 충북 보은에서 체포됨-10년형 선고, 1911. 은사령에 석방
06.15 미국인 콜브란, 함남 갑산 광산채굴권 획득
06.21 영국인 대한매일신보 사장 베델, 3주간 금고형 선고, 상해로 출발
06.26 의병장 김원식, 강원도 금성군 동쪽 과우리 창암점 부근에서 전사
07.02 이강년 의병부대, 충북 금수산 부근서 일본군과 교전-이강년 피체(10.13. 사형)
07.03 김윤식의 외손녀 홍씨, 사대부가의 부녀로서는 처음으로 재혼
07.05 제1회 성벽처리위원회 개최-동대문 곡벽과 오간수문 훼철, 석재 이용 건 의결
07.06 연해주 크라스키노의 이범윤 의병진, 국내 경흥으로 침투
07.11 농공상부, 〈천기 예보 및 폭풍 경보 규정〉 공포
07.12 의병 150명, 황해도 송화군에서 일본군과 교전
07.15 서긍순·김광식, 대동회 부속기관 대동상무국 조직-통감부 침략 정책 적극 협조

07.17 〈홍삼전매법〉·〈인삼세법〉 공포-증수 정책의 일환에서 국가 전매사업으로 전환
07.18 〈삼림법〉에 근거, 한성부 5서 내의 삼림을 '보안림(保安林)'에 편입
07.21 의병 300명, 함경남도 북청에서 일본군과 교전
07.22 제2회 성벽처리위원회 개최-대구성벽 도로 사용건 의결
07.26 정부와 통감부, 〈한국은행 설립에 관한 협정서〉 체결-1909.10. 한국은행 설립
07.00 이인직·박정동 등, 연극 공연장 원각사 개설(서울 새문안교회 자리)
08.01 대심원 이하 각급 재판소 개원-대심원 경성공소원 개원
08.03 국민예복의정회, 남녀 예복 제정·중추원에 헌의
08.04 황실 및 고위관료 부인과 일본인 부인의 고급 사교 클럽, 동양애국부인회 조직
08.07 대한실업장려회·동아개진교육회, 친일 상업 단체 제국실업회 설립
08.13 대한매일신보 총무 양기탁, 국채보상금 횡령죄 혐의로 구속-9.29. 무죄 판결
08.15 경시청, 서울 및 경기도 일대에 '인력거 영업 허가' 공포
08.21 의병장 전수용, 전남 장성에서 대동창의단 조직-호남의병 재건
08.26 〈동양척식주식회사법〉 공포(12.28. 서울 본사 설립)-국유지·매입지에 농장경영 목적
08.26 통감부, 〈학회령〉 공포-학회 단속 강화(10.1. 시행)
08.27 단재 신채호, ≪대한매일신보≫에 「독사신론」 연재- 최초의 한국 고대사 역사서
08.27 대한제국 황실 및 전·현직 고위관료 부인과 친일 인사, 자혜부인회 설립
08.28 〈사립학교보조규정〉·〈공립·사립학교인정규정〉·〈교과용도서검정규정〉 공포
08.30 의병장 유명국, 경남 덕산에서 피체-10년형 선고, 1910. 특사
08.31 주시경, 국어연구학회(현 한글학회) 조직-1911.9. '배달말·글모음'으로 개칭
08.00 공립협회 방화중·이순기 클래몬트학생양성소 설립-미주 한인의 민족주의 교육 실시
08.00 영국계 한국수도회사, 미국인 콜브란에 하청, 서울 수도공사 준공(280만 원 소요)
09.01 통감부, 〈사립학교령〉 공포-사립학교 통제 강화
09.03 함북 명천에서 의병 200명, 일군 수비대와 교전
09.05 성벽처리위원회 폐지-업무를 내부 지방토목국에 이관
09.05 한성부 청사, 광화문 앞 옛 법부 관사 자리로 이전
09.23 심남일 의병부대 100여 명, 전남 장흥군에서 일본군과 교전
09.28 경학원 강사 취임을 거절한 김순흠(1840~1908) 자결 순국
09.30 일한와사회사(日韓瓦斯會社) 설립-자본금 300만 원(1902.2. 착공. 1909.11.3. 점화)

09.00 호남의병 안계홍·양진여 부대, 일본인·일본군 측량대·일본군기병대 등 기습(~1909.1.)
09.00 계몽단체 대구 달성친목회 조직-1913.9. 비밀결사로 전환
09.00 고광순 의진의 정영진, 광주지방재판소에서 유형 5년 선고
10.01 한국주차일본군사령부, 필동2가에서 '용산'으로 이전-1945.9. 용산미군기지로 전환
10.08 조선구세군, 한국 본영 창설-선교 사업 시작
10.08 대마도 유폐 의병 문석환·남규진·신현두·최상집 등 4명 석방
10.11 일본군 제6사단, 경부선 철도편으로 상경, 용산에 주둔
10.13 의병장 이강년(1858~1908), 교수형 순국(9.23. 교수형 선고)
10.19 경성감옥, 독립문 밖 금계동의 신축감옥(서대문형무소 전신)으로 이전
10.21 의병장 허위(1854~1908), 교수형 순국(9.15. 교수형 선고)-경성감옥 첫 교수형
10.24 대한의원(현 서울대병원) 청사 신축 준공
10.24 차도선 의진 80명, 함흥군에서 일병과 교전
10.28 일본인 대한의원장 사토(佐藤進) 등, 한국의학회(회장 대한의원 부원장 高階經本) 설립
10.31 〈한일어업협정〉 체결-한국의 수산 자원 탈취 합법화-11.7. 〈어업법〉 공포
10.00 주시경, 국어문법 『국어문전음악』 간행-국한문활자본. 박문서관 간행
10.00 평리원 터(현 서울시립미술관)에 경성지방재판소 청사 준공
10.00 이인직, 연극 신소설 『치악산』 출판(유일서관)
11.01 최초 월간종합지 ≪소년≫ 창간(사장 최남선)-신체시 「해에게서 소년에게」 발표
11.03 각 사원대표, 불교 통합 명목의 '종무원' 설치 결정(고문 일본 승려)
11.05 최초의 여성부인병원 보구여관(감리교 운영), 처음으로 간호원(2명) 면허 획득
11.06 일본유학생, 의학교 졸업생 등 36명의 의사, 의사연구회 설립
11.11 최초의 신극 이인직의 「은세계」, 원각사에서 공연
11.16 동양애국부인회, 부인병원 설립
11.16 의병, 강화도에서 일본군과 교전하여 일병 대장을 포함 4명 사살
11.27 전수용, 호남동의단 결성-호남의병 10진 구성, 함평·영광·고창·장성·광산·나주 석권
11.00 박래병 의진의 김경운(1862~1908), 교전 중 피체-교수형으로 순국
12.03 서울 종로에 기독교청년회관(YMCA) 개관
12.05 의병 수백 명, 전남 해남·영광 습격
12.07 한성위생회, 한성 시민들에게 청결비 강제 징수

12.09 인천항경찰서, 위생을 구실로 개 230마리 도살
12.11 평민출신 의병장 신돌석(1878~1908), 경북 영덕에서 부하에 피살
12.17 동학농민군 출신의 의병장 김수민(?~1908), 경성감옥에서 교수형 집행
12.28 동양척식주식회사 설립(총재 우사가와, 부총재 민영기)-토지수탈·식민지화 촉진
12.00 한국-일본 양국 친선 도모 단체, '한일협회' 조직
00.00 각 항에 설립된 일본상사 143개, 일인상공회의소 9개(회원 3,481명)
00.00 김구·최광옥·도인권 등, 황해도 기독교도를 중심으로 해서교육총회 조직
00.00 신채호, 『독사신론』·『성웅 이순신전』·『을지문덕』 저술

04.27 [영국] 제4회 런던올림픽 개막
07.14 [일본] 가쓰라 다로(桂太郎), 제13대 내각총리대신(제2차) 임명(7.14~1911.8)
08.25 [프랑스] 방사능 발견한 물리학자 헨리 베크렐(1852~1908) 사망
09.16 [미국] 제너럴 모터스사 설립
09.20 [스페인] 바이올린 연주자 겸 작곡가 파블로 데 사라사테(1844~1908) 사망
09.22 [불가리아] 오스만 자치령 불가리아 공국에서 왕국으로 독립선언
10.01 [미국] 포드자동차 'T카' 생산
10.06 [오스트리아] 보스티아·헤르체고비나 병합
11.03 [미국] 태프트, 대통령에 당선
11.14 [청] 황제 광서제(1871~1908) 사망
11.15 [청] 부의, 선통제로 즉위
11.15 [청] 서태후(1835~1908) 사망
11.16 [영국] 기마부대 장교 로버트 바덴, 보이스카우트 창설
12.28 [이탈리아] 시실리섬 메시나 대지진, 12만 명 사망

1909 기유(己酉) 융희3 명치42 광서35·선통1

01.07 순종·이토 통감, 삼남(대구·부산·마산) 순행-일제의 정책선전에 이용(1.12. 환궁)
01.07 이완용의 가옥 소각에 유배 중 탈출, 의병 가담한 이필상(1887~1909), 피살 순국

01.09 함남 중평장에서 의병 400여 명, 일본군과 충돌-50명 전사
01.25 나주의병장 조정인(1872~1909), 나주 가산에서 탄약을 제조하다 피체 순국
01.27 순종·이토 통감, 기차로 개성·황주·평양 등의 서북 순행 출발(2.3 환궁)
01.29 대한매일신보 사장 베델, 영자신문 *The Korea Daily News* 창간
01.00 순종·이토 통감, 서북 순행 중 각지에서 일장기 거부 사건 발생
01.00 채기도·최린 등, 재일유학생 단체 '대한흥학회' 조직(~1910.8.)
01.00 의병장 김영백(1880~1910), 정읍군 북이면 상곡리에서 교전-1910.3. 순국
02.01 미국 한인합성협회·공립협회 통합, '국민회' 발족-북미지방총회·하와이지방총회 설치
02.03 대마도 유폐 의병 유준근·이상두·이식 등 마지막 3명 석방-총 888일간 유폐
02.05 나철·오기호·이기, 서울 제동에서 단군대황조신위 봉안-〈단군교 포명서〉 공포(음.1.15.)
02.07 탁지부가 일본에 발주한 선박 융희호(隆熙號), 부산에 입항
02.10 공립협회 기관지 ≪공립신보≫, 국민회의 ≪신한민보≫로 개칭
02.12 신문관, 국내 최초 문고본 『십전총서(十錢叢書)』 중 첫 권 『걸리버 유람기』 간행
02.15 국민회 하와이지방총회, ≪한인합성신보≫ 인수-≪신한국보≫(주필 홍종표) 창간
02.15 안중근·김기룡 등, 러시아 노브키에프스크에서 '일심회' 발회식
02.16 경성감옥 인천분감, 사무 시작
02.18 통감부, 〈국세징수법〉 공포-면장 활동 구체화, 체납 시 벌칙 강화
02.23 통감부, 〈출판법〉 공포-잡지·서적 등 원고 사전 검열제 실시
02.26 박사화·박민 등 의병 250여 명, 전남 나주에서 교전
02.27 이은찬 의병 300여 명, 양주군에서 교전-수십 명 전사(3.31, 이은찬, 용산에서 피체)
02.00 재미 아세아실업주식회사, 태동실업주식회사로 개칭-북만주 밀산 봉밀산 기지 개척
02.00 심남일·전해산 의병 200여 명, 전남 영산포 등지에서 방곡과 납세거부 격문 발표
02.00 함경도 의병장 홍범도, 만주로 망명
03.04 〈민적법〉(현 호적법) 공포-민적사무를 경무국에 이관(4.1. 시행)
03.12 제주도 고승천·김광일 등, 제주도의 일본 인계설에 반발, 일본인들과 충돌
03.16 통감부, 철도관리국제 폐지-철도청 설치
03.17 양주의병 윤인순(1880~1909), 이은찬·정용대 등과 연합, 삭령수비대와 교전 중 순국
03.18 유길준, 문법서 『대한문전(大韓文典)』 간행-갑오개혁 이후 국내인의 첫 문법서
03.00 통감부 후원, 경성일보사 주최, 일본관광단 구성(4.11 파견)-친일세력 회유 목적

03.00 대한흥학회, ≪대한흥학보≫ 창간-2천여 부 발행, 대부분 국내에 배포(~1910.5.)
04.03 의병 이대극(1875~1909), 기삼연 휘하에서 활약, 피체 순국
04.07 이도표, 고종 친서 가지고 이용익 예금인출 차 상해로 가던 중 남대문역에서 피체
04.07 의병, 경남 통영에 압항한 일본잡화선 습격
04.08 정춘서(1885~1909), 교수형 순국-군대해산 후 충북 청주에서 한봉수와 기병
04.28 대한제국군 장교출신 의병장 김석하, 강원도 인제군에서 전사
04.29 의병, 거문도·초도에서 일본 어선 습격
04.00 일본인 거류민단, 경희궁 터 서쪽에 경성중학교 설립-해방 후 서울고등학교 설립
05.01 대한매일신보 사장 영국인 베델(1872~1909) 사망-한강변 양화진 외국인묘지 안장
05.06 강화도 전등사 장사고(藏史庫) 사책(史冊), 경복궁으로 옮김
05.08 의병장 박춘실, 전북 문성에서 피체-교수형, 5년3월 복역 중 탈옥
05.27 통감부, 압수된 금서 중 3,700여 권 소각
05.29 의병 600여 명, 전북 무주에서 일본군과 교전
06.02 대한협회의 오세창·장효근 등, 일간 ≪대한민보≫ 창간(~1910.8.)
06.07 13도창의군 대장 이인영, 충북 황간 금계동에서 일본 헌병에 피체
06.09 가평의병장 하상태(1868~1909), 장단에서 일본군 습격에 피체, 자결 순국
06.10 다무라 만노스케(田村萬之助), 주간 ≪한성신보≫(발행인 이덕용) 창간(~1909.12.)
06.11 의병장 김원국, 전남 광주에서 피체-12.5 대구감옥에서 총살 순국
06.12 일본군, 러시아 조차지 마산 율구미를 30만 명 군용지로 사용
06.15 제2대 통감 소네 아라스케(曾彌荒助) 부임(~1910.5.)-이토 통감, 추밀원 의장 전보
06.15 현재까지 서울 감옥에서 처형된 의병, 20명에 달함
06.19 서울 야주현(夜珠峴, 현 신문로)에 조선구세군영 준공
06.20 미국의 전 부통령(1905.3-1909.3) 페어뱅크스(Chahes W. Fairbanks) 방한
06.27 의병장 이은찬(1878~1909), 경성감옥서 사형 순국
06.30 서울의 부동산 중개업자, 한성보신사 조직
06.00 국민회 솔트레이크시티(Salt Lake City)지방회, 학생양성소 설립-독립군 양성 목적
06.00 박용만·정한경 등, 미국 네브래스카 한인소년병학교 설립-미국 내 첫 한인 군사학교
07.03 통감부, 의병의 도서지역 공격에 경비선 16척 구입 결정(10.4. 5척 도착)
07.06 의병장 김현국(1854~1909), 경성감옥에서 교수형 순국

07.06 일본 각의, 〈한국병합에 관한 건〉 의결-적당한 시기에 한국을 일본 일부로 병합
07.08 경회루에서 신·구 통감 교체 영송 연회 개최-한·일 관리 1,800여 명 참석
07.12 〈기유각서〉 조인-한국의 사법권 박탈
07.23 대한적십자사, 일본적십자사에 합병-1919.7. 대한민국임시정부에 의해 재설립
07.26 통감부, 최초의 중앙은행 〈한국은행 조례〉 공포-10.29. 한국은행 설립
07.28 친일단체 국시유세단(국시단 전신) 조직-일제의 한국 통치 당위성·필요성 홍보
07.29 이토 전 통감 귀국-규장각 도서 800여 권 반출
07.29 통감부, 전국의 의병수 약 5만 명으로 집계
07.30 통감부, 한국 정부의 군부·무관학교 폐지
07.30 한국 최초의 『한자전(漢字典)』 발간-450쪽, 16,000여 자
07.00 김재룡 등, 친일단체 시국연구소 조직-'한일 병합' 찬성 단체
08.03 황중옥 의진 3,000여 명, 지리산에 들어감
08.04 전 무관학교 생도 44명, 일본육군사관학교·유년학교 입학 결정-지청천·홍사익 등
08.11 개성 등지에서 고분을 도굴하던 일본인 피체
08.13 재조일본인, 조선고서간행회 조직-『용재총화』·『해동역사』·『동문선』 등 간행
08.21 대한제국 칙령 〈자혜의원 관제〉 공포-전주·청주·함흥 등지에 관립 병원 설립
08.30 〈신문지 규칙〉 개정-일본 발행신문 수입 배포 규제
09.01 일본군, 남한대토벌작전 개시-남한지역 의병에 대한 대대적인 토벌작전(~10.30)
09.01 산남의진 손영각(1855~1909), 경북 의성군 입암리 전투에서 전사 순국
09.04 청-일본, 〈간도협약〉 체결, 간도를 청 영토로 확인-일본, 남만주철도 부설권 획득
09.05 대한제국 퇴역 장교들, 대한공업회 설립-기술보급·제조품 발명으로 산업발달 도모
09.09 의병장 정용대, 파주·양주 일대에서 활동하다 체포-10.28. 교수형 순국
09.15 국내 첫 사설 음악 교육기관, 조양구락부(현 한국정악원) 설립
09.20 13도창의군 총대장 이인영(1868~1909), 경성감옥에서 교수형 순국
09.00 이재극·이윤용·이하영, 대한상업주식회사 설립-물화 판매소개·용달·무역·제조 목적
09.00 박무림, 이동춘의 협력으로 청의 승인을 얻어 연길에 한민자치회 조직
10.01 영등포감옥, 경성감옥 영등포분감으로 격하
10.09 호남의병장 심남일, 전남 능주군 봉치에서 일본군 토벌대에 피체-1910.10. 순국
10.11 서울 진고개(현 명동)에 가스관 매설공사 착공

10.13 제1회 사법시험 실시
10.13 문태수 의병 100여 명, 전남 보성에서 일본군과 교전
10.18 통감부, 〈사법관제〉·〈감옥관제〉 발표
10.19 홍진유·안익선 등, ≪대동일보≫(박행인 안익선) 창간(~1910.6.)
10.25 일제, 한국 주둔 일본 군영에 '특별군법회의' 설치-의병항쟁 탄압
10.26 안중근, 하얼빈에서 일본 추밀원 원장 이토 히로부미 처단-1910.3. 안중근 순국
10.29 본정 3정목(현 충무로3가)에 한국은행 설립
10.29 윤대섭·김영두·강영주 등, 이토의 '사죄단' 조직-일본에 직접 방문하여 사죄
10.29 문태수 의병 100여 명, 경부선 이원역 파괴
10.00 김윤식·정병조·유길준 등, 이토 조문 단체 '각 단체 대표 이등박문조례단' 조직
10.00 안희제, 서상일·이원식·남형우 등과 함께 경남 동래에서 대동청년당 조직
11.01 통감부 사법청 설치, 법부 폐지
11.01 창경궁박물관(제실박물관)·동물원·식물원 공개-'금동반가사유상' 등 6,800여 점 소장
11.02 일반인의 소송장에 연호 '융희' 사용 금지, '명치(明治)' 사용 지시
11.02 통감부, 임시간도파출소 폐쇄-'일본총영사관'으로 개칭
11.05 민영우·이민영 등, 친일단체 동아찬영회 조직-이토의 공덕 찬양, 동상건립 추진
11.08 육군대장 출신의 의병장 이능권(1864~1909), 교수형으로 순국
11.12 서기순·이익우 등, 친일단체 '송성건의소' 조직-한국·일본 황제 어진 봉안 추진
11.18 일진회 고문, 승려 다케다 한시(武田範之), '합방' 성명 위해 입경
11.21 강기동·연기우 의병 200여 명, 경기도 포천에서 일본군과 충돌
11.21 한국은행, 제일은행에 은행권 발행 사무 인수인계-11.24 한국은행, 영업 개시
11.26 한성부민회(회장 유길준), 이토 히로부미(伊藤博文) 추도회 개최
11.29 경성감옥에서 의병장 강윤희(1868~1909)·엄해윤(1864~1909) 교수형 집행
11.30 일진회·대한협회, 통합 선언-9.10. 통합 결정
11.30 관동창의진 부장 강윤희(1868~1909), 화천 양구 등지에 활약 중 피체 순국
11.30 의병 엄해윤(1863~1909), 이은찬의진에서 활약하다가 피체 순국
11.00 원각사, 혹한과 부실경영으로 잠시 폐관-1909.12.22. 재개관
11.00 이완용·민병석·김윤식·박제순 등, 관민추도회 조직-이토의 국장 추도회 주관
11.00 용산전환국 인쇄국 공장 증축 완공

11.00 군함 양무호, 일본 오사카 원전상회(原田商會)에 매각 결정
12.01 청주 자혜의원(현 청주의료원) 설립
12.04 이용구, 일진회 100만 명 회원의 연명으로 〈한일합방건의성명〉 채택
12.05 대한협회·한성부민회·흥사단 등, 원각사에서 일진회의 한일합방성명서 통박
12.07 국민대회연설회(회장 민영소) 조직, 일진회 합방성명 규탄
12.07 신임 한성 주재 미국영사 씨드모아(Gerge H. Scidmore) 부임
12.07 새 도량형 시행 목적에서 기존 사용하던 것 모두 회수 시작
12.08 기독교 단체·대성학교 등, '성토일진회문' 발표
12.09 신임 한성 주재 영국총영사 보나(Henry Bonar) 부임
12.10 보부상 단체, 합방찬성 성명 발표
12.10 일진회장 이용구, 충무로 2가 청화정(송병준 소유)에서 군중들에게 구타당함
12.10 전주 화원정(현 경원동)에 전주 자혜의원(현 전북대병원) 개원
12.15 한성부민회, 내각에 일진회 해산과 ≪국민신보≫ 폐간 요구
12.17 경성이사청 본관 동쪽 청사 신축공사 완공, 입주
12.18 의병장 전해산, 전라도 장수군에서 피체-1910.7. 사형 순국
12.20 도쿄유학생 김익삼·김종한 등, 이용구 암살 목적 귀국 중 피체
12.21 의병장 정문칠, 경북 영해에서 일본군과 교전 중 체포-체포 직후 순국
12.20 전동 등지에서 상무조합원들, 상무회(商務會) 재조직(회장 유길준)
12.21 이용구, 〈한일합방 촉구〉 전보, 일본 수상에게 보냄
12.22 이재명, 명동성당 앞에서 이완용 습격, 중상 입힘-이재명, 1910.9. 사형 순국
12.27 의병장 김동식(1854~1909), 전남 순창·임실 등지에서 활약하다가 순국
12.28 주시경·게일 등, 한국어연구회 조직
12.00 김재룡 등, 친일단체 국민의무찬성회 조직-일진회 '합병'지지
00.00 의병장 김덕순(1878년)·오상원(1845년)·정원집(1877년)·서병희(1867년), 사형 순국
00.00 송병준, 일본 수상 가쓰라(桂太郎)에게 합방론 제출-합병자금 1억 원 요구
00.00 미쯔이물산(三井物産)(주), 한성지점 설치

01.11 [미국-캐나다] 국경 결정
01.30 [미국-캐나다] 나이아가라 폭포 공동보호협정 체결

02.17 [미국] 인디언 최후의 전사, 아파치족 추장 제로니모(1829~1909) 사망
04.06 [미국] 해군 토목기사 로버트 피어리, 북극탐험 성공
04.18 [프랑스] 천주교회, 잔 다르크를 복자(福者)로 시복(諡福)-1920.5. 성인으로 시성
05.10 [청-러시아] 동청철도(하얼빈-만주-수분하-대련) 조약 조인
06.01 [미국] 뉴욕서 전미흑인위원회(NNC) 결성
06.10 [영국] 기선 슬라보니아호, 조난 중 최초로 SOS 발신
07.25 [프랑스] 항공기 기술자 루이 블레리오, 자작한 '블레리오11'로 도버 해협 횡단 성공
07.26 [에스파냐] 정부, 계엄령 하에 총동맹 파업 진압(피의 일주일)
08.06 [청] 북경·천진·동삼성에서 안봉철도 문제 항의, 일본 화폐 거부 운동 시작
09.20 [영국] 〈실업소개소법〉 성립, 실업보험제도의 시작
10.13 [스위스] 법률가 겸 철학자 카를 힐티(1833~1909) 사망
11.11 [미국] 하와이 진주만을 해군 근거지로 지정
12.31 [미국] 뉴욕 맨해튼섬-브루클린 연결하는 맨해튼교 개통

1910 경술(庚戌) 융희4 명치43 선통2

01.01 일본인 소유의 동아연초공장 완공-1918년 당시 조선 담배 생산량의 80% 차지
01.01 통감부, 〈학교조합령〉 실시-한국 내 일본인 자녀들의 교육 목적
01.01 통감부, 대한제국 시기 발행한 구 백동화 통용 금지
01.01 ≪시사신문≫(사장 민원식) 창간-'한일합방' 찬성 추진(~1910.5.)-4.1. 정우회 인수
01.02 일진회장 이용구, 소네 아라스케 통감에게 한일합방 요구
01.03 평북 영변, 합방반대 국민대회 개최
01.06 유림 김창숙 등, 중추원에 일진회 해산 요구
01.06 대한제국군 특무정교 출신 의병장 정용대(1882~1910) 교수형 순국
01.07 한성 내 6곳의 과일상인 100여 명, 경성과상조합(京城果商組合) 발기총회 개최
01.08 대한매일신보, 〈한일합방논자에게 고함〉 논설 문제로 압수됨
01.13 대한협회 등 국민대회연설회 개최, 합방 반대 재천명
01.14 블라디보스토크 한인들, 안중근 유족구제공동회 조직하여 의연금 모집

01.19 스미스 목사, 제7일 안식일 기독재림교회 본부, 평남 순안에서 서울로 이전 설립
01.21 경찰, 극장 연흥사에 남녀 혼석 금지
01.21 연기우 의병 50명, 이천의 일본 경찰서 습격
01.22 한정만·손태원 의병 93명, 황해도 평산에서 활동
01.25 학부차관 다와라 마고이치(俵孫一), 각 학교에 정론(政論) 금지 지시
01.25 함흥 자혜의원 개설
01.00 민영휘·이지용·이학재 등, 친일단체 국민동지찬성회 조직-일진회 합병 찬성·지지
01.00 서정태·서정찬·유명희 등, 한성권연초직공총합소 조직
01.29 평남 순천 군민 3천여 명, 〈시장세〉 징수 반대-재무서·경철서·군청 등 습격
02.02 의병장 이배근 경성감옥에서 투옥 중 피살, 순국
02.03 평북 용천 상인, 〈시장세〉 징수 반대-일본 경찰과 충돌
02.06 친일어용단체 국민동지찬성회(1910.1~1910.9), 일본 내각에 합방 청원
02.07 보성학교, 일본식으로 창씨개명한 학생을 퇴학 처분
02.07 관립의학교, 대한의원 부속 의학교로 개편
02.09 안석중, 미국 캘리포니아 레드랜드에서 흥업주식회사 설립-재미교포 첫 합자회사
02.14 안중근, 여순지방 법원서 사형 선고-3.26. 여순감옥서 집행-
02.18 최초 상설영화관 경성고등연예관 개관(을지로2가)-1911.8. 황금정 3번지 신축·이전
03.01 국민회, 독립군 양성 목적 하에 태동실업주식회사 설립-자본금 5만 달러
03.02 국민회 학무국, 이원익 저 『영한사전』 간행
03.02 불교정무원(원장 이회광), 본사를 양산 통도사로 정함
03.03 의병장 이진룡 부하 90명, 경의선 계정↔잠성 간 선로 폭파, 열차 전복
03.05 학부, 관립 외국어학교에 측량기술원양성소 부설
03.10 창덕궁 돈화문에 전등 가설
03.13 재외한인들, 안중근 의연금 5만 원 모아 변호사들에게 지급
03.15 〈임시토지조사국 관제〉 제정(공포 9.30)-일제의 토지 약탈 합법화
03.23 광주 일대 의병장 김영백(1880~ 1909), 교수형으로 순국
03.27 조덕하·한창회 등, 친일단체 '국민협성동진회' 조직-'한일합병' 지지
03.28 이승만, 『독립정신』(영문) 저술 발간-1904. 한성감옥에 수감 중 저술
03.28 통감부, 치안 방해 이유로 안중근의 사진 발매 금지

03.29 블라디보스토크 거주 한국인 2,284명-146명 러시아에 입적
03.29 이완용·조중응 등, '정우회' 조직-황실존영·한일친선 등 강령 발표, 합병찬성 추진
03.30 경시청, 여학생에 한해 반양장 허용, 창기들의 반양장 엄금
03.30 미국 의료선교사 어빈(Irvin), 동래에 부산나병원 개설-1933.2. 부산에서 사망
03.00 강기동·연기우 의병 50여 명, 강원도 삭녕군에서 일본 헌병과 교전
03.00 서창보·이근명·이재극 등, 친일단체 국민협성회 조직-'한일합병' 추진
03.00 유성준 등 10여 명, 경기도 광주·송파 등지에 운수회사 설립
03.00 이동춘 등, 간민교육회 조직-중국어·신학문 보급, 한인 권리 보호, 반일의식 고취
04.02 일본철도원, 호남선의 경부선 분기점을 '대전역'으로 결정
04.07 김혜경 등, 여자교육단체 보명여자교육회(양정여자교육회 전신) 설립(~1910.5.)
04.12 광양 의병장 김응백, 경남 하동에서 피체-1910.10. 부산지방재판소에서 사형 선고
04.12 채응언 등 의병 60명, 경기도 이천에서 일본군과 교전
04.14 호남의군부 도총독 의병장 양윤숙(1875~1910), 교수형으로 순국
04.15 주시경, 『국어문법』(박문서관) 간행
04.15 한성고등여학교, 최초로 체조 시간에 오르간 사용
04.30 한국은행 한성출장소 폐쇄
04.00 연해주의 이범윤·홍범도 부대, 함북 국경선 일본군과 격전(~5월)
04.00 신민회 안창호·이갑·신채호 등, 청도회의 개최-북만주 독립운동기지 논의, 결렬
04.00 서울 거주 박경천·박두천, 양경상회 설립-신식 안경 제조, 서양에 수출 계약 체결
05.01 민영린·이기동·남상철 등이 조직한 '진보당' 창립총회 개최
05.01 김혜경·최선경 등, 보명여자교육회를 양정여자교육회로 개칭 설립
05.01 일본철도원, 호남선 착공(1914.1. 개통)
05.04 연기우 의병 부대 40여 명, 철원에서 일본 헌병과 교전
05.04 통감부, 일본제국대학의 요청으로 국내의 귀중본 1,500책을 일본에 반출
05.05 호남지역 의병 최산흥(1881~1910), 광주지방법원에서 교수형 선고, 순국
05.07 의군본부 참모장 정인국(1859 ~1910), 전사 순국
05.07 수원농림학교·서북학회 농림강습소 졸업생들, 농림연구회 조직
05.08 전남 광양만 염전, 처음으로 소금 산출
05.10 미주 국민회, 대동보국회 흡수 후 '대한인국민회'로 개칭

05.16 총리대신 이완용, 국고에서 〈폭도소진비〉로 2만 원 지출-의병 탄압
05.25 호남 의병 김선여(1875~1910), 교수형 선고, 순국
05.25 일본인, 한강 배다리 마포선교(麻浦船橋) 준공-마포·용산 주민, 연안 폐쇄 우려 반대
05.27 평양 수도공사 준공-6.1. 급수 개시
05.28 통감부, 언론출판 탄압 목적에 〈출판규칙〉 공포-한국인에 계출주의 채택
05.29 강기동 의병 부대 40여 명, 경기도 양주군에서 일본 헌병과 교전
05.29 새문안교회, 새문안에서 지금의 신문로로 신축 이전 준공
05.30 호남의병장 양진여(1862~1910), 전남 담양 무동리에서 교전 중 피체, 교수형 순국
05.30 함평 의병장 유병기(1882~1910), 전남 담양 전투에서 피체, 순국
05.30 제2대 통감 소네 아라스케, 병환으로 사직-9.13. 사망
05.30 데라우치(寺內正毅), 제3대 통감에 임명(7.23. 부임)
05.00 이범윤·홍범도 등 연해주 연합의병, 국내 진공하여 일본 헌병과 교전
06.02 전남 광양만 염전에서 인부 700명과 중국 측 인부 300명 충돌
06.03 일본 각의, '한일합방'을 위한 대한정책 결정
06.03 한성고등학교 체육교사 요코지(橫地捨次郞), 최초로 곤봉 체조 시범
06.04 다무라(田村萬之助), 한성신보사·대동일보사 합병, '대한일일신문사' 설립
06.06 함평 의병 이강산(1874~1910), 대구공소원 사형 선고 기각, 순국
06.10 한성부·경기도 경찰·소방 업무를 관장하던 '경시청' 폐지
06.14 시인 이장희, ≪대한매일신보≫ 인수, 발행
06.17 종로 평화당, 독일 의약품 수입을 위해 세창양행과 특약
06.20 한성부 내 경찰서, 경무총감부 직할 편제-4분서(四分署), 76개소 파출소·주재소 설치
06.21 유인석·이범윤·이상설, 연해주에서 '13도 의군'(도총재 유인석) 결성
06.21 조희연 등, 한국-일본 양국인 친목 도모 단체 '한일입지회' 조직
06.22 채응언·강두필 의병 85명, 경기도 이천군에서 일본 경찰과 교전
06.22 의병장 안규홍(1879~1910), 대구감옥에서 교수형으로 순국
06.24 경찰권을 일본에 위임하는 각서 조인-경찰권 박탈
06.27 광화문우편국 낙성식 거행
06.30 통감부, 경무총감부 설치-헌병경찰제 실시
06.00 부산에 최초의 공설시장, 부평시장 개설-6.25전쟁 이후 깡통시장

07.02 통감부, 모든 공문서에 일본 '명치' 연호 사용 지시
07.02 한성부 행정구역 개편-46개 방(坊), 1,199개 동(洞)
07.03 샌프란시스코 한인, 애국동맹단 조직-외교선전·군사 인재양성 등 9개조 결의안 채택
07.05 일본의 용산거류민단, 경성거류민단에 합병
07.05 대한인국민회, 하와이에서 대동공진단 조직-군인양성 목적, 각 지방에 양성소 설립
07.10 전북 등지에 활약한 의병장 이성화(1882~1910), 남한대토벌 당시 전사 순국
07.12 일본 가츠라 수상, 데라우치 통감에게 〈한국병합 실행에 관한 방침〉 통첩
07.13 동양척식주식회사, 대구출장소 개설
07.18 의병장 전해산(본명 전수용, 1878~1910) 대구감옥서 교수형 순국
07.21 신 용산선(용산↔한강) 전차 운행 개시
07.23 제3대 통감 데라우치 마사다케(寺內正毅) 부임-5.30. 통감에 임명
07.30 단군교, 대종교(교주 나철)로 개칭
07.31 이완용·박제순·조중응, 합방 문제 밀의
07.31 전남지역 의병 김치홍(1880~1910), 영산포 헌병대에 체포, 교수형 순국
07.00 이해조, 신소설·토론소설 『자유종』 발간(광학서포)
08.05 창덕궁 내에 황궁경찰서 설치-창덕궁·덕수궁 지역 치안 담당
08.13 천도교, ≪천도교회월보≫ 창간(~1938.3. 종간)
08.15 중추원 의관 출신 송주면(1856~1910), 절명시 5수 남기고 자결 순국
08.16 통감관저에서 데라우치·이완용·조중응, 〈합방조약안〉과 〈합방각서〉 수교
08.16 이완용, 국호 '조선', 순종 '창덕궁이왕전하', 고종 '덕수궁태왕전하'로 개칭 요청
08.17 유인석·이범윤 등, 연해주에서 한교합병반대투쟁 전개-성명회 결성(9.11 해체)
08.22 융희 황제(순종), 〈양국조서〉 내림
08.22 이완용, 어전회의 소집하여 〈한일병합조약안〉 가결
08.22 통감부에서 비밀리에 이완용과 데라우치, 〈한일병합조약〉 조인
08.23 경무총감부, 〈집회취체에 관한 건〉 공포-정치집회·옥외 민중 집회 금지
08.23 통감부, 〈토지조사법〉 공포-토지 약탈 목적
08.25 통감부, ≪대한매일신보≫ 등 모든 신문 폐간 명령
08.25 통감부, 〈집회금지령〉 공포-친일단체 일진회 등 12개 정치단체 1주일 내 해산 명령
08.26 경무총감부, 잡지 ≪소년≫ 정간

08.26 연해주 한인들, 독립군 결성 결의-책임자 이범윤 선출, 국내진입계획
08.28 흥선대원군의 장남 완흥군 이재면, 흥왕(興王) 책봉식 거행
08.28 박세화(1834~1910), 합병에 분개하여 자결 순국
08.29 경술국치, 대한제국에서 조선으로 개칭
08.29 재일유학생단체 대한흥학회, 일제 탄압으로 해산
08.29 〈대사령〉 공포-경성·종로 등 전국감옥서 기·미결수 737명 석방, 한국인 회유 목적
08.29 데라우치 통감, 〈유고문〉 발표-통감 시정의 방해 자, 용서치 않겠다며 한국인 위협
08.29 일본의 〈특허법〉·〈실용신안법〉·〈상표법〉·〈저작권법〉 등, 한국에 시행
08.29 〈조선귀족령〉 공포-10.7. 〈조선귀족령〉에 작위식 거행
08.30 ≪대한매일신보≫, ≪매일신보≫로 개제-조선총독부 기관지로 전락
08.30 ≪대한신문≫, ≪한양신문≫으로 개제
08.30 ≪황성신문≫, ≪한성신문≫으로 개제(9.14. 경영난으로 폐간)
09.00 한국중앙농회, '조선농회'로 개칭-일제의 식민지 농업정책 보조
09.01 일본천황의 칙사 이나바(稻葉正繩), 창덕궁 인정전에서 순종황제를 '이왕'으로 책봉
09.01 한성고등여학교(현 경기여고), 도렴동에서 재동으로 이전
09.05 선로표식선 광제환(光濟丸), 인천 월미도와 최초로 무선 전신 개시
09.05 전국 사립학교 수, 2,200여 개교-일본 탄압에 100여 개 폐교
09.05 정조의 진영 보관 위해 건립된 수원 화령전(華寧殿)에 수원 자혜의원 개원
09.06 평양·대구 자혜의원 개원
09.08 김석진(전 판돈녕부사, 1843~1910), 경술국치에 분개하여 자결 순국
09.09 〈지문법〉 실시-각 교도소에서 채취한 지문 관리
09.09 춘천 자혜의원 설립
09.10 〈조선주차헌병조례〉 공포-치안유지에 관한 경찰 및 군사 경찰권 장악
09.10 『매천야록』을 저술한 황현(1855~1910), 경술국치에 분개하여 자결 순국
09.11 블라디보스토크 신한촌의 성명회 해체
09.11 사립 기호학교(현 중앙고등학교), 유길준의 융희학교에 병합
09.11 일진회·대한협회 등, 전국 10개 정치단체에 해산령
09.13 이완용을 처단하고자 했던 이재명(1890~1910), 사형 순국(1910.5.18. 사형 선고)
09.13 통감부, 장안사의 〈춘향가〉 공연, 풍속을 해친다며 중지 명령

09.14 경무총감부, 제호에 '대한'이라 적힌 모든 서적 압수
09.15 전남 의병장 오성술(1884~1910), 대구감옥에서 순국
09.16 동양척식주식회사, 〈이주규칙〉 발표-보유 토지, 일본 이주민(갑·을·병 구분)에 대부
09.17 전 종정원경 이면주(1827~1910) 자결 순국
09.19 진주 자혜의원(전 진주의료원) 설립
09.20 국채보상금처리회, 교육기본금관리회로 개칭
09.23 전 의병장 이근주(1860~1910), 경술국치에 자결 순국
09.23 통감부, 교회설교·학교체육운동 옥외집회 금지령 해제
09.24 안동인 류도발(1832~1910) 단식 순국
09.25 데라우치 통감, 해산비로 일진회에 15만 원, 대한협회에 6만 원 지급
09.25 부산에 수도 개통-성지곡 수원지 완공
09.26 광주 자혜의원 설립
09.28 〈조선총독부 관제〉 발포(10.1. 시행)
09.30 〈임시토지조사국 관제〉 공포-토지조사사업 시작
09.30 대한의원, '조선총독부의원'으로 개칭
10.00 언론인 선우일, 『세계기담』 간행-2006년 선우일, 친일반민족행위자로 선정
10.01 도장관 신응희(함경)·이규완(강원)·조희문(황해)·이진호(경북)·이두황(전북)·박중양(충청) 임명
10.01 조선총독부령으로 〈신교포교규칙〉 공포-종교 통제 목적, 대종교 폐교
10.01 조선총독부재판소 설치
10.01 통감 데라우치, 육군대신 겸 조선 총독에 임명(~1916.10.)
10.01 『조선총독부 관보』 1호 발간-총독 정치 개시 선포
10.03 대한인국민회 북미지방총회, 미국 LA 클레어몬트 학생양성소에 군사훈련반 조직
10.04 한국내각(총리 이완용) 해산-10.8. 중추원 부의장 김윤식, 고문 이완용 등 14명 임명
10.04 의병장 심남일(1871~1910), 대구감옥에서 사형 순국
10.06 조선 원종 종무원 대표 이회광, 일본 조동종과 〈연합맹약〉 체결
10.07 한국인 75인에 작위 수여-후작 6명, 백작 3명, 자작 22명, 남작 45명
10.08 미주 재류동포들, 미국 캘리포니아 롬폭에서 의용훈련대 조직
10.10 이승만, 프린스턴 대학에서 박사학위 받은 후 귀국-5년 11개월 만의 귀국
10.11 조선총독부, 치안방해 이유로 《조선통신》 발행 정지

10.15 〈외국여권규칙〉 개정·공포 시행
10.15 인천 수도 개통
10.20 예안 의병장 이중언(1850~1910), 경술국치 후 단식 결행, 순절
10.20 제7일안식일예수재림교회 기관지, ≪시조≫ 창간-1916.7. ≪시조월보≫로 개칭
10.30 이범윤, 니콜리스크[쌍성자]에서 러시아 관헌에 피체, 이르쿠츠크로 호송 구금
10.24 전 공조참의 이만도(1842~1910), 경술국치에 반대하여 자결 순국
10.25 총독부, 『초등본국역사』·『고등대한역사』·『보통작문법』·『중등대한신지리』 출판 불허
10.31 〈전보규칙〉·〈무선전보규칙〉 공포(11.1. 시행)-전보 종류의 세분화, 요금체계 재정리
10.31 일본철도원, 경원선(경성↔원산) 착공(~1914.8. 개통)
10.31 부산역 역사 준공-1953.11. 역전 대화재로 소실
10.00 치안 방해 이유로 미국 발행 ≪신한민보≫·≪신한국보≫ 발매 금지·압수
11.02 경무총감부, 치안방해를 이유로 잡지 ≪조선≫ 33호 발매금지 및 정간
11.05 〈사립학교 설립 인가령〉 시행-1908년 칙령 62호 폐지, 일본 제령 1호 시행
11.06 이승만, 황성기독교청년회(YMCA) 청년학교 학감에 취임
11.06 평남선(평양↔진남포) 완전 개통, 일반 운송 업무 개시
11.10 미국 캔자스시에 소년병학원 조직
11.16 경무총감부, 『을지문덕』·『초등대한역사』 등 서적 51종 발매 금지
11.16 인천 주안에 천일염 분쇄공장 준공-1일 생산량: 원염 2만 근
11.16 일한와전, 당인리에 마포발전소(500Kw) 준공-12.11 운전 개시
11.16 피체된 의병들, 전남 해남·강진·장흥 등 도로 수축 공사에 동원
11.17 멕시코 메리다 지방의 이근영·양귀선 등, 숭무학교 설립-118명 사관 양성
11.22 기호·관동·호남학회 등 통합, 중앙학회로 개칭
11.25 일본군, 경북지역 의병에 대한 대토벌 작전 개시(~1911.초)
11.26 경무총감부, 치안방해 이유로 ≪경성신보≫ 정간
11.27 전 시종원 부경 장태수(1841~1910), 일본의 은사금 거절 후 자결 순국
11.28 조선총독부, 『예수교회보』·『대도(大道)』 발매 금지
11.28 하와이 교포와 국내 처자 사이에 최초의 사진 결혼-1924.10까지 1,066명 사진 혼인
11.29 조선총독부, ≪기독교회보≫(제1권 제40호) 압수
11.00 부산 세관 건물 준공-1970년대 도시계획에 의해 철거

11.00 최동진·김대윤 등, 만주 화룡현에 창동학교 설립
12.01 덕수궁 석조전 준공-총 4백평, 높이 7칸 반, 넓이 25칸(1901. 착공)
12.05 경무총감부, 안녕질서 방해를 이유로 ≪중외의약신보≫ 정간
12.05 재미 한인들, 미국 와이오밍 슈페리오에 청년병학원 설치-매일 저녁 군사훈련 실시
12.07 일제 양로은사금 거절·배일운동에 투옥된 이학순(1843~1910) 음독 자결 순국
12.08 경무총감부, ≪서북학회월보≫·≪시천교보≫·≪기호흥학회월보≫ 등 발행허가 취소
12.11 일제, 간도총영사관 개관-혼춘 분관 개관
12.13 전 성균관 박사 김근배(1847~1910), 경술국치에 비분, 은사금 거절 후 자결 순국
12.14 공립상주보통학교에 공립상주실업보습학교 인가
12.15 〈범죄즉결령〉 공포(1911.1. 시행)-경찰서장·헌병 분대장에게 즉결 처분권 부여
12.15 국채보상금 등, 조선총독부와 경무총감부가 강제 보관
12.18 이승만·윤치호 등, 미국서 개최되는 제6회 세계주일학교대회에 한국 대표로 참석
12.20 윤국범·문성조 의병부대, 경북 안동·예천·영춘·봉화에서 교전
12.21 조선은행권 1엔 권, 한국 각 지점에서 발행
12.27 안명근 입국, 군자금 모집 중 피체-데라우치 총독 암살 계획 탄로(105인 사건)
12.27 전국 각지에 도급전습회(稻扱傳習會) 설치-쌀의 종자개량 목적
12.29 〈조선회사령〉 공포-회사설립 허가제, 민족자본 압박(1911.1.1. 시행)(~1920.4.)
12.30 ≪경향신문≫ 폐간(1906.1. 창간)
12.00 경성교육회, 조선교육회로 개칭-1915.11 조선교육연구회로 개편
12.00 최남선·박은식, 조선광문회 조직-고문헌 보존과 반포, 고문화의 선양 목적
00.00 이종한·김교승, 수원에 제지공장 설립(자본금 5천 원)
00.00 의병 강경무·김동수·김수곡·김일원·윤흥곤·민효식·박봉석·이교영·이석이·이황룡·최성천·추삼만·황준성·손덕오·염인서·임하중·장인초·정기찬 교수형 순국

01.26 [국제] 국제분쟁의 평화적 해결을 위한 '헤이그협약' 국제적으로 발효
02.25 [청] 티베트에 무력 진주, 달라이 라마 13세, 인도로 망명
03.08 [국제] 국제부인데이 시작
03.22 [스코틀랜드] 열차 충돌로 227명 사망
04.21 [미국] 『톰 소여의 모험』 작가 마크 트웨인(1835~1910) 사망

05.25 [국제] 부에노스아이레스-발파라이소 간 안데스 횡단철도 개통
05.31 [남아프리카공화국] 영국으로부터 독립, 9.20. 남아연방공화국 성립
06.05 [미국] 『마지막 잎새』 소설가 오 헨리(1862~1910) 사망
06.25 [미국] 연방의회, 〈백인노예금수법〉 가결
07.04 [러시아-일본] 제2차 러일조약 조인, 만주의 현상유지 약속
08.13 [이탈리아] 나이팅게일(1820~1910) 사망
08.26 [미국] 철학자 윌리엄 제임스(1842~1910) 사망
08.31 [미국] 전 대통령 루즈벨트, 신민족주의 제창
10.05 [포르투갈] 공화제 선언, 국왕 마누엘 2세, 영국에 망명
10.30 [스위스] 국제적십자 창시자 앙리 뒤낭(1828~1910) 사망
11.20 [러시아] 『전쟁과 평화』 작가 톨스토이(1828~1910) 사망
12.13 [일본] 스즈키 우메타로, 첫 비타민 보고

1911 신해(辛亥) 명치4 대정1 선통3

01.01 안악사건 빌미로 총독 데라우치 암살미수 조작-민족주의자 700여 명 피검(105인 사건)
01.04 경무총감부, ≪신한국보≫ 125호(발행인 하와이 교포 노재호) 압수
01.04 보성고보 교지, ≪보중친목회보≫ 2호 발매·간행 금지-4.10. 정간 해제
01.05 경북 성주 출신 장기석, 일본왕 탄생일 천장절 행사 참석 거부로 구속, 옥중 단식 순국
01.15 한용운 등, 일본 조동종과의 연맹 반대-송광사에 임제종 임시사무소 설치
01.21 조선총독부 긴급제령으로 〈해항검역에 관한 건〉 공포 시행
01.25 조선총독부, ≪상공월보≫·≪소년≫ 정간-4.10. 정간 해제
01.26 전 러시아공사 이범진(1852~1911), 경술국치에 자결 순국
01.31 대한천일은행, 조선상업은행으로 개칭-해방 후 한국상업은행(현 우리은행) 개칭
01.00 신민회의 국외독립운동기지 건설 선발대 이동녕·이회영, 서간도 유하현 도착
02.04 총독부권업모범장, 용산지장에 여자잠업강습소 설치
02.07 경무총감부, ≪신한국보≫ 제127·128·130호 압수
02.09 〈우편규칙〉·〈철도선박우편규칙〉 등 공포(3.1. 시행)

02.12 구 한국군 출신의 의병장 강기동(1884~1911), 원산에서 피체-4.17. 총살
02.17 조선총독부, 구한국 왕실의 무관예우 결정-일본 육군무관 제복 착용케 함
02.23 조선총독부, 〈인삼경작장려규칙〉 공포 시행-인삼 재배지 조사, 인삼 재배 인허제
02.27 시천교 기관지 ≪시천교월보≫ 창간(편집 겸 발행인 정원섭)-1913.4. 종간
02.00 정악유지회 발족, 국악 교육기관 조양구락부 후원-총재 이강, 회장 박영효
03.02 곡성군 석곡면 삼산에서 전투 중 체포된 의병 노임수(1876~1911) 교수형 순국
03.07 김좌진·안승구·민병옥·조형원·남정면·김찬수·박종원 등, 강도죄로 피체-1913.9. 출감
03.07 일본 중의원, 〈한일병합조약〉 사후 승인
03.08 전북 순창지역에서 의병활동 하던 진치언(1877~1911) 옥사 순국
03.12 의병장 노병대, 의병운동 중 피체-1913.4 복역 중 단식 자결
03.19 〈지방금융조합감독규칙〉 공포-지방에 농촌금융기관인 지방금융조합 설립
03.22 윤영기·방한덕, 경성서화미술원 설립-이상범 등 배출(1919. 해체)
03.23 〈우편환규칙〉 공포(5.1. 시행)
03.23 〈조선사업공채법〉 공포-철도 부설, 도로·항만 수축 등에 필요한 재원 조달
03.28 〈조선은행법〉 공포(8.15. 시행)-한국은행을 조선은행으로 개칭
03.30 〈간도 영사관 재판 건〉 공포-간도 영사관 예심 공판, 조선총독부 지방법원 관할
03.31 한국은행, 1엔 미만의 은행권 발행 금지-기존 50·10전권, 1912.3.31.까지 사용
03.00 대종교 서일 등, 의병 규합 후 북간도에 '중광단' 조직-1919.8. 북로군정서로 확대
04.01 경성부의 행정구역, 방(坊) 폐지, 5부 8개 면으로 개편
04.05 〈사법사무공조법〉 공포(11.1. 시행)-일본·대만·조선·관동주 관청 간 사법 사무 공조
04.07 하와이 교포, 호놀룰루에 신민학교 설립-국어 교육 실시
04.08 〈헌병보조원 규정〉 공포-재직 중 한국인 순사·순사보 채용, 복무연한 2년, 50세까지
04.08 경성감옥 청주분감 수감자 23명, 탈옥하다 9명 피살
04.08 천주교 서울·대구 교구, 서울대목구·대구대목구로 승격·개칭
04.10 박용만 저, 『국민개병설』(신한민보사) 발행-군인 양성 장려
04.13 〈수렵규칙〉 공포(5.1. 시행)-사냥 대상, 노루·비둘기 등 44종으로 제한
04.13 경기도 〈사립보통학교규칙〉 공포-사립학교의 공립 전환, 일본인 교장 채용 등
04.17 대한제국군 출신 의병장 강기동(1884~1911), 포천 등지에 투쟁하다 총살형 순국
04.17 〈도로규칙〉 공포-도로의 종별, 관리 및 비용 부담 등 규정

04.17 〈토지수용령〉 공포-도로 용지 강제 수용
04.17 전 중추원 찬의 김지수(1845~1911), 은사금 거절 후 자결 순국
04.23 천주교 한국 교구, 서울·대구로 분할
04.27 한의업 종사자들, 조선의사연찬회(朝鮮醫師研鑽會) 설립
04.29 조선총독부의원에서 조선의학회(한국의학회 후신) 설립-일본 군의(軍醫) 중심
04.29 의병장 정경태, 경북 울진에서 피체-1911.11. 사형 순국
04.29 이동녕·이회영 등, 서간도 유하현에 경학사 설립-토지개간·농업경영, 경제 자립
05.01 〈이발영업취체 규칙〉 공포(6.1. 시행)-무자격 이발사 단속
05.10 제1대 총독 데라우찌 마사타케(寺內正毅), 일본에서 귀임
05.15 경성의 동현경찰분서(황금정경찰서) 내에 상비 소방수주재소 첫 배치
05.15 국내 첫 잡지 ≪소년≫ 23호로 폐간(1908.11. 창간)
05.17 김좌진·안승구·민병옥·김찬수 등, 군자금 모금 혐의로 일본 경찰에 피체
05.31 의병장 연기우의 부하 이경칠·윤치성·이순양·성신업, 경기도 교하에서 피체
05.31 〈조선총독부 및 소속관서 직원 복제〉 제정-행정사법관·소학교 교원 제복·칼 착용
06.01 조선총독부, 동대문 북쪽 성벽을 헐고 도로 개통
06.02 〈인화화물저장소취체규칙〉 공포(6.10. 시행)
06.03 〈사찰령〉 공포(9.1. 시행)-사찰건립·포교 조건부 허가, 선종·교종 통합 30본사 설치
06.03 〈어업령〉 공포(1912.4.1. 시행)-일본인의 어업권 보장 및 약탈 행위 옹호
06.04 청주농림학교(현 청주농업고등학교) 설립
06.05 블라디보스토크에서 이범윤 등 청년권업회, ≪대양보(大洋報)≫ 창간-1911.9. 중단
06.10 서간도 유하현 삼원보에 신흥강습소(신흥무관학교 전신, 교장 이동녕) 설립
06.10 하와이 대한인국민회, 『초등 국어교과서』 상·하 편찬
06.15 〈경학원 규정〉 공포-성균관 폐지, 봉건적 유교사상·봉건도덕·낡은 풍속의 전파·보존
06.15 〈회사 등록제에 관한 규정〉 공포 시행
06.16 사설 국악교육기관 조양구락부, 조선정악전습소(현 한국정악원)으로 개칭
06.20 〈삼림령〉 공포-국유지 삼림을 개인 소유로 전환
06.20 〈숙박 및 거주규칙〉 공포(7.15. 시행)-여행자의 거출 신고 의무화
06.20 〈제중원 규정〉 공포-맹아·고아의 구호
06.27 〈유학생 규정 및 유학생 감독 규정〉 공포-일본 유학생의 통일적 장악, 감독

06.00 조선의학회, ≪조선의학회잡지≫ 창간-매년 연구 결과물 게재. 1943. 종간
07.01 미국 호놀룰루에서 주간 ≪독립신문≫(주필 노재호) 창간-재정곤란에 폐간
07.10 경무총감부, 박은식 번역 전기소설(빌헬름 텔)『서사건국지(瑞士建國誌)』등 발매금지
07.10 호남선, 충남 대전↔연산 영업 개시
07.13 을사늑약 후 의병장으로 활동하던 이재윤(1849~1911), 국권 피탈 후 자결 순국
07.18 〈조선관유재산관리 규칙〉 공포-사유지 외 역둔토에 포함, 일본인에 관유 재산 넘김
07.20 고종의 계비, 순헌황귀비 엄비(?~1911) 사망
07.22 안악사건 공판, 경성지방재판소에서 첫 개정-종신형부터 유배형까지 선고
07.28 문예구락부(총재 박영효) 조직-한문 교양·저술, 서적 편찬 간행
07.28 유길준·어윤적 등, 보통학교 교과서 철자법통일위원회 조직-1912.4. 철자법 제정
07.31 블라디보스토크 한인들, 러시아 방침에 따라 신한촌으로 이전
07.31 성명회 관련 러시아 이르쿠츠크로 추방된 이범윤, 감옥에서 석방
08.16 서울에 순화원(順化院) 준공-전염병 환자 격리 수용소
08.23 1차 〈조선교육령〉 공포(11.1. 시행)-조선인의 '충량한 제국시민' 교육, 일본어 보급
08.28 일본인 사업가 오쿠라(小倉武之助, 1896~1964), 대구전기주식회사 설립
08.30 안악사건, 경성복심법원에서 판결-안명근 무기, 김구 등 7명 15년, 이하 10~5년 징역
09.03 국어연구학회, 조선언문회로 개칭-강습소, 조선어강습소로 개칭
09.09 귀족 모임, 동족회(회장: 박영효) 결성
09.09 경무총감부, 여론청취를 위해 각지에 신원상(伸冤箱) 설치
09.15 경원선 부분(용산↔의정부) 개통
09.16 경무총감부, 105인 사건 조작-신민회원 600여 명 검거 시작
09.16 조선총독부, 전국 미개간지 조사 착수
09.24 자치기관 경성부민회(한성부민회 후신) 해산-부제(府制) 공포로 필요성 결여 이유
09.26 〈경비전화 규칙〉 공포(10.1. 시행)-1961.12. 폐지
09.00 이상필, 조선금은미술관 설립-공장: 서울 장교 북천변, 판매소: 종로 이문동
10.01 상업회의소연합회 대표, 미곡 수출입세 철폐 운동 전개
10.01 호남선, 목포↔학교 간 공사 착공
10.01 경원선, 용산역↔의정부역 구간 개통
10.15 국어학자 김희상,『조선어전』간행(보급서관)

10.20 〈사립학교 규칙〉 공포-사립학교 허가제, 설립·폐쇄, 학교장·교원 임용, 수업 연한 등
10.20 〈보통학교·고등보통학교·여자고등보통학교·실업학교 규칙〉 공포
10.20 정재실·이강 등, 러시아령 수청(빨치산스크)에 대한인국민회 시베리아지방총회 설립
10.23 일본왕, 〈교육칙어〉를 조선 총독에게 하사-일제의 식민교육 강화
10.26 〈조선인의 성명 개칭 건〉 공포(11.1. 시행)-일본인 혼동 이름, 호적 등재 금지
10.28 〈공립보통학교 비용령〉 공포-공립보통학교를 학교 재산 운용 주체로 명시
10.00 신파극 초창기의 연극인 임성구, 혁신단 조직-한국 최초의 신극 단체
11.01 〈이식제한령(利息制限令)〉 공포-금리 상한 연 30%
11.01 제1차 〈조선교육령〉에 관립 한성외국어학교 폐지-1895.5. 설립
11.01 압록강철교(현 압록강단교, 944m) 준공-한국철도와 남만주철도 직통-1909.8. 착공
11.01 조선총독부, 각 급 학교 교과서 편찬 개시
11.05 광화문 근처에 경성직뉴(경성방직 모체) 설립-국내 첫 방직회사-1919.10. 김성수 인수
11.07 〈국세징수령〉 공포(1912.1.1. 시행)-국세 징수비용, 면에서 부담, 세금 수탈 강화
11.07 〈헌병 경찰의 배치·관할구역〉 공포 시행
11.09 〈관청·사설 전신전화 규칙〉 및 〈공중통신취급 규칙〉 공포 시행
11.13 만주 하얼빈에 '대한인국민회 만주지방총회'(회장 탁공규) 설립
11.16 겸이포 철도공장, 평양으로 이전
11.19 페스트 예방을 위해 중국 상품 수입 금지
11.22 샌프란시스코 국민회지방총회, 로스앤젤레스로 이전(총회장 강명화)
11.25 공립 보통학교·실업학교 직원, 제복 착용
12.17 동대문↔서대문 간, 전차 복선화 준공
12.19 이상설·이종호 등, 블라디보스토크 신한촌에 '권업회' 설립-1914.6. 해체
12.19 〈지방금융조합감독규정〉 공포-부동산 담보로 100원 이상 대부-고리대 착취 강화
12.27 일본인, ≪경성실업신문≫ 창간
12.29 격일로 운행하던 서울↔부산 간 급행열차, 매일 운행 개시
12.29 관부연락선(부산↔시모노세키) 매일 2번 정기 운행 개시, 운항 소요시간 7시간30분
12.00 대종교인 서일, 만주에서 독립운동 단체 중광단 조직
12.00 한국은행권 회수 시작-조선은행권으로 연 17만 원 대체(1925년 종결)
12.00 만주의 신흥강습소 제1회 특기생 40여 명 졸업

01.09 [미국-영국] 북대서양어업협정 성립
02.18 [인도] 아라하바드-나이리 간 6,500통 우편물수송, 최초 공식우편비행
02.21 [미국-일본] 미일통상항해조약 조인
05.08 [영국-청국] 아편 협정 체결
05.15 [호주] 멜버른 그라키움 극장서 두 영화 〈The Lost Chord〉·〈The Fall of Troy〉 첫 상영
05.21 [멕시코] 독재자 디아스 대통령 축출
06.15 [미국] IBM의 전신 CTR사 설립
07.01 [프랑스·스페인·독일] 모로코 영토분할, 제2차 모로코사건 발발
07.13 [영국-일본] 제3차 영일동맹조약 조인
08.19 [프랑스-일본] 통상항해조약 조인
09.02 [일본-중국] 경봉철도 연장에 관한 협약 조인
09.18 [러시아] 제정 러시아의 개혁가 표트르 스톨리핀(1862~1911) 총리 피살
10.05 [이탈리아] 이탈리아군, 트리폴리 점령
10.10 [중국] 무창기의(武昌起義), 신해혁명 발생
10.29 [미국] 신문 경영인 퓰리처(1847~1911) 사망
11.05 [이탈리아] 트리폴리 합병
11.30 [외몽고] 독립선언
12.01 [국제] 헤이그 국제아편회의 개최
12.05 [중국] 위안 스카이, 북경정부 전권 장악
12.14 [노르웨이] 아문센, 인류최초로 남극점 도달
12.29 [중국] 손문, 남경혁명정부 중화민국 임시대총통에 선출

1912 임자(壬子) 대정2 선통4·중화민국1

01.20 조선은행 신축 건물(현 한국은행) 낙성식 거행
01.01 한국 표준 자오선, 일본 표준시에 맞춰 127°30′→ 135°로 변경
01.07 이문회(以文會) 설립(회장 박제순)-경학·시문 연구 목적

01.20 조선은행 신축 건물 낙성식 거행
02.04 송병순(1839-1912), 「토오적문」 작성, 일본 은사금·경학원 강사 거절, 자결 순국
02.09 대한민국민회 기관지 ≪신한민보≫ 정간
02.10 천도교, 전국에 종학원 설립-청년 신도 양성 목적
02.14 안도 사다요시(安東貞美) 소장, 조선주차군사령관에 임명
02.15 조선총독부 제생원, 맹아부 개설(4.1. 업무 개시)
02.16 〈어업세령〉 공포(4.1. 시행)-어업조합·수산조합 설립규정 마련, 세금수탈 강화
02.18 혁신단, 연흥사(현 종로구청)에서 육혈포 강도·군인의 기질·친구의 형 살해 등 공연
02.19 조중환의 혁신선미단, 단성사에서 창립기념 '지성감천' 공연(1912.3. 해산)
02.23 〈조선수산조합〉·〈어업조합〉 규칙 공포
02.24 신해음사(辛亥唫社), 경성 동부 호동에서 계간 ≪신해집(辛亥集)≫ 창간
02.25 불교월보사, ≪조선불교월보≫(편집 겸 발행인 권상로) 창간(~1914.1.)
02.01 일본인, ≪평양일일신보≫ 창간
03.02 조선우선주식회사(사장 原田金之祐) 설립-조선 연안 해상운수권 장악·독점
03.04 〈과세지 견취도(見取圖) 작성 규칙〉 공포-한국 농민에 조세수탈 강화(~1922.9.)
03.12 〈고물상취체령〉·〈질옥(전당포)취체령〉 공포(4.1. 시행)
03.12 전북 함열 출신 의병장 박한국·김봉안, 전북 익산 웅포[곰개나루]에서 피체
03.14 창덕궁박물관(이왕가박물관 전신) 준공
03.18 〈조선민사령〉·〈조선형사령〉·〈조선부동산등기령〉·〈조선태형령〉 공포
03.18 〈조선총독부재판소령〉 개정-3심 4급제, 지방·복심·고등법원 3급 3심제로 변경
03.18 ≪신한민보≫, 재정 문제로 정간-1912.5.17. 속간
03.22 〈조선부동산증명령〉·〈조선등록세령〉 공포(4.1. 시행)-토지 세금수탈 강화
03.24 호남선, 강경↔군산 개통
03.25 〈경찰범처벌규칙〉 공포(4.1. 시행)-법 절차, 재판 없이 조선인 벌금·구류 가능
03.26 이승만, 105인 사건을 피해 귀국 5개월여 만에 미국행
03.27 〈제생원 관제〉·〈제생원특별회계법〉 공포(4.1. 시행)
03.27 〈총독부 관제〉 개정 공포(4.1. 시행)-관방 및 내무·탁지·농상공·사법 등 4부 설치
03.27 일본인 학생을 위한 〈조선공립소학교 규칙〉 공포(4.1. 시행)
03.28 〈약품 및 약품영업취체령〉 공포

03.28 〈조선관세령〉·〈조선톤세령〉·〈조선보세창고령〉·〈조선관세정률령〉 공포
03.29 윤백남·조중환, 문수성 창립, 토쿠토미(德富蘆花) 작 〈불여귀(不如歸)〉 공연
03.30 〈법인 설립 및 감독에 관한 규정〉 공포(4.1. 시행)
03.31 부산 제1잔교 부두(관부연락선 부두) 준공 및 신선대검역소 건설
03.31 의병장 정세창, 전북 태인에서 피체-7.17. 사형 순국
03.31 최재형·정재관 등, 니콜라에프스크 하바로프스크 등에 권업회 지부 설치
04.01 여객 운임, 원거리 체감법을 거리 비례법으로 개정
04.01 재동경조선유학생친목회, ≪학계보≫ 창간(편집·발행인 문일평)-이후 속간 불발
04.10 러시아 정부, 러시아의 흑룡지방 한국인 2,068호(4,988명)의 귀화 인정
04.15 북한 김일성, 평남 대동군 만경대에서 출생-부친 김형직, 모친 강반석
04.18 거제도의 일본해군방비대, 경남 진해로 이전
04.20 부산진↔동래남문 경편철도로 개량-2척→2척 6촌
04.28 인천조선인상업회의소, 경제 월간지 ≪상계월보≫ 창간-5.11. 창간호 발행(~1915.4.)
04.30 권업회, ≪권업신문≫ 창간(주필 신채호)-민족의식 고취, 북간도·미주에도 보급
04.00 문수성, 원각사에서 〈천리마〉·〈형설〉 공연
04.00 이용규·김태영·전용규 등, 흠치교 조직 이용 충청도 일대에서 비밀결사운동 전개
05.01 〈우편저금규칙〉 공포-우체국 금융사업 제도화
05.07 〈조선총독부현금취급 규정〉 공포
05.14 〈국유삼림산야보호규칙〉 공포-일본인 임야자본가 보호·육성, 국유림 분급
05.14 일본인, ≪전북일일신문≫(현 전북일보) 창간-1920년 ≪전북일보≫로 제호 변경
05.22 시천교 교주·일진회 회장 이용구(1868~1912), 일본에서 사망
05.26 한용운·백용성·이능화 등, 안국동에 임제종 중앙포교당(선종중앙포교당) 개설
05.31 조선총독부, 연합운동회 개최 금지
05.31 조선총독부, 전 관리에게 무관 복장 착용 지시
05.00 〈축견취체규칙(畜犬取締規則)〉 공포(6.1. 시행)-개목걸이 표찰·고리 부착-광견병 예방
06.01 〈교과용도서검정규칙〉 공포-민간 주도의 교과서 통제 강화
06.01 경성서화미술원 기반으로 조선총독부 후원의 조선서화미술회 설립(~1920.6.)
06.01 일본인, ≪호남일보≫(≪삼남신보≫ 후신) 창간
06.03 라메 작(최남선 역), 『불쌍한 동무』·『플랜더즈의 개』 신문관에서 간행

06.15 〈조선경편철도령〉 공포-일본인 사설철도사업 특혜, 일본 자본가의 운수 투자 장려
06.15 부산↔장춘(길림) 직통 열차 운행 개시
06.17 혁신단, 미신무녀후업(迷信巫女後業)·선빈후개(先貧後改) 공연
06.20 〈묘지·화장장·매장 및 화장취체규칙〉 공포-화장장·공동묘지, 대도시에서 유행
06.23 경남 김해에 구포은행 설립(1915.1. 경남은행으로 개칭)-우리나라 첫 지방은행
06.28 경성지방법원, 신민회 관련 123명 공판 개정-데라우치 총독 암살음모사건에 기소
06.00 일제, 종래 한국 도량형기 폐지, 일본 도량형기로 통일
07.04 신규식·박은식, 상해에서 동제사 조직-교포들 조직의 최초 한국인 독립운동 단체
07.11 〈사법경찰직무령 및 영장집행령〉 공포, 시행
07.15 조선은행, 만주 봉천에 출장소 설치
07.15 최초 부산 철도호텔 개업-철도국 직영, 일본·대륙 육교적 조건으로 개설
07.20 통화현 합니하에 신흥학교(신흥무관학교 전신) 설립-중등과정 교육과 군사과 설치
07.28 충북 단양 출신의 의병장 김상태(1864~1912), 옥중 단식투쟁 순국
07.00 조선수산조합 설립-일본인 수산업 관계자의 공동 이익 도모
08.08 전 사헌부 감찰 이성칠, 일왕(메이지) 사망 당시 상복 착용에 항거 자결 순국
08.13 〈조선삼림미간지 및 산림산물특별처분령〉 공포-산림·미간지 등 일본인에게 양도
08.13 조선총독부 식민통치의 기초 작업, 〈토지조사령〉 공포-토지조사사업 실시(~1918)
08.15 부산↔중국 안동 간 급행열차에 1등 침대차 취급 개시
08.20 조선은행, 중국 대련에 출장소 설치
08.21 〈총포화약류취체령〉 공포(12.1. 시행)-총기 휴대 금지, 항일투쟁 탄압 목적
08.00 손정도·조성환, 일본 전 수상 가쓰라[桂太郞] 암살기도 혐의로 중국 대련서 피체
09.01 평양에서 예수교장로회 조선총회 창립-회장 언더우드, 부회장 길선주
09.03 서울 마포에 경성감옥 설치-이전 경성감옥, 서대문감옥으로 개칭
09.03 수세·보세의 현품 수납제, 금납제로 개정
09.03 장로교회, 중국 산둥성에 선교사 파견-외국 선교 개시, 초대 선교사 박태노
09.13 미국 네브라스카주 헤스팅스 한인소년병학교 졸업식-유일한 등 13명 졸업
09.20 〈하차(荷車) 취체 규칙〉 공포(11.1. 서울에 시행)-교통사고 방지
09.28 신민회사건 경성지방법원 제1심 재판, 윤치호·양기탁·이승훈 등 105명에 유죄 판결
10.02 호남선, 익산↔김제 간 개통

10.07 단성사의 박승필이 조직한 유각권구락부, 단성사에서 유도·권투·씨름경기 개최
10.24 〈은행령〉 공포-한국인 은행 설립 저지, 한국인 은행의 일본인 은행에 병합 등
10.27 일본유학생 신익희·안재홍 등, 7개 지역 조직통합, 동경조선유학생학우회 창립
11.00 YMCA야구단, 최초로 일본에 원정
11.03 조선총독부, 한국 농공상공부 청사에 상품진열관 개관-일본 자본가들 투자 장려
11.06 고종의 밀명을 받은 임병찬, 전라도에서 비밀결사 대한독립의군부 조직
11.08 대한인국민회 샌프란시스코중앙총회 설립-북미·하와이·연해주·만주 대표자 참가
11.21 조선은행 회령출장소 개설
11.22 이석용 의병, 전북 장수군 내진면사무소 습격-부하 7명 피체
11.00 이상룡 등, 서간도 통화현에 경학사 토대 위에 '부민단' 조직
12.06 윤용구·홍순성·한규설·민영달·조경호, 일제의 남작 작위 반납
12.06 일한와전, 을지로 황금정선 전차 운행 개시
12.13 이능화, 『백교회통(百教會通)』 간행
12.19 조선총독부, 『매천집』(황현)·『창강집』(김택영) 압수
12.00 원산수력전기회사, 원산 수력(86kW) 발전-첫 사업용 수력
12.00 조선총독부, 한글에 의한 일본어 가명(假名) 요음 표기법 제정

01.01 [중국] 중화민국 수립 선포, 쑨원이 임시대총통에 취임
01.18 [영국] 탐험가 스코트, 남극 도달
02.10 [영국] 근대 외과의학의 아버지, 조지프 리스터1827~1919) 사망
02.12 [노르웨이] 나병박멸운동의 최고지도자, 헨리크 한센(1841~1912) 사망
02.12 [청] 선통제 부의 퇴위, 청조 멸망
03.11 [중국] 위안 스카이, 중화민국 임시대총통에 취임
03.12 [미국] 걸스카우트 창단
03.05 [국제] 프린시프 드 오스트리아호, 세바스티안 부근서 좌초, 500명 사망
03.27 [일본] 오자키 유키오 도쿄시장, 워싱턴 D.C.에 3, 000개 벚나무 선물
04.15 [미국] 타이타닉 호 첫 출항서 침몰-1,514명 사망
05.04 [미국] Y염색체 발견한 여성 생물학자 네티 스티븐스 사망
05.05 [소련] 볼셰비키당 기관지 ≪프라우다≫ 창간

05.05 [미국] 비행기 발명가 윌버 라이트(1867~1912) 사망
06.12 [프랑스] 1901년 최초의 노벨 평화상 수상한 경제학자 파시(1822~1912) 사망
06.19 [미국] 공무원의 8시간 노동제 채택
07.15 [중국] 손문 등 제2혁명 발발
07.30 [일본] 메이지(明治)(1852~1912) 일왕 사망
08.25 [중국] 중국동맹회, 국민당으로 개편
09.29 [러시아·불가리아·세르비아·그리스·몬테네그로] 방어동맹, 발칸동맹 성립
11.05 [미국] 윌슨, 미국 제28대 대통령에 당선
11.24 [국제] 제2인터내셔날 바젤대회 개최
11.28 [알바니아] 오스만제국으로부터 독립선언
12.03 [터어키·불가리아·세르비아] 3국간 휴전조약 승인, 발칸제국과 터어키 휴전
12.16 [영국] 발칸전쟁에 관한 1차 런던강화회의 개막(~1913.5.)

1913 계축(癸丑) 대정3 중화민국2

01.01 최남선, 어린이잡지 ≪붉은 저고리≫ 창간(~1913.6.)
01.05 이강덕 등, 비밀단체 조직 후 경기·충청 일대에서 군자금 모집 중 체포
01.15 〈사설학술강습회 규칙〉 공포-도장관 인가 후 사설학술강습회 실시
01.15 이완용·조중응 등 조선권업협회 조직-여성 부업으로 레이스 뜨기·자수 권유
01.24 토지조사국, 서울 시가지 지가 및 등급 구획 협정
01.27 정재학 등 14명, 한일합작 대구은행 설립인가-국내 첫 지방은행, 1917.7 발족
01.31 부관연락선(부산↔시모노세키) 고려환(高麗丸)(3,200t) 취항(~1932.10)
01.00 김천애 등, 평양에서 신파극단 기화단(箕華團) 조직
01.00 신파극단 유일단(唯一團), 연흥사(현 종로구청 자리)에서 〈혈의 누〉 공연
02.04 경남 함양에서 활동한 의병장 문태수(1880~1913), 대구감옥에서 순국
02.05 이인직의 〈모란봉〉, ≪매일신보≫에 연재(~6.3)
02.15 〈실업학교 규칙〉 개정 공포
02.25 〈시가지 건축 취체 규칙〉 공포-우물·변소·하수구 등 축조 기준 제시

02.28 의병장 한익순·한시진, 평남 순안경찰서에 피체
03.10 조선총독부제생원 맹아부, 최초의 맹아 교육 사업 시작-4.1. 수업 시작
03.17 〈조선공증령〉 공포-공증인 제도 성립(5.1. 시행)
03.20 조선 주둔 일본 헌병의 관할 구역 배치 변경(4.1. 시행)
03.25 의병장 동종찬, 신의주에서 피체
03.29 부산잔교 육상 설비 준공(4.1. 열차 발착 개시)-경부선, 부산잔교역까지 연장
03.31 1907년 군대해산 후 잔존하였던 조선기병대(1개 중대) 해산
03.00 경성우편국에 공전식 시외 교환기 설치
03.00 부산산업은행(주) 설립(자본금 50만 원)-1936.6. 조선상업은행에 병합
03.00 의병장 이세영, 독립의군부 3도(함경·평안·황해) 총사령관에 임명-6월 만주로 망명
04.01 조선우선(朝鮮郵船)(주), 인천·진남포 간 선로 개설
04.01 조선은행 도쿄지점 설치
04.03 비행기 비양(飛揚) 대회, 용산훈병장에서 개최
04.05 〈조선총독부 판사검사임용령〉 개정-사법관 시보제도 신설
04.05 부관연락선 신라환(新羅丸)(3,020톤) 취항(~1945.5.)
04.13 문인 화가 윤영기 등, 평양에서 기성서화회(평양서화미술회 전신) 조직
04.19 하와이에서 대한부인회(회장 황마리아) 조직-국어교육장려, 일본 수입상품 배척 등
04.21 각국(러·미·영·독) 영사, 거류지(인천·남포·군산·목포·마산·성진) 철폐 의정서 조인
04.26 이동춘·김립·김약연 등, 북간도에서 간민회 조직-문화계몽운동·민족자치운동 전개
04.29 서울의 신파극단 혁신단, 조중환의 신문 연재소설 〈쌍옥루〉 연흥사서 공연
04.00 일본, 한국 쌀과 벼에 대해서 〈수입세 폐지법〉 공포(7.1. 실시)
04.00 철도국, 서울 원구단에 철도호텔(현 조선호텔) 착공-1914.9. 준공
04.00 최남선, 《소년》 후신으로 월간 《새별》 창간(~1915.15.)
04.00 조선총독부, 독·미·노·영·이 영사와 각국 거류지철폐에 관한 의정서 조인
05.01 동양척식주식회사 불입금 1천만 원 불입 완료
05.13 안창호, 미국 샌프란시스코에 흥사단 조직-위원장 홍언, 이사장 안창호
05.13 조중환, 번안소설 〈장한몽〉을 《매일신보》에 연재(~10.1.)-주인공 이수일·심순애
05.21 충남 예산에 호서은행 설립(행장 유진상)-자본금 30만 원
05.21 의병장 노병직, 독립군자금 모금 중 피체, 대구지법에서 징역 10년 선고 받음

05.25 한용운, 『조선불교유신론』(회동서관) 발간
05.31 조선총독부, 전 관리에게 무관 제복 착용 지시
05.00 조선총독부 관변 단체, 경주고적보존회(국립경주박무관 전신) 창립-신라 문화유적 보존
05.00 조선총독부 관변 단체, 평양명승고적보존회 창립-평양의 명승고적의 보존
06.04 박용만 등, 미국 네브라스카에 유학생회 조직-미주 유학생회 시초
06.05 〈전염병예방령〉 공포-10종의 지정 전염병 집중 관리
06.07 〈임시토지조사국조사 규정〉 공포-토지사정 시 명의, 원칙적으로 생존자로 규정
06.10 조선철도, 시베리아 경유, 유럽 주요 도시 간 여객·수송화물 연락 운수 개시
06.13 〈조선총독부 관제〉 개정-총독부 업무, 일본 총리대신 폐지, 내무대신 경유
06.14 의병 박만흥·최창건 등이 간도서 조직한 포수 중심의 포수영, 청 연길부 인가
06.23 감리교회 목사 이대위, 폐간된 ≪신한민보≫ 속간
06.26 조선총독부, 고려시대 역대 왕릉(58개소) 보호 결정
06.27 경성기업주식회사, 상호 '경성은행'으로 변경-8.14. 은행 영업 면허
06.30 대한인국민회 이대위, 미 국무장관에 일본의 한인간섭 배제 요구-7.2. 한인·일인 구분
06.30 임시토지조사국, 전국 시가지 조사 완료
06.00 부산진 제1차 매축공사 착공(~1917.2.)
06.00 조선물산주식회사, 충북 영동군에 설립-자본금 30만 원
07.03 ≪매일신보≫ 기자 방태영, 경남 진주에서 석곽분 발굴
07.05 나주 출신의 심남일의진 중군장 박사화(1880~1913) 사형 순국
07.07 이왕직사무관 스에마쓰 구마히코(末松熊彦), 고려 유적 진남포 고분 발견
07.10 박영효·유길준·송병준 등, 조선무역회사 설립-자본금 50만 원
07.12 미주의 대한인국민회, 대한국민의자치정부 선포-미국의 사회법인체로 인정
07.15 대구복심법원, 신민회사건 선고-99명 무죄, 윤치호·양기탁·이승훈·안태국 등 6년형
07.15 조선은행, 만주 봉천출장소 개설
07.16 이상협 장편 〈눈물〉, ≪매일신보≫에 연재(~10.25)
07.26 강원도 울진 출신의 의병장 박문술, 서대문감옥에서 사형 순국
07.28 일요일만 개방하던 탑동공원(현 종로 탑골공원), 매일 개방
08.01 서울에서 제1회 일본조합기독교회 조선대회 개최
08.01 하와이 대한인국민회, ≪신한주보≫를 ≪국민보≫로 창간-주간 박용만·이승만 등

08.07 최재학 등, 손병희를 배척하고 천도교혁신회 조직
08.08 신파극단 유일단, 연흥사에서 ≪매일신보≫ 연재 중인 〈장한몽〉 첫 공연
08.13 독립의군부 김재순·곽한일·전용규·이정노 등, 경성지법서 징역 2년~6월 선고
08.15 〈지세징수에 관한 건〉 공포-결수연명부의 토지소유자에게 지세 징수
08.20 조선은행 대련출장소 개설
09.01 〈묘지·화장장·매장 및 화장취체규칙〉 시행-미아리·이문동·이태원 공동묘지 조성
09.02 한방의사회 연찬회·강구회, 조선한방의사회로 통합 발족
09.05 조선은행 장춘출장소 개설
09.05 최남선, 월간 ≪아이들보이≫ 창간(~1914.9.)
09.06 이상협의 〈만고기담(萬古奇談)〉(아라비안나이트 번역), ≪매일신보≫에 연재
09.17 동인병원, 용산철도병원(전 중앙대병원 자리)으로 개칭
09.19 의병장 류시연 사형, 조박용·구석규·유명호·김두진 등, 대구지법에서 징역 15년 언도
09.20 이승만, 하와이에서 월간 ≪태평양잡지≫ 창간-1930.12. ≪태평양주보≫로 개칭
09.23 일본 육해군 형법의 조선 시행 법률 공포-한국인 반일투쟁 가혹하게 탄압
09.00 경성우편국 청사(현 서울 중앙우체국 자리) 착공(~1915.9.)
09.00 경주고적보존회, 첫 사업으로 석굴암 보수 설계 착수
09.00 의병장 함병태, 황해도 황강리에서 일본 경찰에 피체
09.00 임병찬·이인순·전용규 등 50여 명, 서울에 독립의군부 중앙순무총장 설치
09.00 조선총독부, 경기도 양주와 광릉 숲에 임업시험장 설치-현 광릉수목원
10.01 조선철도↔경봉철도(중국), 여객 수하물 연락운수 개시-일제의 대륙침략 강화
10.01 호남선 목포↔송정리 간 철도 개통
10.02 조중환 번안소설, 〈국(菊)의 향(香)〉, ≪매일신보≫에 연재(~12.28.)
10.03 청주지청 결석재판서 사형선고 받은 최익삼, 충남 회덕에서 일본 경찰에 피체
10.04 철도국, 〈급행좌석권 규정〉 공포
10.13 〈간호부 규칙〉 공포-간호사 면허조건, 나이·성별·교육기관·시험합격여부 등 명시
10.17 공주↔대전 간 개수도로 개통
10.19 〈역둔토특별처분령〉 공포-일본 이민자에게 토지 대여 우선권 부여
10.24 일본인 학교 경성중학교 낙성식, 경희궁 터에서 거행-해방 후 서울고등학교
10.25 각지 〈농공은행 정관〉 개정-주주를 조선 거주 조선인으로 제한

10.25 신파극단 혁신단, 이상협 작 〈눈물〉 공연

10.30 〈부제(府制)〉 공포(1914.4.1. 시행)-일본인거류민단법·거류지제 철폐

10.00 이상설·이동휘 등, 러시아 블라디보스토크에 망명정부 대한광복군정부 조직

11.04 임성구의 혁신단, 〈장한몽〉 공연-주인공 이수일과 심순애

11.08 경신학교 학생 108명, 학감 서병호 배척 동맹휴학(~11.16.)

11.10 조선상업회의소연합회 등, 선미대용제(鮮米代用制) 반대 청원

11.12 마포 경성감옥 죄수 17명, 작업 중 폭동-일본인 간수 2명 부상

11.15 〈의사규칙〉·〈치과의사규칙〉·〈공의(公醫)규칙〉 공포

11.15 〈의생규칙〉 공포-20세 이상·2년 이상 의업 종사·3년 이상 한의학 수학, 면허 발급

11.16 평북 신안주 대창발전소(1,000kW), 운산 동양금광에 전기 공급 개시

11.20 승려 박한영, ≪해동불교≫ 창간-1914.6. 폐간

11.29 신파극단 혁신단, 이인직의 〈귀의 성〉 공연

11.00 이동휘, 간도 장백현에 항일단체 한교동사회(韓僑董事會) 조직

12.01 국제전신 경성↔도쿄 개통

12.05 경학원, ≪경학원잡지≫ 창간(편집 발행인 이인직)(~1944.4.)

12.10 호남창의대장 이석용, 전북 임실 하동면에서 피체-1914.4. 대구에서 교수형 순국

12.15 서울 혜화동에 성베네딕트 수도원(아빠스좌 수도원) 설립

12.15 조선의생회(朝鮮醫生會), 월간 ≪한방의학계≫ 창간-국내 첫 한의학 관련 잡지

12.15 한강철교 복선화 준공

12.17 중국 상하이 동제사, 프랑스 조계지에 교육기관 박달학원 설립

12.21 근무 시간 이후 전보 취급 개시-요금 배액 징수

12.27 일한와전, 왕십리선(광희문↔왕십리↔진팔리(현 성동구 행당동)) 전차 운전 개시

12.29 행정구역 정비-도 위치·관할구역 및 부군의 명칭·위치·관할구역 제정

12.00 채기중·강찬순 등, 경북 풍기에서 대한광복단 조직(1915년 대한광복회로 개칭)

01.10 [티베트] 독립 선언

01.22 [일본] 도쿠가와 막부의 마지막 쇼군, 도쿠가와 요시노부(1837~1913) 사망

02.02 [미국] 뉴욕의 호화 기차역, 그랜드 센트럴 개관

02.10 [일본] 내각불신임안으로 도쿄서 폭동 발생

02.22 [스위스] 언어학자 소쉬르(1857~1913) 사망
02.25 [미국] 누진소득세 채택
03.04 [미국] 윌슨, 제28대 대통령에 취임
03.12 [호주], 캔버라를 연방수도로 공식 결정
03.19 [그리스] 조지1세 황제 피살
04.01 [미국] 컨베이어 시스템 도입한 포드 '모델 T' 생산
05.01 [일본] 일본↔만주 간 여객연락운수 취급 개시
05.14 [미국] 록펠러재단 설립
05.20 [영국] 발칸전쟁에 관한 2차 런던강화회의 개막
06.07 [국제] 알라스카의 맥킨리봉(6194m), 스태크 등 4인 최초 등정
06.08 [독일] 베를린에 '독일스타디움' 개설
06.16 [국제] 제2차 발칸전쟁 발발(~7.18)
07.12 [중국] 제2혁명 (08.5 손문등 망명) 시작
08.10 [국제] 부카레스트 강화조약 조인(제2차 발칸전쟁 종료)
09.29 [독일] 디젤엔진 발명가 루돌프 디젤(1858~1913) 사망
10.04 [미국] 루즈벨트 대통령, 범미주의 고취
10.05 [일본] 만몽철도의 부설권 획득
10.10 [중국] 원세개, 중국 대통령에 취임
11.05 [러시아-중국] 양국 간 외몽고협정 체결
11.07 [영국] '윌리스라인'의 자연철학자·박물학자 알프레드 러셀 윌리스 사망
12.10 [인도] 시인 타고르, 아시아 첫 노벨상 수상
12.21 [미국] 낱말맞추기(crossword puzzle), 뉴욕 월드지에 첫 등장
12.23 [미국] 연방준비은행법 발효

1914 갑인(甲寅) 대정4 중화민국3

01.01 조중환 장편 〈단장록(斷腸錄)〉, ≪매일신보≫에 연재(~6.10.)
01.05 하와이 가와이지방에 한인기독청년원(융동학교 전신) 설립-한글 강의

01.11 호남선(대전↔목포) 완전 개통-3.22. 개통식
01.13 30본산 주지, 서울에 고등불교강숙(숙장 박한영, 현 동국대 전신) 설립
01.13 혁신단, 연흥사에서 신파연극 〈귀랑독부간계(鬼娘毒婦姦計)〉 공연
01.15 일본 관서대학 학생 강만형·최진태 등, 재대판조선인친목회 결성-노동자 구호
01.17 극장 단성사 신축-수용 인원 1,000여 명-국내 첫 상설 영화관(1907년 설립)
01.19 경북 안동 출신의 의병장 류시연(1873~1914), 대구감옥에서 교수형 순국
01.25 〈부제(府制)시행규칙〉·〈학교조합령시행규칙〉 공포(4.1. 시행)
01.00 김용한의 신소설 『송죽』(동미서시) 간행
01.00 이상춘의 『서해풍파』(유일서관) 간행-한국 첫 해양소설이자 남극 탐험소설
01.00 작자 미상의 신소설 『금국화』(하)(보금서관, 발행인 김용준) 간행
02.17 혁신단, 이인직 작 〈은세계〉 공연
02.22 전북경편(輕便)철도주식회사 설립-익산↔전주 철도 부설(협궤열차)
02.23 대한독립의군부(의병장 임병찬), 각도·각군 대표 선정, 항일 투쟁 결의
02.27 헌병대, 경찰서의 관구 및 배치 변경(4.1. 시행)
03.01 지방 행정구역 개편-317군 4,351면→12부 218군 2,517면
03.13 신파극단 문수성(대표 윤백남) 재기 공연, 〈덕국토산(德國土産)〉 공연
03.13 일본인, 조선제면주식회사 설립(자본금 20만 원)
03.16 〈연초세령〉 공포(7.1. 시행)-담배에 제조, 소비세 부과
03.16 식민통치의 조세수입 원천, 〈지세령〉 공포-과세 중 55% 차지(7.1. 시행)
03.18 작가 미상의 고대소설 『저마무전(楮馬武傳)』(신문관) 간행
03.26 신파극단 문수성, 〈비파가〉 공연
03.00 황해 평산 출신의 의병장 한정만(1865~1914), 평양지법에서 사형판결 후 순국
03.00 이화학당 대학과 제1회 졸업식-여학사 3명 배출
04.01 경성여고보에 사범과 설치-보통학교 교사 배출
04.02 재동경한국인유학생학우회, 기관지 ≪학지광≫(편집인 최팔용) 창간(~1930.4.)
04.02 황성기독교청년회·배재학당YMCA 등, 전조선기독교청년회연합회 조직
04.04 호남의병장 이석용(1878~1914), 대구감옥에서 교수형 순국
04.07 〈조선선박령〉·〈선박검사령〉·〈선원령〉 공포-선박 행정 단일화(6.1. 시행)
04.08 등본합자회사, 불이흥업주식회사로 개편-농업수탈·고리대금 등으로 소작농 착취

04.09 신파극단 문수성, 이상협 작 〈눈물〉 공연
04.13 주시경, 문법서 『말의 소리』(신문관) 간행
04.21 〈지세령시행규칙〉 제정
04.25 〈토지대장 규칙〉 공포-한국 농민에 대한 각종 수탈의 기초 자료
04.25 〈하천취체 규칙〉 공포-필요한 관개 시설과 하천 독점
04.00 신파극단 문수성, 〈노형〉 공연
05.01 〈부동산등기령〉에 따라 지방법원출장소(현 등기소) 설치 공포 시행
05.01 압록강·두만강변에 세관출장소 13개소 증설
05.18 〈여자고등보통학교관제〉 공포-공립여자고등보통학교 설립, 입학생 63명
05.21 의병장 김정안(?~1914), 황해도 수안에서 일본 헌병과 교전 중 전사
05.22 〈농공은행령〉 공포(9.1. 시행)-일본인 자본가·법인에 최대한 재정·금융적 자원
05.22 〈지방금융조합령〉 공포(9.1. 시행)-한국 농민에 고리대 수탈 더욱 강화
05.00 김영윤·차리석, 평양 대성학교 출신 청년들과 기성볼단(야구단체) 비밀결사 조직
06.03 전북 장수 출신의 의병장 박춘실(1875~1914), 대구감옥으로 이감 후 자결 순국
06.10 박용만, 하와이 아후이마누 농장에 대조선국민군단 편성, 국민군단사관학교 설립
06.10 조선총독부, 각급학교 교과 과정에 교련 과목 신설
06.12 대한독립의군부 조직한 의병장 임병찬, 거문도로 유배-1916.6.23. 순국
06.14 경기·강원·황해에서 활약한 의병장 연기우, 강원도 인제에서 피체-6.23 사형 순국
06.25 박용만, 하와이에서 번역서 『아메리카혁명사』 출판
06.28 신파극단 문수성, 대구 등 지방 공연 후 휴극(休劇)-1912.3. 창단
07.04 〈조선산파규칙〉·〈조선산파시험규칙〉 공포 시행-산파의 면허가 제도화
07.06 선린상업학교 한국 학생, 일본 학생과 충돌 후 전원 동맹휴교 자퇴원 제출(~7.13)
07.11 〈행정집행령〉 공포-조선총독부의 포괄적인 강제집행(대집행·집행벌·직접강제 등)
07.20 〈의사시험규칙〉 공포-매년 2회, 4년제 이상 의학교 졸업자, 5년 이상 의술 경험자
07.21 조중환의 〈비봉담(飛鳳潭)〉, ≪매일신보≫에 연재(~10.28.)
07.27 한글학자 주시경(1876~1914) 사망
07.29 이승만, 하와이 호놀룰루에 한인여자학원 설립-1916.3. 한인여자성경학원으로 개칭
07.00 안종석·민배식·한상열 등, 만주 길림성에 무장단체 창의소(彰義所) 설립
08.01 ≪의학월보≫ 창간(편집인 최인규)

08.04 정극단(대표 한창렬), 극장 연흥사에서 〈형제〉 공연
08.11 제1회 동양맹아교육대회, 평양 남산현 감리교회에서 개최(~8.15.)
08.16 경원선(용산↔원산) 개통(9.6. 개통식)
08.18 〈마차취체규칙〉 공포-마차번호·검사증·요금표 등 게시
08.21 〈조선간접국세범칙자처분령〉 공포-한국인에 대한 각종 세금 수탈 강화
08.21 한용운 등, '조선불교회'를 '불교동맹'으로 개편
08.25 김윤식 찬, 문신 김윤식의 시문집 『운양집』 간행(16권 8책)
08.25 일본, 독일에 선전포고(8.23.) 이후, 서울 독일영사관 및 인천 세창양행 폐쇄
08.29 하와이 국민군단, 교민 600여 명 참석한 가운데 건물 낙성식 거행
08.00 김인식·최찬식, 『조선구악영산회상』·『금강문』 간행
09.01 일본 오사카 정태신 등 한인 35명, 조선인친목회 재창립-아나키스트들 지원
09.01 조선은행, 100원 권 지폐 발행-조선총독부 직영 공장에서 제조
09.02 러시아, 일본 요구에 블라디보스토크 권업회 해산 명령·≪권업신문≫ 발행 금지
09.11 조선중앙기독교청년회(YMCA), ≪중앙청년회보≫ 창간-발행인 F.S.브로크먼
09.12 〈시장규칙〉 공포-1호(정기재래시장)·2호(공설시장)·3호(어물·채소시장) 시장 구분
09.25 경북 칠곡 출신의 계몽운동가 강원형(1862~1914), 국권회복 모의 중 분사
09.29 조선총독부, 군수 중공업 원료인 석탄 수출 단속
09.30 한말 개화사상가, 유길준(1856~1914) 사망
09.30 함북 경흥에 생우시장 개설-러시아에 생우(生牛) 수출
09.00 부산진공설시장 개장-5일장 등 생활시장의 공설화 추진
09.00 안희제, 부산에 백산상회(백산무역주식회사 전신) 설립-독립운동자금 마련
10.01 최남선, 대중계몽잡지 ≪청춘≫ 창간(~1918.8.)
10.01 함경선(함남 함흥↔청진↔회령) 착공-1928.9. 전 구간(원산↔회령) 개통, 629.4㎞
10.07 이화학당, 유치원 설립
10.10 서울 중구 소공동 원구단 자리에 철도호텔(현 조선호텔) 개업(1914.9. 호텔 준공)
10.13 최초의 바둑기보 〈사활묘방(死活妙方)〉, ≪매일신보≫에 약 1년간 연재 시작
10.16 신흥우·강매 등, 잡지 ≪공도(公道)≫ 창간-교육·종교·사회개혁 글 게재(~1915.3.)
10.19 대구과수재배조합, 하얼빈에 사과 200상자 첫 수출
10.21 이강년·김상태와 청풍·영주·단양 등지에서 활약한 의병 금달연(1874~1914) 옥사

10.29 이상협 번역 신소설 〈정부원(貞婦怨)〉, ≪매일신보≫에 연재(~1915.5.)
10.00 이강년의진 군사장 최욱영, 군자금모금 중 피체-1915.6. 징역 15년형, 1919.8. 옥사
11.15 30본산 주지, 서울에 불교진흥회 설립(대표 해인사 주지 이회광)
11.25 경성 통의동에 정토종 포교출장소 설치
12.02 평남경무부 평양일헌병대본부, 의병장 채응언의 체포에 현상금 280원 내검
12.07 남궁억, 『신편언문예법』 간행
12.21 조선총독부, 대종교 해산 명함
12.23 의병장 김도현(1852~1914), 절명시 남기고 동해 관어대 앞바다에 투신 자결
12.23 장지연의 〈고재만필(古齊漫筆)〉, ≪매일신보≫에 연재(~1918.12.)
12.27 천도교, 동덕여학교 경영권 인수
12.29 흥사단, 미국 세크라멘트와 클레멘트에서 제1차 대회 개최

02.25 [영국] 『이상한 나라의 앨리스』 삽화가 존 테니얼(1820~1914) 사망
04.19 [미국] 논리학자, 프래그머티즘의 창시자 찰스 샌더스 퍼스(1839~1914) 사망
05.01 [중국] 원세개, 중화민국약법 제정
05.07 [미국] 윌슨 대통령, 5월 두 번째 일요일 '어머니날' 제정, 연방의회 결의 승인
05.29 [캐나다] 여객선 엠플레스호 침몰-1,012명 사망
06.14 [국제] 올림픽 기, 오륜기 제정
06.28 [오스트리아] 황태자 피살
07.08 [중국] 손문, 도쿄서 중화혁명당 결성
07.28 [국제] 오스트리아, 세루비아에 선전 포고-제1차 세계대전 발발
07.31 [러시아-오스트리아] 총 동원령, 독일, 러시아에 최후통첩
07.31 [프랑스] 정치가 장 조레스(1859~1914), 국가주의자에게 피살
08.01 [국제] 독일-오스트리아, 러시아에 선전 포고
08.04 [국제] 영국-프랑스, 독일에 선전 포고
08.04 [미국] 제1차 세계대전에 중립 선언
08.15 [국제] 파나마 운하 개통
08.23 [일본] 일본, 독일에 선전 포고
09.02 [일본] 일본군, 독일 조차지 산동성에 상륙 개시

09.11 [독일] 독일군, 영국-프랑스 연합군에 대패한 마른 전투 개시
09.13 [미국] 오르간 제작자 호프 존스 사망
10.14 [일본] 독일령 남양제도 점령
10.29 [터키] 대 소련 참전, 터키 함대, 오데사 세바스토폴리 공격
11.05 [국제] 영국·프랑스, 터어키 상대로 선전포고-영국, 지중해 키프러스 합병
11.05 [독일] 독일군, 1차 대전 중 아프리카 최초의 '탕가 전투'서 영국군에 대승
11.05 [독일] 생물학자·유전학자 아우구스트 바이스만(1834~1914) 사망
12.08 [독일] 독일 순양함 4척, 포클랜드 부근서 침몰, 1,800명 사망
12.17 [영국] 이집트를 보호국으로 선언
12.25 [국제] 제1차 세계대전 중 기적인 크리스마스 휴전(암묵적 정전)

1915 을묘(乙卯) 대정4 중화민국4

01.01 〈외국 무선전보 규칙〉 개정-일본어 상용제 실시
01.04 조선은행, 1원 권 지폐 발행-조선총독부 직영 공장에서 제조
01.15 윤상태·서상일 등 30여 명, 경북 달성에서 비밀결사 조선국권회복단 결성(~1919)
01.21 서울 시가지에 일본식 지방 행정 단위, 부(府)·정(町)·가(街) 등의 이정표 등장
01.24 경남 김해 구포은행, 경남은행으로 개칭
01.29 유인석(1842~1915) 순국(서간도 관전현 방취구)-1935년 춘천 가장리로 이장
02.04 중국 안동현 빙상경기단, 평북 의주에서 원정 경기 개최-국내 첫 국제빙상경기
02.06 교토제국대학 김우영 등 일본유학생, '경도조선유학생친목회' 조직
02.13 신민회사건(105인 사건) 관련자, 윤치호·양기탁 등 전원 가석방
02.17 〈미곡검사규칙〉 공포 시행-각지에 곡물검사소 설치
02.25 일제의 협력과 지원 하에 불교 30본산연합사무소, 각황사(현 조계사)에 설치
03.05 순유권(巡遊券) 발매 개시-조선·일본·만주의 주요 역에서 통용
03.15 ≪불교진흥회월보≫ 창간(발행인 이능화)(~12.15.)
03.20 〈민적법〉 개정-호주제 처음으로 도입
03.23 평양숭실·평양신학교 장일환·배민수·백세빈 등, 비밀결사 조선국민회 결성

03.24 〈사립학교 규칙〉 개정-종교계 사립학교의 종교교육 불가, 사립학교 설립 총독 허가
03.24 〈전문학교 규칙〉 공포-모든 고등교육기관, 전문학교로 개편, 수업연한 3~4년
03.00 유동열·박은식·김규식 등, 상해 영국조계에 신한혁명당 조직(~1915.7.)
03.00 경성고보 교원양성소 이우용 등, 비밀결사 조선산직장려계 조직(~1917)
03.00 조선총독부, 『조선고적도보』 제12권 간행-낙랑~조선시대 고적 도판을 모은 책
03.00 평남 진남포 축항 준공
04.24 조선호텔에서 전조선기자대회 개최-경성기자단 발기, 조선신문협회 조직 결정
04.27 김성수, 중앙학교(현 서울 중앙고등학교) 인수
04.29 동물전염병 〈수역예방령(獸疫豫防令)〉 공포 시행
04.30 〈중추원 관제〉 개정 공포-조선의 관습·제도 조사 등
04.00 YMCA에 경신학교 대학부 설치-1932.3. 연희전문학교로 개칭
04.00 재한일본인·서양화가들, 조선미술협회 조직-교육구락부에서 전람회 개최
05.01 제주군·울릉군, '제주도'·'울릉도'로 각각 개칭
05.02 재일본동경조선유학생학우회 기관지, ≪학지광≫ 제1차 발매 금지
05.15 북한강변을 따라 경춘도로 준공(1911-1915)
05.00 김규진·김윤식 등, 서화 교육 기관 '서화연구회' 결성(~1933)
05.00 미주 대한인국민회, 이승만파(외교노선)와 박용만파(무장투쟁)로 분열
06.05 〈전염병예방령〉 공포-전염병 예방 위해 파라티푸스 등 9종 법정전염병 지정
06.12 경성도시계획에 따른 도로 확장으로 종로의 종각 이전 결정-뒤로 조금 옮김
06.23 〈소방조(消防組) 규칙〉 공포-일본인 생명과 재산 보호 목적, 이후 전국 확대
06.27 〈유학생 규정 및 유학생 감독 규정〉 개정-학무국 내 학생감독부 설치
06.00 보성전문학교, 〈전문학교 규칙〉(1915.3.24.)에 따라 보성법률상업학교로 개칭
06.00 이동휘·이종호, 만주 왕청현 나자구 한인촌에 독립군 양성 동림무관학교 설립
07.05 평안도 지방 의병장 채응언(1879~1915), 평남 성천에서 피체-11.4. 사형 순국
07.10 함경선 일부 구간(원산↔문천) 준공
07.13 〈조선중요물산동업조합령〉 공포-자원 약탈 강화 목적에 동업자 조합 조직
07.15 풍기광복단·조선국권회복단, 대구서 대한광복회(총사령 박상진) 조직(~1918)
07.15 〈조선상업회의소령〉 공포-조선인 상공회의소, 일본인 상공회의소에 통합
07.15 조선은행 하얼빈지점 개점

07.21 〈개항취체규칙〉 공포(8.1. 시행)
07.22 〈대서업취체규칙〉 공포-대서업 한계, 책임, 보수액 등 규정
07.22 〈자동차취체규칙〉 공포-운전·도로통행법·속도·자동차 제동성능 등 첫 단속
07.29 동경제대 교수 구로이타(黑板勝美), 〈남선사적(南鮮史蹟) 답사〉, ≪매일신보≫ 연재
08.25 경기도 용인 출신의 소설가 안국선, 최초의 근대적 단편소설집 『공진회』 간행
08.00 함경도 단천에서 방주익·김성익·박승혁 등, 비밀결사 단천자립단 결성(~1916)
09.05 시천교 기관지 ≪중앙시천교회종보≫ 창간-국한문 혼용
09.11 전신전화소 설치(1931.2. 전신전화취급소로 개칭)-순수한 전기통신 현업 기관
09.11 조선총독부, 경복궁에서 시정5개년기념 조선물산공진회 개최(~10.31.)
09.15 경성우편국(현 서울 중앙우체국) 준공
09.00 경복궁 내에 조선총독부박물관 준공-12.1. 개관
10.03 경복궁에서 조선 철도 1,000마일 돌파 축하회 거행
10.14 조선상업회의소, 한일인연합상업회의소 설립 결정
10.25 법률가 최진 등, 사법협회 기관지 ≪법학계≫ 창간-1916.6. 6호로 폐간
10.31 부산역↔동래 온천장(12.8㎞) 전차 개통
10.00 서일, 『훈민정음원리』(등사본) 간행
11.01 조선은행, 5·10원 권 지폐 발행-조선총독부 직영 공장에서 제조
11.04 의병장 채응언(1879~1915), 평양감옥에서 사형 순국
11.05 불교중앙학교(혜화전문·동국대학 전신) 설치 인가
11.07 조선의회(회장 지석영, 부회장 최동섭) 발기
11.10 동경 조선인유학생 이광수·신익희·장덕수 등, 친목단체 '조선학회' 조직
11.19 조선총독부박물관, 경복궁 내 개관-12.1. 일반인에 개방
11.26 부산일보사, 화재로 전소
11.00 경성 익선동서 한의학 학술잡지 월간 ≪동의보감≫(국한문 혼용) 창간
12.04 경성상업회의소(평의원 한국인 3명, 일본인 12명) 설립
12.24 〈조선광업령〉 공포(1916.4.1.시행)-일본인 이외의 외국인의 광업권 취득 금지
12.26 극단 혁신단, 조중환의 소설 〈쌍옥루〉 공연
12.28 선암헌병분견소 습격한 의병 오승태, 평양감옥에서 교수형 순국
12.00 조선총독부, 해인사 팔만대장경 인쇄본을 교토 천용사로 반출

12.00 평안남도 경무부, 〈소방조규칙 시행 세칙〉 첫 제정

12.00 ≪그리스도회보≫·≪예수교회보≫, ≪기독신보≫ 개제-감리·장로교 합동기관지

00.00 박은식, 『한국통사』 간행

00.00 충북 단양 출신 의병장 김재성(1862~1915), 사형 순국

00.00 경북 문경의 유생들, 국권회복 목적에서 복벽주의 비밀 결사단체 민단조합 결성

01.17 [미국] 의회, 이민법 가결

01.18 [일본] 중국에 21개조 특권 요구

01.25 [미국] 대륙횡단 전화회선 개통

03.03 [미국] 영화의 아버지라 칭송 받는 그리피스의 흥행 대작, '국가의 탄생' 개봉

04.09 [독일] 디프테리아균을 발견한 세균학자 뢰플러(1852~1915) 사망

04.22 [독일] 인류 최초로 독가스 사용

05.03 [이탈리아] 3국동맹 탈퇴 선언

05.07 [독일] 잠수함 U보트, 영국선 루시타니아호 격침, 1,198명 사망

05.23 [이탈리아] 제1차 세계대전 당시 연합국 측에 참전

05.25 [국제] 중국, 일본의 21개 요구조항 수락-양국 간 신조약 조인

06.03 [국제] 파리서 제1회 연합국전쟁경제회의개최, 경제적공동체제수립 결정

06.07 [국제] 러시아·중국·몽고, 캬흐타조약 조인-통상 문제와 국경 확정 관련

06.07 [외몽고] 러시아의 보호령화

06.10 [영국] 독일식민지 카메룬 점령

07.24 [미국] 이스트랜드 증기선 시카고강서 전복 812명 사망

09.27 [프랑스] 〈시몬, 너는 아느냐 낙엽 밟는 소리를〉 시인 구르몽(1858~1915) 사망

10.05 [불가리아] 러시아에 선전포고

10.09 [독일-오스트리아] 양국 연합군, 베오그라드 점령

10.11 [프랑스] 곤충학자 파브르(1823~1915) 사망

11.30 [영국·프랑스·이탈리아·러시아·일본] 독일과의 단독 불강화선언에 조인

12.02 [중국] 원세개, 황제 참칭

00.00 [독일] 세균학자·의학자 에를리히(1854~1915) 사망

1916 병진(丙辰) 대정5 중화민국5

01.07 경남 밀양 출신 의병장 신석원, 경남 하동에서 체포되어 진주검사국에 압송
01.15 인천상업회의소 설립 인가-인천 조선인상업회의소와 인천 일본인상업회의소 합병
01.21 재일본동경조선유학생학우회 기관지, ≪학지광≫ 제2차 발매금지
01.23 통영↔대구 간 2등 도로(지방도) 준공
01.24 〈호구조사규정〉 공포-6개월 마다 1회 이상 호구 조사 시행
01.24 대구지법 청송·군위·왜관·선산·울릉도, 부산지법 창녕·양산 출장소 설치
01.00 황석우의 『근대사조』, 이해조의 『토(兎)의 간(肝)』 간행
01.00 중추원 산하에 조선반도사편찬위원회 조직-민족사 왜곡 및 식민지배 정당화 목적
02.08 대전 농우회(農友會)(대표 김세광) 조직-농업 발달과 교육 목적
02.21 일본 중의원, 김옥균의 표창 여부 가결
02.24 소록도 자혜병원(현 국립소록도병원) 개원-한센병 전문병원, 30만 평에 100명 수용
02.27 성리학자·독립운동가 이승희(1847~1916) 사망
03.02 간도창의소 사령관 안종석, 간도에서 피체 후 무산헌병대로 압송-1917.4 석방
03.06 〈우편법〉·〈철도선박우편법〉·〈전신법〉 등 개정 공포
03.10 이승만의 하와이 호놀룰루 여학생 기숙사 한인여자학원, 한인여자성경학원으로 개칭
03.14 자립단원 방주익·김성익 등, 함흥지법에서 보안법위반, 징역 16개월~6개월 선고
03.23 〈등록세령〉 개정-세율 인상
03.26 전남 영광 출신의 박중빈, 전북 익산에서 원불교 창시
03.29 의병장 한응정, 평북 의주 일본 경찰에 피체
03.00 YMCA 간사 미국인 반허어트, 농구·배구 본격적 보급 시작
03.00 극단 혁신단, 이상협 번안 〈정부원(貞婦怨)〉·〈불여귀(不如歸)〉 공연
03.00 극단 예성좌, 〈코르시카형제〉·〈아내〉·〈유언〉·〈단장록(斷腸錄)〉 공연
03.00 평양 출신 김관호의 〈석모(夕暮)〉, 동경미술학교 최우수 졸업 작품에 선정
03.00 부산진 우시장 개장(현 부산광역시 동구 범일동)-조선 최대 우시장
03.00 경북 영주 대동상점사건 관련자 박제선·권영목·유명수 등, 보안법위반으로 피체
04.01 을지로 경성상비소방대(경성소방소 전신), 소방의회 조직
04.01 공업전습소, 경성공업전문학교로 개편-1946.8. 서울공대로 편입

04.01 조선총독부의원부속의학강습소, 경성의학전문학교로 승격(수업 4년)-1946.10. 해체

04.01 조선총독부, 지석영 등 10명을 종로서로 불러 조선의회 해산 명함

04.05 불교진흥회 본부, ≪조선불교계≫ 창간(편집·발행인 이능화)(~1917.6.)

04.11 이강래·김정빈·이승호 등 7명, 독립운동기지 군자금 모집 중 서울에서 피체

04.11 한글학자 김두봉, 문법책 『조선말본』 간행

04.17 백윤수·조진태·홍충현 등, 대창무역회사 설립(자본금 50만 원)

04.19 서울 영등포에 전기 공급 개시

04.22 전북 고창 출신 의병 서종채(1881~1916), 고문 후유증으로 대구감옥에서 옥사

04.23 극단 예성좌, 단성사에서 〈카츄사〉 공연

04.25 세브란스연합의학교, 세브란스연합의학전문학교 개교

04.00 부산 용두산 공원 조성(현 부산광역시 중구 광복동)-일본인 거류민 휴식처

05.06 YMCA, 국내 첫 실내경기장 신축

05.23 전북 옥구 출신 의병장 임병찬(1851~1916), 거문도 유배지에서 단식 순국

05.31 원산·대구 상업회의소 설립 인가

06.03 부산·군산 상업회의소 설립 인가

06.17 목포·진남포 상업회의소 설립 인가

06.19 마산발전소 15기, 발전 시설 준공

06.26 경성 신창기생조합 기생 일동, 단성사에서 연주회 개최

06.26 연천·의정부·장단(경성), 대전(공주), 강서(평양), 예천·문경(대구), 선녕·함안(부산) 법원출장소 설치

06.26 의학강습소장 홍종철 주관, ≪동서의학보(東西醫學報)≫ 창간(~1917.4.)

06.00 감리교신학교 기관지, 계간 ≪신학세계≫ 창간(~1940.8.)

07.04 〈고분 및 유적보존규칙·고적조사위원회 규정〉 공포

07.10 〈보호우(保護牛) 규칙〉 공포-대상우 수소·암소 연령 2~8세, 체고 126㎝·120㎝ 이상

07.10 경복궁에 조선총독부 청사 건립 착공(~1926.10.1. 완공)

07.21 원영선(원산↔영흥) 개통

07.21 일본 소득세법 중 〈법인소득세 규정〉 도입-국내 첫 법인 과세(8.1. 시행)

07.24 〈민적법〉 개정 공포-입가(入家)의 경우 실가호주(實家戶主) 연서 필요

07.25 〈주세령〉 공포-한국 술 이외의 술 제조 금지

07.00 한국재림교회, 잡지 ≪교회지남(敎會指南)≫ 창간

08.02 노령(현 블라디보스토크)에 망명 중인 김립·이현재·최재형, 러시아 정부에 피체
08.02 영친왕 이은의 비, 일본 왕족 나시모토노미야 마사코(이방자) 여사 결정
09.12 대종교주 나철(1863~1916), 황해도 구월산서 일제 폭정통탄의 유서 쓰고 자결 순국
09.26 경성학교조합회 고등여학교·고등소학교 조선어과를 수의과로 변경
09.00 의병장 김종철·김종근(1917. 집행) 사형, 장명수·정대성·김원실 징역15년 선고
09.00 개성 한영서원 애국창가집 사건-교사 신영순 등, 국권회복 창가집 편찬 발각
10.04 〈교원심득〉 공포-조선에서 근무할 일본인 교원의 행동 규범
10.07 일본어 잡지 ≪조선공론≫ 10월호 발매 금지
10.09 〈소학교 및 보통학교 교원시험 규칙〉 공포(11.1. 시행)
10.09 조선총독 데라우치(寺內正毅), 일본내각 총리대신으로 전임
10.12 한국 첫 선교사 언더우드(1859~1916), 미국 애틀랜틱시티에서 사망
10.14 일본군사령관 하세가와 요시미치(長谷川好道), 제2대 조선총독 임명(~1919.8.)
10.28 전남 장성 출신 의병장 기우만(1846~1916), 고종 강제 퇴위 후 은둔 중 사망
10.00 부산·인천 등 주요 도시에 시내 화물취급소 설치
11.01 여객등급제 시작-경부선에 1등 침대차 운행
11.10 이광수, 〈문학이란 하(何)오〉를 ≪매일신보≫에 발표(~11.23.)
11.22 홍난파, 『통속창가집』(박문서관) 간행
11.25 신소설 『혈의누』 작가, 이인직(1862~1916) 사망
11.25 포천·양평·가평(경성), 단양(공주), 이리·순창·무주(부산)에 각각 지방법원출장소 설치
11.25 황해도 해주에서 극단 수양단 발족
12.05 일본군 2개 사단, 주둔지(여의도·용산·대구·나남 등지) 수십 만 평 군용지로 수용
12.29 민영기, 친일단체 대정친목회(회장 조중응) 조직
12.00 극단 예성좌, 개성 공연을 마지막으로 해산-정인기 후원으로 신극좌로 재발족

01.29 [독일] 비행선 최초로 프랑스 파리 공습
02.21 [독일-프랑스] 베르됭 전투 발발
03.09 [독일] 포르투갈에 선전 포고
04.24 [아일랜드] 시민군, 부활절 봉기
05.00 [영국-프랑스] 비밀협약(터키문제

06.03 [미국] 국가방위법 제정
06.06 [중국] 청 북양군벌의 위안스카이(1859~1916) 사망
07.03 [일본-러시아] 제4차 러일협약 조인
07.16 [러시아] 동물학자·미생물학자 메치니코프(1845~1916) 사망
07.23 [영국] 비활성기체(네온·아르곤·크립톤·크세논) 발견한 램지(1852~1916) 사망
08.04 [미국] 덴마크령 서인도 제도, 매수조약 성립
08.26 [이탈리아] 독일에 선전포고
08.28 [독일] 루마니아에 선전포고
08.29 [미국] 필리핀의 자치 승인
09.15 [영국] 영국군, 1차 세계대전 당시 세계 최초로 탱크 사용
10.16 [미국] 간호사, 산아제한여성운동가 마거릿 생어, 산아제한클리닉 개소
11.05 [미국] 독일출신의 세계적인 미국 물리학자 아인슈타인, '일반상대성 이론' 발표
11.22 [미국] 『바다의 이리』 소설가 잭 런던(1876~1916) 사망
11.28 [독일] 최초로 런던 공습
12.04 [영국] 로이드 조지 전시내각 성립
12.05 [헝가리] 지휘자 리히터(1843~1916) 사망
12.09 [일본] 『나는 고양이로소이다』 소설가 나쓰메 소세키(1867~1916) 사망
12.13 [국제] 알프스산맥 눈사태로 9천명 사망
12.20 [미국] 윌스천문대, 100인치 대망원경 완성
12.20 [미국] 윌슨 대통령, 강화 각서 발표
12.30 [러시아] 내정·외교에 실권을 행사한 요승 라스푸틴(1864~1916) 피살

1917 정사(丁巳) 대정7 중화민국6

01.01 이광수의 〈무정〉, ≪매일신보≫에 연재(~6.14.)
01.20 안확, 『조선문법』(회동서관) 간행-전해지지 않음
01.23 홍승노·이종대·이기동·한윤동 등 한인 유학생, 일본에서 동경노동동지회 조직
01.00 흥사단, 재원 확보를 위해 '북미실업회사' 설립-자본금 9만5천 달러

02.01 일본인, 평양에 조선제당(주) 설립-무설탕 생산, 설탕 보급
02.14 한국인·일본인 합동, 경성약업조합[회장 야마기시(山岸祐太郎)] 창립
02.21 이완용·권중현, 불교옹호회(불교진흥회 후신) 설립-일부 귀족 외 불교계 참여 전무
02.24 조선상업은행, 일본인의 주주 허용-일본인 세력의 민족은행에 침투, 지배력 강화책
02.24 조선신구극개량단, 단성사에서 〈장화홍련전〉·〈사씨남정기〉 공연
02.25 희랍정교회, 기관지 ≪조선정교회≫ 창간(1호로 종간)
03.02 이상설(1871~1917), 연해주 니콜리스크에서 순국-화장 후 수이푼 강에 뿌려짐
03.05 경성고보교원양성소 비밀결사 조선산직장려계 발각-최규익·김성수 등 130여 명 체포
03.15 일본적십자사 조선본부, 대구·평양 자혜의원에 간호부 양성
03.20 조선불교 30본산 기관지 ≪조선불교총보≫(발행·편집인 이능화) 창간(~1921.1.)
03.29 미국 세크라멘트에서 대한국민회 후원 단체 한인부인회(회장 양제현) 조직
03.00 박병길, 러시아 니콜라예프스크에서 고려인민회·고려청년회 조직
04.09 일제, 만주 봉천에서 조선인 통제하기 위해 친일단체 '조선인회' 설립
04.10 〈행려병인구호자금관리규칙〉 공포 시행-임시은사금 이자, 무의탁 행려병자 구호
04.10 일제의 내선일체 종합잡지 ≪반도시론≫ 창간(~1919.4.)
04.10 한시문(漢詩文) 잡지 ≪조선문예≫ 창간(편집인 최영년)-1918.10. 제2호로 종간
04.19 강원도 인제 출신 의병장 김종철(1880~1917), 서대문감옥에서 사형 순국
04.30 이왕가에 아악생양성소 설치-궁중음악·궁중무용·해금·양금·아쟁 교육
04.00 치도(治道) 계획에 따라 1911년 이후 1등(국도)·2등 도로(지방도) 보수 완성
05.25 황해도 출신 의병장 이진용, 평북에서 피체-1918.5.1. 평양감옥에서 사형 순국
05.26 광화문선(서울역-남대문-시청-경복궁역-청운동) 전차 준공(6.13. 운행)
05.27 한강인도교(구교) 착공(~10.17.)
06.01 〈토지조사령시행규칙〉 개정 공포 시행
06.08 순종, 일본 방문(~6.28.)
06.08 함북도청, 성진에서 나남으로 이전
06.09 〈면(面)제〉 공포(10.1. 시행)-면의 재정과 행정력 강화
06.13 평남 숙천 태생 대한제국 장교 출신의 이갑(1877~1917), 연해주 니콜리스크에서 사망
06.15 조선총독부, 『조선어법 급 회화집』 간행
06.26 홍주 의병장 민종식(1861~1917) 사망-여주 강천면 가야리 선영 안장

07.17 〈조선수리조합령〉 공포(10.1. 시행)-수리조합 창설, 수리시설 개량
07.20 경북 군위 출신 박무조(1859~1917), 호적·조세납부 거부, 영일 앞바다에 투신 자결
07.28 〈관공립학교 위탁교원 및 강사 규정〉 공포 인력거
07.29 간도지방 한국인에 대한 경찰권, 중국 관헌에서 일본 관헌으로 이관
07.29 〈인력거취체규칙〉 공포(9.1. 시행)-각 경찰서별로 관할 인력거 검사
07.31 조선 국유철도 경영권, 남만주철도회사에 위탁
07.00 이광수 단편 『어린 벗에게』(잡지 ≪청춘≫ 9~11호) 발표
08.00 신규식 등, 상해에서 조선사회당 조직-스웨덴 스톡홀름의 만국사회당대회 참여 목적
08.31 일본여자유학생, ≪여자계≫ 간행(~1920.6.)
08.31 조선사회당, 스톡홀름 만국사회당대회에 〈조선독립요구서〉 제출-만장일치 승인
09.01 기독교청년연합회, 기관지 ≪청년≫ 창간
09.08 〈미곡대두(米穀大豆) 검사규칙〉 공포(10.1. 시행)-쌀 수출품의 종류와 품질 규격화
09.11 연해주 거부 독립운동가 최봉준(1860~1917) 사망
09.15 일본유학생 이달 등, 동양청년동지회 기관지 ≪동아시론≫ 창간
09.20 조선은행 천진지점 설치
09.21 진학문의 『홍루(紅淚)』(번역), ≪매일신보≫에 연재(~1918.1.6.)
09.30 조선경성철도호텔(현 조선호텔)에서 준학술 법인단체 '조선광업회' 창립
10.01 〈면제(面制)〉 시행-전국 200여 면의 명칭 변경
10.01 간도 두도구에서 조선인거류민회 조직-거류민 공동 이익과 공동 사무 심의
10.03 일본인 면장 임명 시작
10.14 김용준 등 일본유학생, 기성구락부 조직-평양 출신 유학생들의 친목 도모
10.17 한강인도교(현 한강대교) 준공-서울 용산구 이촌동에서 동작구 본동 연결
10.29 박용만, 뉴욕의 세계약소민족회의에 한국 대표로 참석-피압박 민족의 독립 요구
10.00 대한광복회, 평북·경북지방 부호들에게 군자금 모집취지서 배부, 발각
10.00 중앙기독교청년소년부, 고등예비과 야학 신설-강사 이상재·최중선·이명칠
10.00 동양척식주식회사 본사 도쿄로 이전, 서울에 지사 설치
11.01 부산↔만주 안동 직통열차, 봉천(현 심양)까지 연장 운행
11.10 대한광복회 경상도 지부장 채기중 등, 군자금 납부 거부한 대구 부호 장승원 사살
11.10 이광수의 장편 『개척자』, ≪매일신보≫ 연재 시작(~1918.3.15.)

11.17 안희제, 해외 독립운동자금 제공 목적에 부산에 백산무역 설립(자본금 14만 원)

11.25 함경선 일부 구간(청진↔함흥) 개통

11.30 제일본동경조선기독청년회 기관지, ≪기독청년≫ 간행

11.31 관부연락선, 부산↔시모노세키 정기 운항

11.00 부산에 일본 조선방직주식회사 설립-1919년 초 생산 개시

12.09 김준연·백관수 등, 일본에서 호남친목회 조직

12.15 대전약령시 개설

12.31 신규식·신채호·박은식, 중국 상해에서 임시정부 필요성 제기한 〈대동단결선언〉 발표

12.00 김립·문창범, 블라디보스토크 신한촌에 전로한족회중앙총회(대한국민의회 전신) 조직

02.01 [독일] U보트를 동원한 무제한잠수함작전 본격 전개

02.03 [미국] 독일과 단교

03.08 [러시아] 러시아 혁명, 2월 혁명(구력 2월) 발발

03.11 [러시아] 2월 혁명에 군부 가담, 병기고 습격, 정치범 석방

03.12 [러시아] 짜르 체제 폐지

04.01 [미국] 윌슨 대통령, 1차 세계대전 참전 승인 요청

04.14 [폴란드] 안과의사, 국제공용어 에스페란토어 창시자 자멘호프(1859~1917) 사망

04.19 [러시아] 레닌, 봉인열차 타고 귀국

04.30 [중국] 만주 군벌 장작림, 독립 선언

06.03 [알바니아] 독립 선언

06.16 [러시아] 제1회 러시아 소비에트 대회

06.19 [영국] 하원, 부인참정권 승인

07.20 [러시아] 케렌스키 조각, 레닌에 체포령

07.27 [스위스] 갑상선 연구로 노벨상 수상한 외과의사 코허(1841~1917) 사망

08.14 [중국] 독일·오스트리아에 선전 포고

08.15 [러시아] 레닌, 『국가와 혁명』 완성

09.10 [중국] 광동군정부 수립, 대원수(大元帥)에 손문 선출

09.15 [러시아] 공화국 선언

09.27 [프랑스] 정확한 소묘에 신선, 화려한 색채감의 화가 에드가 드가(1834~1917) 사망

10.15 [프랑스] 1차 대전 당시의 독일 여간첩 마타하리, 프랑스 파리에서 처형
11.02 [영국] 밸푸어 외무장관, 유태인 국가건설을 지원하는 〈밸푸어 선언〉 발표
11.07 [러시아] 10월혁명 발생
11.17 [프랑스] 현대 조각의 문을 연 조각가 로댕(1840~1917) 사망
11.28 [국제] 파리에서 연합군대표회의 개최
12.05 [러시아-루마니아] 양국 휴전
12.06 [캐나다] 노바스코샤주 핼리팩스 항구에서 화물선 충돌로 대폭발, 2천여 명 사망
12.06 [핀란드] 러시아로부터 독립
12.07 [러시아] 비밀경찰 체카(Cheka)(KGB 전신) 설립
12.21 [프랑스] 모단느서 군용차 탈선, 550명 사망

1918 무오(戊午) 대정7 중화민국7

01.11 러시아 한인자치기관 고려족중앙총회, 아령한인회와 통일 결의
01.13 영친왕 이은, 8년 만에 일본에서 일시 귀국
01.17 〈고등고시 및 보통고시령〉 공포(3.1. 시행)
01.21 우체부 양성기관, 체신이원양성소 설치
01.22 이철훈·오하묵 등, 시베리아 이르쿠츠크에서 볼세비키공산당 한인지부 결성
01.23 대한광복회 임봉주·김경태, 친일적인 충남 아산 도고면장 박용하 사살
01.25 이하몽 장편 『무궁화』, ≪매일신보≫에 연재(~7.27.)
01.25 잡지 ≪주일학교연구≫ 창간
01.29 〈노동자모집취체 규칙〉 공포(2.1. 시행)-1935년까지 8개 직업소개소 설립(~1940.1.)
01.00 서재필·안창호·이승만·정한경 등, 미국 워싱턴에서 '신한협회' 조직
02.01 〈지방비부과금징수 규칙〉 개정(4.1. 시행)-부과금, 부면(府面)에서 징수
02.01 대한광복회 총사령 박상진, 모친상 빈소에서 피체-1921.8. 대구감옥에서 옥사
02.01 열차 1, 2등 객실에 서고 설치, 독서 편의 제공
02.01 조선총독부관측소, 지자기(地磁氣) 관측 개시-지하의 지질구조 분석
02.09 비밀결사 조선국민회 인사 12명, 일본경찰에 체포, 송치됨

02.18 기삼연 의병부대 중군장 이철형(1873~1918) 사망-고창 출신, 법성포에서 활동
02.20 〈서당규칙〉 제정-공립보통학교 확장 위해 서당 감독 강화, 개량서당 설립 방해
02.20 선교사 게일(J.S.Gale, 奇一)·본윅(G.W.Bonwick, 班禹巨) 등, ≪성경잡지≫ 창간
02.26 타케무라(竹村欽次郎), 조선상공은행 설립 인가-자본 100만 원, 1919.3. 인가 취소
02.28 경성공립농업학교(현 서울농업대학 전신) 설립 인가-1918.11.9. 개교
02.00 나정월의 단편 『정순(貞順)』, ≪여자지계(女子之界)≫에 발표
03.09 극단 취성좌, 이인직의 신소설 『추월색(秋月色)』 각색, 단성사에서 공연
03.23 백화거사 양건식, 『홍루몽』 번역, ≪매일신보≫에 연재-중국 백화문학의 번역
03.26 경성의학전문학교, 김해노·김영흥·안수경 등 여의사 첫 배출
03.29 〈수역혈청제조소 관제〉 공포-부산 우역혈청제조소 개편, 우역(牛疫) 면역혈청 보급
03.00 송진우, 중앙고등보통학교(현 중앙고) 교장에 취임
03.00 ≪조선의학계≫(≪동서의학보≫ 후신) 창간-한의 학술 발전 도모 목적
04.01 〈조선인 관리의 은급·은퇴료 및 유족 부조료 등에 관한 규정〉 공포 시행
04.01 조선예수교장로회신학교, 신학 연구지 ≪신학지남(神學指南)≫ 창간
04.01 체신국 예하에 경성국·부산국·원산국·평양국 설치
04.01 한국에 일본의 〈화폐법〉 시행-엽전을 제외한 우리나라 화폐 완전 유통 금지
04.02 대한광복회 이동흠, 경북 봉화 이정필에게 독립운동자금 요구, 피체-징역 5월 옥고
04.09 조선국민회에서 활동한 장일환(1886~1918), 피체 후 고문에 순국
04.10 조선은행 상해지점 설치
04.26 일본 농상무성, 〈외국미관리 규칙〉 개정-외국미의 조선·대만·사할린 이출 인가
05.01 〈임야조사령〉 공포-한국 삼림의 소유권 최종 확정
05.01 의병장 황봉신(1888)·황봉운(1890)·이진룡(?), 평양감옥서 사형 순국
05.21 〈수산제품검사 규칙〉 공포-검사 해조물, 식용건제품·식용통조림품·수산비료 등 확대
05.00 전러한족회중앙총회, 러시아 블라디보스토크 내 한국 교포의 정치적 중립 선언
05.00 조선주차군, '조선군'으로 개칭
06.01 조선총독부, 토지조사사업 완료-전국토의 40% 전답과 임야 차지(1910.9.~)
06.04 조선화학공업주식회사 설립 인가-자본 50만 원, 본점 인천, 유지·비료 제조 판매
06.13 니콜리스크에서 제2회 전로한족대표자대회 개최-129명 참석, 최재형·이동휘 고문
06.19 서양화가 안중식·고희동·오세창 등, 서화협회 창설-국내 첫 근대미술 단체(~1936)

06.20 경부선 대전역사 신축 낙성
06.26 이동휘 등, 하바로프스크에서 한인사회당(고려공산당) 조직-국내 첫 사회주의 정당
06.27 각도에 금융조합연합회 조직-조선식산은행 자금을 금융조합에 융자
06.28 〈일본인 교원의 조선어 장려 훈령〉 공포-일본인 교원 조선어 시험 실시
06.00 김홍조 등, 부산 초량에 주일은행(主一銀行) 설립-1918.12. 경남은행에 병합
06.00 조중응 등 33인, 조선약학교(경성약학전문학교 전신) 설립-조선약학강습소 개편, 2년제
07.01 금강산 내금강에 장안사호텔(철도호텔) 영업 개시
07.04 개성상인 박우현 등 3명, 인삼제조업체 고려삼업사 설립-자본금 20만 원
07.17 〈지세령시행규칙〉 개정 공포-지세 징수액, 56% 급증
07.18 사철 조선경편철도, 경북 하양↔금호 간 운수 개시
07.20 〈조선총독부 경찰관 복제〉 공포
07.27 〈조선군인 및 조선군인 유족 부조령〉 공포-조선군인 및 유족에 보조금 지급
07.00 박용만, 하와이 교포 친목단체, 갈리히연합회 조직-≪태평양시사(太平洋時事)≫ 창간
08.05 미주 여성단체, 캘리포니아에서 대한여자애국단으로 통합-군자금 모집, 국어교육
08.09 윤병준 외 16명, 동화은행 설립-자본금 50만 원
08.16 〈곡류수용령〉 공포-조선 곡식을 공출 명목으로 일본으로 수송
08.20 여운형·장덕수·김철 등, 중국 상하이에서 '신한청년당' 조직(~1922.12.)
08.00 블라디보스토크 신한촌에 한인청년단(단장 최대일) 조직-회원 150명
08.00 김구하 등, 일본불교시찰단 구성-불교계 인사들의 일본 통치 순응, 친일화 목적
09.01 한용운, 불교잡지 ≪유심≫ 창간(~1918.12.)
09.19 각 지방 상업회의소의 연합 조직, 조선상업회의소연합회 결성
09.26 한국 최초의 주간 문예지 ≪태서문예신보≫ 창간(주간 장두철)(~1919.2.)
10.01 이균섭·정승국 등, 만주 연길현에서 신흥학교 설립
10.01 조선총독부, 조선식산은행 설립(농공은행 통합)-자본금 1천만 원
10.02 김승환 등, 북선상업은행 설립-1933.6. 조선상업은행에 병합
10.05 재일 한국인 발행 ≪동아시론≫, ≪혁신시보≫로 개제
10.07 제주도 법정사 김연일·선도교 수령 박명수 등, 항일투쟁 전개-일제의 진압에 실패
10.16 허영숙(이광수 부인), 조선총독부의 의사시험에 최초 여성 합격자
10.20 문예지 ≪조선문예≫, 통권 2호로 종간

1918

10.27 동양 최초 인천항 갑문식 제1선거 준공-길이 165m, 높이 15m, 갑거길이 129m
11.20 미주교포단체, 미국 윌슨 대통령에게 〈독립요망진정서〉 제출
11.28 여운형, 중국 상해에서 미국 윌슨 대통령 특사에게 〈독립청원서〉 전달
11.30 김헌식, 신간회 총회에서 미국 대통령에 제출할 〈결의선언문〉 작성
11.00 조선총독부임시토지조사국, 『조선토지조사사업보고서』 발행-800쪽 분량
12.01 재미한인전체대표회, 이승만·정한경 등 파리강화회의 파견 결정-출국 불허로 실패
12.05 영친왕(이은)과 일본 왕족 마시모토 노미야(梨本宮方子) 결혼 발표-고종 붕어로 연기
12.14 김헌식(신한회)·민창호·정한경(국민회) 등, 제2차 약소국동맹회의에 참가
12.15 손병희 등 천도교 인사, 상춘원에서 독립운동 밀의-대중화·일원화·비폭력 3대 원칙
12.16 〈조선광업령〉 개정-금·은·연·철·사금·사철 등의 광업세 면제
12.25 호남창의회맹소 통령, 의병장 김용구(1861~1918), 고종 사망 소식에 자결
12.00 양기탁·김좌진, 만주 길림에서 동성(東省)한족생계회(회장 여준) 조직-실업 장려 등
12.00 도쿄 유학생 최팔용 등, 조선청년독립단 결성-2·8독립선언 추진
00.00 안중근의 이토 처단에 참여한 유동하(1892-1918), 남러시아 싸말리아 강가에서 총살
00.00 무오년 독감(스페인독감) 유행-742만2천여 명 감염, 13만9천여 명 사망(1.87%)

01.08 [미국] 윌슨 대통령, 미국 의회에서 세계 평화계획 발표-민족자결주의 선언
01.28 [독일] 베를린 노동자 대파업
03.03 [소련-독일] 강화조약 조인
03.06 [러시아] 사회민주당, '러시아 공산당'으로 개칭
03.09 [러시아] 수도, 페테르부르크에서 '모스크바'로 이전
03.00 [미국] 시카고에서 스페인 독감 창궐-5천여만 명 사망
04.05 [영국-일본-미군] 블라디보스토크에 상륙 개시
04.20 [독일] TV의 브라운관 만든 카를 페르디난트 브라운(1850~1918) 사망
05.13 [미국] 세계 최초의 항공우편 우표 발매
06.28 [소련] 대공업의 국유화 포고
07.04 [소련] 소비에트공화국 헌법 채택-7.10. 소비에트헌법 제정, 프롤레타리아 독재 명문화
07.16 [러시아] 마지막 짜르(황제) 니콜라이 2세 처형
08.02 [일본] 시베리아 파병 선언-8월 12일 블라디보스토크에 육군 500명 첫 파병

08.03 [일본] 전역에서 쌀 폭동
10.03 [독일] 수상에 막시밀리안공 취임
10.17 [헝가리] 독립 선언
10.21 [체코] 공화국 선언
11.11 [독일] 휴전협정 서명, 1차 세계대전 종전
11.11 [오스트리아] 유럽 제일의 명문가 합스부르크 왕가 몰락
11.11 [폴란드] 독립
11.12 [독일] 사회민주당, 민주공화국 선포
11.13 [오스트리아] 공화국 선포
11.16 [헝가리] 공화제 선언
12.02 [프랑스] 『로마네스크』 극작가 에드몽 로스탕(1868~1918) 사망
12.14 [체코] 체코슬로바키아공화국 수립

1919 기미(己未) 대한민국1 대정8 중화민국8

01.03 윤치호·송택수 등, 경성고아구제회 설립-한국 기독교의 초기 사회복지기관
01.10 기독교계 잡지 ≪선민≫ 창간-1호로 종간
01.16 김영한·민철훈 등, 유도진흥회 조직-유교 진흥 목적
01.17 미국에서 스티븐스를 처단한 장인환, 샌프란시스코감옥에서 10년 만에 가석방
01.21 고종(1852~1919), 덕수궁에서 승하-일제의 독극물에 의한 시해 소문 확산
01.21 동경유학생 송계백, 조선독립청년단 명의 독립선언서, 중앙고 교사 현상윤에 전함
01.00 부산항 제2기 해륙 간 연락설비 공사 착공
01.00 이탁 등, 서간도에서 '27결사대' 결성-경술국치 이후 첫 의열투쟁 조직
01.00 상해 신한청년당 김규식, 파리강화회의 참석 차 상해 출발-3.13. 파리 도착
02.01 1차 세계대전 종전 후 여준 등 중광단 39명, 만주 길림에서 〈대한독립선언〉 발표
02.01 김동인·전영택·주요한 등, 일본 도쿄에서 최초 문예동인지 ≪창조≫ 창간(~1921)
02.08 러시아 니콜리스크 전로한족회중앙총회, 임시정부 성격의 '대한국민의회'로 개편
02.08 일본유학생 600여 명, 동경기독교청년회관에서 〈2·8독립선언서〉 발표-60여 명 체포

02.10 홍난파 등 동경유학생의 순수 예술 잡지, ≪삼광≫ 창간-1920.4. 3호로 종간
02.12 동경유학생 수백 명, 히비야(日比谷)공원에서 조국독립 연설과 시위운동 전개
02.18 여운형, 중국 ≪익세보(益世報)≫에 '오호망국한인흥멸지몽(嗚呼亡國韓人興滅之夢)' 게재
02.18 재조선 일본인 중심 조선체육협회 설립-조선신궁대회 주관, 조선체육회와 경쟁 관계
02.20 상해 신한청년당 당원 장덕수, 인천에서 피체-주거제한 처분 받음
02.21 기독교 측 이승훈·박희도·오기선 등, 천도교 측과 3.1운동 합류 논의
02.22 학생대표 김원벽(연전)·강기덕(보전)·한위건(경성의전) 등, 3.1운동 합류 결정
02.25 천도교 측, 3.1운동 대표로 손병희·최린·권동진·오세창 등 15명 선정
02.27 천도교 인쇄소 보성사에서 독립선언서 21,000여 매 인쇄
02.28 민족대표 25명, 손병희 집에서 최종 회합-〈독립선언서〉에 서명
02.00 조선피혁회사·조선연초공장·용산스탠다드무역회사, 임금인상·인권유린 반대 파업
03.01 '3·1운동' 발발-4.30일까지 전국적으로 확산
03.01 배재고보생 장용하 등, 독립선전지 ≪반도의 목탁≫ 창간
03.01 양재순(경성공전)·김호준(직물업) 등, 지하신문 ≪각성호(覺醒號)≫(1~4호) 창간
03.01 윤익선·이종일·이종린 등, 보성사에서 지하신문 ≪조선독립신문≫ 간행
03.02 서울에서 지하신문 ≪국민회보≫ 제1호 간행-필사본, 발행처 미상
03.03 고종 국장 거행-경기도 남양주 홍릉에 안장
03.03 박용만 등, 하와이에서 대조선독립단 창단(~1933)-독립운동자금 모금, 군사 후원 등
03.03 재미대한인국민회 대표 이승만, 윌슨 대통령에게 〈한국위임통치청원서〉 제출
03.03 상해 한인 거류민, 프랑스조계 정안로 환구중국학회에서 궐기 집회 개최
03.05 학생들, 지하신문 ≪신조선민보≫ 창간-3.1운동과 일본의 야만적인 탄압상 전파
03.06 서울에서 지하신문 ≪자유민보≫ 제1호 간행
03.06 ≪익세보(益世報)≫(편집장 서겸)에 3.1운동 관련 보도-4월 30일까지 48건 보도
03.07 서울 동아연초공장 노동자 500여 명 파업
03.07 서울에서 지하신문 ≪진민보(震民報)≫ 간행-등사판 신문
03.08 서울 전차 운전수 및 차장 등 120여 명 파업
03.09 서울 전차 파업에 서울시내 상가 동맹 철시
03.09 구춘선 등 연길 와룡·왕청현 한인, 간도대한민회 조직-장총 4백정, 권총 160정 무장
03.12 상해 보창로에 손정도·현순·최창식·이동녕·이시영·김동삼·신채호·조성환·조소앙 등 집결

03.13 간도 용정에서 3.13운동 전개
03.13 만주에서 부민단·자신계·교육회 등, 한족회 통합-독립군 양성·군정부 수립 목적
03.17 러시아 블라디보스토크 대한국민회의, 〈독립선언서〉 발표
03.21 블라디보스토크 대한국민의회, 5개항 결의문·각료 명단 발표-대통령 손병희
03.24 〈사탕소비세령〉 공포(4.1. 시행)-사탕 100근에 1원~5원 소비세 징수
03.24 김규식, 파리강화회의가 열리는 프랑스 파리에 한국 대표관 개설
03.25 대종교 시교사 서일 등, 동북 만주에서 대한정의단(중광단 후신) 조직
03.27 〈인지세령〉 공포(4.1. 시행)-금액 5원 이상, 0.0005% 인지세 납부
03.28 조선귀족 김윤식·이용직 등, 조선총독부에 독립 승인 최고장 제출
03.28 상해에서 ≪독립신보≫(주필 김홍숙) 창간-등사판, 4월 11일까지 간행
03.29 유림대표 김창수·곽종석 등 137명, 파리강화회의에 독립청원서(〈파리장서〉) 우송
03.31 경부선 종착역 서대문역(현 이화여고 인근) 폐지-3·1운동 집결지 이유
03.31 이명순 등, 훈춘 교민의 자치기관 '훈춘대한국민회' 조직-회원 2만1,000여 명
03.00 간도대한민회·훈춘대한국민회, 간도국민회[대한국민회]로 통합
03.00 김가진 등, 국내외 비밀단체 조선민족대동단[독립대동단] 조직-자금모집·선언문 배포
03.00 정창선 등, 블라디보스토크 신한촌에서 소년애국단 조직-청소년 40여 명, 결사보국
03.00 상해 동포 400여 명, 자치기관 대한인거류민단 조직(~1920.10.)-친목과 단결 도모
03.00 여운형·이광수·선우혁·김철·서병호 등, 상해 프랑스조계에 독립임시사무소 설치
03.00 조인관·정삼승 등, 만주 장백현에서 태극단 조직-의용대 편성 국내 잠입, 항쟁 전개
03.00 오현주·이정숙 등, 서울에서 혈성단애국부인회 조직(~1919.6.)-상해임시정부와 연락
03.00 홍범도, 만주에서 대한독립군 조직-국내진공작전 전개(1920.3. 대한국민회군과 연합)
03.00 중국 베이징에 신대한동맹회 조직-임시정부 지원과 3.1운동 성과의 국제적 선전
03.00 박장호 등 560여 명, 서간도 유하현 삼원보에 대한독립단 조직
04.01 중앙고보 출신 유연화 등, ≪자유민보≫ 간행-등사판 제작, 3·1운동 독립의지 고취
04.01 경성철도학교(현 한국철도대학) 개교
04.01 부산가스전기주식회사 차장·운전수 600여 명 파업
04.01 유관순, 충남 천안 아우내 장터에서 피체
04.02 인천서 각계 대표들, 임시정부 조직·파리강화회의 대표 파견·국민대회 개최 등 협의
04.05 조선총독부 발행 〈조선민력발매규정〉 공포·시행-1923.4. 폐지

04.08 〈학교전염병 예방 및 소독방법〉 공포 시행
04.08 조선국민대회·조선자주당연합회, 조선민국임시정부 포고문·창립 장정·각료 발표
04.10 내선일체 종합잡지 ≪반도시론≫ 통권 25호로 종간
04.10 이동녕 등 29명, 상해 프랑스조계에서 제1회 임시의정원 개원, 국호 '한국' 결정
04.11 중국 상해 대한민국 임시정부 수립
04.11 임시정부 〈한국임시헌장〉 제정, 국호·관제 제정, 국무총리 이승만 등 국무원 선출
04.14 미국의 ≪신한민보≫에 〈3.1독립선언문〉 게재
04.14 재미동포, 필라델피아에서 1회 한인자유대회(대한인총대표회의) 개최-독립 축하 행진
04.14 이범윤·이동휘 등, 혼춘현 탑도구에 대한국민의회 지부 설치
04.15 조선총독부, 〈제령 제7호〉(정치에 관한 범죄처벌 건) 공포-3·1운동 폭력진압 정당화
04.15 〈조선인여행취체령〉 공포 시행(~1922.12.)
04.15 남만주 유하현 삼원보에서 대한독립단 조직-일본 관공서 파괴, 모군(募軍)·모금 사업
04.15 화성 제암리학살사건-일본 경찰, 교회 건물과 민간 등 31호 방화, 29명 사망
04.17 평북 철산·선천·의주 인사들, 〈신한민국정부선언서〉 배포
04.23 국내 13도 대표 24명, 인천 만국공원에서 국민대회 이름으로 '한성임시정부' 수립
04.26 제2대 조선총독 하세가와, 진퇴사 제출-1916.6. 부임
04.29 러시아 블라디보스토크에서 장기영 등, ≪독립신문≫ 창간
04.00 이범윤·진학신·최우익·김청봉 등, 북간도 연길현에서 의군부 조직
04.00 상해 임시정부령 1호(납세 거절)·2호(적의 재판과 행정상 모든 명령 거절) 공포
05.01 조선은행, 10전 발행
05.03 신흥학교, '신흥무관학교'(교장 이시영, 교관 지청천)로 개편-1920년까지 2천여 명 배출
05.04 상해에서 김문도 외 11명, 대한독립청년단 조직-군자금 모금, 조달(~1919.11.)
05.06 안재홍·나창헌 등, 서울에서 청년외교단 조직-상해 대한민국 임시정부 후원 등
05.08 대전감옥 설치(현 대전광역시 중구 소재)-1984년 유성구 대정동으로 이전
05.10 상해 임시정부, 국가주권 승인 등 20개 항목의 공문서를 파리강화회의에 제출
05.12 김규식, 대한민국 임시정부 대표로서 파리강화회의에 독립청원서 제출
05.13 임시의정원 손두환·한위건 등, 노령 대한국민의회의 임시의정원 통일 안건 제출
05.16 평북 초산의 3.1운동을 주도한 김낙용(1860~1919), 신의주감옥에서 옥사
05.26 서대문감옥에서 민족대표 33인 양한묵(1862~1919) 순국

05.25 안창호, 내무총장에 취임하기 위해 미국에서 상해에 도착
05.00 이상룡·지청천 등, 남만주에 서로군정서 조직-독립군 양성, 일제통치기관 파괴 등
05.00 박선명·김찬두·정익노 등, 평양에 국민단 조직-단원 1,500여 명
05.00 임시정부, 비밀조직 교통국 안동지부사무국 설치-국내와의 연락 목적
06.12 김성근 등, 중국 상해에서 구국모험단 조직-밀정 암살·군자금 조달
06.15 상해 임시정부, 〈인구세 시행세칙〉(재무부령 1호) 공포-만20세 이상, 금화 1원, 연 2회
06.15 상해 임시정부, 〈임시징세령 시행세칙〉(제3호) 공포
06.17 안창호·이광수·조동우 등 20여 명, 상해 임시정부 내 사료조사편찬부 설치
06.26 안창호, 상해 임시정부 내무총장에 취임
06.00 대조선독립애국부인회·혈성단애국부인회, 대한민국애국부인회 결성-임시정부 지원
06.00 조재건·함석은 등, 만주 안동현에서 대한독립청년단(총재 안병찬) 조직(~1919.11.)
07.10 임시정부 국무원령 제1호, 〈연통제〉 공포-국내외 업무연락의 비밀행정조직
07.11 상해 임시의정원, 블라디보스토크 대한국민의회와의 합병 결의
07.13 중국 상해에서 대한적십자회 조직
07.18 조선총독부, 남산 조선신궁 창립 확정-1925.10. 완공
07.19 상해 임시의정원, 〈국채통칙 및 공채발행조례〉 가결
07.00 C.W.켄달, 『한국독립운동의 진상』, 캘리포니아에서 출판-한국 병탄과 3·1운동 등
08.01 민원식 등, 일본으로의 '동화' 목표로 친일단체 '협성구락부' 조직(~1920.1.)
08.05 캘리포니아에서 '대한여자애국단'(회장 김혜숙) 결성-독립운동 후원, 독립사상 고취
08.07 김좌진 등, 정의단을 '군정부(총재 이상룡)'로 개편-1919.9 북로군정서로 개칭
08.08 조선사회당 조소앙·이관용, 스위스 만국사회당대회에 참석-임시정부 승인
08.12 사이토 마코토(齋藤實), 제3대 조선총독 임명(~1927.12.)
08.20 〈조선총독부 관제〉 개정 공포 시행-헌병경찰제 폐지
08.21 임시정부 기관지, ≪독립≫ 창간-1919.10. ≪독립신문≫으로 개칭(~1925.11.)
08.24 파리강화회의에 독립호소문을 보낸 곽종석(1846~1919) 사망
08.25 이승만, 워싱턴에 '구미주차한국위원부'(구미위원부) 조직-대미외교 수행(~1928)
08.27 회령전기주식회사 설립
08.28 상해 임시의정원, 〈임시헌법개정안〉·〈임시정부개조안〉 의결-대통령제 채용
08.29 '국치일'에 전국 각지의 상인 철시 단행

08.29 대한독립청년단장 안병찬 등 17명, 만주 안동현에서 체포-1년6개월 금고형 선고
08.30 블라디보스토크 대한국민의회, 상해의 통합임시정부안 승인-이동휘, 상해 도착
08.00 경성지방법원, 민족대표 48인을 내란죄 적용, 관할 문제로 고등법원에 회부
08.00 홍범도 휘하 대한독립군 200여 명, 갑산·혜산진 등 일본 병영 습격
09.01 세브란스의학교 1회 졸업생 김필순(1880~1919), 내몽골 치치할에서 순국
09.02 노인동맹단 강우규, 남대문역(서울역)에서 부임하는 사이토 총독에게 폭탄 투척
09.03 대한민국 임시정부, ≪공보≫ 제1호 발행-임시정부 활동 등 국내외에 알림
09.03 사이토 총독, '문화정책' 표방 훈시-일선융화(日鮮融和)·일시동인(一視同仁) 구호
09.04 구미위원부, 집정관총재 이승만의 행정령으로 '대한민국공채표' 발행
09.05 김철훈 등, 이르쿠츠크 공산당 한인지부를 '전로한인공산당'으로 개편
09.10 서화협회 조직한 '근대 한국화의 아버지' 화가 안중식(1861~1919) 사망
09.11 경의선 개성역사 준공
09.11 임시정부, 〈헌법〉 개정(1차 개헌) 공포-'대통령제' 채택-통합임시정부 출범
09.11 임시정부 의정원 의장 명의로 이승만 임시대통령 당선 공포-1925.3. 이승만 탄핵
09.18 이동휘, 임시정부 국무총리 취임(~1920.1.)
09.20 〈보통경찰제〉 실시-조선총독의 문무관 임용, 제복·대검 착용 폐지 등, 문화통치 일환
09.23 상해 임시정부 사료조사편찬부, 『한일관계사료집』(전4권) 편찬 완료
09.00 신채호 등 학생단(일명 대한청년독립단), 북경에서 조직
09.00 천도교, 민족운동청년단체 육성을 위해 천도교청년교리강연부 조직
09.00 이동휘 일파, 재상해한인사회당 조직-기관지 ≪자유종≫ 등을 통해 강령·목표 선전
10.01 상해 임시정부의 정령(政令)에 따라 서울 1,038개의 상점 일시 폐점
10.01 윤백남 단편소설 『몽금(夢金)』, ≪매일신보≫에 연재 시작
10.05 김성수, 경성방직주식회사 설립-자본금 100만 원, 천연섬유·합성섬유 생산
10.09 안우선 등, 상해 임시정부 자금조달 위해 중국 지폐 인쇄 중 일제 경찰에 피체
10.12 톰킨스 목사 주도로 친한파 미국 상원의원 중심의 한인친우회 결성
10.12 서울 동아연초공장 직공 파업(~10.17.)
10.12 경성악우회(홍난파 등), 종로청년회관에서 제1회 음악연주회 개최
10.13 상해 프랑스 조계지에서 애국부인회(회장 이화숙) 조직
10.15 임시정부 내무부 포고 1호(남녀학생에게)·2호(상업에 종사하는 동포에게) 발표

10.17 상해 대한민국 임시정부, 〈연통제 관제〉 발표
10.20 조선은행, 50전 발행
10.23 대한정의단 임시군정부(만주 안도현), 임정 권고에 '대한정의군정사'(총재 이규)로 개칭
10.23 이동휘파 고려공산당, 블라디보스토크에서 상해로 옮김
10.25 대한민국 임시정부, 기관지 《독립》을 《독립신문》(제22호)으로 개칭
10.27 한국 최초의 영화, 〈의리적 구토〉(감독: 김도산, 주연: 김도산·이경환) 상영
10.28 신채호, 반임시정부 선전지 《신대한》 창간-아나키즘 선전 작업 본격화
10.00 평양의 장로교 교인 박면하·최원화, 비밀결사 한민회 조직-임시정부 기관지 배포
10.00 서울·평양 등 '천장절'에 일본국기 게양 반대 투쟁
10.00 여운형·안공근·한형권, 소련에 파견할 대표로 선정-레닌정부의 독립운동 원조 교섭
11.09 김원봉·이종암 등, 중국 길림성에서 의열단 조직-의열투쟁 전개
11.09 의친왕 이강, 상해로 탈출 시도-11.11. 만주 안동에서 피체, 국내로 압송
11.14 황해도 겸이포제철소 직공 250여 명, 용광로 점거 후 총파업 단행, 헌병과 충돌
11.16 정동구락부 지부에서 '대동문화사' 발기 총회-친일단체 육성책의 일환
11.17 상해 임시정부 국무회의, 서간도 군사기관 군정부·자치기관 한족회의 산하기관 결정
11.18 전협·최익환 등, 조선민족대동단 조직 혐의 체포-의친왕 망명 시도, 징역 8년형 선고
11.19 여운형·장덕수·최근우·신상원 등, 일본 수상·척식국 장관·육군상·정무총감 등과 접촉
11.27 이병철·안재홍, 임시정부 지원 비밀단체 한국청년외교단 사건으로 피체
11.28 대한애국부인회 간부 김마리아·오현주 등 23명 피체
11.28 여운형, 도쿄 제국호텔에서 내외 기자·교수·학생 등의 앞에서 한국독립 공개 연설
11.00 대한독립단 장백지단, 군비단(軍備團)으로 발전
11.00 한족회 직속 서간도 군정부, 상해 임시정부의 산하 단체 서로군정서로 개편
12.01 〈남·여자고등보통학교 규칙〉 개정-한국어 축소, 일본어 확대, 일본역사·지리 신설
12.01 신한청년당, 상해에서 기관지 《신한청년》 창간(주필 박은식)
12.06 박영효·박해달·최진·장두현 등, 서울에서 조선경제회 조직-농상공진흥·생활개선 목적
12.10 등사판 잡지 《우리들의 소식》·《청년의 피》, 상해 프랑스조계에서 간행
12.18 상해 임시정부, 〈임시군사주비단제〉(군무부령 1호) 공포-독립전쟁 준비 목적
12.00 임시정부 구미위원부, 독립공채 50만 달러 모집 착수

01.01 [독일] 스파르쿠스단, 독일공산당 결성
01.18 [프랑스] 파리강화회의 개최-1919년 6월 〈베르사유조약〉 체결
01.21 [아일랜드] 독립 선언
03.02 [러시아] 코민테른(제3인터내셔널) 창립대회
03.23 [이탈리아] 무솔리니 파시스트당 결성
04.13 [인도] 영국군, 인도 비폭력운동 군중들에게 발포(암리차르학살사건), 4천명 사망
04.25 [독일] 바이마르 조형학교, 건축·디자인 혁신한 '바우하우스' 개관
05.04 [중국] 5.4운동 발발
05.19 [중국] 북경대학생연합회 맹분선언, 일화배척운동 전개
06.14 [독일] 최초의 금속제 여객기 융커스 F-13(4-5인승), 첫 비행에 성공
06.15 [영국] 존 알코크와 아더 브라운, 최초의 대서양 무착륙 비행 성공
06.26 [미국] ≪데일리뉴스≫ 지 창간
07.03 [영국-미국-프랑스] 3국 협약 발표
07.25 [소련-중국] 제정러시아의 불평등조약 폐기 선언(카라한 선언)
07.31 [독일] 국민회의, '바이마르 헌법' 가결
08.02 [일본] 산둥반도, 중국에 반환
08.04 [불가리아] 공산당 결성
08.11 [독일] 바이마르헌법 공포
08.11 [미국] 철강왕 카네기(1835~1919) 사망
09.02 [미국] 미국공산당, 시카고에서 창립
09.10 [오스트리아] 합스부르크 제국 해체
09.10 [프랑스] 상제르망 강화조약 체결, 오스트리아-헝가리 제국 해체 선언
09.19 [아프가니스탄[영국으로부터 독립
10.05 [독일] 노동자당(후에 나찌당) 결성-베를린의 20만 노동자 무장 봉기
10.06 [미국] 26대 대통령, 시어도어 루스벨트(1858~1919) 사망
10.10 [중국] 쑨원, 중국 국민당 결성
10.12 [독일·프랑스] 평화조약 조인
10.28 [미국] 의회, 〈금주법〉 가결(1920.1. 시행)
10.29 [국제] 제1회 국제노동회의 워싱턴서 개막, 주당 노동시간 48시간 제한

10.31 [중국] 남북평화통일 선언
11.16 [일본] 낭인들, 항일중국학생 폭행(복주사건)
11.24 [인도] 델리에서 이슬람제국의 통치자 옹호, 전인도 칼리프옹호대회
11.27 [일본-불가리아] 양국 평화조약 조인
12.03 [프랑스] 인상파 화가 르누아르(1841~1919) 사망
12.24 [영국] 인도통치개혁법 성립, 입법권·예산심의권을 가진 입법의회 설치

1920 경신(庚申) 대한민국2 대정10 민국9

01.01 조선은행, 20전 발행
01.04 북간도 철혈광복단, 조선은행 회령지점 현금수송차 습격-일본 돈 15만 원 탈취
01.05 시베리아 국민정부(통칭 이르쿠츠크 정부) 수립
01.06 ≪조선일보≫·≪동아일보≫·≪시사신문≫ 발행 허가
01.16 일본 시찰 다녀온 경성·경상도 유림, 친일 유도진흥회 결성-유생들 반일의식 약화
01.18 민원식 등, 신 일본주의 단체 '국민협회' 조직(~1940)
01.18 정안립 등, 장충관에서 조선고사연구회 조직-유림·재만 한인 60여 명 참석(4월 해산)
01.20 의병 출신의 박장호(가평 출신)·조맹선(평산 출신) 등, 평북독립단 조직
01.24 상해 임시정부 군무부, 〈포고 제1호〉 공포-전 국민 독립전쟁 참가 호소
01.25 서상한 등, 동경조선고학생동우회 조직(~1922)
01.29 경성부경찰서 개편-동대문경찰서·서대문경찰서 증설
01.29 대구 계성학교 학생 70여 명, 고등보통학교로 승격 요구 동맹 자퇴
01.30 서울 경신학교 학생, 고등보통학교로 승격 요구 동맹휴학
01.31 상해 임시정부, 시정 방침 결정-국내 결사대 조직 등
01.31 광주공립농업보습학교 학생, 일본인 교사의 모욕적 언행에 분개하여 동맹휴학
01.00 부산 동래 지역 최초 청년단체 '동래청년구락부' 결성
01.00 상해 임시정부 김구·김철 등, 비밀결사 의용단 창립-'독립전쟁의 해' 선포 결과
02.01 차미리사, 근화여학교(현 덕성여자중학교) 설립
02.05 민원식 등의 국민협회, 한인의 참정권 청원서를 일본 중의원 의장에게 제출

02.16 김광제 등, 종로 YMCA회관에서 조선노동대회 발기회 개최-5.2. 창립총회 개최
02.20 노백린, 캘리포니아주에 한인비행사양성소 설립-15명 선발·비행기 3대 구입(~1921.4.)
02.00 서울에서 대동단·상무연구회·혁신당 등 조직
02.00 한족회 내 소장파 현정경·현익철 등, 만주 관전현에서 광한단[의흥단] 조직-의혈 단체
02.00 연극평론가·극작가 현철, 전문예술인 양성을 위해 서대문 근처에 예술학원 설립
03.01 블라디보스토크 신한촌에서 3·1운동 1주년 경축대회 거행
03.01 서울·평양·성천·황주 등지에서 독립만세운동 전개
03.05 ≪조선일보≫ 창간(발행인 예종석)-1940.8. 폐간
03.13 한상룡·한익교 등 실업가 17명, 조선실업구락부 설립-자본금 3만3,000원
03.15 대한독립군·군무도독부·대한군정서 등 온성군 등지 9여 회 습격(~6.4.)
03.20 차미리사·김선·방신영 등, 조선여자교육회 창립-인습타파, 여자 보통교육 보급
03.20 임시정부, 상해에 임시육군무관학교 개교-입학생 40명, 졸업생 독립전쟁에 참전
03.31 〈조선태형령〉 폐지(1912.3. 시행)
03.00 군인 출신 김호·최시흥 등, 평북에 천마산대 조직-일제 기관 파괴, 경찰·밀정 사살 등
03.00 조선총독부, 9년 만에 『조선어사전』 완성-조선 통치 편의 위해 일본어로 편찬
03.00 김좌진, 만주 왕청현 십리평에 북로군정서 군간부양성학교, 사관양성소 설립
04.01 〈회사령〉 개정-허가제에서 신고제로 변경, 일본 자본의 한국 침투 용이
04.01 ≪동아일보≫ 창간(발행인 김성수)-1940.8. 폐간
04.01 친일신문 ≪시사신문≫ 창간(사장 민원식)(~1922.4.)
04.04 일본군, 블라디보스토크 신한촌 습격-한민학교 소각, 교포 70여 명 피체(4월 참변)
04.07 4월 참변에 김리직(용강, 1875~1920)·최재형·엄주필·황경섭 등 총살 순국
04.07 〈사립병원취체규칙〉 공포(6.1. 시행)-전염병 등 확산 방지의 특수 구조설비 요구
04.10 용산 경성철도학교 신축(구 교통부청사 본관)
04.11 박중화 등, 조선노동공제회 창립-국내 첫 전국 단위 노동운동 단체(회원 687명)
04.11 정광진 등 일본에서 조선불교유학생학우회 결성-1924.5. 기관지 ≪금강저≫ 창간
04.15 김봉기·박기영·박승래, 임시정부 설립 1주년 축하문 서울 안국·수송동 일대에 살포
04.17 서울시내 금은직공 200여 명, 명월관 지점에서 직공대회 개최-임금인상 요구
04.19 일본 순사 1,636명, 인천항에 도착
04.22 모스크바에서 한인노동자대회 개최-55개 단체 대표 참석

04.28 영친왕, 일 왕족 마사코(梨本宮方子)와 정략결혼
04.30 상해 임시정부 독립신문사, 『한국독립운동의 진상』 발행
04.00 연길현 숭례향 묘구에서 천주교 신도·항일의병 연합 대한의민단 조직
04.00 보부상 단체 '상무실업단'(총재 김택현) 설립-상품 매매의 판로 확장
05.09 서울 중등학교 학생들, 조선학생대회 설립-친목·단결도모, 조선물산장려, 지방색 타파
05.11 조선총독부, 보행자 우측통행제 실시 발표
05.19 군무도독부(부장 최진동)·대한국민회군(위원장 안무), 대한북로독군부로 통합
05.27 서울 남산 한양공원(구 남산식물원·안중근의사기념관·남산도서관)에 조선신궁 착공
05.27 독립군 30여 명, 함북 운무봉에서 일본헌병대 및 우편차 습격-6.30. 일본군 파견
05.31 경성중앙청년회관에서 조선민단(조선노동대회 별동조직) 발기회-7.30. 해산
05.00 조선정구협회(현 대한정구협회) 결성
05.00 정태신·김약수 등, 조선노동공제회에 공산주의 학습서클 '마르크스주의 쿠르조크' 결성
05.00 대한국민의회·북로군정서 등에서 활동한 장봉한(1879~1920) 순국
06.04 평양에 최초의 공중목욕탕 개설
06.04 대한북로독군부(홍범도·최진동·최운산 등), 일본군과 결전-봉오동전투 승리(~6.7.)
06.07 유인석 의병·대한독립단 단원 백삼규, 환인현에서 일본군에 피살-두 아들도 함께 순국
06.20 김상호·도진호 등 학승들 각황사에서 조선불교청년회 조직-이회광의 친일불교책에 반대
06.25 천도교 월간지, ≪개벽≫ 창간(~1926.8.)
06.26 한규설·이상재, 안국동 윤치소 별저에서 조선교육회 창립-1921.1. 조선교육협회 개칭
06.27 권영만, 북로군정서 밀명에 정무총감 암살을 기도하다 대구에서 피체-8년 징역
06.28 장덕수·장도빈 등, 명월관지점에서 조선청년회연합기성회 발기회 개최-12.1. 창립총회
06.00 청년연합회 소속 의용대·대한독립단 일부, 관전현에서 광복군총영 조직(영장 오동진)
06.00 김철수·장덕수 등 신아동맹단(新亞同盟團), 사회혁명당으로 개칭-1921. 고려공산당 합류
07.07 의열단원 곽재기 등 17명, 총독암살과 청사파괴 계획하다 피체-곽재기, 1927.1. 출옥
07.13 고원훈·신흥우·장덕수, 조선체육회 창립-1942.2. 조선체육진흥회에 흡수
07.21 경성철도학교에 만주철도경성도서관(철도도서관 전신) 설치
07.25 염상섭·오상순·황석우·김억 등, ≪폐허≫ 창간(~1921.1.)
07.26 〈화폐법〉 개정-은화 20전, 백동화 10전·5전 발행
07.27 평양공설시장 개장

07.28 채응언 의진의 의병 안광조(1884~1920), 사형 순국-1919.12. 사형 선고
07.31 〈조선소득세령〉 공포(8.1. 시행)
07.00 천마산대(대장 최시흥), 평북 귀성군 천마면 사무소 습격-친일 면장 총살
07.00 이륭양행의 아일랜드계 영국인 George L. Show, 연통제 혐의로 신의주에서 피체
07.00 제2인터내셔널 대회(제네바)에 파리위원부 이관용·조소앙 참가-한국독립승인결의안 통과
08.01 조선노동공제회, 한국 최초의 노동자 계급 잡지 ≪공제≫ 창간(~1921.6.)
08.03 상해 임시정부 의용단의 문일민·김예진·김석하 등, 평남도청에 투탄 투척
08.03 방한 미의원단에 〈독립에 관한 진정서〉 제출차 양기탁 등 파견-8.13. 의주에서 피체
08.06 일본 〈관세법〉 개정-대만·사할린에서 한국에 수출 물품의 내국세 면제
08.15 이명서 등 8명, 황해도에서 구월산대 재조직-친일파 은율군수 최병혁 등 처단
08.21 광복군총영 김영철 등 10명, 미의원단 서울 도착 시 조선총독부 폭탄 투척 미수
08.24 조만식·오윤선, 평양에서 조선물산장려회 창립-토산품 사용 결의, 강연회·선전 활동
08.24 미의원단 일행 49명 입경-1만여 명 남대문~조선호텔 간에서 만세 시위
08.27 ≪조선일보≫, 강우규 의거 신문 게재로 제1차 무기정간
08.00 김시황, 평북 의주에서 한일무장단체 보합단 조직-평북 의주를 거점으로 활약
08.00 일본 각의, 조선에 일본 관세법 및 관세정율 적용
08.00 신흥무관학교, 일제의 공격에 폐교
08.00 함경도 연통제 소속원 80명 피체
09.01 광복단 결사대원 박치의·이학필 등, 선천군청과 경찰서에 폭탄 투척
09.05 ≪조선일보≫, 무기정간 비판 사설로 제2차 무기정간(~12.24.)
09.09 남만주 왕청현 서로군정서 사관양성소, 생도 298명 배출
09.10 군자금 모금·친일관리 처단, 대한독립단 특파대장 이명서(1880~1920) 전사 순국
09.12 제1차 훈춘사건 발생-일본군이 중국인 마적 매수, 간도 훈춘성 공격
09.14 의열단원 박재혁, 부산경찰서에 폭탄 투척-일본인 경찰서장 중상(1921.5. 박재혁 단식 자결)
09.16 대한독립단원, 친일파 평북 자성군수·장연군수 처단
09.18 의용단원 이치모, 평남 강동경찰서 청사에 폭탄 투척-이치모, 11년 옥고 치름
09.19 일본군의 중국인 밀정 2명, 북간도 북로군정서 무관학교 건물 11개소 방화
09.21 서울시내 양화(洋靴) 직공 공화계원(共和契員) 90여 명, 임금인상 요구, 동맹파업
09.22 한국광복회 사건 박상진·김한종·김경태·채기중·임세규 등, 보안법위반 혐의로 사형 선고

09.23 일심단 김상한 등, 원산에서 400여 명 학생들과 만세시위, 원산경찰서 습격
09.26 5천여 명의 부산 노동자들 총파업-9.16. 석탄인부 파업의 영향
09.28 3.1운동 관련 유관순(1902~1920), 서대문감옥에서 옥사
09.00 박용만·신채호·신숙 등, 북경에서 군사통일촉성회 조직-무장투쟁 노선 통일 촉구
10.01 조선총독부, 전 사법관에 법복 착용 지시
10.02 제2차 훈춘사건 발생-일본군 사주 받은 중국 마적, 훈춘 일본영사관 습격
10.02 ≪동아일보≫, 사설 '제사 문제를 재론하노라'로 무기정간(~1921.2.)
10.05 일본군, 북간도 63개 마을 2,200여 명 살해, 2천5백여 호 방화(간도학살)(~11.23.)
10.05 최정규·이인수 등, 일본관헌 지시에 간도에 보민회 조직-테러·첩보로 항일운동 방해
10.15 조선잠사회 창립-조선의 잠사업 개량
10.19 〈홍삼전매법〉 폐지, 〈홍삼전매령〉 공포-인삼 전매제 실시
10.21 김좌진·홍범도 연합부대, 청산리전투에서 승리(~10.26.)
10.26 선우순 등, 평양에서 친일단체 '대동동지회' 설립-내선일체 선동 등(~1924)
10.26 런던주재 외교위원 황기환·맥켄지 등, 대영제국 한국친우회 결성
10.29 만주 간북대한의민단·광복단·대한국민회 통합. 총판부 조직-임정의 지휘감독
11.04 조선체육회 주최, 제1회 전조선야구대회 개최(배재고보)-조선체육회 창립 후 첫 행사
11.06 〈재일본관비조선유학생규정〉 공포 시행
11.11 동아일보 장덕준 기자, 훈춘사건 취재 중 간도 용정에서 일본 경찰에 피살
11.12 〈조선징발령〉 공포(1921.2. 시행)-독립군 내습에 대비, 군용물자 징발 등
11.19 〈교과서조사위원회규정〉 공포-모든 학교의 교과서용 도서의 조사 심의
11.29 강우규(1855~1920), 사이토 총독 암살 미수 사건에 서대문감옥에서 사형 순국
12.01 장덕수·오상근 등, 서울에서 '조선청년회연합회' 조직-각지 121개 청년단체 가입
12.08 상해 임시정부 대통령 이승만, 미국에서 상해에 도착-1921.5. 상해 떠남
12.09 상해 임시정부 외무부, 등사서적 『북간도 한인에 대한 일본 만행』 발행
12.20 북만주 밀산에서 이범윤·서일 등 서로·북로군정서·대한독립단 통합, 대한독립군단 결성
12.27 〈토지개량사업 보조 규칙〉 발표·시행-산미증식계획 수립
12.27 의열단원 최수봉, 밀양경찰서에 폭탄 투척-최수봉, 1921.7. 대구감옥에서 사형 집행
12.28 한족회·대한청년단연합회·대한독립단, 임시정부 직할의 '광복군사령부'로 통합
12.30 박은식, 상해에서 『한국독립운동지혈사』(유신사) 간행

12.31 조선총독부, 구 한국 화폐의 통용 금지

12.00 김좌진·지청천, 만주 영안현에서 대한의용군 조직

01.10 [국제] 국제연맹 발족

01.17 [미국] 웨스팅하우스사, 피츠버그에서 세계 최초의 고정 라디오방송국 개국

01.24 [이탈리아] 긴 목의 초상 화가 모딜리아니(1884~1920) 사망

02.01 [독일] 나치스 강령 발표

03.07 [러시아] 과격파정부 수립

04.25 [소련] 폴란드 침공

05.10 [터키] 케말, 혁명정부 수립

05.20 [독일] 공화국 제1회 국민대회

05.20 [영국-프랑스] 런던서 경제협정 조인

05.21 [멕시코] 카란사 대통령, 우파 연합 반란세력에 암살

06.14 [독일] 사회과학 창시자, 막스 베버(1864~1920) 사망

06.22 [그리스-터키] 전쟁 발발

07.12 [칠레] 혁명 발발

07.19 [국제] 코민테른 제2회 세계대회 개최

08.11 [국제] 제1차 전세계 크리스토교회의 제네바서 개막

08.14 [국제] 제7회 앤트워프 올림픽 개막

08.26 [미국] 부인참정권 인정

09.02 [소련] 바크서 제1회 동방민족대회 개최-37개국 민족대표 참가

09.08 [미국] 뉴욕-샌프란시스코 간 미 대륙횡단 항공우편 개시

10.02 [독일] 후기 낭만파와 국민음악 작곡가 막스 브루흐(1838~1920) 사망

10.31 [인도] 전인도 노동조합회의, 봄베이에 사무국 설치

11.15 [국제] 국제연맹, 제네바서 제1차 총회

11.27 [미국] 제29대 대통령에 하딩 당선, 미국 역사상 최악의 대통령으로 기록

12.16 [국제] 국제연맹총회, 상설 국제사법재판소규약 채택

12.16 [중국] 칸슈[甘肅] 대지진으로 28만8천여 명 사망

12.27 [중국] 국공회의 재개, 무조건 정전 제의

1921 신유(辛酉) 대한민국3 대정11 민국10

01.02 서재필, 미국 29대 하딩(W. G. Harding) 대통령과 회견-한국독립 후원 요청
01.10 임시정부 국무총리 이동휘, 상해의 한인사회당 해체, 고려공산당으로 개칭
01.11 조선총독부, 임시교육조사위원회 구성-2차 〈조선교육령〉 개정 임시 자문기구
01.24 이동휘, 이승만의 미국 위임통치문제로 상해 임시정부 국무총리 사임-후임 이동녕
01.27 청년회연합회 좌익계열 오상근·김명식·장덕수 등, 서울청년회 조직
01.27 국내 첫 기자단체 무명회(無名會) 창립-문화보급 촉진, 언론자유 신장, 여론 선도
01.29 국문 잡지 ≪진흥≫(발행인 이각동) 발간 허가
01.31 〈출판 교과서용 도서 발매 규정〉 공포(2.1. 시행)
01.00 조선교육학회 조직-『중학통신강의록』 발행 목적
01.00 연해주에서 대한독립군단(총재 서일) 결성-서로군정서·북로군정서·대한독립단 참가
02.03 일본 우익 흑룡회 계열 인사들, 친일단체 '동광회' 조직-내선융화 구현 목적
02.04 만주 독립군, 함북 청진항 공격-일본군 40여 명 사살
02.11 조선체육회 주최, 배재고보 운동장에서 1회 전국축구대회 개최-11개 선수단 참가
02.14 〈치과의사시험규칙〉 공포
02.14 박영효, 신민공사(주) 설립(경성부 다옥정)-자본금 50만 원
02.16 양근환, 일본 도쿄에서 참정권 청원 운동을 벌인 친일파 민원식 처단
02.24 재미대한여자애국단, 상해 임시정부에 500달러 기부
02.26 조선총독부, ≪평남매일신문≫(일어 신문) 발매 금지, 치안 방해 이유
02.28 친일단체 유도진흥회, 잡지 ≪유도(儒道)≫ 창간-1925.1. 통권 48호 종간
02.00 대한독립군단(총재 서일), 러시아 치타 완충 정부 수석 카라한과 군사협정 체결
02.00 박은식·원세훈·김창숙 등, '아 동포에게 고함' 발표, 국민대표회의 소집 요구
02.00 안창호 등, 임시정부 단합에 실패, 상해에서 국민대표회주비회 발족
02.00 이동휘 등 상해파공산당, 하바롭스크에서 한족공산당 결성
03.05 조완구·윤기섭 등 45명, 연서로 '상해 임시정부 절대 지지 결의' 선언서 발표
03.10 학생YMCA , 잡지 ≪청년≫ 창간-새로운 사회사상, 기독교 사상 등 소개
03.15 조선청년회연합회, 기관지 ≪아성(我聲)≫ 창간-1921.10. 통권 4호로 종간
03.17 신익희·이유필 등, 중국 장사에서 중국인 등과 '한중호조사' 조직

03.18 〈토지측량규정〉 개정
03.19 국내 첫 여성 서양화가 나혜석, 서울 경성일보사 내청각에서 첫 전람회 개최
03.20 김억 번역 『오뇌(懊惱)의 무도(舞蹈)』(광익서관) 간행
03.22 임시의정원, 제1회 정기총회 개최-대통령에 대한 결의안 통과
03.26 김철 등, 중국 천진에서 한혈단(韓血團, 한민회 전신) 조직
03.30 국어학자 강매, 『조선어문법제요』(광익서관 발행) 간행
03.30 조선총독부 전매국 설치(4.1. 시행)-담배·소금·인삼·아편·마약(몰핀)류 전매 사무 관장
03.00 임시정부, 이승만 제1호 공포-독립 및 민족정신 고양 포고
04.01 〈조선연초전매령〉 제정-조선총독부 산하 전매국의 세입 강화, 담배생산·판매 통제
04.01 〈조선사설철도보조법〉 공포 시행-사철 해산 운동 저지, 대대적인 사철 합동 추진
04.01 서화협회, 중앙학교에서 제1회 서화협회전 개최
04.01 신 주화 '은화 25전' 유통 개시
04.01 보통학교교과용해문철자법조사위원회, 〈보통학교용 언문철자법 대요〉 발표-경성어 표준어
04.05 천도교청년회 동경지회 발회식 개최-1926.10. 천도교청년당 동경부로 개칭
04.06 박사직·김병규·장덕수 등, 인사동 불교청년회관에서 조선교육개선회 창립총회 개최
04.07 도쿄 진종 설교소에서 재일본조선불교청년회(조선불교유학생학우회 후신) 창립
04.08 친일파 송병준, 조선일보사 경영권 일체 인수-1924.9. 신석우, 조선일보사 인수
04.12 정병조 등, 국민협회 탈퇴 후 '국민공진회' 조직
04.14 구미위원부 위원 정한경, 영문판 『한국사정』 발간
04.16 김달현 등, 인사동 불교청년회에서 고학생갈돕회후원회 발기 총회 개최
04.18 〈사범학교관제〉 공포-경성사범학교와 부속 소학교 설치
04.19 상해 임시정부 독립신문 사장 이광수, 조선총독부 회유로 귀국
04.19 〈사범학교규칙〉 공포-서울에 관립사범학교 설립 등
04.20 박용만·신채호·신숙 등, 북경에서 군사통일주비회 개최-반임정, 국민대표자회의 개최
04.22 이창덕(1883~1921), 평양감옥에서 사형 순국-1920.9. 친일 평북 후창군수 계응규 처단
04.23 상해에서 이승만 지지자들, '협성회' 조직
04.24 이상재·윤익선 등, 인사동 불교청년회관에서 고학생구제회 창립
04.24 일본인 목수의 추행에 격분, 경성부 내 군중 500여 명 시위 전개
04.25 〈전문학교 입학 검정규정〉 공포 시행

04.25 가정 잡지 ≪농학≫ 창간

04.27 북경군사통일주비회, 임시정부의정원 해산 요구 결의문 제출

04.28 대한광복회 단원 장두환(1894~1921), 옥중 순국-군자금 모집, 친일파 처단 활동

04.29 의용대, 함남·갑산·풍산·단천 등지에서 일본군과 교전(40여 일간)

04.30 조선총독부, 구습 및 제도조사위원회 설치-1924. 폐지

04.30 뉴욕에서 북미대한인유학생총회(회장 이용직, 부회장 조병옥) 결성

04.00 남조선철도 설립, 자본금 100만 원-여수항 건설, 광주와 여수 연결하는 철도 부설

04.00 반독립운동단체 친일단체 유민회·국민공진회·불교협회·동광회 등 조직

04.00 서로군정서·대한민국독립단·벽창의용대·광복군총영·보합단·광한단 등, 통군부 결성

04.00 대한국민회 전 사법부장 최익룡, 간도 천도교인들 도움에 용정 동흥중학교 건립

05.01 계명구락부, 기관지 ≪계명≫ 창간-민족 계몽과 학술 연구 목적(1933.1. 종간)

05.06 〈수산시험장 관제〉 공포 시행-수산 시험·조사·분석·감정, 양식용 종묘 배부

05.07 황신덕 등, 동경에서 조선여자기독청년회(YWCA) 조직

05.07 정태신·김약수 등, 재일본조선인공산단체 결성-1921.가을. 공산비밀주의결사로 변경

05.11 부산경찰서에 폭탄 투척한 의열단원 박재혁(1895-1921), 대구감옥에서 단식 순국

05.17 대한독립군단 단원 최일엽(1873~1921), 평양감옥에서 사형 순국-유종열 처단

05.17 친일파 민병석 등, 조선제사㈜ 설립(자본금 100만 원)

05.19 안창호 등, 상해국민대표대회기성회 조직-국민대표대회 개최 준비

05.21 김정묵·신채호·박봉래, 상해에서 통일책진회 발기-상해 임시정부의 개혁 촉구

05.24 변영로·황석우·노자영·박종화 등, 국내 첫 시 동인지 ≪장미촌≫ 창간-이후 종간

05.26 종합 잡지 ≪신민공론≫ 창간-발행인 미국인 군예빈(君芮彬), 1923.1. 종간

05.30 남대문역(현 서울역) 대화재 발생-남대문역 15칸 화물 창고 전소, 손실 1만 원

05.00 천도교인 오지영·윤익선, 사상연구회 창립-한민족의 건전한 생활·신문화 창조 목적

05.00 주요한, 시 '별 밑에 혼자서'·'모든 것이 다 갈 때', 잡지 ≪창조≫에 발표

05.00 안창남, 일본 최초의 비행 자격시험에 1등 합격-17명 응시 2명 합격

05.00 한명세 등 반이동휘파 공산주의자, 이르쿠츠크파 고려공산당 결성-상해파와 대립

05.00 서간도 군사단체 지도자(여준·김동삼·이탁 등), 액목현에서 임시정부의 개조 결의

06.01 함북 웅기항 개항

06.04 경성의학전문학교 조선인 학생들, 일제의 민족차별정책에 반대하여 동맹휴학

06.07 김찬영·한동찬 등, 평양에서 중앙악우회 조직-음악에 관한 강습, 연구 목적
06.07 〈혼인민적수속법〉 제정-한국인·일본인 혼인 관련
06.11 조선산림회(회장 美濃部俊吉) 창립-한국 산림의 효율적 수탈 목적
06.15 〈공립학교직원 퇴은료 및 유족 부조료 지급 규칙〉 공포 시행
06.21 강릉 주문진에 첫 수산시험장(현 국립수산과학원) 신설-수산기술의 지도·보급
06.22 소련정부, 흑룡주 이만시(자유시)의 대한독립군에게 '무조건 무장해제' 요구
06.22 광복군영 오동진·송문중 등 12명, 관전현 누하 산중에서 일본 경찰과 전투
06.28 자유시 참변-러시아 적군파에 의해 독립군 270여 명 전사, 900여 명 포로
07.01 광복단 대원 15명, 만주 장백현 18도구에서 중국·일본 경찰에 피습-12명 전사
07.04 〈자동차 및 자전거 취체 규칙〉 공포(7.15. 시행)
07.05 조선여자교육회 주최 순회강연단, 종로 중앙청년회관에서 첫 강연 개최
07.08 밀양경찰서에 폭탄을 던진 밀양 출신의 최경학(1894~1921), 대구에서 사형 순국
07.10 백대진·오상은, 종합잡지 ≪신천지≫ 창간-1923년 8월(통권 9호) 이후 폐간
07.12 강우규 사건 연루자 한흥근, 징역 7년형 선고
07.15 국내 첫 소비조합 조선노동공제회 개설
07.19 전남 곡성·남해·고흥 일대에서 활약한 의병 강진원(1881~1921) 자결 순국
07.21 이승만, 하와이 호놀룰루에서 동지회 조직-무장투쟁론 주장한 박용만 등과 대립
07.00 대한애국부인회장 김마리아, 북경 경유 후 상해로 망명
08.01 무장독립단 240여 명, 함북 장진에서 일군과 교전
08.01 조치원역 인부 200여 명, 임금 인상 요구 동맹파업
08.02 ≪조선상공신문≫(일본어) 속간
08.03 군정서 모연대장 이홍래·국민회사관 허동규, 돈화현에 간민국 조직-무관학교 설립
08.08 〈엽연초 수출에 관한 건〉 공포 시행-매수대금 1천 원 이상
08.11 대한광복회 박상진(1884~1921)·김한종(1883~1921), 서대문감옥에서 사형 순국
08.12 대한광복회 채기중(1873생)·임세규·김경태(1879생), 서대문감옥에서 사형 순국
08.13 방정환, 천도교소년회 창립-1922.5.1. '어린이의 날' 선포
08.13 임시정부 홍진·장붕·이택 등, 상해에서 태평양회의외교후원회 조직-태평양회의 대비
08.13 태극단원 한병수 등 7명, 평북 후창군 강연안에서 일본 경찰과 교전 중 전사
08.16 부산부두노동자 1,000여 명 파업-임금 인상 요구

08.19 친일 은율군수 처단한 민양기, 사형 선고-1922.2.25. 평양감옥에서 사형 순국
08.21 박재리, 연길현 용정촌에 대성중학교 설립
08.27 친일파·친일자본가 송병준·안국선 등, 조선소작인상조회 결성-소작인 상호이익단체
08.00 염상섭, 단편 『표본실의 청개구리』 발표(≪개벽≫ 3회)
09.12 의열단원 김익상, 남산 왜성대 조선총독부 청사에 폭탄 투척 회계과 파괴
09.13 3개 관립학교(경성전수·경성공업·수원농림), 준 전문학교로 지정
09.18 경성인쇄공친목회 창립총회 개최-박이규·최영덕 등 300여 명 참가
09.23 재만 한인 육영사업·국민회 대표 이봉우(1893~1921) 피살 순국
09.26 부산부두 석탄운반 노동자 5천여 명, 임금인상 요구-첫 대규모 총파업(~9.30.)
09.28 북로군정서 총재 서일(1881~1921), 자유시 참변 이후 독립군 희생에 자결 순국
09.30 광복단 결사대원 박치의(1900~1921), 평양감옥에서 사형 순국-선천경찰서 폭파
10.01 평양은행·삼화은행 통합, '대동은행' 설립-1925.9. 조선상업은행에 병합
10.01 학무국 고적조사과 신설-고적조사위원회·총독부박물관 업무 통합 관리
10.02 ≪황성신문≫ 주필 장지연(1864~1921) 사망
10.03 서울 제화직공 50여 명, 임금문제로 동맹파업
10.04 조선변호사협회(회장 이인) 창립총회 개최
10.05 쿠바 마탄사스 지방에 최초의 한인교회, '한인감리교' 미션 설립
10.09 대동강 가교 공사 착공-1923.11. 준공
10.13 용산발전소 3,000Kw 발전 설비 증설 공사 준공
10.13 한상룡·민병석·원덕상, 조선생명보험주식회사 설립-국내 첫 보험회사
10.14 장백현의 군비단·광복단·흥업단 등 통합, '대한국민단' 조직
10.15 조선체육회 주최, 보성고보 정구 코트에서 제1회 전조선정구대회 개최
10.25 사설철도 경동선(경주↔울산) 개통
10.25 최대 미술단체 서화협회, 국내 첫 미술잡지 ≪서화협회보≫ 창간
10.00 염상섭, 단편 소설 『암야(闇夜)』, ≪개벽≫ 지에 발표
10.00 원종린 등, 사회주의 단체 '신인연맹(新人聯盟)' 창립 취지문 발표-1921.11. 흑도회에 통합
10.00 이기세·윤백남·민대식 등, 전문극단 예술협회 조직-본격적인 근대극 시도
10.00 서간도군비단·북간도국민회군사부 통합, 대한의용군사회조직-무장투쟁 단체
10.00 김사국·김사민·박상훈·임봉순 등, 사회혁명당(서울파, 공산주의 조직) 결성

10.00 동아일보사 기자 김동성, 제2차 만국기자대회(하와이) 부의장에 피선
11.01 조치원↔청주 간 철도 운수 개시
11.02 천연두 관련 〈두묘판매규칙(痘苗販賣規則)〉 공포(12.1. 시행)
11.06 의용군 김성연 등 26명, 함남 삼수군 호인주재소 폭파, 일본 경찰 3명 사살
11.14 국내 첫 영화, '월하의 맹서'(감독: 윤백남, 출연: 이월화·권일청) 제작-1923.4. 개봉
11.21 맹산독립단사건 나신택·나병삼, 평양지법에서 사형 선고-1922.8.28. 나병삼 사형
11.21 철도호텔에서 승차권 발매 및 소화물 발송 취급 개시
11.22 전주농업학교 2학년 최기한 등 12명, 신사참배 후 일본인 강습생 구타, 구속 기소
11.29 강낙원, 조선무도관 설립-유도·검도·펜싱 등 지도
11.29 박열·정태신 등 재일아나키스트 흑도회, 도쿄 기독교청년회관에서 창립대회 개최
11.00 현진건, 단편소설 『술 권하는 사회』, ≪개벽≫ 지에 발표
11.00 상해 임시의정원 전 서기 김태연(1891~1921) 순국-구국모험단 조직, 무장항일운동
12.01 좌측통행제로 변경 실시-1906년 이후 우측통행제 실시
12.01 중한협회, 아나키즘 선전 잡지 ≪광명≫ 발간
12.03 권덕규·장지영·김윤경 등, 휘문의숙에서 조선어연구회(한글학회 전신) 조직
12.06 대한독립군 결사대 최영걸(?~1921) 전사 순국-일본관공서 등 파괴, 일본 경찰 사살
12.13 한국 최초의 비행사 안창남, 15도 고도 비행에 성공
12.15 〈특허법시행령〉·〈특허등록령〉 공포(1922.1. 시행)
12.19 〈상표등록규칙〉 공포(1922.1. 시행)
12.28 이승만 등, 워싱턴군축회의에 한국독립청원서 제출
12.00 김명순, 단편소설 『칠면조』, ≪개벽≫ 지에 발표
12.00 박열 등, 도쿄 흑도회 탈퇴, 풍운회(風雷會, 흑우회 전신) 조직

01.21 [영국] 찰리 채플린 영화, '키드' 개봉
01.21 [이탈리아] 공산당 창립
03.06 [미국] 루돌프 발렌티노 첫 주연 영화, '묵시록의 네 기사' 개봉
03.07 [소련] 신경제정책 채택
05.05 [중국] 손문 광동에서 대통령 취임(제2차 광동정부 수립)
05.06 [독일-소련] 통상조약 조인

05.07 [중국] 상해에서 중국공산당 창당대회
05.19 [미국] 이민제한법 제정
06.23 [국제] 코민테른 제3차 세계대회 모스크바서 개최
07.01 [중국] 중국공산당 결성
07.03 [국제] 혁명적 노동조합 국제연합(프로핀테른) 창립대회
07.06 [몽고] 인민혁명정부 수립
07.13 [프랑스] 최초로 컬러 사진 감광판을 만든 물리학자 리프만(1945~1921) 사망
07.29 [독일] 히틀러, 나치스당 당수 선출
07.30 [소련-터어키] 평화조약 성립
08.02 [이탈리아] 성악가 엔리코 카루소(1873~1921) 사망
08.25 [미국-독일] 평화조약 성립
08.27 [중국] 상해서 첫 극동올림픽대회
11.07 [이탈리아] 국가파쇼당 창당
11.12 [국제] 워싱턴 군축회의 개막-미국 주최, 9개국 참가(~1922.2.6.)
11.13 [미·영·프·일] 태평양방면 영토권보장조약 조인
12.15 [국제] 워싱턴회의, 해군감축 결정-주력함 보유율: 미국5, 영국5, 일본3
12.22 [미국] 에디슨, '전축 캐비넷' 디자인으로 특허 취득

1922 임술(壬戌) 대한민국4 대정12 민국11

01.09 홍사용·박종화 등, ≪백조≫ 창간-1923.9. 종간
01.10 금란친목회·팔도공의회·유림건약소·태극교 대표 50여 명, 유림대학 발기총회 개최
01.10 황우천·김성규 등 22명, 계림농잠회사 발기
01.12 조선총독부, 〈조선미술심사위원회 규정〉·〈조선미술전람회 규정〉 공포
01.15 윤백남, '민중극단' 조직-개량 신파극의 공연 목적
01.18 박인호, 제4대 천도교주로 임명
01.19 윤덕병·김한·신백우 등, 무산자동지회 결성-사회주의 사상 보급 목적(~3.31.)
01.20 성기운·김종한·여운홍 등, '선만협회(鮮滿協會)' 창립-재외동포 생활 향상

01.21 한말 개화사상가 김윤식(1835~1922) 사망
01.00 차경석, 태을교·흠치교, '보천교'로 개칭
01.00 각황사에서 조선불교선교양종 중앙총무원 설치-전국사찰 토할, 승려 통제
02.02 보합단 사건의 김형석 등 4명, 평양감옥에서 사형 순국
02.04 동경조선인고학생동우회, 국내 첫 계급투쟁선언 〈동우회 선언〉 발표
02.04 제2차 〈조선교육령〉 공포-교과에서 조선사·지리 폐지(4.1. 시행)
02.06 조선교육회, 조선교육협회로 개칭(~1938.3.)
02.10 〈소학교 규정〉 공포(4.1. 시행)
02.11 이광수·김윤경 등, 흥사단계 수양동맹회(수양동우회·동우회 전신) 조직
02.15 〈실업학교 규정〉 공포(4.1. 시행)
02.16 〈고등여학교·유치원·중학교 및 여자고등보통학교 규정〉 공포(4.1. 시행)
02.20 〈고등보통학교 규정〉 공포(4.1. 시행)
02.23 〈사범학교 규정〉 공포(4.1. 시행)
02.27 〈제철업장려법시행규칙〉 공포-제철업자에게 장려금 지급
02.00 염상섭, 단편소설 『제야(除夜)』, ≪개벽≫ 지에 발표
02.00 최남선, 일제의 원조로 월간지 ≪동명≫ 창간(~1923.6.)
03.01 부산방적회사 남녀직공 500여 명-임금인상 요구, 동맹파업
03.05 경성우편국 용산전화분국 설치
03.07 〈공사립 전문학교 규정〉 공포(1922.4.1. 시행)
03.11 박희도 등, ≪신생활≫ 창간(~1923.1.)
03.13 보성법률상업학교 학생 80여 명, 전문학교 개편에 주·야학 문제로 동맹 자퇴
03.25 친일 은율군수 최병혁 처단한 민양기(1899~1922), 평양감옥에서 사형 순국
03.26 김상호 등 100여 명 승려·불교도, 친일 승려 강대련 등에 북 매달고 종로 행진
03.27 초교파적인 여성단체 조선여자기독교청년회 발기회 개최(4.20. 창립)
03.28 의열단원 김익상·오성륜 등, 상하이 황포탄에서 일본 육군대장 저격 실패, 피체
03.31 〈조선총독부제학교 관제〉·〈조선공립학교 관제〉 공포(4.1. 시행)
03.31 윤덕병·김한·이준태 등, 사회주의단체 무산자동맹회 조직(~1926.4.)
04.01 〈재일본 급비생(給費生) 규정〉 공포-재일본지급비생, 조선총독이 학교·학과 지정 등
04.01 군산공립수산학교 설립-1927. 어업의 기피로 지원 학생 수가 적어 폐교

04.02 보성법률상업학교, 재단법인 보성전문학교로 개칭
04.11 강영조·박갑선·박덕술, 기독교 비밀결사 '부산의용단' 조직-군자금 모집·선전 활동
04.13 광복회 지도자 우리견(禹利見), 경성지법에서 무기징역 선고
04.13 한성은행 오사카지점 개업
04.18 감옥에 간수부장 및 여감 취체 부장직 신설
04.00 사립 경성치과의학교 설치(~1945)-수업연한 2년, 야간제, 학생 60명 입학
04.00 신(申)알버트, 조선여자청년회에 조선여자학원(야학) 설립
04.00 신의주↔초산, 원산↔부산 기선 직항로 개시
04.00 최승일 등, 신극연구단체 극문회(劇文會) 설립-동서양 연극 연구·시연, 잡지 발행
04.00 우봉운·김일엽 등, 불교계 최초 여성 단체 '조선불교여자청년회' 결성
05.01 조선노동공제회, 각황사(현 조계사)에서 최초의 메이데이기념강연회 개최
05.02 〈간호부규칙〉 공포 시행-간호사 교육기관 입학자격, 2년 이상 중등교육 이수자로 상향
05.10 〈연초경작장려규칙〉 공포 시행-모범 경작자에 장려금 지급 등
05.18 부관연락선 경복환(景福丸) 취항(~1945.7.)- 3,619톤급, 300여 명 승선
05.19 천도교 3대 교주 손병희(1861~1922) 사망
05.23 원산항 해륙연락설비 공사 준공
05.27 일제의 지원과 협력 하에 '조선불교중앙교무원' 설립
05.00 이광수 「민족개조론」, ≪개벽≫에 발표
06.01 개벽사, 자매지 월간 ≪부인≫ 창간
06.01 경성역사(전 서울역사) 착공(~1925.9.)
06.01 조선청년회연합회, 평민대학 설립-서대문 대동강습소에서 개강
06.01 총독부 주최 제1회 조선미술전람회(鮮展) 개최, 동양화·서양화·서예-1944. 23회 개최
06.04 경남철도㈜, 천안↔온양 철도 개통
06.10 이원명·김경숙, 평양에 대동부인상회 개업-일본·중국의 수입품과 국산품 판매
06.16 경성↔원산 직통 전화 개설
06.17 서울서 '민우회' 조직(회장 박영효)-민중단결·민권신장·생활개선 목적
06.30 조선상업은행, 원산상업은행 합병-일본인 세력의 민족은행에 침투, 지배력 강화
06.00 조선운수 계산회사(計算會社) 설립-자본금 50만 원, 조선운수연합회의 사업 계승
07.00 김소월 「진달래」(≪개벽≫), 남궁벽 「별의 이름」(≪신생활≫) 발표

07.00 김영환·현희운·김동한 등, 예술학원 설립-연극·음악·무용학교
07.01 남조선철도, 광주선(송정리↔광주) 개통
07.01 봉천(현 심양)에 신민공사㈜ 지점 설립-만주의 토지개간, 농사경영 목적
07.04 대동단 총재 동농 김가진(1846~1922), 상해에서 사망
07.05 동경고학생갈돕회 순회극단, '선구자의 보수'(이규송), '신생의 서광'(이수창) 부산서 공연
07.08 광복단원 김창곤(1891~1922), 평양감옥에서 사형 순국
07.10 무정부주의자 박열, 기관지 ≪흑도≫ 창간
07.11 조선궁사협회 창립, 조선궁술연구회 결성
07.12 임시정부 후원 비밀결사 공성단원 김영란(1896~1922), 평양감옥에서 사형 순국
07.13 〈호구조사규정〉 공포-경찰관서 관내의 호구 동태 파악
07.13 여운형 등, 상해에서 '시사책진회' 조직-임시정부 내의 정쟁·파쟁 해결 모색
07.22 임시정부, ≪독립신문≫ 중문판 창간
07.25 전선기자연맹(全鮮記者聯盟) 결성-신문 잡지 기자의 상호 부조
07.25 철원애국단 대표 조종대(1873~1922), 함흥감옥에서 옥사
07.26 일본 신사현(나카다현), 신월(信越)전력 공사장에서 한인 노동자 100여 명 학살
08.05 이하영 등, 대륙고무주식회사 설립-'대장군표' 고무신 생산
08.22 〈임업시험장관제 규정〉 공포
08.23 광복군사령부·한족회·광복군총영·광한단, 만주 요녕성 환인현서 '대한통의부'로 통합
08.27 조선고학생갈돕회, 기관지 ≪갈돕≫ 창간
08.29 경성감옥의 독립운동가 30여 명, 국치일을 맞아 동맹단식
08.00 노농회, 기관지 ≪농노성(農勞聲)≫ 창간
08.00 남만주 대한독립군비단·태극단·흥업단·광복단 통합, '광정단(匡正團)' 조직-단장 김호
09.01 박승호·이학필·임용일 등, 미 의원단 내한 당시 선천경찰서에 폭탄 투척
09.04 진주노동공제회, 전국 최초의 소작 농민운동으로 '소작노동자대회' 개최
09.17 제1회 조선변호사시험 실시-11.7. 조선인 4명 합격자 발표
09.18 조선화재해상보험주식회사(현 메리츠화재해상보험) 설립
09.21 ≪조선일보≫ 연중 무휴간제 실시
09.25 임시정부 국무총리 대리 신규식(1879~1922) 사망
10.01 경성시립도서관(현 남산도서관) 개관

10.05 독립단 85명, 중국 훈춘·강동에서 일본군수비대와 주재소 습격, 교전
10.05 북미지방총회, '대한인국민회총회'로 개칭
10.05 중앙고보 교사 조철호, 조선소년군(한국 첫 보이스카우트) 조직-군대식 조직(~1937)
10.05 중앙기독교청년회 소년부 간사 정성채, 조선소년척후대 결성-종교적 성격(~1937)
10.07 조선불교도총회, '30본산연합제' 폐지 결정
10.07 종로중앙청년회관에서 조선흥농회(이사장 이운) 발회식 개최
10.18 윤덕병 등, 조선노동연맹회(조선노동공제회 후신) 결성
10.28 김구·여운형, 상해에 한국노병회(이사장 김구) 창립-10년간 1만 명 이상 군인양성
10.29 서울 제동에서 '무산자청년회' 결성-1924.2. 신흥청년동맹에 흡수
10.29 서울지게꾼·막노동자들, 서울에서 '자유노동조합' 창립
10.30 평양 유옥여관 매수, 평양철도호텔 영업 개시
11.00 동경유학생 박승희·김기진 등, 동경에서 극단 '토월회' 창립(~1926.4.)
11.01 월간 종합잡지 ≪조선지광≫(주간 장도빈) 창간(~1930.11.)
11.02 최팔용(1891~1922) 사망-일본유학생 2·8독립선언 청년독립단 대표
11.06 의열단 김익상, 나가사키공소원서 사형선고-20년형 감형, 출옥 후 일본인 형사에 암살
11.09 전남 목포에서 전국곡물상대회 개최
11.11 안창남, 도쿄↔오사카 왕복우편비행대회에서 우승
11.12 부관연락선 덕수환(德壽丸) 취항, 3,000톤급(~1957.9.)
11.14 양정고보생들, 일본인 교사 배척 맹휴-가담 학생 200여 명 무기정학(~11.18.)
11.21 나도향, 장편 『환희』, ≪동아일보≫에 연재
11.22 인력거꾼 300여 명, 충무로 낭화좌에서 인력거조합 조직, 임금인하 반대 파업
11.22 적화사상 선전을 이유로 ≪신생활≫ 발매 금지, 사장 박희도 구속
11.23 이상재·조만식 등, 민립대학기성준비회 발기
11.27 언론계·법조계, ≪신생활≫ 필화사건에 대한 언론옹호결의문 발표
12.01 함경선 일부 구간(함흥↔서호진) 철도운수 영업 시작
12.04 조선총독부, 〈조선사편찬위원회 규정〉 공포-일본 우위성 고취·한민족 민족의식 배제
12.05 항공기 조종사 안창남 귀국-12.10. 여의도에서 방문기념 비행 실시
12.07 〈조선민사령〉 개정(1923.7. 시행)-일본 민법에 따라 이혼 가능, 이혼 증가
12.07 〈조선총독부재판소령〉 개정(1924.1. 시행)-고등법원 권한 확충

12.08 미 프로야구단 초청, 국내 조선팀과 친선 경기(용산 만철운동장)

12.12 ≪신생활≫, 신문지법·제령7호 위반으로 피소-12.13. ≪신생활≫ 14호 다시 압수

12.13 전남 순천군 서면 소작인 1,600여 명 지주 횡포에 궐기, 서면농민대회 개최

12.15 〈조선인여행취체령〉 폐지

12.17 염태진·박태화 등 50여 명, 국산품 애용 운동 목적으로 '자작회' 발기

12.18 〈조선호적령〉 공포(1923.7. 시행)-일본인·조선인 차별

12.21 인천해안선 개통에 따라 화물취급소 설치

12.24 이병도·염상섭·황석우 등, '문인회' 조직

12.26 ≪신생활≫ 필화사건 공판, 경성지법서 개정-조선 초유의 사회주의 재판

12.31 전남 순천군 낙안면 소작인 농민대회 개최

12.00 조선인 운수업자, 선운동우회(회장 박문집) 조직

▩▩▩▩▩▩▩▩▩▩▩▩

01.01 [네덜란드] 헤이그에 국제사법재판소 개설

01.22 [바티칸] 비오 11세, 로마교황에 취임

02.02 [프랑스] J. 조이스 장편소설, 파리서 『율리시즈』 출판

02.06 [미국] 워싱턴 해군 군축조약 조인

03.12 [이집트] 영국으로부터 독립선언, 근대 이집트 왕국

04.01 [오스트리아-헝가리] 제국의 마지막 통치자, 카를1세(1887~1922) 사망

04.03 [소련] 스탈린, 소련공산당 초대 서기장 취임

04.16 [독일-소련] 라팔로 조약 체결-양국의 서유럽에 대한 발언권 크게 증대

05.12 [중국] 장작림, 동3성 독립선언

06.18 [이라크] 독립을 요구하는 반영국 무장봉기 발생

08.02 [미국] 전화발명가 그레이엄 벨(1847~1922) 사망

08.22 [아일랜드] 비밀무장단체 아일랜드공화국군 창설한 마이클 콜린스(1890~1922) 피살

08.22 [영국] 조각가 토마스 브록(1847~1922) 사망

08.28 [미국] 뉴욕서 최초로 라디오 방송 광고(WEAF방송국)

09.22 [영국-프랑스], 이스탄불의 터키 반환 결정

10.28 [이탈리아] 무솔리니, 로마 진군

10.31 [이탈리아] 무솔리니, 파시스트 정부 수립

11.01 [국제] 지중해 무역을 장악했던 이슬람의 대제국, 오스만투르크 제국 멸망
11.05 [국제] 코민테른 제4차 세계대회 모스크바서 개최
11.07 [소련] 코민테른 기념 중앙라디오 본 방송 개시
11.14 [영국] BBC 첫 라디오 방송
11.18 [프랑스]『잃어버린 시간을 찾아서』 작가 마르셀 프루스트(1871~1922) 사망
11.20 [국제] 연합국-터키 간 제1차 로잔회의 개최, 터키의 보호국 지위 탈피
11.25 [터키] 터키공화국 수립
12.06 [아일랜드] 자유국 선포
12.17 [영국] 이집트 제18대왕 투탄카멘(재위:BC 1361~1352) 묘 발굴
12.30 [러시아] 첫 공산국가, '소련(소비에트사회주의연방공화국)' 탄생
12.30 [영국] 라디오방송 개시

1923 계해(癸亥) 대한민국5 대정13 민국12

01.03 상해 프랑스조계 미국인 교회에서 국민대표회의 첫 회의 개최-130여 명 참석(~1923.6.)
01.10 상해 국민대표회의 임시의장 안창호 의장 사임, 탈퇴통고서 제출
01.12 의열단원 김상옥, 종로경찰서에 폭탄 투척
01.13 〈조선수산회령〉 공포(4.1. 시행)-어업조합·수산조합·수산회 등으로 분립
01.13 임시정부 국무원 개편, 국무총리에 노백린 추대
01.15 일본유학생 김약수·김종범·송봉우·이여성 등, 동경서 사상단체 '북성회' 조직.
01.16 김동원 등, 평양에서 동우구락부 창립총회 개최-흥사단 약법의 독립운동단체
01.17 조선정미 직공 100여 명, 임금인상 요구 파업
01.18 국민대표회의, 의장 김동삼, 부의장 윤해·안창호 선출
01.19 국내 관립고등보통학교 졸업생, 일본 고등학교·전문학교 입학 자격 인정받음
01.20 유진태·정노식, 서울 경운동 협성학교서 조선물산장려회(이사장 유성준) 창립
01.20 서울에서 김중한·이윤희·이강하·신기창·윤우열 등, 흑노회 결성-개인적 아나키즘 성향
01.22 의열단원 김상옥(1890~1923), 일본 경찰과 접전 끝에 자결 순국
01.28 인천조선물산소비조합 발족(~1924.11.)-조선물산장려운동·금주·단연(斷煙)운동 전개

01.29 대구 계성학교 학생 70여 명, 고등보통학교로 승격 요구 동맹 자퇴
01.30 서울 경신학교 학생, 고등보통학교로 승격 요구 동맹 휴학
01.30 상해 프랑스조계 삼일당에서 국민대표회의 개회-지역·단체 대표 250여 명 참석
01.00 신채호, 의열단 〈조선혁명선언〉 작성
02.01 월간 잡지 ≪공상세계≫(주간 현희운) 창간
02.01 중국 영안현 영고탑에서 최웅렬·한상오·오성륜, 무장단체 '적기단(赤旗團)' 결성
02.01 평양공설진료소 개설
02.03 광복군총영 무장대, 평북 의주군 옥상면 주재소 습격
02.04 평남 안주 상인 70여 명, 일본상품 '비매동맹(非賣同盟)' 조직
02.05 심정택 등, 물산장려운동 일환 토산애용부인회 창립-중상층 이상의 부인 50명 참여
02.06 부산진공립상업학교 1·2년생 70명 동맹휴학-졸업 기한 연장, 학교명 변경 요구
02.09 조선학생대회 멤버 교체로 전문학교생 중심 '조선학생회' 창립-1회 집행위원회 개최
02.11 울산도서관 개관-8백여 종 도서 비치, 향교 재산으로 운영
02.21 경남 영일군 포항에 수산시험장 설치
02.24 김정의 등, 여수에서 여권운동단체 '코스모스회' 조직-여권 신장 목적
02.28 대한청년단원 김명권, 일본 경찰 살해혐의로 평양지법에서 사형 선고-7.25. 사형 순국
02.00 제주↔오사카 정기여객선 기미가요마루호(君代丸) 출항-제주민들, 일본으로 대거 도항
03.01 방정환, 근대 아동문학의 요람, 소년 월간 ≪어린이≫ 창간(정가 5전)
03.04 이주연·황석우·원달호 등, 조선인학회 발기(5.11. 창립)
03.05 전남 순천·고흥·보성의 지주들, 연합지주대회 개최-단체 참가자 소작 불허
03.06 최상훈, 노동진료소 설립-노동자 무료진찰
03.06 이명균(1863~1923) 병보석 중 사망-사이토 총독 암살모의·대한독립후원의용단 조직
03.08 사회주의자 윤자영 등 20명, 국민대표회의에서 사회주의적인 항일운동 주장(개조파)
03.09 노수현·이상범·변관식 등, 국내 첫 한국화가 단체 '동연사' 조직- 신구화도 추구
03.12 〈조선공유수면매립령(朝鮮公有水面埋立令)〉 공포(8.1. 시행)-토지 약탈 강화
03.12 부관연락선 창경환(昌慶丸) 취항(~1955.12.)
03.14 이규채 등, 서울 공평동에 창신서화연구회 창립
03.15 의열단원 김시현·황옥 등, 폭탄을 반입하다 서울에서 피체(황옥경부사건)
03.16 방정환·윤극영 등, 도쿄에서 색동회 조직

03.20 함남·경북·경남·강원·평남·평북의 공립사범학교 설립 인가
03.24 서울청년회 등 94개 단체, '전조선청년당대회' 개최-새 청년운동의 방향 결정
03.26 신우여(1882~1923) 사망-연해주의 신민단·한족공산당·고려혁명군에서 활동
03.27 〈조선호적령 시행 수속법〉 공포
03.28 조선서적인쇄주식회사(대표 박영효) 설립-교과서 인쇄, 공칭 자본금 200만 원
03.29 조선민립대학기성회 발기 및 창립총회, 종로 YMCA 개최
03.31 서대문감옥 인천분감 폐지
03.00 상해에서 배천택·김동삼·남형우·신채호·김창숙, 국민당 조직-군자금 모집 목적
03.00 경성현물취인신탁주식회사, 경성상사신탁주식회사와 병합
03.00 조선철도여행안내사 설립(대표 김영철), 월간 『조선철도여행안내』(조선문) 발행
03.00 전남 순천군 각면에서 소작료 인하·소작권 이동에 항거한 소작쟁의 일반화
03.00 꼬르뷰로(고려국) 기관지 ≪선봉(先鋒)≫ 창간-1923.5. 한글판 발행(주 2회)
04.01 대구 연초전매국 직공 400여 명, 임금인상 요구 파업
04.02 〈조선전기측정령〉 공포(11.6. 시행)-조선에 전기단위 확정, 계량기 정확도 규정
04.02 〈조선종두령〉(9.1 시행) 공포-천연두 접종, 2번에서 3번으로 증가
04.03 사립 동양협회 경성전문학교, 경성고등상업학교로 교명 변경, 숭인동으로 이전
04.06 보합단 단장 김도원(1895~1923), 서대문감옥에서 사형 순국
04.07 조창선(1879~1923) 사형 순국-주비단 가입, 군자금 모금, 친일 밀정·악질부호 처단
04.09 국내 첫 극영화, 〈월하의 맹서〉(감독: 윤백남, 출연: 이월화·권일청) 무료상영-저축 장려
04.13 조선총독부, 연금 관련 〈은급법(恩給法)〉 공포(10.1. 시행)
04.13 김규식·양규열(노령)·김동환(통화)·백몽양(집안)·박일양(길림) 등, 노령 임시정부 설치 결의
04.14 충북 영동 소작농민 수백 명, 지주 공격연설 후 공존공영 등 표어를 들고 시위
04.17 한국인·서양인 간호사들, '조선간호부회'(현 대한간호협회) 창립
04.23 국민대표회의, 18~40세·남자·병역의무 부과, 중앙군조직, 각군 군자금모금 금지 의결
04.25 백정 출신 이학찬·장지필 등, 경남 진주에서 '형평사' 설립
04.25 임시의정원 의원 11명, 헌법위반 이유로 임시대통령 이승만 탄핵안 제출
04.30 〈페디스토마 예방령〉 공포 시행
04.00 경북 영주 강택진, 1,900평의 지주권 포기하고 소작운동에 참여
04.00 이동휘 등, 연해주에서 조선인군대 결성

04.00 박열, 무정부주의자 금자문자·소천무 등과 도쿄에서 불령사 조직, ≪불령선인≫ 창간
05.01 색동회, 매년 5월 첫째주 일요일을 '어린이날'로 제정
05.01 제주도측후소 설치
05.05 감옥 명칭 '형무소'로 개칭, 위치 개정
05.07 국민대표대회, 임시정부 문제로 창조파와 개조파로 분열
05.11 전북 익산군 이리, 최초의 형평사 지방총회 '동인회' 조직
05.13 신문협회, 경성에서 1회 신문기자대회 개최
05.15 연극·영화 잡지 ≪예원(藝苑)≫(주간 윤백남) 창간
05.20 북성회계 민태흥·이호·현칠종 등, 서울에서 '토요회' 조직(~1923.8.)
05.21 평양시내 전차 개통
05.23 윤치영·이원용·허성·이석찬 등, 조선야구협회(현 대한야구협회) 창립
05.23 크라이슬러(오) 바이올린 독주회, 경성공회당에서 개최
05.24 경남 진주에서 반형평운동 전개-쇠고기 불매동맹 및 형평사 사장 구타
05.24 의병장 김규식·이범석, 만주 연길현 명월구에서 '고려혁명군' 조직-병농일치 채택
05.24 제4대 임시의정원 의장 전 내무차장 김인전(1876~1923) 사망
05.25 권덕규, 국어문법서 『조선어문경위』(광문사) 간행
05.30 노백린, 임시정부 참모총장에 선임
05.31 각 도 조선수산조합 해체, '조선수산회' 설립
05.31 평양윤업회 주최, 광성고보에서 전조선자전차경기대회 개최-엄복동 우승
05.00 김홍작·강택진·박일병 등 30명, 노동자 계몽 목적에서 '노동사' 설립
05.00 대동고무공업소 조직-자본금 15만 원, 1925년. '서경상공'으로 개편
05.00 최초의 소년형무소, 개성에 '특설소년형무소' 설치
06.01 〈흥행 취체 규칙〉 개정 시행-연극 각본의 검열
06.02 김규식·지청천·여운형 등 임시정부 창조파 30여 명, '조선공화국' 선포
06.03 국민대표회의 개조파 57명, 창조파 성토-개조파·창조파, 임시정부 존폐문제로 대립
06.06 국민대표회의 창조파, 헌법 제정-내무총장 김구, 국민대표회의에 즉각 해산 명령
06.07 상해의 국민대표회의 종결-임시정부, 개조파와 창립파로 분열, 총 74차 회의
06.07 주요한 등, 체육계사 설립-체육잡지 ≪조선체육계≫ 발간
06.10 함흥↔오로리 삼림철도 개통

06.11 경성육군무선전신소 이관, 경성무선전신국 설치-공중 통신 취급 개시
06.11 대한청년단연합회 조창룡(1899~1923) 사형 순국-군자금모집·일본 경찰 처단
06.15 〈조선재정조사위원회 규정〉 공포 시행
06.16 예원사·매일신보사, 제1회 전조선궁술대회 개최(경복궁 신무문 밖 경무대 광장)
06.20 부산 영도수산시험장 설치
06.20 무장독립단원 30여 명, 신의주·고령·삭주 주재소 습격
06.24 조선소년군 본부, 소년적십자반 조직-위생 사상 보급
06.31 동아일보사 주최, 제1회 전국여자정구대회 개최
06.31 동우회·극예술협회, 하기 순회 극단 '형설회' 조직
06.31 조선여자청년회, 종로 YMCA에서 윤심덕·한기주의 성악회 개최
07.00 기독교창문사, ≪신생명≫ 창간
07.02 서울 고무공장 여직공 동맹 파업-임금인상 요구
07.02 최익룡(1896~1923) 피살 순국-대한국민회·북로사령부에서 활동, 군자금모금
07.03 무장독립단원 150여 명, 함북 무산 농사동 주재소 습격-일본 경찰 4명 사살
07.07 홍명희, 사회주의 단체 신사상연구회(화요회 전신) 조직
07.08 함북 청진 감옥에 수감된 독립운동자 14명 탈옥
07.14 김만희 등, 만주 길림성에서 '광제사' 조직-교포의 교육과 산업 육성
07.31 경성상업회의소에서 '전도실업가대회' 발기인회 개최
08.06 김복진·안석주 등, 정칙강습원에 미술연구단체 '토월미술연구회' 발족
08.08 무장독립단원 30여 명, 의주·청성 등지 습격, 대장 김승열 피체-1923.8. 옥사
08.09 조선총독부, 〈조선보물고적명승천연기념물보존회 관제〉 공포-문화재 보전·지정 등 심의
08.14 경남 김해 농민 1만 여명, 반형평운동 전개
08.14 독립단원 약 30명, 평북 벽동 운치면 사무소와 경찰주재소 파괴
08.21 의열단 사건 관련 김시현·황옥 각 10년 징역 선고
08.21 평양 양말공장 직공 1,000여 명, 임금문제로 파업
08.23 문법학자 이필수, 『정음문전』 간행
08.24 노동공제회위원장 박이규 등 10명, 서울청년회의 김영만 등에게 피격(낙양관 사건)
08.25 경성전기, 안국동선 전차 운전 개시
08.28 불량 아이들 보호소, 〈조선감화원령(感化院令等)〉 공포-8~18세 불량행위자 등 입원

08.29 함흥형무소에 수감 중인 독립운동자, 국치일을 기해 단식
08.29 인천 가토정미소 노동자 500여 명, 임금 인하 반대 동맹 파업
08.00 전남 신안군 암태도소작쟁의 발생-1924.8. 소작농 승리, 서해안 도서 소작쟁의 확산
08.00 백광운 등 남만주 군인대표 78명, 통화현에서 육군주만참의부 조직(~1929.10.)
09.01 경성도서관부속 아동도서관 개관
09.01 일본, 관동대지진 한국인 6,600여 명 학살-관동대학살
09.01 조선철도주식회사 설립
09.03 무정부주의자 박열 등, 일본 황태자 결혼식서 천황 부자 살해 미수 혐의로 피체
09.12 조선노농연맹회, 12개 단체 소집 '조선노농총동맹' 발기문 발표(1924.4. 설립)
09.19 외무총장 조소앙, 관동대지진 학살에 항의서 발송, 불법감금한 1만 5천명 석방 요구
09.25 강진구·김석영·나혜석 등, '고려미술회' 조직(~1925)
09.25 신숙경·이명순 등, 광진부인회 조직-광진여자강습소 개설, 1925.2. 반도청년회로 개칭
10.00 경성방직주식회사, '태극성표' 광목 생산 개시
10.00 조선총독부, 경기·함북에 '외사경찰과' 신설-독립운동자의 국내 진입 저지 목적
10.01 남대문역, '경성역'으로 개칭
10.01 〈조선감화령〉에 따라 원산에 첫 감화원 '영흥학원' 개원-8~18세 불량 소년 감화
10.05 간도 간민교육연구회(회장 김영학) 창립
10.05 노백린, 임시정부 국무총리에 취임
10.10 대한독립단·의군부 이진택(1902~1923) 사형 순국-평북 청성주재소 습격, 일본 경찰 처단
10.12 마산↔오사카 정기 항로 개설
10.21 전국 박물학 관련 단체 '조선박물회(조선박물학회 전신)' 창립-회원 200여 명
10.23 김약수 등 사회주의자 160여 명, 서울에서 '건설사' 조직
10.23 임시정부 기관지 ≪독립신문≫, 조사부 신설-독립운동 지도자들의 경력 조사
10.24 하와이 교포, 미 국무성에 관동대지진 당시 한국인 학살 조사 청원, 성명서 발표
10.30 교육실천회 발회-일제의 교육칙어의 선전, 민족의식 마비
10.31 경성자동차종업원협회 창립-경성부 내 자동차운전수종업원 친목 도모, 상호 저축
10.00 조선총독부, 독립운동가의 국내진입 막기 위해 경기·함북에 외사경찰과 신설
11.00 이광수, 『조선의 현재와 장래』 간행-민족개조론·소년에게·상쟁의 세계에서…
11.05 재무총장 이시영, 재무부포고 공포-재정 궁핍을 타개를 위한 납세 호소

11.07 대전에서 전국형평사대표자대회 개최-본사 진주에서 대전으로 이전 결의, 회원 분열
11.07 평북도청, 의주에서 신의주로 이전 결정(11.30. 실시)
11.08 통의부원 김덕원·이여춘, 남만주 무순에서 군자금 모집하다 일본경찰에 피살
11.10 양주동·손진태 등, 시 문예지 ≪금성(金星)≫ 창간-1924.5. 통권 3호 종간
11.13 일본 밀정 처단한 독립단 최경옥 사형 확정-1923.12.7. 서대문형무소에서 사형
11.16 조선총독부, 〈조선제국대학창설위원회 규정〉 공포
11.18 대종교 제2대 교주 김교헌(1867~1923) 사망-『신단민사』·『신단실기』 등 저술
11.21 신면휴·이병관·이인영 등, 친일단체 '조선혁신당' 조직
11.28 조선물산장려회, 기관지 ≪산업계≫ 창간-5호 종간 후 ≪자활≫ 12호 발간
11.30 대동강인도교 준공-1950.10.19. 북한 인민군에 의해 폭파됨
11.00 편강열·양기탁 등, 만주에 의성단 조직-대원양성·농촌부흥·친일파 숙청·일본인 기관 파괴
12.01 진주선(마산↔진주) 개통
12.02 재령 명신학교에서 순수 학술단체 '삼일구락부' 조직
12.02 평남 안주에서 이필수·우필순, 조선문정음부활회 조직-1925.4. 조선정문회로 개칭
12.04 전남 신안 암태도소작쟁의 격화
12.07 백대진, ≪신세기≫ 창간(≪신천지≫ 후신)-총독정치의 폭력강압정치 규탄 활동
12.20 일본 밀정 사살한 독립단원 김학섭·문창학, 서대문형무소에서 사형 순국
12.21 서울 중앙예배당에서 사회운동단체 '혁청단(革淸團)' 조직-학생들 풍속정화운동 전개
12.23 정규익 외 25명이 조직한 서울화회, 인천에서 전람회 개최
12.25 조선문정음부활회, 조선문법강습회 개최(~12.29.)
12.27 〈재판소 및 검사국 영장취급규정〉 공포(1924.1. 시행)
12.29 혁청단, 공창폐지운동 전개
12.00 금강산전기철도주식회사 발전 개시-발전량 3,000㎾
12.00 대구에서 나병환자상조회 조직
12.00 상해교민단, 동포보호와 일본밀정방지를 위해 의경 조직
00.00 유자명·이규준·이규학·이성춘 등, 무정부주의 비밀단체 다물단 결성-단장 황해관

02.10 [독일] 'X선' 발견한 선물리학자 빌헬름 뢴트겐(1845~1923) 사망
03.03 [미국] 대표적 시사 주간지, ≪TIME≫ 창간

03.10 [중국] 중일조약 폐기 통고
03.12 [미국] 영상과 음성이 함께 나오는 포노필름(Phonofilm) 기자회견장서 첫선
03.15 [미국] WEAF국, 최초로 음악 광고방송 실시
04.03 [일본] 공산당 기관지, ≪적기≫ 창간
04.18 [미국] 양키 스타디움 개장
05.25 [독일] 테르밋법 발명한 화학자 한스 골트슈미트1861~1923) 사망
06.01 [일본] 해군, 중국 장사에 상륙, 배일운동 탄압(장사사건)
06.10 [프랑스]『일본일기』소설가 피에르 로티(1850~1923) 사망
06.18 [이탈리아] 시칠리아의 에트너 화산 폭발, 카스틸리오네 지방 괴멸
07.06 [소련연방], 연방국 헌법 제정
07.24 [연합국-터키] 로잔강화조약 조인, 그리스-터키전쟁 종결
09.13 [스페인] 군사쿠데타, 리베라장군 바르셀로나 점령
10.13 [터키] 수도 '앙카라'에서 '이스탄불'로 바꿈
10.29 [터키] 터키공화국 수립, 초대 대통령에 케말 파샤 선출
11.08 [독일] 히틀러, 뮌헨에서 무장봉기 실패, 이틀 후 체포
12.28 [프랑스] 건축가, 에펠(1832~1923) 사망

1924 갑자(甲子) 대한민국6 대정13 민국13

01.02 이광수의「민족적 경륜」, ≪동아일보≫에 연재(~10.5.)
01.05 의열단원 김지섭, 일본궁성 이중교에 폭탄 투척·피체-20년 선고, 1928.2. 옥사
01.16 전남 광주군 우치면 소작쟁의 농민 500여 명, 광주경찰서 습격
01.16 한신광·김금옥 등 한국인 간호사 8명, 조선간호부협회 창립(1925년 이후 쇠퇴)
01.26 북로군정서 김관보(1882~1924), 일본군과 전투 중 순국-사이토 총독 국경순시선 저격
01.00 안악군 가토(加藤平太郎) 농장 소작인 100여 명, 소작권 이동에 항거 시위
02.01 조선문인회, 조선총독부의 문예지 ≪폐허이후≫ 발매 금지에 임시호 발행
02.10 부산에서 형평사 전국 대회 개최-관습적 사회에 대한 건, 아동입학 건 등 결의
02.11 김찬 등, 토요회와 무산자청년회 합병, '신흥청년동맹' 조직-서울청년회계에 대항

02.11 서울청년회·조선청년연합회 연합, 조선청년총동맹 발기회 개최-4.21. 조직
02.13 오성환·장지필, 대전에서 형평사혁신동맹준비회 개최-3.12. 혁신동맹창립총회 개최
02.20 황해도 황주군 조선흥업회사 600명 소작인, 소작료 환원 요구, 농성시위
02.22 전북 군산에 어음교환소 설치
02.00 양기탁·손정도 등, 중국 길림성에서 독립운동단체 '동우회' 결성
03.01 부산 영도에 부산수상경찰서 개서
03.01 조철호·정성채, 중앙기독교청년회관서 소년척후단조선총연맹(총재 이상재) 발기(~1924.4.)
03.04 대한통의부원 유석정, 친일파 봉천보민회장 암살 미수-피체 후 고문사(1924.3.)
03.04 전남 광주서 '전남노농연맹회'(북성회계·노동공제회 계열) 조직
03.05 조선총독부, ≪개벽≫ 3월호 '사상 비판호' 압수
03.08 최원택 등, 대구에서 남조선노농동맹결성대회 개최(위원장 서정희)
03.10 코민테른의 지시에 따라 블라디보스토크에서 '조직국'(오르그뷰로) 결성
03.14 서간도 신흥학우단(신흥학교 졸업생 주축), 회장 강화인·총무 김철·재무 김명기
03.25 재경 친일단체 국민협회·유민회·소작인상조회·조선경제회 등, 각파유지연맹 조직
03.27 암태도면민대회 개최-지주 규탄 후 지주 측과 유혈 충돌(암태도소작쟁의 일환)
03.31 최남선, ≪시대일보≫ 창간(~1926.8.)-1924.7.10. 보천교로 넘어감
04.01 동아일보, 처음으로 지방판(중부·서부·삼남) 발행
04.05 일본 민간금융기관 '조선무진협회(朝鮮無盡協會)' 창립-상호신용계 성격
04.05 상해 고려공산당 계열 윤자영 등, 상해청년동맹 결성-의열단 운동 노선 정면 비판
04.06 염상섭의 〈만세전〉, ≪시대일보≫에 연재 시작(~6.1. 59회)
04.08 유기동(흥업단)·김만수·최병호(참의부), 하얼빈 중일연합경찰관과 전투 중 순국
04.09 국무총리 노백린 사임, 내무총장 김구가 국무총리대리 겸직
04.11 국민협회·조선소작인상조회·유민회·교풍회, 친일 각파유지연맹 조직-일선융화 표방
04.15 박영효·송병준 등, 친일단체 '동민회(同民會)' 조직-일선융화 강조
04.18 조선노농총동맹 창립-노동·농민 167개 단체(204명) 참가, 소작·노동쟁의 지도(~1927.9.)
04.20 북경에서 정화암·백정기·이을규·이정규, 재중국무정부주의자연맹 결성
04.21 전국 242개 사회주의 청년단체, 조선청년총동맹 조직(~1931.5.)
04.22 암태도소작쟁의, 소작인 50여 명 피체-지주 부친 송덕비 파괴, 지주 측과 유혈 충돌
04.23 이동녕, 대한민국 임시정부 국무총리에 취임(~1924.12.)

04.26 형평사 내분으로 장지필 등, 서울에 형평혁신동맹 결성(도렴동 144번지)
04.00 조선인-일본인 50여 명, 친일단체 '갑자구락부' 결성-참정권 청원운동
05.01 목포·제주도에 무선국 개국-노후 해저전선의 통신두절 문제 해결, 선박과 교신 목적
05.01 〈경성제국대학 관제〉 공포-5.12. 예과(2년제) 개교-일본 내 6번째 제국대학
05.02 홍주 의병장 김복한(1860~1924) 사망
05.04 박원희·정종명·김필애, 조선여자강습원에서 사회주의 여성단체 '조선여성동우회' 발기
05.05 동산기독병원간호부양성소(현 대구동산기독병원부속간호학교) 설립
05.19 참의부 소대장 장창헌 등, 평북 강계군 압록강 연안 순시 중인 총독 사이토 습격
05.25 대한독립단원 정종수·김인숙·이태선·강왕성·김성필 등, 초산경찰서원 2명 사살
05.27 예술학원, 종로중앙기독교청년회관에서 제1회 현상무도대회 개최
06.09 의성단 김홍진·김창진, 경북 영덕 장사주재소 습격-경찰 2명에 중상을 가하고 전사
06.14 조선체육회 주최, 휘문고보에서 제1회 전조선육상경기대회 개최(~6.15.)
06.21 서울 23개 사회단체, 언론집회압박탄핵대회 개최-총독부의 언론집회탄압 항거
06.25 조선총독부, 국경지대 독립군 진압을 위해 경관 180명 증파
06.00 중국 길림 동우회 기관지 ≪동우(同友)≫ 발간
07.07 전남 도청에 수산시험장 설치
07.09 충남 천안군 입장면 사립강습소 학생, 백정 자제 배척 동맹휴학
07.10 보천교, ≪시대일보≫(사장 최남선) 인수 후 사원 반발에 자진 휴간
07.11 국내 첫 영화제작사, 부산에 조선키네마㈜ 설립
07.12 백러시아인 무용단 헬렌 일행, 우미관에서 발레 공연-백러시아 피난민 자선모금
07.12 전만통일회의주비회 발기회 개최, 길림에서 재만 독립단체 통일 목적-정의부 성립
07.20 북성회계 김재명 등, 서울 재동에 해방운동사 조직-11.25. 사상단체 북풍회 결성
07.22 〈조선은행법〉 개정 공포-조선은행 감독권, 조선 총독에서 일본 대장성으로 옮김
07.23 박한영·백용성 등, 불교지 ≪불일(佛日)≫ 창간
07.25 광복단 단장 최시흥, 신의주지법에서 사형 언도-1925.3.12. 사형 순국
07.00 서울청년회계, 비밀결사 고려공산동맹(서울콤그룹, 서울파) 조직
08.01 금강산전기철도, 강원도 철원↔금화 영업 개시
08.08 신의주지법, 벽창의용대 단장 양승우 사형, 한동진 무기징역 언도-1926.2. 사형 집행
08.08 의군부 유격부대장 이경일 등 20여 명, 평북 삭주군 청성진경찰서 습격

08.16 대전에서 전조선형평사대회 임시대회 개최-조선형평사중앙총본부 결성 합의
08.17 전일·이남두 등, '조선노동당' 창립-무산노동자 단결 도모(~1926.4.)
08.17 임시정부 국무총리 이동녕, 임시대통령 대리로 임명(~1924.12.)
08.26 어린벗사 후원 장무쇠·연성흠, 서울 충신동에 명진소년회 조직-체육장려·독서증진 도모
08.28 〈총포화약류취체령 시행 규칙〉 공포(9.1. 시행)
08.29 상해교민단 100여 명, 국치기념식 거행
08.30 암태도소작쟁의 1년 만에 종결-소작인 주장 관철, 소작료 4할로 인하 등
08.31 조선상업은행, 조선실업은행 합병-일본인 세력의 민족은행에 침투, 지배력 강화책
08.00 김동인·주요한·김소월·김억 등, 문예지 ≪영대(靈臺)≫ 창간(~1925.1.)
08.00 염상섭, 첫 단편 소설집 『견우화(牽牛花)』(박문서관) 간행-표지 나혜석 그림
09.07 간도 용정서 일본 경찰과 교전 중 부상당한 국민군 사령관 안무(1883~1924) 사망
09.11 중등 학생들, 조선학생총연합회 창립총회 개최-조선학생계의 사상통일·지식 교환
09.13 도쿄 거주 한인들, 관동대지진 참사 1주년 맞아 '참사동포추도회' 개최
09.13 신석우, ≪조선일보≫ 경영권 인수-사장 이상재, 부사장 신석우
09.15 조선상업은행, '대동은행' 합병-일본인 세력의 민족은행에 침투, 지배력 강화책
09.16 김지태·이성·이영 등, 노동학원에서 '조선노동교육회' 창립총회 개최
09.21 육군주만참의부 참의장 채찬, 집안현에서 대한통의부원 백병준 등에게 피살
09.24 백득림 등 황포군관학교 유학생, 중국 무창에서 '무한한인청년회' 조직
09.24 이상재·이승훈, 서울에서 조선기근구제회 창립-한재·수재로 인한 극빈자 구제
10.00 이광수·방인근, 우리나라 첫 순문예 월간지 ≪조선문단≫ 창간(~1936.6.)
10.01 〈형사소송법〉 및 〈형사령〉 개정
10.01 조선철도, 경남 김천↔상주 철도 개설
10.05 ≪조선일보≫, 최초로 최은희·윤성상 등 여기자 채용
10.05 권태집 등 600여 명 인력거군, 조선노동친목회 발기
10.06 김은호 등, 을지로 1가(현 롯데백화점 자리)에 그림지도학원 '고려미술원' 설치
10.11 함경선 일부 구간(길주↔단천) 개통
10.12 인천의 13개 정미소 여공 3천여 명, '선미여공조합(選米女工組合)' 조직
10.13 ≪조선일보≫ 최초 연재만화, 노수현의 '멍텅구리 헛물켜기' 연재(~1927.3.)
10.18 김동삼 등, 남만주 독립운동 단체 '정의부' 설립(~1929)

10.31 황해도 재령군 북률면 동척소작인, 소작료 불납동맹
10.00 충남 강경교회 주일학교 교사·학생, 최초로 신사참배 거부
11.06 황해도 북률 500명 소작인, 2차 농성시위-동척지사·총독부에 소작개선 6개항 제출
11.09 반북성회파 김영만·허일 등 30여 명, 적박단(赤雹團) 조직-서울청년회 압력 단체
11.13 군사통일주비회 대한국민회의 대표·국민대표회의 주비위원 남공선(1889~1924) 사망
11.16 형평사 기관지 ≪형평(衡平)≫ 창간
11.17 인천 가토오정미소 선미직공 400여 명 동맹파업
11.17 대한인동지회 주최, 호놀룰루에서 하와이 한인대표회 개최-미주·국내 세력 확장 도모
11.18 독립단 천마산대 대장 최시흥, 평양복심원에서 사형 선고-1925.3. 사형 집행
11.19 신사상연구회, '화요회'(마르크스 탄생일)로 개칭-연구단체에서 행동단체로 전환
11.23 ≪조선일보≫, 한국 신문사상 최초로 조·석간제 실시
11.25 김약수 등, 서울 재동 해방운동사에서 사회주의 단체 '북풍회(北風會)' 조직
11.00 경남 거제도↔칠원 해저 케이블 부설
11.00 조선총독부 체신국(현 광화문우체국 자리), 음악·연극 등을 최초로 시험방송 성공
11.00 이종림·이석호 등, 만주 반석현에서 남만청년총동맹 결성-청년운동 통일 목적
12.06 이영·정백·한신교·최창익 등, 서울에서 '사회주의자동맹' 창립
12.06 진도소작쟁의 보도와 관련 ≪조선일보≫ 압수
12.08 경남도청, 경남 진주에서 부산으로 이전 결정-1925.4. 경남도청 이전
12.16 임시정부, 박은식을 국무총리로 임명
12.17 국내 첫 민간 라디오 방송 실험 성공
12.19 무장독립단원 30여 명, 평북 선천 남면주재소 습격
12.22 주간 ≪상해평론≫(편집인 박정수) 창간
12.24 〈조선사법대서인령〉 공포(1925.5. 시행)-행정대서·사법대서 분리, 법무사제도 법제화
12.25 조선철도 상주↔점촌 운행 개시
12.25 경남 진주, 도청 이전반대 도민대회 개최
12.27 명진소년회(아동문학가 연성흠), 서울 연건동에 첫 어린이 회관 '명진소년관' 건립
12.00 고려영화제작소, 고려키네마 창립-키네마, 시네마(Cinema)의 독일식 표현
12.00 임시정부의 차정신·이빈 등 한인청년들, 중국 국민당 '황포군관학교'에 입학
12.00 최현배, 『조선민족갱생의 도』 집필-1926.9.25. ≪동아일보≫ 연재 시작

12.00 현철 등, '조선배우학교' 설립-국내 첫 연기자 훈련 강습소(1925.1. 개교)
00.00 국민회 경호대 제1분대장 조윤호(1897-1924), 징역 15년형 복역 중 순국

01.21 [소련] 혁명가·정치가, 소련 최초의 국가 원수 레닌(1870~1924) 사망
01.22 [영국] 최초의 노동당 내각 성립(맥도널드 내각)
01.25 [프랑스] 제1회 동계올림픽 개막(프랑스 샤모니)
01.30 [중국] 제1차 국공합작(국민당 제1회 전국대표자대회에서 집행부에 공산당원 선출)
02.03 [미국] 우드로 윌슨(1856~1924), 제28대 대통령 사망
02.08 [미국] 첫 독가스 사형 집행
03.24 [그리이스] 공화정 선포
04.14 [미국] 근대 건축의 선구자인 설리번(1856~1924) 사망
05.01 [그리스] 공화제 선언
05.05 [프랑스] 샤넬 No.5 탄생
06.03 [체코] 소설가 프란츠 카프카(1883~1924) 사망
06.16 [중국] 황포군관학교 개교(교장 장개석)
07.01 [미국] 〈이민법〉[존슨-리드법) 시행-1921년 이민제한법 쿼터 3%, 2%로 인하
07.05 [국제] 제8회 파리올림픽 개막
10.09 [러시아] 상징파 대표 시인·소설가·이론가 발레리 브류소프(1873~1924) 사망
11.22 [영국] 이집트에 데모금지 최후통첩
11.26 [몽골] 몽고인민공화국, 중국으로부터 독립
11.29 [이탈리아] '나비부인' 작곡가 푸치니(1858~1924) 사망
12.24 [독일] 카메라 '라이카A' 개발

1925 을축(乙丑) 대한민국7 대정15 민국14

01.03 일본 도쿄의 북성회, '일월회'로 개칭(~1926.11.)
01.05 조선체육회 주최, 한강에서 제1회 전조선빙상경기대회 개최
01.08 보천교 교주 차경석, 친일단체 시국대동단 설립-내선융화·대동아단결 주장(~1925.7.)

01.10 형평사중앙총본부, 형평사 '정위단'(북풍회계) 창립-지부설치, 불순분자 배격 등 결의
01.13 임시의정원, 〈헌법〉 개정-외교 실효화 등 새 방침 결의
01.17 이정숙·최정숙 등, '조선여성해방동맹' 발기-1926.1. '프로여성동맹'으로 개칭
01.17 용천 불이농장에서 소작쟁의 발생-불이 측, 불이농장소작인조합 결성, 소작조합 탄압
01.18 부산인쇄공업조합 동맹 파업-9시간 노동제, 야업 폐지, 임금인상 요구
01.18 천도교, 포덕제 실시-최린·권동진, 상무종법사로 선임
01.20 일본 오사카 상선, 원산↔청진항 여객 항로 운수 개시
01.21 박정덕·정달악 등 16명, '경성여자청년동맹'(북성회계) 창립총회 개최
01.28 경성전기주식회사 전차 승무원 5백여 명 총파업-임금인상, 8시간제 요구 등
01.28 이인영·민응기 등 100여 명, 서울에서 '무산자동지회' 재발족
01.00 일본에서 조선무산청년회·동경조선무산청년동맹 합동, 동경조선청년동맹 조직
02.08 ≪동아일보≫, 사설 「천인공노할 동척의 죄악」으로 신문 압수됨
02.09 ≪조선일보≫, 경찰과 동양척식주식회사 비난한 기사로 차압 당함
02.10 한국인 노동자 100여 명, 일본 하코네산(箱根山) 전차시설공사 중 기한(飢寒)으로 참사
02.14 이창제·이갑성·현신덕 등, '시사구락부' 조직-기독교계 반사회주의 운동 단체
02.19 체신국, 한국과 러시아 간 우편송달 개시 발표
02.21 조선일보, 색채인쇄윤전기 설치-칼라 인쇄 가능
02.21 조선일보, 최초의 러시아 특파원에 김준연 파견
02.21 김수준·박원회·허정숙 등, 경성여자청년회(서울계) 창립총회 개최-여성자유, 남녀평등
02.22 ≪조선일보≫, 일본인 순사의 양민구타 진상 보도로 차압 당함
02.21 경성여자청년회·경성여자청년동맹 통합
02.28 김상섭, 목포에 동아고무회사 설립-종업원 200명, 매년 고무신 40만 켤레 생산
02.00 삼가운수노동자(합천)·서울전기회사·인천가토정미소·평양양말공장 등, 임금인상 파업
03.10 김좌진·김혁 등 만주독립군 규합, 신민부 조직-위원장 김혁, 총사령 김좌진(~1929.3.)
03.16 참의부 2중대, 중국 집안현 고마령서 일본 경찰에 피습-중대장 최석순 등 22명 전사
03.18 임시의정원, '이승만 탄핵안' 의결-대통령직 불성실, 미주 동포 인구세 수납 차단 등
03.19 독립군 60여 명, 초산 벽동주재소 습격, 일본인 경찰 7명 살상
03.21 평양 위생인부 90여 명, 동맹 파업-3.24. 파업자 전원 해고, 주동자 검거
03.22 황해도 해주서 '민예회'(북풍계) 조직-민중예술 고취, 부르조아 예술지상주의 박멸

03.23 임시의정원, 임시대통령 이승만 탄핵 면직-임시대통령에 박은식 선출
03.28 윤백남프로덕션 작품, '심청전'(조선극장) 상영
03.30 의성단장 편강열, 고등법원에서 징역 7년형 확정-1926.9. 병보석 석방, 1929.1. 순국
03.30 다물단원 이인홍·이기환, 유자명의 지시에 북경에서 일제 밀정 김달하 처단
03.31 동척 북률농장 소작쟁의 종결-소작인, 만주 등지로 이민자 속출
03.00 최서해, 단편소설 「탈출기」(≪조선문단≫ 6호) 발표
03.00 이현경·황신덕 등, 일월회 자매 여성단체 삼월회 조직-조선무산계급·여성해방 목적
03.00 서울 낙원동에서 아나키스트 신영우·홍진우, 흑기연맹 결성-4.25. 신영우 외 7명 피체
04.01 〈조선총독부 관제〉 개정-총독관방 철도부 폐지
04.01 신민회, 북만주 석두하자에서 기관지 ≪신민보≫(편집인 허성) 창간
04.01 인천관측소 설치
04.01 평양 숭실학교, 전문학교로 승격 인가
04.01 〈소방관서 명칭·위치·관할구역〉 공포-국내 첫 경성소방소, 소방서파출소 설치
04.02 광정단원 20명, 평북 후창경찰서 경찰과 교전
04.03 조선총독부도서관(현 롯데백화점 자리) 개관-장서 1만2000권
04.07 임시의정원, 임시헌법 2차 개헌-대통령제 폐지, 국무령 중심의 내각책임제 채택
04.08 평양의 양말공장 직공 1,000여 명, 임금인하 반대 등 결의
04.09 경남 진주에서 신광사 창립-도서관·잡지 출판 경영
04.09 정의부, 재무부령 제1호로 〈소득세 징수규정〉 공포
04.10 임시의정원, 〈구미위원부 폐지령〉 공포-이승만의 거부로 1928년 폐지
04.12 〈치안유지법〉 공포-'유언비어 취재에 관한 건' 폐지(5.12 시행)(~1945.10.15.)
04.14 북경에서 배천택·한진산·유청우·서왈보 등, 비밀단체 다물단 창립-의열활동 전개
04.15 서울 천도교당에서 조선기자대회 개최-〈신문지법〉·〈출판법〉 개정 요구
04.17 김찬·조봉암 등 화요회 중심, 서울 아서원에서 조선공산당 창립(책임비서 김재봉)
04.18 박헌영 등, 고려공산청년회 창립-조선공산당 청년 전위 조직(~1928.12.)
04.20 전조선민중운동대회 개최 금지에 항의, 200여 명 적기 들고 종로 시가행진[적기사건]
04.23 이화학당 대학부, 이화전문학교로 승격
04.24 시천교당에서 제3회 전국형평사대회 개최-형평사 통일, 조직과 운동 확대
04.25 영화 종사자 40여 명, 명월관에서 '영화삼우회' 조직

04.25 홍난파, 국내 첫 음악잡지 ≪음악계≫(정가 30전) 창간
04.27 무산자동맹회·조선노동당·북풍회·화요회 합동 총회
05.02 북간도 용정에서 간도조선청년총동맹 결성
05.06 조선불교대회, '조선불교단'으로 개편-불교를 통한 조선교화사업 실시
05.12 길림성에서 18개 단체 39명 회집-전민족유일당조직촉성회의 개막
05.16 〈측후소 규정〉 공포-측후소, 도 지방비 예산으로 운영
05.18 강매·김진호, 국어문법서 『잘 뽑은 조선말과 글의 본』 간행-배재학당 교재로 사용
05.28 〈국세조사시행령〉 공포(10.1. 시행)-근대적 의미의 첫 인구센서스 시행
05.00 보성전문학교 기관지 ≪보성(普成)≫ 창간
05.00 사회주의 학생단체, 조선공학회 조직-사회주의 교육연구, 민중본위 교육(~1925.11.)
05.00 항일 비밀단체 다물단 별동대, 봉천성 유하현에 '다물청년단' 조직
06.06 〈조선사편수회 관제〉 공포-조선사편수회, 조선총독부 직할 '독립관청'으로 승격
06.10 김진태·정낙현·이내복, 서울 창성동서 시대소년사 창립-8.5. 월간 ≪시대소년≫ 창간
06.11 중국 군벌과 조선총독부 간 삼시협정(미쓰야협정) 체결-재만 한인의 단속 강화
06.13 나창헌(임시정부 내무차장) 등, 정위단 조직-독립운동가 사칭 금품수수 방지 목적
06.16 조선일보사, 제1회 전조선중등학교야구연맹전 개최(중앙고보 우승)(~7.4)
06.00 조선불교회, 조선불서간행회(회장 이능화) 설치-희귀본 학계에 공개 목적
07.01 조선인변호사협회, 조선인·일본인 차별 대우 철폐 결의
07.01 신흥우·송진우·서재필, 태평양연안기독교청년회 주최 '태평양문제협의회'에 참가
07.02 조선총독부 경무국, 국경 일대 독립단 단속 목적에 기병총(騎兵銃) 40점 매입
07.04 이진무 등 정의부 제5중대원, 평북 철산군 차련관의 일제 경찰관서 습격
07.05 박부양·김종만, '빠스켓볼협회'(현 대한농구협회) 창립
07.07 임시정부 임시대통령 박은식 사임, 국무령에 이상룡 선출
07.15 서울 집중호우(753mm), 용산·뚝섬일대 침수-을축 대홍수, 사망 670명(~7.19.)
07.00 원천경·신금신 등, 동빈현 원가둔에서 민족주의 계열 무장단체 혁신단 조직
08.03 한강인도교 공사장 일부 1,000여 명, 일본인 감독의 폭행에 항의 토목출장소 습격
08.08 김춘강·안종화, 대구에서 민족극단 영화·연극단체 '무대협회' 조직
08.09 경북 예천에서 농민 500여 명, 형평운동 반대 예천형평분사 습격
08.10 이은식 등, 종로중앙청년회관서 경성노동연맹(일월회계) 결성

08.12 니주바시 폭탄사건의 김지섭, 동경공소원에서 무기징역 선고-1928.2. 옥사
08.21 조선상업은행, 평양대동은행 합병-일본인 세력의 민족은행에 침투, 지배력 강화책
08.23 박영희·김기진·이호·조명희, 조선프롤레타리아예술가동맹(KAPF) 결성(~1935)
08.23 한용운, 내설악 백담사에서 『님의 침묵』 탈고-1926. 회동서관 간행
08.31 3.1운동 당시 '독립선언서'를 인쇄한 이종일 사망(1858~1925)
08.31 전남 무안군 비금도·도초도·안좌도·암태도 농민들, 연합 소작쟁의 전개
08.00 평북 선천경찰서에 폭탄 던진 박승호(1877~1925) 목사, 신의주감옥에서 옥사
09.12 정재달·이재복 등, 공산당사건 언도-최초로 〈치안유지법〉 적용 각각 3년 징역
09.14 대한성공회 조마가 주교, 정동 수녀원(현 성가수녀원) 설립-신모 마리아 클라라 수녀
09.15 백남운·백남훈·안재홍, 명월관에서 조선사정연구회 조직-조선사정·현상 학술적 조사
09.18 '바스켓볼협회' 주최, 제일고동여학교 코트에서 제1회 조선농구대회 개최
09.25 임시정부, 상해판 ≪독립신문≫(189호) 폐간-재정난과 일제의 간접적인 탄압 이유
09.27 사회주의 학생단체, 조선학생과학연구회(화요회계) 조직-사회과학 보급, 사상통일
09.30 남만주철도회사, 경성역 준공-연면적 6,836㎡(지하·1층·2층 규모), 도교역 1/4 크기
09.00 나도향 단편소설 『물레방아』, ≪조선문단≫에 발표-나도향의 후기사실주의 대표작
09.00 미국 내 조선인유학생총회, 과학 잡지 ≪우라키≫(The Rocky)(50전) 발간
09.00 서광훈·방인영, 서울 운니동에서 영화 월간 잡지 ≪시조(時潮)≫(주간 서광훈) 창간
10.01 김원벽 등 문학연구사, 소년주보사 ≪소년주보≫ 창간(5전)
10.03 이태화, 평양형무소에서 사형 순국-평양 선교리에서 일본 경찰 2명 사살
10.04 천도교청년당 김준연·김현철·유광렬, 조선농민사 창립-조선농민의 교양과 훈련 목적
10.15 다목적경기장 경성운동장(구 동대문운동장) 개장-육상 경기 개최
10.15 서울 남산 중턱에 조선신궁 완공-총면적 43만㎡, 총공사비 156만 엔, 15개 건물
10.15 ≪조선일보≫의 정간 해제와 집단 해고 사건
10.00 대구운수노동자 700여 명, 임금인상 요구하며 파업
11.01 사설철도 안성선(천안↔안성), 영업 개시
11.01 임시정부 대통령 박은식(1859~1925), 중국 상해에서 사망-국장 거행
11.16 서울↔봉천 전화 개통
11.17 강직구·길윤기 등, 서울학생구락부(북풍회) 창립-사회과학 연구 목적
11.22 부산인쇄공장 직공 200여 명 파업-임금 인상, 대우 문제

11.22 제1차 조선공산당 사건 발생-책임비서 김재봉 이하 30여 명 피체
11.23 강신술·이진기 등, 경성학생연맹(서울파) 창립-사회과학 연구 목적
11.26 전남 나주에서 동양척식주식회사 소작인 1만여 명, 일본 경찰과 충돌
11.28 유억겸·이상재·윤치호, '태평양문제연구회' 조직-태평양 문제 집중 연구 동호인 모임
11.00 방태영·조일제·조중환 등, 계림영화협회 창립-'먼동이 틀 때'(1927) 흥행 실패로 폐쇄
12.07 목포자유노동조합 동맹 파업-노동임금, 하륙임금 문제 등
12.09 서울청년회 김병일·김진택·이철호 등, 서울 견지동에서 조선무산청년단 창립
12.13 부산인쇄직공청년회 결성
12.13 천도교청년당 주축 조선농민사, ≪조선농민≫ 창간(발행인 이돈화)(~1930.1.)
12.16 김석진·조훈석·권태휘·이승원, '혁청사(革淸社)' 창립-서적 판매 및 인쇄업 목적
12.26 일본 유학생 30여 명, 조선미술회 창립-대중 예술 건설 표방
12.00 변기종 등 10여 명, 신파 연극단 '민립극단' 조직
12.00 강달영·권오설 등, 제2차 조선공산당 조직(책임비서 강달영)

01.20 [일본-소련] 국교조약 조인
02.22 [영국] 짧은 체온계를 발명한 의사 올벗(1836~1925) 사망
03.12 [중국] 건국의 아버지 쑨원(孫文)(1866~1925) 사망
03.25 [일본] NHK 도쿄방송국 개국-7.15. 나고야방송국, 1926.12.1. 오사카방송국 개국
05.19 [이탈리아] 프리메이슨 등 비밀결사 금지
06.05 [중국] 상해서 배외운동 확대, 계엄령 선포
06.17 [국제] 제네바 무기무역국제회의, 독가스사용금지 조약 조인
06.17 [독일] 아돌프 히틀러, 〈나의 투쟁〉 출간
06.20 [오스트리아] 생리학자 조셉 브로이어(1842~1925) 사망
07.01 [중국] 광동에 국민정부 성립
09.29 [프랑스] 국제연맹 결성 추진한 정치가 부르주아(1851~1925) 사망
09.30 [그리스] 공화국헌법 공포
10.01 [페르시아] 카잘왕조 멸망
10.06 [이탈리아] 파시스트내각 성립
10.12 [독일-소련] 양국 통상조약 조인

12.01 [국제] 폴란드·영·프·독·이·벨·체코 7개국, 유럽 안전보장 목적 로카르노조약 체결
12.18 [소련] 소련공산당 14차대회, 스탈린의 일국사회주의 채택
12.19 [이탈리아] 독신자들에게 세금부과
12.23 [중국] 국민당 우파, '국공합작'에 반대
12.24 [소련] 영화 '전함 포템킨' 모스크바 볼쇼이 극장에서 개봉
12.28 [소련] 『초혼제』(시집) 시인 세르게이 예세닌(1895~1925) 자살

1926 병인(丙寅) 대한민국8 소화1 민국15

01.02 프로문학경향지, 카프의 준 기관지 ≪문예운동≫ 창간-1926.6. 3호로 종간
01.03 일본 미에현 조선인노동자 2명 학살됨-200여 교포, 일본인과 충돌
01.03 임송흡·현애라 등, 조선노동당회관에서 프로여성동맹 창립-사회주의 성향
01.03 윤문열 등, 서울에 무정부주의 '허무당(虛無黨) 선언문' 살포-방화·총살·폭파 등
01.10 국내 첫 신문 연재만화, ≪조선일보≫의 〈멍텅구리 헛물켜기〉, 조선극장에서 개봉
01.10 임시정부 나창헌·이유필,·강창제 등, 상해에서 병인의용대 창립-일제 시설 파괴, 밀정 주살
01.16 김봉룡·전성규의 작품 2점(화병·담배설합), 파리만국박람회에서 입상
01.16 일본 오사카에서 한인 아나키스트 신진회(新進會) 조직-기관지 ≪희소식≫ 발행
01.22 독립운동가 전 국무총리 노백린(1875~1926), 상해에서 사망
01.25 〈조선농회령〉 공포-지주 조직 일원화, 제도적 지원 체계 수립
01.25 〈조선산업조합령〉 공포(1926.3.1. 시행)-생산자 조합, 농가 현금 수입원 확보
01.25 간도 용정에 박재하 등, 동만청년총동맹 창립-11개 연맹·102개 세포단체·5천여 명(~1928.)
01.26 평양고보, 일본인 교사 배척 맹휴(~3.17.)
02.02 독립단 지기홍 등 15명, 단동의 임강 대도구에서 중국 경찰의 습격을 받고 5명 전사
02.11 친일파 이완용(1858~1926) 사망-무덤, 전북 익산시 낭산면 소재
02.12 독립군 6명, 평북 자성경찰서 호하주재소 경찰 5명과 교전-1명 전사, 1명 부상
02.13 남영우·강수성 등 재일본 한인 동포 50여 명, '동경조선노동조합' 창립
02.18 벽창 의용단장 양승우(1891~1926), 평양형무소에서 사형 순국
02.19 윤치호 등, 중앙기독교청년회관서 '면수구호회(免囚救護會)' 조직-출옥자 보호

02.21 서울에서 경성전기회사의 폭리반대운동 시민대회 개최-전기세 15전에서 85전 인상
02.24 극단 '토월회', 제56회 도쿄 마지막 공연 후 해산-백조회 발족 요인(1922.5. 창단)
02.26 〈사범학교 규정〉 공포-사범학교 보통과 연습과 설치
02.27 〈조선도량형령〉 공포-미터법 전용
02.27 조선사회단체중앙협의회 창립-청년·노동·농민·여성·형평 등 사회운동 이론·정책 수립
02.00 여운형, 상해주의자동맹 조직-무산운동과 민족운동 연합 촉성 등 결의
03.06 ≪동아일보≫ 제2차 무기정간-모스크바 국제농민조합 3·1절기념축전 게재(4.19. 해제)
03.20 일본 오사카 한인 아나키스트 청년들, 잡지 ≪자아성(自我聲)≫(CHIGASEI) 창간
03.22 인천 10개 정미공장 직공 3,000여 명, 임금과 대우문제로 총파업
03.30 서울시내 전차, 광화문↔조선총독부(옛 중앙청) 간 복선화-1926년 서울인구 30만 명
04.01 천도교의 신인간사, 월간지 ≪신인간≫ 창간-1945.1. 폐간, 해방 이후 복간
04.01 경성제국대학, 법문학부·의학부 개설-5.1 정식 대학 교육 실시
04.01 조선총독부, 제2차 산미증식계획 공포-12개년 간 약 820만 석 증산
04.05 〈조선특별연고삼림양여령(朝鮮特別緣故森林讓與令)〉 공포-국유임야, 연고자에 양여
04.05 국내·만주·노령 '혁신파' 대표, 길림 정의부 기반에 '고려혁명당'(위원장 양기탁) 조직
04.06 만주 영고탑에 조선공산당 만주부 설치-책임비서 김찬
04.08 정의부원 박제규·김정섭, 평남 맹산군에서 군자금 모금중 피체
04.13 참의부원 박제권·김우섭, 함흥에서 군자금 모금 중 피체
04.14 화요회·북풍회·무산자동맹회·조선노동, '정우회'로 통합-11.15. 〈정우회 선언〉 발표
04.15 병인의용대 장진원·김광선·최병선 등, 상해 일본영사관에 폭탄 투척·실패-5.15. 피체
04.19 전차 장충단선 완공-4.21. 제주전기, 장충단선 시운전, 동대문↔을지로6가↔장충단
04.20 경성제사 공장 여성노동자, 600여 명 파업
04.22 김홍남·박적광, 와룡동 돈화청년회관에서 혁우청년동맹 창립-1929.3. 중앙청년동맹 개칭
04.25 조선 27대 임금 순종(1874~1926), 창덕궁 흥복전에서 승하-남양주 유릉 안장
04.26 평양에서 '조선예수교종교교육연구회' 창립-주일학교 토착화 운동 본격화
04.27 고종 일곱째 아들 영친왕(엄비 소생), 순종의 뒤를 이어 즉위
04.28 송학선, 창덕궁 금호문 앞에서 국수회 지회장 사토를 총독 사이토로 오인 저격
04.00 조선총독부, 사립 고등보통학교에도 수신·일어·지리·역사과 일본인 교사 채용 지시
05.07 〈도량형기 및 계량기 구조 규칙〉 개정 공포 시행

05.13 조선박람회 개최-산업관·가정관·교육관·만몽관·체신관·연예참고관·일본관 등
05.16 화요파, 동지철도 일면파에 조선공산당 만주총국(책임비서 조봉암) 설치(~1930.6.)
05.16 오적암살단장 이우영, 대구형무소에서 8년 만에 출옥-중국으로 망명
05.20 마산노동회, 기관지 ≪첫소리≫ 창간-전지 한 장에 손으로 쓴 신문 체제의 벽보
05.20 주요한, 수양동우회 기관지·종합 잡지 ≪동광≫ 창간(~1933.1.)
05.20 한용운, 『님의 침묵』(회동서관) 간행-설악산 백담사 오세암에서 원고 완성
05.25 조선공산당, 6·10만세 격고문 5만2천매 인쇄-〈이천만 동포여! 원수를 구축하라〉 등
05.29 강신철·유기동 등, 조선에스페란토연구회 발회-에스페란도, 중립적 국제공용 보조어
05.00 선교사 부츠(Boots)·피아니스트 박경호, 우리나라 첫 관현악단 중앙악우회 조직
05.00 신민부 군사위원장 김좌진, 만주로 수송하던 조선총독부 공금 6,000원 탈취
05.00 조선경제협회, 월간 ≪공존공영≫ 창간-1928.11. ≪금융조합≫으로 개칭
06.06 6·10만세운동 계획 탄로-종로경찰서에서 천도교회 급습, 200여 명 검거
06.07 일제, 6·10만세운동 차단하고자 서울·부산·인천에 일본 군인과 함대 배치
06.07 6.10만세운동 주동자 사회주의자 권오설 등 6명 피체
06.07 병인의용단원 이덕삼(1905~1926), 국내 잠입 중 일본경찰에 체포-자결 순국
06.09 한용운·송세호, 6·10만세운동 계획 협의로 선학원에서 피체
06.10 학생 중심의 6·10만세운동 발발-전국 각지에서 200여 명 피검
06.10 순종 국장, 승하 46일 만에 거행-경기도 남양주 금곡동의 유릉에 안장
06.12 〈영림서관제〉 공포 시행-영림창·산림과 출장소 폐지, 36개소 영림서(營林署) 설치
06.12 만세시위로 중앙고보생 38명, 연희전문생 34명 피체
06.12 임시정부, 상해에서 광동(廣東)으로 이전 결의-미 이행
06.14 〈국유임야보호규칙〉 공포 시행-〈국유삼림산야보호규칙〉 폐지
06.20 조선총독부박물관 경주분관 개관-경주고적보존회 진열관의 소장품 이관
06.21 제2차 조선공산당 사건-6·10만세운동 관련 사회주의자(정우회) 대거 검거
06.25 군산항 수축공사 착공-1933.3 완료, 3천 톤급 6척 접안 가능, 쌀 수탈 가속화
06.26 여운형, 중국 광둥에서 한인혁명군 조직-중국 국민당 북벌군에 가담, 만주에서 모병
06.00 YMCA 농촌사업 착수-농민학교·농민회·협동조합·야학 등 설립
06.00 양주동, 「조선의 맥박」(문예공론)·이상화, 「빼앗긴 들에도 봄은 오는가」(≪개벽≫) 발표
07.01 〈연화(煙火) 취체규칙〉 개정·공포(8.1. 시행)-연화제작업 주임 자격표준 규정 등

07.03 경기도 학무과, 사립학교 교장 소환-6·10만세운동 관련 학생 처벌명령
07.05 〈활동사진필름검열규칙〉 공포-영화필름의 지방 검열 폐지, 조선총독부서 일괄 검열
07.07 홍진, 임시정부 국무령에 선출(~1926.12.)-혼란한 임시정부 수습
07.07 독립군 6명, 의주군 상광동에서 청성주재소원 8명과 교전-독립군 2명 전사
07.08 김의식 등, 경성여자미술학교 설립 인가-6개월 과정(~1935.6.)
07.10 참의부원 이수흥, 서울 동소문파출소 습격-일본 경찰 1명 사살
07.17 조선공산당 책임비서 강달영 피체-1933.9. 대전형무소에서 만기 출옥
07.19 상해 교포 200여 명, 임시정부경제후원회(위원장 안창호) 조직(~1932)
07.23 아나키스트 박열의 일본인 애인 가네코후미코(金子文子)(1903~1926) 옥중 자살
07.26 무명회·천도교청년회 등 24개 단체, 아세아민족대회 개최 반대 결의문 각국 대표에 전송
08.01 ≪개벽≫(통권72호) 강제 폐간-창간 후 글 삭제 95회, 발매금지 34회, 정간 1회
08.03 윤심덕(성악)·김우진(작가), 관부연락선(시모노세키→부산) 쓰시마 부근 동반 투신자살
08.22 천마산대원 김성범, 평북 영변군 소림면에서 피체-1930.3. 평양형무소에서 사형 순국
08.25 조선어린이사, 천도교당에서 납량동화동요·동극대회 개최
08.26 『벙어리 삼룡이』 소설가 나도향(1902~1926) 사망
08.00 경남도지사 관사(현 임시수도기념관) 준공
09.13 제1·2차 조선공산당 사건 공판, 경성지법에서 개정-1927.2. 선고 공판 개정
09.13 참의부 제1소대장 김창균, 평북 위원군 태서면에서 피체-1928.3. 사형 구형
09.19 전남 고흥군 소록도 주민 1,000여 명, 나병원 확장에 반대, 일본 경찰과 충돌
09.19 임시의정원 의장에 송병조, 부의장에 최석순 선출
09.24 평양부 기림리공설운동장(현 김일성경기장) 개장
09.25 최현배, ≪동아일보≫에 〈조선민족 갱생의 도〉 연재(66회)-1930년 단행본 간행
10.01 정의부 기관지, ≪대동민보≫(한글판) 창간
10.01 나운규 감독 영화, 〈아리랑〉 단성사에서 첫 개봉
10.01 사설철도 함남선(오로↔상통, 풍상↔서신흥) 영업 개시
10.01 조선총독부 청사 준공식-공사비 675만 원, 10년 3개월 만에 완공-10.7. 청사 이전
10.03 전남 무안군 자은면에서 쟁의 중인 소작인 1,000여 명, 목포에서 경찰과 충돌
10.16 안창호·원세훈 등, 베이징에서 한국독립유일당 북경촉성회 결성
10.23 한강개수공사 착공-총 공사비 980만 원, 공사기한 9개년

10.25 서울↔오사카 무선국 간의 전보 취급 개시
10.28 한국독립유일당 북경촉성회, 대독립당조직북경촉성회로 개칭-〈일제 박멸선언서〉 발표
10.29 성진항 수축 공사 준공
10.30 명제세 등 비타협민족주의자들, '조선민흥회' 발기-정치·경제·산업 등 공통이익 옹호
10.00 단성사에서 〈신 카르멘〉, 〈생명의 관〉 등 공연
10.00 민립극단 중심, 조선극우회 조직-10.16. 단성사에서 제1회 공연
10.00 수양동맹회·동우회구락부, '수양동우회'로 개편-흥사단 계열 계량주의 민족운동단체
11.01 개벽사, 강제 폐간된 ≪개벽≫ 대신에 월간 ≪별건곤≫ 발행(~1934.8.)
11.01 도쿄 일월회·조선무산청년동맹회, '신흥과학연구회' 결성-유학생 운동 타개책
11.03 장재성·왕재일·박인성 등 광주고보와 농고생 10여 명, 독서 서클 '성진회' 조직
11.03 경성의 각 신문통신사 사회부 기자들, 경성사회부기자단 창립
11.04 재생원 맹아부 교사 박두성, 한글점자 '훈맹정음(訓盲正音)' 발표
11.04 조선어연구회, '가갸날' 제정-1928.10. '한글날'로 개칭
11.06 이수흥·유택수, 이천·안성·동소문 등 권총사건에 검거-1929.2. 서대문형무소에서 사형
11.07 조선구세군 한인사관, 서양인과의 차별에 항거 시위-11.20. 사관생 28명 퇴학
11.09 훈민정음반포기념회, 훈민정음 기념일 '정음날', 한국어 명칭 '우리글'로 결정
11.10 종로2가 조선축음기상회(대표 이기세), 명창 총 출연 연주회 개최
11.11 함북 회령 북선탄광 노동자 261명 파업
11.15 이상협, ≪중외일보≫ 창간(~1931.9.)-≪시대일보≫ 후신
11.15 정우회, 〈정우회 선언〉 발표-비타협주의의 부르조아 민족주의 세력과 제휴
11.17 신민부, 북만주 동빈현에서 민생회 창립-재북만 동포의 생활개선 추구
12.21 육군주만참의부원 김성구 외 11명, 중국 보갑대원과 교전-방병찬(1891~1926) 전사
11.22 조선사상단체 숫자-청년단체 1,092, 정치사상단체 338, 노동단체 182, 형평단체 130
11.30 경성부 청사(현 서울도서관) 준공-2년 3개월 소요
11.00 소년계사, 아동문학지 ≪소년계≫ 창간(~1929)
12.01 조선철도주식회사의 함남선(수남↔극동) 개통
12.06 안광천·김준연·한위건 등, 조선공산당 재조직(세칭 ML당)
12.10 김구, 임시정부 국무령에 취임(~1927.3.)
12.10 유일한, 종로2가에 미국식 약방 '유한양행' 설립-염색약·위생용품·결핵약 등 판매

1926

12.15 전진회, 〈정우회 선언〉에 대한 결의문 발표-정우회의 개량주의적 우경화 비판
12.18 〈왕공세습재산규칙〉 공포-이왕가 재산, 기본·보통·세습재산으로 구분, 합법적 규제
12.21 목포 하차조합원 400여 명, 임금문제로 파업
12.21 국내에서 거사하려던 북로군정서의 고인덕(1905 ~1926), 대구형무소에서 옥사
12.22 평양 창전리 천도교 강당에서 관서지방 아나키스트들 연합체 관서흑우회 창립
12.28 의열단원 나석주(1892~1926), 식산은행·동양척식주식회사 폭탄 투척, 자결
12.00 김기진의 〈문예시평〉, ≪조선지광≫에 발표
12.00 중국 연길현, 비귀화 한인에게도 토지소유권 인정

01.11 [중국] 장작림, 중국 동부3성에서 독립선언
01.27 [영국] 베어드, 세계 최초로 텔레비전 실험에 성공
02.04 [남아공] 유색인종 배척법 제정
03.07 [뉴욕-런던] 첫 대서양 횡단 무선전화 교신 성공
03.13 [영국] 런던-남아프리카 비행성공
03.16 [미국] 로버트 고다드, 세계 최초로 3단식 로케트 발사
05.09 [미국] 탐험가 버드 북극 횡단 비행 성공
06.10 [스페인] 건축가 안토니오 가우디(1852~1926) 사망
07.01 [중국] 장개석, 군벌 타도를 위한 북벌 개시
07.07 [중국] 장개석, 중화민국국민혁명군 총사령관에 취임
07.28 [미국-파나마] 동맹조약 성립
08.06 [영국] 거트루드 캐롤린 에덜리, 여성 사상 최초 영국 해협 도영
08.23 [미국] '춘희' 영화배우 루돌프 발렌티노(1895~1926) 사망
09.06 [독일] 국제연맹 가입
09.09 [미국] NBC(National Broadcasting Company) 설립-미국 내 가장 오래된 방송국
09.14 [덴마크] 5,386개 성운·성단 목록 작성한 천문학자 드레이어(1852~1926) 사망
12.05 [프랑스] 인상파 화가 모네(1840~1926) 사망
12.25 [일본] 123대 왕, '다이쇼(大正)'(1912~1926) 사망, 히로히토 즉위
12.29 [독일] 시인, 라이너 마리아 릴케(1875~1926) 사망

1927 정묘(丁卯) 대한민국9 소화2 민국16

01.02 환인현에서 중국 보갑대 습격에 참의부 2중대장 김용택 등 체포·차왈보 전사
01.16 한인 공산주의계 여성운동의 조직, 재동경조선여자청년동맹 창립
01.19 조선노동당 집행위원회, 〈정우회 선언〉 반대하는 결의문 채택
01.20 최정익·여운홍 등, '조선농민사' 설립-농촌 계발·문맹 퇴치 목적
01.20 고려혁명당 사건에 서광훈·오성환·조귀용·장지필 등 형평사 총본부 간부 체포
01.22 〈연초전매령〉 개정 공포-연초의 완전 전매제도 확립
01.25 일본비행학교 출신 박경원, 3등 비행사기술시험 합격-최초 여류비행사 탄생
01.25 〈조선하천령〉 공포-하천·하천둑·하천변 등 국유화(6.1. 시행)
01.31 이상범·이한복 등, '조선동양화가협회' 발회식 개최-조선총독부 후원 미술단체
01.00 이관용·이긍종 등, 종합 월간잡지 ≪현대평론≫ 창간(~1928.1.)
02.01 정우회 집행위원회, 정우회 해체성명서 채택-경제투쟁에서 전민중통일정치투쟁으로 전환
02.10 〈조선귀족세습재산령〉 공포(6월 시행)-조선 귀족의 경제적 몰락 방지, 세습 재산 보호
02.10 조선어연구회, 기관지 ≪한글≫ 창간(~1942.5.)
02.10 국내 첫 자매지, 조선일보사의 월간지 ≪신조선≫ 창간(~1936.1.)
02.10 허헌·김법린, 국제반제국주의대연맹 참석(브뤼셀), 배일 결의안 제출
02.11 중앙기독교청년회, 제1회 서커스 대회 개최
02.15 서울 YMCA에서 '신간회'(회장 이상재) 창립-민족의 정치적·경제적 해방(~1931.5.)
02.16 서울 정동의 경성방송국, 호출부호 JODK로 방송-출력 1㎾, 주파수 690㎑
02.17 고려혁명당원 이동욱, 동대문경찰서에 피체-3년 징역
02.19 재동경조선인단체협의회 결성-일본 내 26개 단체 참가
02.21 사상단체 정우회(화요파), 통일적 정치투쟁으로의 전환을 위해 해체 선언
02.00 김규식 등, 남경에서 반제 단체 동방피압박민족연합회 결성-피압박 민족 독립호소
02.00 음악전문출판사 백장미사, 음악잡지 ≪백장미≫ 창간-서양 유명곡 20편 수록
03.01 김상로 등 400여 명, 의주 영산수리조합출장소 습격-4명 살상, 방화
03.05 임시정부 임시의정원, 임시헌법 제3차 개헌-집단지도체제 '국무위원제'로 개편
03.11 고려혁명당 정이형 등 6명, 하얼빈에서 피체-4.20. 신의주지법에서 정이형 무기징역
03.17 미국 메리놀 외방선교회, 천주교 평양교구 독립

03.24 민족대표 33인, 박준승(1865~1927) 사망
03.25 전국 은행, 쇼와금융공황에 임시휴업일 선포(~4.25.)-3주간 지불유예 선언
03.29 조선교육협회 회장 이상재(1850~1927) 사망-한국 최초로 사회장 거행
03.29 〈조선사업공채법〉 개정 공포
03.31 일본사 교과목 명칭 '국사'로 개칭(4.1. 시행)
03.31 〈조선영업세령〉 공포(4.1. 시행)-영업세의 일부, 국세로 전환
03.31 〈조선자본이자세령〉 공포(4.1. 시행)
03.00 이경손·김을한 등, 조선영화예술협회 결성-카프의 주요한 영화운동가들 배출
04.01 안창호, 재만 동포의 산업·교육 발전을 위해 '농민호조사' 조직(~1931)
04.10 상해에서 홍진·홍남표 등, '한국유일독립당 상해촉성회' 창립(~1929.10.)
04.10 임시정부 '임시 약헌' 발효, 국무령 김구·내각 총사직-국무위원제 전환, 집단지도체제
04.15 신민부·정의부·참의부 대표, 길림현에서 3부 통합과 유일당 조직 첫 협의
04.15 사이토 총독 대신으로 우가키 가즈시게(宇垣一成) 임시총독 부임(~1927.10.)
04.20 스티븐스 사살한 장인환, 미국에서 출옥 후 귀국-5.7. 서울 우춘관에서 귀국 환영식
04.23 부산항고등여학교(현 경남여고) 개교
04.25 〈지불유예령〉 공포 실시-모라토리움 선언 이후(1927.3.) 각 은행 영업 재개
04.28 북간도 용정 이경호·김두식 등 30여 명, 신간회 간도지회 설립
04.00 안광천·이영·이광 등, 조선공산당 야체이카 형성
05.02 흥남조선질소비료주식회사(현 흥남비료연합기업소) 설립(자본 1천만 원)-1929. 비료 생산
05.07 〈조선공유수면취체규칙〉 공포
05.07 신간회 도쿄지회 설립(회장 조헌영)
05.10 조선과학재단, 왜성대(옛 조선총독부 청사)에 '은사과학관'(현 국립서울과학관) 개설
05.11 『자유종』 등 한국 신소설 대표 작가, 이해조(1869~1927) 사망
05.19 송학선(1896~1927), 서대문형무소에서 사형 순국-창덕궁 총독 암살 미수(금호문 사건)
05.22 제1회 연희전문-경기의전 정기 야구대회 개최
05.26 참의부원 6명, 평북 초산군에서 밀정 백운기·이공신 처단
05.26 숙명여학교 학생 400명 동맹휴학, 한인교사 채용증가 요구·식민지 여성교육에 반발
05.27 유영준·김활란 등, 신간회 자매단체 '근우회' 창립-'4월 26일', '여자의 날'로 결정
06.01 〈국유철도 여객 및 화물운송규칙·취급세칙〉 제정

06.01 경성일일신문사 주최, 경성부 구청사에서 조선산업박람회 개관-입장료 보통 30전
06.05 계명구락부 최남선·정인보·이윤재, 『조선어사전』 편찬 착수-1938년 간행, 1,690쪽
06.10 신간회 경성지회 설립-회원 290여 명 참석, 회장 한용운
06.14 경북유림단 사건 대표 김창숙, 상해 영국병원에서 피체-14년형 선고, 대전형무소 복역
06.17 원산노동총연합 회원 1,700여 명 파업
06.18 조선총독부, '금융제도준비조사위원회' 설치
07.06 학무부, '1군 1교' 주의에 따라 실업보습교원양성소 설치 계획
07.09 경성운동장에서 '제1회 조선정구연맹전' 개최-금강·백웅·태양 구락부 참가
07.10 민족대동단 단장 전협(1878~1927), 가출옥중 사망-1919.11. 만주 안동역에서 피체
07.15 김봉학·이덕삼·허문기 등, 국치기념일에 전국적 총파업 계획 중 함남에서 피체
07.19 보합단 한이경(1883~1927) 옥사-군자금 모금·친일파 처단, 징역 12년형 선고
07.20 정의부 5중대원 홍학순·장기천·이명수·김봉수, 의주군 가산면 밀정 강영화·계승활 처단
07.00 김교신·함석헌 등 무교회주의자들, 동인지 ≪성서조선≫ 창간(~1942.3.)
07.00 연학연·이준열, 서울 숭인동에 '종합예술협회' 조직-교화운동 전개, 연극 공연
08.01 시베리아·아시아·유럽 각국과 여객·수송화물 연락 운수 개시
08.02 〈수산물냉장장려보조규칙〉 공포-수산물 냉장의 저빙고 신설·증설 보조금 지부
08.15 〈조선사설철도 매수에 관한 건〉 공포(10.1. 시행)
08.18 조선총독부, 〈조선철도 12년 계획〉 발표-수탈 목적의 전국 철도 교통망 확충 계획
08.18 정의부 홍학순·장기천·김봉수, 신의주 식산은행지점 용만금융조합 습격, 982원 탈취
08.19 임시정부 신임 내각 구성-주석 이동녕, 국무위원: 김구·오영선·김철 등
08.28 현제명, 전미현상독창대회에서 1위 입상
08.31 김창섭 등, '창광회(蒼光會)' 조직-'민중예술'을 표방한 미술가들의 모임(~1928.8.)
09.01 정지용·윤극영 등, '조선동요연구협회' 창립- 동요 창작과 동요의 이론체계 확립
09.03 〈조선비료취체령〉 공포(1928.3. 시행)-1961.12. 폐지
09.03 서울청년회 무력단체 적박단 해체 선언-1924.11. 결성
09.07 조선노농총동맹, '조선노동총동맹'과 '조선농민총동맹'으로 분리
09.08 김연창 등 국내 아나키스트들, 노동자자유동맹 결성
09.12 대한독립군 모연대장 최성재·서병수, 함흥지법에서 징역 7년·3년 선고
09.12 춘천농업학교 3년생 30여 명, 일본인 교장 배척 동맹휴학

09.15 조선총독부 청사 완공 후, 경복궁 정문 광화문을 건춘문의 북쪽으로 해체 이전
09.16 부산 용당포(현 부산 남구 신선대 일원) 앞바다에서 어선 전복-50명 익사
09.19 참의부원 4명, 평북 위원군 밀산면에서 일본 경찰과 교전 중 장평운 전사
09.26 〈혈청·예방액 등 판매 규정〉 공포
09.27 김일주 등, 한국유일독립당 남경촉성회 창립
09.00 나운규, 동대문구 창신동에 나운규프로덕션 설립-조선키네마프로덕션에서 독립
10.05 조선공산당 만주총국 조직부장 최원택 등 100여 명 피체
10.16 천도교기념관에서 조선소년연합회(위원장 방정환) 결성-100여 개 소년운동단체 참여
10.18 장진홍, 조선은행 대구지점 등 일제기관 4곳 폭파-1930.6. 서대문형무소 수감 중 자결
10.19 정의부 의용군 4명, 평북 구성군 사기면에서 일본 경찰과 교전 중 오장 김치복 전사
10.22 동아일보 사장에 송진우, 편집국장에 김준연 취임
10.23 함남 고원 동양척식회사 소작인 500여 명, 소작쟁의 돌입
10.25 신민부, 한인학교 통합 '해림신창학교' 설립-의무교육제도 채택
10.28 근기지방 최초로 소작운동단체, '부평농민조합' 창립
10.00 전북 옥구 이엽사(二葉社) 농장 소작인, 소작료 불납운동 전개
11.02 중국 상해에서 유일독립당촉성회 각지대표연합회 개최
11.05 중앙고보생들, 학생자치제 요구로 동맹휴학
11.11 경성제일고보 동맹휴학-조선역사 교수 등 요구, 무기정학 149명, 퇴학 31명(~11.29.)
11.13 혁신단원 한익 등 8명, 북간도 용정 부근 소석구에서 일본 경찰과 교전 6명 전사
11.14 한국유일독립당촉성회 각지대표연합회, 상해 민국로 침회당에서 개최
11.15 대구고보 장적우·윤장혁·장종환, 신우동맹 창립-식민지 교육 반대, 사회과학 연구
11.22 경남 하동공립보통학교 100여 명, 일본인 교장 배척 동맹휴학
11.27 조선씨름협회 창립-1927.12. 제1회 전조선씨름대회 개최
11.00 한국 동요-홍난파, 〈고향의 봄〉 작곡(작사 이원수) 발표
12.01 ≪조선일보≫, 한국 최초의 신춘문예 도입
12.01 한강철교 복선 운행 시작
12.04 부산청년동맹 창립-전국 각지의 '연맹제' 청년단체, '동맹제' 조직으로 변경
12.06 전북 익산 시민, 중국인의 재만동포 구축에 분개, 중화배척운동 전개-이후 전국 확대
12.07 청주고보생, 일본인 교장과 교원 배척 동맹휴학

12.07 창원군 천기농장 소작인 30여 명, 소작료 불납동맹으로 항쟁
12.07 황해도 겸이포 미쓰비스제철운수 직공 40여 명, 임금인상 등 요구 동맹파업
12.09 안재홍·신석우 등 각 사회단체 100여 명, 서울에서 '재만동포옹호동맹' 창립
12.10 야마나시 한조(山梨半造), 제4대 조선총독 임명(~1929.8.)
12.12 봉오동전투에서 활동했던 박영(1887~1927) 사망
12.16 정의부 군사위원장 오동진, 길림에서 일본경찰에 피체-1932.3. 무기징역, 1944.12. 옥사
12.25 신민부, 김좌진의 군정파와 박관해·최호의 민정파로 분열
12.28 〈조선토지개량령〉 공포(1928.7. 시행)-토지구획정리사업 실시

03.27 [중국] 영국·미국 군함, 난징 포격(남경사건)
04.09 [미국] 최악의 사법 살인, 사코와 반제티 사형 선고
04.18 [중국] 장개석, 남경에 반공정부 수립
05.20 [사우디아라비아] 영국으로부터 독립
05.21 [미국 비행사 린드버그, 뉴욕~파리 무착륙 단독비행 성공
06.20 [미국-영국-일본] 3국 해군 군축회의
07.02 [국제] 아프리카 최고봉 킬리만자로 최초 여성 등정
07.13 [중국] 중국공산당, 우한 국민정부로부터 탈퇴 선언
07.24 [일본] 소설가 아쿠타가와 류노스케(芥川龍之介) 자살
08.01 [중국] 중국공산당 최초의 대규모 전투 '남창기의(南昌起義)' 발발
08.23 [미국] 이탈리아계의 이민자 사코-반제티, 누명을 쓴 채 사형 집행
09.14 [미국] 맨발의 댄서, 이사도라 덩컨(1878~1927) 사망
09.29 [네덜란드] 심장의 전기적 성질 발견한 생리학자 에인트호벤(1860~1927) 사망
10.02 [스웨덴] 물리학자 아레니우스(1859~1927) 사망
10.06 [미국] 워너브라더스 픽처스, 첫 유성영화 '재즈 싱어(The Jazz Singer)' 개봉
10.07 [뉴욕-런던] 무선전화 개통
12.11 [중국] 중국공산당, 광동 소비에트정권 수립
12.15 [방글라데시] 폭풍으로 1만 명 사망
12.15 [중국] 소련과 단교
12.18 [소련] 상트페테르부르크 소비에트 의장 레온 트로츠키, 공산당대회에서 제명

12.19 [중국] 장작림, 재만 한인의 축출 명령
12.30 [일본] 도쿄 지하철 최초 개통

1928 무진(戊辰) 대한민국10 소화3 민국17

01.19 〈전문학교령〉 개정-공립·사립·전문학교, 문부대신의 감독 하에 둠
01.23 평양물산장려회, 음력설을 맞아 선전 행진하며 〈조선사람 조선으로〉 전단 살포
01.25 신민부 중앙위원장 김혁 등 9명, 하얼빈에서 일본경찰에 피체-10년형 선고
01.00 재일 아나키스트 단체 흑풍회, 흑우연맹으로 개칭-기관지 ≪호조운동≫ 간행
02.01 참의부 제1중대장 배석영, 평북 초산에서 피체
02.02 제3차 조선공산당 사건(ML당 사건)-조선공산당·고려공산청년회 회원 32명 검거
02.07 〈임시소작조사위원회 규정〉 공포-조선인들 소작쟁의 방지·진압대책 수립 자료 조사
02.07 참의부 제3중대 김경봉·최현서, 평북 위원군에서 피체
02.10 정의부 제1중대원 김익홍, 평북 벽동군 오북면에서 피체
02.11 조선체육회 주최, 중앙기독청년회관에서 제1회 전조선탁구대회 개최
02.12 미국 뉴욕의 한국여학생, '근화회' 조직(회장 김마리아)-독립운동 후원
02.20 니주바시 폭탄 사건의 의열단원 김지섭(1884~1928), 지바형무소서 복역 중 옥사
03.00 부산공회당 준공-1953.11. 부산역 대화재로 소실
03.00 제4차 조선공산당(책임비서 차금봉) 성립
03.17 부산축항 내 부산 제2잔교(棧橋) 수축 준공식
03.20 세브란스연합의학전문학교, 한국 최초의 근대적인 세브란스병원 낙성
03.25 유기석·한일원 등, 상하이 프랑스 조계에서 '조선무정부주의자연맹' 조직
03.28 조선총독부 경무국, 동아일보사 문맹퇴치운동 금지
03.30 블라디보스토크 한인 70호, 카자흐스탄 농업인민위원회 초청에 세미팔라틴스크로 이주
03.31 서울 명륜동의 중앙학림 자리에 불교전수학교(현 동국대학교) 설립
04.13 경성방송국, 전속 오케스트라 조직
04.22 경성역을 기점으로 경성부영 버스 7대 운행 개시-1구간에 7전
04.23 참의부 문창숙(1898~1928), 평양형무소에서 사형 순국-일본 밀정 홍종락 암살 이유

04.00 무대예술연극협회 창립 공연-〈영겁의 처〉·〈눈보라 치는 밤〉·〈춤추는 마레리아〉

04.00 백우용, 아악채보(雅樂採譜) 제작-국악보를 오선지로 채보하기 시작

05.09 ≪조선일보≫, 4차 무기정간(~9.19.)-〈제남사건의 벽상관〉(안재홍)·일본군 산동 침략 비판

05.12 18개 재만민족운동단체 대표, 길림 화전현에서 유일당촉성문제 등 협의

05.14 조명하, 대만에서 일본 왕족 처단 미수-1928.10. 대만형무소에서 사형 순국

05.20 조선체육회, '조선축구심판협회' 창립-1933.9. '조선축구협회'로 개칭

06.16 〈임시교육심의원회〉 제정-교육 자문기구(위원장: 정무총감) 설치

06.16 조선물산장려회관에서 '전경성공업자대회' 개최-조선인 공업자 첫 모임

06.16 조선상업은행, 삼남은행 합병

06.23 임시교과서조사위원회(위원장 정무총감) 설치-식민교육을 위한 교과서 편찬안 심의

06.29 〈치안유지법〉 개정-국체변혁 결사조직 주동자·역원·지도자 사형·무기형 규정

06.00 보통학교 증설 계획 수립-1929년부터 8년간 '1면 1교' 목표

07.02 평양 영신양말공장 등록 상표, 태극무늬가 있다고 압수

07.11 한국 최초의 여류비행사 박경원, 일본 비행경기대회 3등 입상

07.14 제4차 조선공산당 조직 혐의자 안광천·한위건 등 10여 명 피체-제4차 공산당 사건

08.00 조선총독부 내무국, 한국인 성씨 분포 조사-총 492개 성씨

08.06 〈조선금융제도조사회규정〉 공포

08.10 평양부립도서관 개관

09.00 간도공산당사건-고려공산청년회 만주총국 동만도 관계자 72명 검거

09.15 수원농고생 비밀결사 조선개척사 발각, 김익수 등 11명 피검

09.19 조선독립단원 장관청·장하청, 신의주지방법원에서 무기징역 선고받음

09.19 참의부 군사위원장 마덕창(본명 이종혁), 만주 봉천에서 피체

09.00 조선경제협회, '조선금융조합협회'로 개편-각도 금융조합연합회 상호간 긴밀한 유대

10.01 박승희 등, 연극단체 '토월회' 재조직

10.01 함경선(원산↔회령) 전 구간 개통-길이 629.4㎞, 나남에서 함경선 전통식 거행

10.07 서울 서소문동 경성고등법원·복심법원·지방법원 청사 낙성-1995. 서초동으로 이전

10.07 서울에서 '전국변호사대회' 개최-〈보안법〉 폐기 가결

10.09 조선어연구회(조선어학회 전신), '한글날(가갸날 개칭)' 제정

10.10 대만에서 일본 육군대장을 처단하려던 조명하(1905~1928), 대만형무소에서 사형 순국

1928

10.15 제1회 전문학교 대음악회 개최-이화·숭실·세브란스·연희 등 4개 전문학교 참여
10.16 독립운동가 박용만(1881~1928), 북경에서 변절자로 오인한 의열단원 이해명에 피살
10.00 서울 전차 선로(남대문↔효자동) 준공
10.00 지청천, 풍옥상(서북국민연합군 총사령)과 밀약-만주 밀산에 '고려혁명사관학교' 설립
11.02 이기세·염상섭·양백화·김운정 등, '조선문예영화협회' 창립
11.09 선천폭탄사건의 임용일, 신의주지방법원에서 무기징역 선고받음
11.09 정의부원 김원국(일명 김창림)(1903~1928), 여순감옥에서 사형 순국
11.21 홍명희 장편소설「임꺽정전(林巨正傳)」, ≪조선일보≫에 연재 시작(~1939.3.)
11.00 경성방송국, 〈이왕직 아악의 밤〉 방송
11.00 경성방송국, 일본방송협회와의 중계연락방송 시험 성공
11.00 정창선, 충남 논산군 두마면에서 '만인교' 창시
12.02 경북 울산 삼산리에 '울산비행장' 개장-일본·조선·중국 대륙 연결 목적
12.02 조선소방협회(재단법인) 조직(~1939.10.)-848개 조합, 54,583명의 소방조원
12.06 만주 독립운동단체 의성단 단장 편강열(1892~1928), 신의주형무소 병보석 후 사망
12.07 코민테른, '12월 테제' 하달-조선공산당 승인 취소, 재건 명령
12.15 한국에 조선구세군 자선냄비 첫 등장
12.21 장두현 등 조선물산장려회 인사, 고려발명협회 창립총회 개최
12.24 〈저축은행법〉 전면 개정(1929.1. 시행)-민족자본 발전 억제, 자본금 200만 원 인상
12.29 〈시가지세령(市街地稅令)〉 폐지-〈지세령〉으로 통일
12.29 〈탄전(炭田)조사위원회 규정〉 공포-탄전, 석탄이 묻혀 있는 땅
12.00 신민부 군정파(김좌진)·참의부 주류파(김승학)·정의부 탈퇴파(김동삼), 혁신의회 결성
12.00 3부 요인들, 민족유일당재만책진회 결성-민족유일당 촉성 임시 준비 기관

01.11 [영국]『테스』작가 토마스 하디1840~1928) 사망
02.20 [일본] 중의원 선거 첫 실시
02.28 [중국] 장개석, 국민혁명군 총사령관 취임
03.15 [일본] 공산당원 1천여 명 검거
05.03 [중국] 일본군, 산동 제남에서 장제스의 북벌군과 충돌(제남 사건)-5.11. 제남 점령
06.06 [중국] 국민혁명군(북벌군), 북경 입성 시작(6.19. 완료)

06.07 [중국] 만주 군벌 장작림(1873~1928), 일본군의 열차 폭발 사고로 사망
06.14 [영국] 급진파 여성참정권론자 에멀린 팽크허스트(1858~1928) 사망
06.18 [노르웨이] 극지 탐험가 로알 아문센(1872~1928) 사망
06.18 [미국] 아멜리아 에어하트(1897~1937), 여성 최초로 대서양횡단 비행에 참가
07.02 [영국] 의회, 평등선거권법 가결, 21세 이상 여성에게 남성처럼 선거권 부여
07.03 [미국] 컬러 TV 방송, 세계로 첫 송출
07.06 [미국] 워너브라더스사, 세계 최초의 발성 영화 〈뉴욕의 등〉 제작
07.28 [국제] 제9회 암스테르담 올림픽 개막
07.30 [미국] 조지 이스트먼, 최초의 칼라 영화 공개
08.07 [국제] 코민테른 제6차 세계대회, 모스크바서 개최
08.12 [체코슬로바키아] 체코의 3대 작곡가 중 한 사람 야나체크(1854~1928) 사망
08.27 [국제] 미국·영국·프랑스·일본 등 15개국, 파리서 부전조약(不戰條約) 체결-전쟁포기
09.03 [영국] 세균학자 알렉산더 플레밍, 페니실린 발견
10.03 [미국] 후버, 미국 제31대 대통령에 당선
10.11 [독일] 비행선 대서양 횡단 성공
11.18 [미국] 미키 마우스의 '증기선 윌리' 개봉
12.10 [영국] 글래스고파(Glasgow派) 대표적인 건축가 매킨토시(1868~1928) 사망
12.13 [미국] 거슈인 작곡 '파리의 아메리카인'(An American in Paris) 초연
12.29 [중국] 장개석의 국민정부, 중국 통일

1929 기사(己巳) 대한민국11 소화4 중화민국18

01.13 원산부두 문평제유소 직공·운수노동자 1,400명, 노동조건 개선 요구 총파업(~4.6.)
01.25 압록강변서 총독 사이토 저격한 참의부 이의준(1893~1929), 평양형무소에서 사형 순국
01.25 조선공산당 재건준비위원회, '12월 테제' 만장일치 지지-조선공산당 재조직 결정서
01.25 조선총독부, '1면 1교' 계획 하달(4.1.부터 실시)
01.26 〈조선어업령〉 개정, 공포(1930.5.1. 시행)-어업 규제 강화
01.27 충남 공주시민들, 금강관에서 도청 이전 반대 시민대회 개최

02.01 중앙기독교청년회, ≪농촌청년≫(청년잡지사) 창간
02.01 최정균, 전남 광주에 자동차학교 설립-한국인 경영 최초의 자동차학교
02.14 장진홍, 조선은행 대구지점 폭파 혐의로 일본 오사카에서 일본 경찰에 피체
02.19 〈사립학교 규정〉 개정-조선인 사립학교, 학교유사단체라 명목 하에 폐교 가능
02.22 문학인·음악인들, '조선가요협회' 결성-가요 창작, 퇴폐적·현실 도피적 가요 배격
02.27 이천권총사건의 이수흥(1905~1929)·유택수(1900~1929), 서대문형무소에서 사형 순국
02.00 만주 봉천·길림의 20개 청년단체, '남만한인청년동맹' 조직-동맹파업·소작쟁의 지원 등
03.03 김종량·유두찬 등 공업기술자들, '조선공학회' 설립
03.11 조선총독부, 신간회 전국대회 금지
03.14 재경 일본인, 경성럭비축구협회 창립
03.22 조선일보사, 소비절약·상식보급·건강증진·색의단발(色衣斷髮)운동 전개(~5.1.)
03.26 청원청년회 주최, 제1회 서도축구대회 개최-서도, 황해도와 평안도
03.29 〈항공우편규칙〉 공포(4.1. 시행)
03.29 최현배, 문법책 『우리말본』 제1편 간행
04.01 여의도비행장(경성비행장) 개장-일본·한국·만주 잇는 항공 수송의 요지로 확장
04.01 일본항공수송(주), 도쿄↔울산, 울산↔대련 항공로 개설
04.01 정의부·참의부·신민부, 길림에서 자치기관 '국민부' 조직-1929.6. 신빈현 왕청문 이전
04.06 함흥고보 학생 동맹휴학-조선역사·조선어 교사 요구
04.08 부산 조선직공조합원, 임금 인상 요구하며 총파업
04.11 〈자원조사법〉 공포(12.1. 시행)-일본 세력 내 인적·물적 자원의 조사 강행
04.18 공명단 최양옥·김정연·이선구, 양주 마치령[망우리]에서 일본우편차 습격, 현금 탈취
04.19 〈조선교육령〉 개정·공포 시행-사범학교 특과 폐지, 심상과 설치, 도립 사범학교 폐지
04.23 밀정 처단 후 체포된 통의부원 전학수, 평양복심법원에서 사형 언도-7.27. 사형 순국
05.01 조선형평사 총본부, 기관지 ≪정진(正進)≫ 간행-일반상식·시·소설·수필로 구성
05.03 평양서 양주동, 월간 문예잡지 ≪문예공론≫(편집·발행인 방인근) 창간(~1929.7.)
05.04 정의부원 김종주, 평양복심법원에서 무기징역 언도
05.05 경성 여의도에 조선비행학교(교장 신용욱) 개교
05.09 고병돈 등, 종합문예지 ≪조선문예≫ 창간(~1929.6.)
05.09 평양시내 9개 고무공장 노동자, 임금인상요구 파업

05.13 참의부 군사위원장 마덕창(이종혁), 평양복심법원에서 징역 5년 언도-출옥 후 병사
05.20 재만독립군 이응서·김여련·손용준, 국내 잠입 중 피검-이응서, 1932. 무기징역 확정
05.00 원산↔평양 자동차선 개설
05.00 조선총독부, 언문철자법조사위원회 설치-철자법 개정, 조선어 발전 억제 목적
05.00 국민부 사무소에서 정규군, 조선혁명군 창설-남만주에서 무장투쟁 전개(~1938.9.)
06.01 대구·평양관립사범학교 수업 개시-교육 연한 남 5년, 여 4년
06.01 밀정 처단 후 피체된 참의부원 장성규, 평양복심법원에서 원심대로 징역 15년 언도
06.02 홍주의병장 안병찬(1854~1929) 사망
06.03 평양 대동강역 공사장 인부 170여 명, 임금인상요구 동맹파업
06.05 참의부 2중대장 왕경학·박시백, 신의주지법에서 무기·15년 징역 언도(1928.4. 피체)
06.06 남조선철도 공사 제4공구 노동자 1천여 명, 임금 체불에 항의 총파업
06.12 〈도립의학강습소규정〉 공포 시행-도 지방비로 의학강습소 설립
06.14 월간 교양잡지 ≪삼천리≫ 창간(편집겸 발행인 김동환)(~1942.7.)
06.17 〈서당규칙〉 개정 공포-서당 개설 시 도지사 허가 필요
06.20 민태원 수필 〈청춘예찬〉, ≪별건곤≫에 발표
06.20 〈소학교·보통학교 규정〉 개정 공포-실과 교육 치중
06.21 제5차 공산당사건-공산당 재건, 인정식 등 70여 명 피검
06.24 진남포 신흥어업조합 소속 200여 어부, 일본인 선주 횡포에 분개 총파업
06.25 정의부원 장기천 등 5명, 신의주지법서 무기징역 언도-식산은행 만주지점 등 습격
06.27 식산은행 저축과를 모체로 '조선저축은행' 창립-식산은행의 자금조달 목적
07.01 신간회 복대표위원회 개최-중앙집행 위원장(허헌)·위원(홍명희 등 55명) 선출
07.06 여운형, 상해 대마로경마장에서 야구시합 구경 중 피체-7.10. 서울로 호송
07.11 광복단원 오동규, 신의주지법에서 무기징역 언도-의주 조제암주재소 습격
07.13 김좌진, 한족총연합회(한족자치연합회 전신) 조직(~1930.7.)
07.14 조선일보사, 문자보급운동 시작-운동 구호, '아는 것이 힘, 배워야 산다'
07.20 부산고무신제조공장 여공 450명, 임금인하 반대 동맹파업
07.25 신민부 경리부 위원장 유정근, 평양복심법원에서 징역 15년 언도
07.27 대한독립단·대한통의부 전학수(1896~1929), 평양형무소에서 사형 순국
07.31 평북 철산 차련관주재소 습격한 김승화·이춘화, 신의주지법에서 사형·징역 10년 언도

08.01 조선농민사, ≪우리의 체력과 할 일≫ 팜플렛 1집 발행
08.02 경남 통영 조선제강주식회사 여공 200여 명, 임금인하 반대 파업
08.17 독직사건에 야마나시(山梨半造) 총독 파면-부산 미두취인소 설립 관련 5만 원 수수
08.17 사이토 마코토(齋藤實), 제5대 조선총독 재임명(~1931.6.)
09.01 동아일보사 주최, 제1회 전국수영대회 개최-80여 명 선수 참가
09.07 안익태, 경성공회당서 첼로독주회 개최
09.10 일본항공운수(주), 후쿠오카↔울산↔서울↔대련 간 여객항공선 개설-격일 1왕복
09.17 〈권업모범장관제〉 폐지-〈농사시험장관제〉 공포 시행
09.18 한강인도교(460m), 1년 6개월 만에 개통-공사비 130만 원 소요
09.24 〈조선간이생명보험규칙〉 공포(10.1. 시행)
09.30 최초 선거관련 〈지방선거취체규칙〉 공포(10.1. 시행)
09.00 조선총독부, '창복회' 조직-생활이 어려운 조선귀족 구호 활동
09.00 길림 국민부 사무소에서 '조선혁명당' 결성-국민부의 정당 성격을 갖춘 자매기관
10.01 경복궁에서 조선박람회 개막(~10.31.)
10.01 〈청년훈련소 규정〉 공포-훈련 기간 4년, 16세 이상 17세 이하 남자
10.06 신민부 간부 홍순갑(1896~1929), 신의주형무소에서 옥사
10.08 조선일보 주최, 휘문중학교 운동장에서 경성·평양대항 축구전 개막-10.12. 평양 우승
10.18 경성약학전문학교 설립(1930.4. 개교)
10.30 광주↔나주 열차에서 한·일 학생 충돌(나주역 사건, 광주학생운동 도화선)
10.31 조선어연구회 유진태 등 108명, 한글날을 맞아 '조선어사전편찬회' 조직
11.03 광주학생운동 발발-1930.3월까지 194개교, 5만4천여 명 참가, 투옥 580여 명
11.07 비밀결사 학생투쟁지도본부 창립-광주학생운동 지도, 전국화 추진(~1929.12.)
11.08 경성제국대학을 비롯한 서울 각급학교 학생들, 만세시위 동맹휴학(~11.9.)
11.08 조선수력, 동양 최대 부전강수력발전소(12만9,600㎾) 준공-중화학공업 육성 목적
11.10 근우회, 광주학생운동 조사 결의. 광주 일원에서 학생 300여 명 피검
11.11 조선총독부, 상공장려관(남산 상품진열관 전신) 낙성
11.12 전남 광주에서 대규모 학생시위 재발-11.16. 경찰, 광주 시내에 특별 경계령
11.19 군자금모금 중 검거된 천마대원 김성범, 평양복심법원서 사형 선고-1930.3.17. 순국
11.21 〈금수출해금령〉 공포(1930.1. 시행)

11.27 대한독립단 참의부 유격대 참사 황학봉(1904-1929), 평양형무소에서 사형 순국

11.00 토월회, 조선극장에서 〈아리랑고개〉 공연

12.01 경남철도, 경기도 광주↔남포 개통

12.09 서울 경신·보성·중앙고보생 등 시위, 950명 피검-12.13. 서울 각급학교 전면 휴교

12.13 광주학생운동 관련, 서울시내 각 급 학교에 전면 휴교령

12.13 일본 경찰, 광주학생운동 진상 보고 민중대회 준비 중인 신간회 본부 습격

12.14 정의부원 안용운, 평양복심법원에서 징역 10년 언도

12.16 정의부원 김용택, 평양형무소서 사형 순국-1927.7. 봉천주재소 한인 순사보 처단 시도

12.20 국민부, 민족유일당조직동맹 개편, '조선혁명당' 조직

12.23 일경, 신간회 본부 습격-간부 등 검거-광주학생운동 진상보고 민중대회 추진 중

12.30 조선자유노동자조합 사무소에서 극동노동조합 결성-재일본 한인 아나키스트 연합 도모

12.00 서울·평양·대구에 공설 전당포 설치

01.11 [로마] 로마교황청, '바티칸제국'으로 개칭

01.31 [독일] 레마르크 소설, 『서부전선 이상없다』 출판

02.11 [바티칸] 이탈리아로부터 독립

04.04 [독일] 가솔린 자동차 발명가 벤츠(1844~1929) 사망

04.14 [모나코] 제1회 모나코 그랑프리 대회 개막

05.03 [인도] 회교도와 힌두교도 충돌

05.04 [중국] 일본군, 산동 철수

05.28 [미국] 영화사상 최초 총천연색 토키영화, '언 위즈 더 쇼', 뉴욕서 개봉

07.06 [중국] 중화민국, 신수도를 남경으로 결정

08.06 [국제] 네덜란드 헤이그에서 독일배상에 관한 영국안 수정 가결

08.16 [소련] 블라디보스톡서 제2회 범태평양노동조합회의 개최

08.29 [독일] 비행선 그라프제펠린호, 세계 일주 성공

09.30 [영국] BBC방송, 첫 텔레비전 실험 방송

10.02 [미국-캐나다], 나이아가라 폭포 보호협정 조인

10.04 [영국-소련] 양국 국교회복의정서에 조인

10.24 [국제] 미국의 주가 대폭락, 대공황 신호탄

12.31 [인도] 국민회의, 라호르의 대회에서 완전독립 결의

1930 경오(庚午) 대한민국12 소화5 민국19

01.08 광주고보생 17명, 제3차 봉기계획 발각으로 퇴학 조치
01.09 개성 송도고보·호수돈여고보·미리흠여학교·공립상업교 등 400여 명, 동조 시위
01.10 부산조선방직회사 직공 2천여 명 총파업-임금 인상, 8시간 노동 등 요구
01.11 상해의 병인의용대·노병회·교민단·학우회·대한애국부인회 등, '상해한인단체연합회' 조직
01.12 인천 가토(加藤) 정미소 노동자 300여 명, 임금인상 요구 파업
01.13 일제, 만주 왕청현에 〈한비잠행판법(韓匪暫行辦法)〉 공포-독립운동가 무력 토벌 전개
01.15 서울 휘문·중동·경신·정신·동덕·배재고보·보성전문 등 14개교 시위, 400여 명 피체
01.18 진주고보·진주제일보교·일신여고보생 1천여 명, 광주학생운동에 호응, 만세시위 전개
01.24 김좌진(1889~1930), 북간도 산시역전서 공산주의자 박상실·김일성 등에게 암살
01.25 이동녕·안창호·김구 등 우파, 상해에서 '한국독립당' 결성-임시정부 산하 정당
01.28 간도 은진중학생 80여 명·동아학교생 150여 명, 만세시위-160여 명 피체
01.00 충무로 1가에 미쓰코시(三越) 백화점 경성지점(전 경성부청, 현 신세계) 준공
02.05 조성환·이천민 등, 북경에서 한족동맹회 조직
02.08 평양시내 24개 면옥(麵屋) 노동자 279명, 임금삭감에 항의 동맹파업
02.13 프랑스 파리서 10년간 무용을 연구한 차균창, 경성에 '무용연구소' 설립
02.14 〈언문철자법〉 개정 공포-조선총독부 학무국에서 각급학교의 조선어독본에 사용 목적
02.16 경학원에 조선총독부 직속기관 '명륜학원' 병치
02.27 철혈단원 박윤서·오상열, 간도 용정에서 일본영사관 경찰과 교전
03.01 경성방송국, 한국어·일어 혼영 방송제 폐지-한국어 방송(9~11시) 실시
03.01 〈소금수입에 관한 령〉 공포-조선총독부 주관 하에 소금 수입·판매
03.03 〈마약류중독자등록규정〉 공포 시행
03.07 경성 가부제사회사 여공 300여 명, 회사 측의 임금인하에 항의 동맹파업 단행
03.11 간도 화룡현 삼도구 한인학생 200여 명 만세시위
03.12 〈조선어업조합등기규칙〉 공포(5.1. 시행)

03.17 천마산대·참의부원 김성범(1899~1930), 평양형무소에서 사형 순국
03.19 수원 화성학원에서 '에스페란토연구회' 창립
03.19 고려혁명군 결사단 김보형 등 5명, 하얼빈에서 피체되어 신의주로 호송-10년 옥고
03.20 〈우표류 및 수입인지 판매규칙〉 공포(4.1. 시행)
03.20 조선공산당 만주총국, 코민테른의 '일국일당' 원칙에 해체 선언, 중국공산당에 흡수
03.29 서울청년회, 제3차 ML당 사건 관련자 도정호, 서대문형무소에서 폐병으로 옥사
03.31 단성사에서 최승희 창작무용발표회 개최
03.31 〈신철자법〉에 의한 『보통학교 조선어독본』 개정본 1권 간행
03.00 정지용·박용철·김영랑 등, 문예지 ≪시문학≫ 창간(편집 박용철)(~1931.10.)
04.00 조선프롤레타리아예술동맹, '카프(KAPF)'로 약칭-Korea Artista Proleta Federatio
04.01 〈철도여객 화물운임율〉 개정-'마일제'를 '킬로미터제'로 개정
04.02 한국인 최초 비행사 안창남1900~1930), 중국 혁명전선에 참가 중 비행기 사고로 사망
04.06 조선농민사 제3차 전선대표대회 개최-조선농민사와 전조선농민사로 분립
04.07 불교전수학교, 불교전문학교(현 동국대학교)로 승격
04.09 동양척식주식회사 신태인농장 소작인 1,000여 명, 고율 소작료와 소작 이동에 항쟁
04.12 조선농민사, 조직·교양·경제 3운동 강목 발표-농촌에 농민학원 개설 등
04.16 ≪동아일보≫ 3차 무기정간-미국 네이션 편집장 빌리즈의 기고문 게재 문제(~9.1.)
04.17 제2차 조선공산당사건에 피체된 권오설(1897~1930), 고문 후유증에 서대문형무소 옥사
04.20 유자명·장도선·정해리·유기석 등, 중국 상해에 남화한인청년연맹 결성-무정부주의 단체
04.20 평양 산십조(山十組) 제사공장 여공 500여 명, 노동조건 개선요구 동맹파업
04.23 홍난파 작곡집 『조선동요백곡집』 상·하권 간행
05.01 김해농민연맹, 메이데이 기념식 거행 후 군중 수천 명 시위행진
05.03 함남 신흥군 가평면 조선탄업주식회사 탄광노동자 200여 명, 동맹파업
05.05 상해 대한교민단, 공산주의에 대항코자 의경대 조직(대장 박창세)
05.07 광주학생운동 변론 변호사 이인, 변론이 불온하다고 6개월간 정직 처분
05.09 오산학교 설립자 이승훈(1864~1930) 사망
05.10 〈조선상공회의소령〉 공포-조선의 중소상공업 제한 통제 강화
05.17 마진(마문호, 1867~1930), 일본군에 살해됨-간도 창동학교 창설·충열대 조직
05.20 김인순 등, 동덕여고보에서 '조선여자체육장려회'(회장 조동식) 창립(~1938.7.)

05.21 만주 장춘보통학교 한인 5~6학년생, 일본인 교장 배척 동맹휴학
05.22 스티븐스를 처단한 장인환(1876~1930) 사망
05.30 김근 등 간도의 공산당원 500여 명, 반일운동, 60여 명 피살(간도5·30사건)
05.31 간도 용정촌 한인 50여 명, 동척·조선인민회·일본영사관 등 습격
05.00 한용운 등, 항일비밀결사 '만당(卍黨)' 결성-항일 투쟁과 불교 개혁운동 목적(~1933)
05.00 조선농민사, ≪노선농민≫ 잡지 제호 ≪농민≫으로 변경
05.00 중국 길림성, 〈한인혁명단체취체령〉 발포
06.03 의주농업학교생-언론·집회자유 요구. 함흥농업학교생-식민지교육반대 등 요구 동맹휴학
06.05 조선은행 대구지점 폭탄사건의 장진홍(1895~1930), 대구형무소에서 자결 순국
06.10 의열단 이종암(1896~1930), 병보석 중 사망-상해에서 육군대장[田中] 암살 기도
06.15 중국 천진에서 대한대독립당주비회, 기관지 ≪조선의 혈(血)≫ 창간
06.16 군산 아사히(朝日) 정미소 노동자 200여 명, 임금인상 요구 동맹 파업
06.24 조선총독부, '조선자원조사위원회' 설치
06.00 김소랑·권삼천 등, '삼천가극단' 조직-드라마 가미한 가요극·경연극·희가극 분야 개척
07.01 울산항공무선전신국 개국
07.05 조선혁명군 흑길별동대 조직-흑룡강성·길림 지역의 기반 확보 목적
07.08 서울 보성고보생 500여 명, 교장배척·교육제도 개선 요구 동맹휴학
07.19 신채호, 중국 대련법원에서 징역 10년 선고
07.20 함남 단천 농민, 1천여 명 시위-11명 사망·26명 중경상-삼림조합 가입 강요 반대
07.20 안재홍·남궁억·조만식 등, 전조선수해구제회 조직-1930.8. 활동 불허, 해체 결의
07.26 홍진·지청천 등, 한족자치연합회 모체로 만주 영안현에서 한국독립당 조직
07.31 대구형무소 수감자 1,500여 명, 장진홍의 의문사에 대한 사인 규명 요구 시위
08.01 상해한인척후대, 화랑사와 결합, 상해한인소년동맹 조직
08.01 도쿄 흑우연맹의 원심창·한하연 등, 기관지 ≪흑색신문≫ 창간(~1935.5.)
08.02 장지영, 『조선어철자법강좌』 간행-한글 새 철자법 소개·설명
08.04 임시정부, 국무원 개편-국무령에 김구 선출
08.07 평양고무노동자 1,800여 명 동맹파업, 임금인하 항의, 파업직공 1,400여 명 해고
08.08 조선혁명당, 국민부파와 공산당파로 분열
08.29 동경유학생 6,000여 명, 만세시위 계획의 발각으로 다수 피체

08.30 3차 조선공산당사건 김준연·김성현·하필원·강동주·최익한 등, 경성지법서 징역 2~6년 언도
08.00 안광천·김원봉, 북경에서 '조선무산자전위동맹'('의열단' 명칭 개칭) 조직
08.00 여성 계몽 목적에서 ≪여성조선≫(발행인 김희철) 창간(~1933.1.)
09.01 부산 마루다이(丸大) 고무공장 노동자 100여 명, 임금인상 요구 동맹파업
09.09 논산군민 1천여 명, 총독부·도지사에 동척의 금강수리조합 설립 반대 진정서 제출
09.18 〈중학교시험제〉 폐지 공포
09.25 〈외국전보 '서신전보제도'〉 제정(10.1. 시행)-요금, 런던 20자까지 9원20전
09.26 휘문고보생 131명, 일본인 교사 배척 맹휴
09.27 조선고무공장 여공 69명, 임금인하 반대 동맹파업
09.00 규장각도서 15만 책, 경성제국대학으로 이관 결정
09.00 프로핀테른(국제적색노동조합연맹), 혁명적 노동운동 전환 촉구(9월테제)
09.00 한국 근대극 첫 연출가 홍해성, '신흥극장' 조직-토월회 출신 중심, 공연 실패로 극단 해체
09.00 강경선(1890~1930), 중국 남경에서 피살순국-임시의정원·상해교민단·인성학교 활동
10.01 개성·함흥, 부(府)로 승격
10.01 평양 양화직공 조합원 500여 명, 임금인하 반대 동맹파업 결의
10.04 〈선박에 의한 아편운송취체규칙〉 공포
10.08 고병남·김호철 등 재미유학생, 시카고에서 재미한인사회과학연구회 창립
10.08 한국혁명당총동맹 장기준·오면직 등, 중국 천진의 일본은행 습격-독립운동자금 조달
10.20 백두산 이학회(理學會), 아동과학잡지 ≪백두산≫ 창간
10.22 서울↔강릉 시험비행 실시
10.25 안악군 안녕수리조합 소작인 200여 명, 소작인상조회 조직-수세 불납 결의
10.28 개성 송도고보, 동맹휴학생 300명 정학처분 및 휴교 확대 조치
11.09 신간회, 전체대회대행중앙집행위원회 개최-간부 피체 후 가능 회복 목적
11.09 정주 박천군 유기공장 노동자 200여 명, 임금삭감에 항의 파업
11.12 조선철도, 황해선(사리원↔동해주) 완전 개통
11.14 고원 동양척식주식회사 소작인 2,000여 명 시위 항쟁
11.15 조선미곡창고㈜ 설립-사장 마츠이(松井房治郞), 자본금 100만 원
11.28 경성전기주식회사 당인리발전소 준공
11.28 여수 축항공사 인부 1,900여 명, 청부자-하청자 간의 알력으로 동맹파업

11.00 이일 등, 프로연극운동의 전국적인 통일을 위해 대구가두극장 조직
12.01 지방제도 〈읍면제 및 도제(道制)〉 공포-일본 지방자치제 모방, 현재까지 유지
12.06 신간회 부산지회 제5회 정기대회 개최-김봉한, 신간회 '해소론' 처음 제기
12.12 주중청년동맹 집행위원장, 혁신농우회 간부 마천목[오해추] 옥사-간도5·30봉기 참가
12.13 조선어연구회, '한글맞춤법통일안' 제정, 결의-1933.10. '한글맞춤법통일안' 확정 발표
12.20 여수↔시모노세키 정기연락선 취항-1일 1회 왕복
12.25 남선철도(여수↔광주) 완성, 운수업 개시
12.27 박승직·유전 등, 조선물산장려회 배경으로 '경성상공협회' 창립
12.27 신간회 평양지회, "신간회는 오히려 계급투쟁을 방해한다"며 신간회 해소 결의
12.29 〈읍면·읍면장에 관한 규정〉·〈부제(府制) 시행규칙〉 등 공포
12.31 공산당 혐의로 재만한인 71명, 길림성 고법에서 40명 사형·6명 무기, 25명 10년 징역
12.00 신민우, 문학잡지 ≪신소설≫ 인수 후 ≪해방≫(해방사 발행)으로 개제(~1931.6.)
12.00 이화여고보, 체호프 작·홍해성 출연 '벚꽃동산' 공연
12.00 조선질소비료(주), 흥남공장 제2착공사 완성
00.00 국내 첫 재즈가수 복혜숙, 콜럼비아레코드에서 '그대 그립다'·'종로행진곡' 발매
00.00 육군주만참의부 소대장·조선혁명군 6중대장 유광흘, 일본군과 통화현 교전 중 전사

02.03 [베트남] 호지명, 홍콩에서 베트남공산당 결성
02.18 [미국] 클라이드 톰보, 명왕성 발견
02.21 [영국] 런던서 미국·영국·프랑스·이탈리아·일본 해군 군축회의 개최
03.02 [영국] 『채털리 부인의 사랑』 작가 D.H.로렌스(1885~1930) 사망
03.08 [미국] 제27대 대통령(1909-1913) 태프트(1857~1930) 사망
03.17 [미국] 엠파이어 스테이트 빌딩(102층) 착공-1931. 준공, 2001.9.11. 테러로 소실
04.06 [인도] 간디, 2차 비폭력저항운동(소금행진) 시작
04.14 [소련] 러시아 혁명의 계관시인 블라지미르 마야코프스키(1893~1930) 사망
04.22 [국제] 국제결재은행(BIS) 설립
04.22 [미국-영국-일본] 런던 해군 군축조약 조인
05.13 [노르웨이] '북극 탐험가'이자 '난민 인권 외교관' 난센(1861~1930) 사망
05.13 [일본] 『고향』 등 자연주의 소설가 다야마 가타이(1871~1930) 사망

05.17 [영국] 유태인에 팔레스타인으로의 이민제한령
05.19 [남아공] 백인여성에 참정권
06.11 [중국] 중앙위, 이립삼노선 채택, 도시무장봉기 결의
07.07 [영국] 『명탐정 셜록 홈스』 작가 코넌 도일(1859~1930) 사망
07.13 [국제] 제1회 월드컵 우루과이서 개막-월드컵 1호골, 프랑스 축구선수 루시엥 로랑
07.23 [이탈리아] 나폴리서 대지진, 2534명 사망, 4264명 부상
08.04 [미국] 세계 첫 슈퍼마켓 뉴욕 변두리에 등장
09.01 [헝가리] 부다페스트에서 실업자 폭동
10.14 [일본] 하마구치(1870~1931) 수상, 도쿄역서 우익청년에 피격(1931.8.26 사망)
10.30 [일본] 발명가, 도요타의 산업 창업자 도요다 사키치(1867~1930) 사망
11.12 [영국] 런던에서 제1회 영국-인도 원탁회의
11.30 [소련] 소련군, 핀란드 공격 개시, 동기(冬期)전쟁 시작
12.05 [독일] 전쟁의 비참함을 그린 영화 '서부전선 이상없다' 개봉
12.27 [중국] 장개석군 10만 대군, 공산당 제거 1차 소공령(掃共令) 개시

1931 신미(辛未) 대한민국13 소화6 민국20

01.01 염상섭의 장편소설 〈삼대〉, ≪조선일보≫에 연재(~9.17.)
01.04 함흥 편창제사공장 여직공 600여 명, 임금인상 요구 파업-참가자 전원 해고
01.07 평남 미림수리조합 소작인 500여 명, 소작인회 조직·수세 연납운동 참가 결의
01.10 조선어연구회, '조선어학회'로 개칭
01.15 개성 지주 360여 명, 지주대회 개최- 황해수리조합 폐지 건의
01.24 외래어표기법·부수문제협의회, 조선어학회 이희승·정인섭 등에 〈외래어표기법〉 일임
01.26 함흥고보, 정주 오산고보생 동맹휴학
01.30 제1차 정평농민조합사건-조합원 김용래 등 125명, 공산주의 부식 혐의로 피검
01.00 문수일·임서방, 조선연극사 탈퇴 '연극시장' 조직
02.01 경성 조선유학생학우회 해체 선언
02.06 홍원표 등, '신흥회' 조직-산업 진흥 목적(~1935)

02.11 중앙기독교청년회관서 국내 첫 음악협회 '조선음악가협회'(회장 현제명) 창립
02.13 재정난으로 휴간 중이던 ≪중외일보≫ 속간-석간 4면
02.16 천도교청년당·천도교청년동맹 합동, '천도교 청우당(青友黨)' 조직
02.18 진주농업교생 퇴학생 복교 요구 동맹휴학
02.19 임시정부 임시의정원 의장 손정도(1872~1931) 목사, 길림에서 병사
02.23 조선체육연구회, 민중보건체조 '정말체조[덴마크체조]' 채택
03.01 개벽사, 종합 대중지 ≪혜성≫(발행인 차상찬) 창간-1932.5. ≪제일선≫으로 개칭
03.01 안창호·조소앙·김구 등, 중국 상해에서 '조선혁명당' 창립
03.02 청진운수노동회원 800여 명, 임금 인하에 반발 총파업
03.11 〈외국우편대체취급령〉 공포
03.12 정의부 이제우·김세호, 경성복심법원에서 사형, 7년징역 언도-6.11. 이제우 사형 순국
03.12 신명산·박춘산 등, 상해에 동우회 조직-상호 친목 도모
03.15 경수자동차부, 수원↔서울 버스 개통
03.15 서울잡지협회, 원고 검열제도 폐지·잡지 허가 범위 확대 등 당국에 요구
03.22 卍당, 불교청년운동 총집결체 '조선불교청년총동맹'(위원장 김상호) 창립-대중운동 전개
03.25 조선독립단 광엽당 김응섭, 장춘에서 일본영사관 경찰에 피체
03.29 안창호·조상섭·차리석, 상해 흥사단 내 '공평사'(이사장 안창호) 조직-군자금 조달
03.30 〈미곡법〉 개정(7.1. 시행)-미곡 수출입 제한
03.31 각 도의 공립사범학교 폐지-경북·평남 제외
04.01 경성공립직업학교(현 서울과학기술대학교) 개교-종로 효제동에서 마포 아현동으로 이전
04.10 하와이애국단 결성-김구의 한인애국단 후원
04.12 전남 보성 간척공사장에서 한인 인부 200여 명과 중국인 200여 명 충돌
04.14 〈조선골패세령〉 공포(5.1 시행)-골패에 세금 부과
04.14 신민부 선전위원장 허빈(1891~1931), 신의주형무소 복역 중 옥사
04.18 임시정부, 조소앙의 삼균주의(개인간·민족간·국가간 균등 등) 건국 원칙으로 천명
04.00 전국으로 관리 감봉 반대 운동 확산
05.02 민족대표 33인 이종훈(1856~1931) 사망
05.04 함흥고보, 교사배척 등을 주장한 학생 35명 퇴학, 27명 정학 처분
05.05 평양 미림·평안·망일수리조합 지주·소작인 1,800여 명, 토지차압 등 항의, 농성

05.06 임시의정원 오의선(1889~1931), 군자금 모집 중 피체 3년형 선고, 복역 중 옥사
05.12 〈인화물질취체규칙〉 공포
05.16 신간회, 전국대회를 열고 해체 결의-창립 4년 만에 해체(1927-1931)
05.21 부·읍·면의 제1회 의회의원 선거 실시
05.22 조선식산은행 산하의 '성업사(成業社)' 창립-전문 부동산 관리·처분 회사
05.23 조선불교청년총동맹 '동경동맹' 조직-집행위원장 김법린
05.23 조만식·윤치호·안재홍, 이충무공유적보존회 설립-이순신 묘·위토·사당·유물 보존
05.24 충남 논산강 개수공사장 한인 노동자 1,200여 명, 일본인 감독의 폭행에 항의 시위
05.26 체신국 직원 1,000여 명, 집회 열고 임금삭감 반대 등 결의
05.27 함남 홍원군민 2,000여 명, 호세(戶稅) 과중 항의 시위로 경찰과 충돌-100여 명 피검
05.28 경성방직공장 노동자 400여 명, 임금인하 반대 동맹파업
05.00 좌익 성향의 월간 종합잡지, ≪비판≫ 창간(~1940.3.)-편집·발행인 송봉우, 정가 20전
05.00 이윤재, 『성웅 이순신』(한성도서주식회사) 간행-≪동아일보≫ 1930년 10~11월 연재
05.00 조선농민사, ≪농민세계≫ 창간
06.12 〈산파학교 및 산파양성소지정규칙〉 공포
06.13 광주학생운동 장재성·김상어 등 성진회 85명, 대구복심법원서 징역 1년~1년6월 언도
06.17 우가키 카즈시게(宇垣一成), 제6대 조선총독 임명(~1936.8.)
06.19 참의부 이병하, 평북 일대에서 군자금 모집 중 피체, 신의주지법서 징역 13년 언도
06.20 송성원, ≪현대가정공론≫ 창간-가정생활 계몽잡지, 가정, 가족, 조혼 문제 등
06.22 평양 대동강 개수 좌안방수공사 기공
06.22 김보영·김태식 등, '조선체육연구회' 창립-체육의 대중적 선전보급과 지도에 노력
06.24 경남 초계공보교생, 6학년생 63명을 퇴학처벌한데 항의 동맹휴학
06.26 조만식·양주동 등, 평양에서 '한글연구회' 조직
06.26 평양 대동강제방공사 인부 400여 명, 감독의 구타에 항의 동맹파업
06.26 이광수, 장편소설 『이순신』을 ≪동아일보≫에 연재 시작(~1932.4.3.)
06.30 〈미곡법시행령〉 공포(7.1. 시행)
06.00 경성제대 출신 김재철·조윤제·이재욱, 조선어문학회 결성-≪조선어문학회보≫ 등 간행
06.00 안재홍, 백두산기행 『백두산등척기』(유성사) 간행-≪조선일보≫ 1930년 8~9월 연재
06.00 제1차 카프사건-박영희·김기진·임화 등 70여 명 검거

06.00 한용운, 종교지 ≪불교≫ 인수·속간-민중 계몽 목적
06.00 동아일보, 하기방학을 이용 브나로드운동 전개(~1934)-농촌계몽운동 전개
07.01 금강산 전철, 금강군↔내금강 개통-철원↔내금강 전부 개통
07.02 중국 길림성 만보산에서 수로공사 문제로 한·중 농민 충돌(만보산 사건)
07.04 소련의 '파블로바무용단', 서울 희락관에서 공연
07.04 만보산 사건의 보복 폭행이 평양 등지에서 발생-중국인 127명 사망·393명 부상
07.05 춘천·선천에서 만보산 사건과 관련한 폭동 발생
07.08 서울시내 단체협의회, 만보산 사건에 대한 대책 수립
07.08 서항석·김진섭·장기제, 극예술연구회 조직(~1938.2.)-극연좌 전신, 신극 수립 목표
07.10 상해 흥사단·애국부인회·병인의용대 등, 만보산 사건 관련 상해한인각단체연합회 조직
07.12 동북화교단체, 한·중 양 민족에 대한 일제의 음모 폭로
07.15 김리삼 조선일보 장춘지국장, 길림에서 피살-만주 ≪길림신문≫에 사죄성명서 게재
07.18 평북 정주·박천군 내 14개 유기제조 직공 154명, 임금인하 반대 동맹파업
07.23 아동문학가 방정환(1899~1931) 사망
07.25 조선일보, 1회 조선어강습회 개최-강사 신명균·권덕규·이병기·최현배 등(~8.29.)
07.26 동아일보사, 구독자의 헌금으로 충무공이순신 사당 현충사 보수공사 착수
07.27 동양척식주식회사 토지개량사업, '토지개량주식회사'에 이관
07.30 경남 고성수리조합 공사장 인부 200여명, 강제저축 반대 동맹파업
07.30 박승빈. 국어문법서 『조선어학강의요지』(조선어연구회) 간행
07.00 장두정·송운·이병헌 등, 월간잡지 ≪용성(傭聲)≫ 창간-품팔이 지도 목적
07.00 조선일보사, 국어보급 위해 『한글원본』 증보판 10만부 발행-전국에 배포
07.00 서리균(이덕주) 등, 상해한인독립운동청년동맹 창립-1932.1. 상해한인청년당 개칭
08.01 경남철도, 남포↔판교 개통, 천안↔장항 개통
08.15 남선수력, 전북 정읍의 운암발전소(1500㎾) 첫 송전-전북 및 충남 일부 송전
08.18 조선총독부, 제1회 경찰부장회의 개최-사상 범죄의 엄격 단속 협정
08.21 황해도 재령면 지주·소작인 70여 명, 재신수리조합 수로 파괴에 피해보상 요구시위
08.25 인천 조선인촌주식회사 여공 170명, 임금감하에 항의 동맹파업
08.26 한족총연합회 간부 김종진(1891~1931), 북만주 해림서 공산당원에 암살당함
08.00 이상의 시 〈오감도〉, ≪조선일보≫에 발표

08.00 정세권 등, 월간잡지 ≪실생활≫ 창간
08.00 조선불교총동맹, 기관지 ≪불청운동(佛靑運動)≫ 창간(~1933.8.)
08.00 중국혁명호제회 한인분회(상해)에서 한글 잡지 ≪혁명지우(革命之友)≫ 창간
09.08 충북 청주 군시제사회사 여공 300여 명, 임금인상 요구 동맹파업
09.10 미곡취인소[미두장] 6곳(인천·군산·목포·대구·부산·진남포) 결정-미곡·대두 등 선물거래
09.10 단성사, 전속극단 '신무대' 조직(~1937.5.)-대중 연극의 확산에 기여
09.11 쌀을 거래하는 시장 〈조선정미시장 규칙〉 공포(1932.1. 시행)
09.24 윤치호·신흥우·한용운, 나병구제연구회 조직-여수·대구·부산 등 간이수용소 설치 결의
09.25 중앙기독교청년회, YMCA회관에서 1회 조선기계체조대회 개최-국내 첫 체조 대회
09.27 경성제대·경성치의전·제이고보·경신고보 등 50명, 비밀결사 성대반제부·적우회사건에 피체
09.00 불교 단체 선학원, 불교대중 포교를 위한 기관지 ≪선원(禪苑)≫ 창간
09.00 김철·박창세·이웅·왕웅·문일민 등, 상해에서 한국군인회 조직
10.03 한약재의 계절 시장 '대구약령시' 개시
10.03 한상룡 등, 일본인 유력자와의 친일 친목단체 '동우구락부' 결성
10.05 만주독립군 총사령관 김동삼, 하얼빈에서 일경에 피체-1937.4.13. 서대문형무소 옥사
10.06 조선농민소문사, 순간신문 ≪농민소문≫ 발행
10.08 성진경찰서, 신간회 성진지회·농민조합·청년동맹·소년동맹 등 수색, 300여 명 피검
10.10 YMCA 농촌사업부, 계몽사업 시작
10.14 ≪중외일보≫, ≪중앙일보≫로 개제-11.27 ≪중앙일보≫ 창간호 발행(~1933.2.)
10.15 경북선(김천↔안동), 완전 개통
10.17 만주 봉천에 만주조난동포대책강구회 조직-피난 동포의 응급구제 실시 등
10.20 봉천거류민회, 전만조선인민회연합회 창립 대회 개최
10.20 해주 곡물상들, 미곡집합검사제 반대
10.21 함흥지법에서 국민부 결사대 사건 관련 최효일 사형 선고-1932.10.12. 사형 순국
10.23 조선호텔서 '전조선약업연합회' 창립총회 개최
10.26 경성제국대학 본관(현 한국문화예술위원회) 준공-1930.8. 착공
10.26 조선어학회, 한글날을 '음력 9월 29일'에서 '양력 10월 29일'로 변경
10.27 윤치호·안재홍·송진우 등, 만주조난동포문제협의회 조직
10.00 범태평양노동조합 비서부, '10월 서신' 발표-혁명적 노동조합 조직 강조

11.01 남원·김제·순천·나주·울산·김해·삼천포·흥남 등 8개 면, 읍으로 승격
11.01 동아일보사, 시사월간지 ≪신동아≫ 창간(~1935.8.)-1964.9. 복간
11.01 부립 개성박물관 개관
11.05 만주 연길현 한인 소작인 400여 명, 소작쟁의로 피검된 강대익 등 5명 석방운동 전개
11.10 재만한국독립당, 한국독립군(총사령 지청천) 조직
11.10 경신학교생 420명, 신교 자유·교사 배척 등 요구 동맹휴학
11.16 충남 공주군 의당면 소작인 100여 명, 소작료 불납동맹 결의
11.28 전남 강진군 철전농장 소작인, 소작료 인하 시위 중 70여 명 피검
11.30 삼척군 근덕면민 2,000여 명, 도로 개수에 반대 면사무소 습격, 파괴
11.30 〈조선입영자에 대한 직업보장법시행규칙〉 공포 시행
11.00 김구·김철·조소앙, 중국인 서천방 등과 한중항일대동맹 조직-한중 독립운동 지원
11.00 백정기, 중국 아나키스트들과 항일구국연맹 결성-기관지 ≪자유≫ 발행
12.01 조선철도, 동해주↔해주, 동해주↔연안 개통
12.03 홍남표·강문석 등, 공산주의 단체 상해한인반제동맹 창립대회 개최
12.05 대한인국민회·나성공동회·중가주공동회·멕시코자성단, 〈미주한인연합회선언서〉 발표
12.10 박승빈 등, '조선어학연구회' 조직-언어·문자를 통한 민족문화계승 목적(~1941.4.)
12.11 지청천·황학수·홍진·신숙 등, 중국 호로군 사령관 정초(丁超)와 한중항일연합군 편성
12.13 김구, 상해에서 '한인애국단' 조직(~1932.5.)
12.15 재만독립군 간부 이응서, 평양복심법원에서 무기징역 선고-1932.4.25. 사망
12.17 한인애국단원 이봉창, 상해 출발-12.22 도교 도착, 1932.1.8. 거사 단행
12.18 간도 화룡현 사광사천평 한인 소작쟁의단 1천여 명, 소작료 3·7제요구 시위-52명 피검
12.19 조선혁명군 간부 30여 명, 중국 신빈현에서 일본군에 피체(신빈사건)
12.21 경주 신라 무열왕의 묘비, 무열왕비 발견-귀부 3.33m·넓이 2.54㎡·이수 약 1.1m
12.24 단천 삼림조합반대사건의 이경은, 경성복심원에서 징역 5년 선고
00.00 서영석(1897~1931), 대동군 금제면 3·1운동 참여, 무기징역을 받아 복역 중 옥사
00.00 북로군정서·한국독립당 당원 정신(1898~1931), 공산당원에 희생

02.24 [영국-프랑스] 해군 군축협정 체결
04.22 [이집트-이라크] 상호우호조약 조인

04.30 [미국] 엠파이어 스테이트 빌딩 준공
05.08 [영국] 세계최초의 TV 야외방송, 런던에서 시작
05.28 [스위스] 탐험가 오귀스트 피카르, 밀폐기구 이용 16,940m 성층권 탐험
06.20 [미국] 후버 대통령, '모라토리움' 선언
07.06 [미국] 흑연 제조방법을 완성한 발명가 애치슨(1856~1931) 사망
07.10 [노르웨이] 그린랜드 합병 선언
07.26 [독일] 금융공황구제, 7개국 회의
08.06 [인도] 간디, 무저항주의 제창
08.12 [중국] 양쯔강 대홍수, 8000여 명 사망
09.18 [중국] 만주사변 발발
10.06 [미국] 단엽기(單葉機) 미스 비돌(Miss Veedol), 태평양 무착륙비행 성공
10.24 [국제] 국제연맹, 일본군의 만주 철병권고안 가결
11.07 [중국] 강서성 서금에서 중화소비에트 임시중앙정부 수립, 주석에 모택동
12.03 [스페인] 무혈혁명 성공, 알폰소 13세 퇴위, 부르봉왕조 멸망
12.08 [미국] 동축 케이블, 특허 승인

1932 임신(壬申) 대한민국14 소화7 민국21

01.05 조선혁명당 이호원·이동산, 조선혁명군 이규성·전운학 등, 흥경현 회의 현장에서 피체
01.06 평남 진남포 삼성정미소 여공 130명 동맹파업
01.07 경남 양산군 웅상면 수리조합공사장 인부 200명 파업
01.08 한인애국단원 이봉창, 도쿄 사쿠라다몬에서 일본왕 히로히토 암살 시도
01.09 임치정(1880~1932) 사망-신민회 간사·105인사건·3.1운동·민립대학기성회 활동
01.13 전남 광양금광 광부 900명, 임금인하 반대 총파업
01.16 국민부 조선혁명군 이성상·이진무·홍학원 등, 의주 경찰에 피체-이진무, 1934.5 사형
01.17 전북 김제 다목농장 소작인 800여 명, 주재소 포위 시위 중 40여 명 피검
01.20 〈토지개량시행지 이주장려보조규칙〉 공포 시행-개간 간척지 이주장려보조규칙 폐지
01.26 제주 구좌면 해녀단 500여 명, '해녀조합'에 항거-주재소 습격[제주해녀항일운동]

01.28 상해주둔 일본군, 상해 침공-제1차 상해사변
01.28 〈은행권의 금태환(지폐의 금화 교환) 정지 긴급 칙령〉 공포 시행
01.31 상해한인청년당(김철) 결성-상해한인독립운동청년동맹 후신·한국독립당 청년당 성격
01.31 청주 제사공장 노동자 300여 명, 남자 노동자 35명 무단해고에 항의 동맹파업
01.00 자전차세 30% 인하, 영업용 인력거세 면제-자동차로 위축된 인력거업 구제 차원
02.01 보건운동사, ≪보건운동≫ 창간-보건·위생의 과학적 연구와 보건·위생 사상 보급
02.02 김두용·이북만, 도쿄 '동지사' 해체 선언-일본프롤레타리아문화연맹(카프)에 침투
02.03 이남훈·박제선 등, '조선보건협회' 조직-실비 진료원 경영, 위생사상 등 선전
02.06 관서체육회, 조기체조회 발기-일반 민중의 보건운동 공헌 목적
02.14 임성우·김경옥, 하와이 오아후에서 하와이애국단 결성-한인애국단 특무공작 후원
02.16 〈조선간이생명보험 적립금운용규칙〉 공포 시행
02.17 〈조선전기사업령〉 공포(1933.11. 시행)-배전회사 정리통합 등
02.17 함북 청진 부두 운수노동자 1,000여 명, 임금인상 요구 파업
02.22 중앙기독교청년회, 1회 보건체조강습회 개최-정원 150명, 매일 아침 7~8시까지
02.23 최대의 농민조합인 '용천소작조합', 강제로 해체 당함
02.00 박승희 등, 신극단 '태양극장' 설립-토월회 후신
02.00 조선혁명당군·중국혁명군(사령관 이춘윤) 합작, 한중연합군 조직
03.01 경성공립보통학교 2~3학년생 300여 명, 차별교육 철폐·교원배척 등 요구 동맹휴학
03.01 전북 전주형무소 감옥수 800여 명, 독립만세 고창
03.02 부산대교(현 영도대교) 착공(~1934.11.)-총공사비 360만 원
03.03 한인애국단, 상해 일본 비행장폭파계획 좌절
03.09 정의부 군사위원장 오동진, 신의주지법에서 무기징역 선고-1944.12.1. 공주형무소 옥사
03.11 조선혁명당군(총사령 양세봉), 중국 의용군과 신빈현 영릉가성 점령, 일본군 대파
03.12 한인애국단, 상해주둔 일본군사령부(일본 전함 이즈모함) 폭파 공격, 실패
03.24 공산당원 1,000여 명, 간도 국자가에서 민생단원 7명 타살
03.25 평남 대동군 수상운반 노동자 400여 명, 임금인하에 항의 태업
03.31 조선총독부, 『조선사』(35책) 간행 시작(~1938.3.)-식민사학의 기본 자료
03.00 김성수, 경영난에 빠진 '보성전문학교'(현 고려대) 인수
03.00 한인애국단, 이덕주·유진식을 국내로 파견하여 조선총독 공격 시도, 실패

03.00 김구·김철·조소앙 등, 중국인 서천방 등과 한중항일대동맹 조직
04.01 부산 수산시험장 설치-조선 수산 자원의 대표적 수탈 기관
04.01 한인애국단 최흥식·유상근·이성원·이성발, 대련에 파견-관동군사령관 등 폭살 기도
04.04 대구사범학교, 적색비밀결사사건 관련학생 40명 정학, 14명 퇴학
04.07 서울 정동의 JODK 경성방송국, '조선방송협회'로 개칭
04.12 이광수의 장편소설 〈흙〉, ≪동아일보≫에 연재 시작(~1933.7.)
04.17 상해한인청년당 기관지, 주간지 ≪성종(醒鍾)≫ 창간
04.18 경성 버스운전사 100여 명, 임금인하·노동시간 연장에 항의 태업
04.24 민족대표 33인, 대한제국 군인 출신의 기독교 목사 이필주(1869~1932) 사망
04.29 한국애국단원 윤봉길, 일왕 생일 겸 전승축하식장(상하이 홍구공원)에 폭탄 투척
04.30 안창호, 상해 교민단장 이유필 방문 후 피체·일본영사관에 인도-6.2. 국내 송환, 6.7. 도착
05.01 조선어학회, 기관지 ≪한글≫ 속간
05.10 임시정부 국무원 김철 등, 항주 청태 제2여사에 임시판공처 개설
05.15 임시정부 개각-법무장 이동녕·내무장 조완구·외무장 조소앙·재무장 김철·군무장 김구
05.22 하와이 오하우섬 와히아와 한인들 임시정부후원회 조직
05.25 상해 일본 헌병대 제1회 군법회의, 윤봉길에게 사형 선고
05.26 상해주둔 일본군 총사령관 시라카와(白川義則) 대장 사망-윤봉길 의거 20여 일 후
05.31 간도 '5·30폭동' 사건 관련자 김근 등 34명, 경성지법에서 무기징역 언도
05.00 이상춘 등, 카프연극부 기관지 ≪연극운동≫ 창간-등사판, 표지만 남음
05.00 임시정부, 윤봉길 의거 후 중국 상해→가흥→항주로 이동
05.00 김인규·현훈·문일 등, 신흥예술사의 예술 월간지 ≪신흥예술≫ 창간
06.01 신의주 삼무학교생 400여 명, 교장배척 등 6개항 요구 동맹휴학
06.05 동아일보사, 충남 아산 현충사에 '이충무공 영정(이상범 작)' 봉안
06.08 안창호, 경기도 고등경찰 경부 미와(三輪和三郎)에게 신문-7.15. 경성지법에 송국
06.11 연희전문, 제1회 전국중등학교현상음악대회 개최
06.15 임시정부 전 국무령 이상룡(1858~1932), 중국 길림에서 사망
06.25 여수에 전남 수산시험장 분장 설치
07.09 『탈출기』 신경향파의 대표적 소설가 최서해1901~1932) 사망
07.10 방응모, 분규 중인 ≪조선일보≫ 인수

07.11 브나로드운동 2기 계몽대원, 2,724명, 592개소에서 운동 전개

07.13 조선총독부 주도 하에 '조선미옹호기성회' 결성-일본의 쌀 수입 통제에 반대

07.15 〈수형법(현 어음법)〉 공포(1934.1.1. 시행)

07.15 월간 잡지 ≪교육춘추≫ 창간

07.15 상해한인독립운동청년단 조직

07.15 안창호, 서대문형무소에 수용-7.19. 경성지방법원 검사국 사상검사 취조

07.16 〈폭약제조취체규칙〉 공포 시행

07.18 경성형무소 수감자 1,000여 명, 소장 훈시에 반발해 단식동맹 및 만세시위

07.22 서울 동대문 구 훈련원에서 '신흥만몽박람회' 개최(~1932.9.)-식민지배 정당성 홍보

07.30 조만식·김동원 등, 민족주의 단체 통합-평양에서 '건중회(建中會)' 설립

07.00 신파극단 신무대·예술좌, '협동신무대'로 개편

07.00 조선총독부 주도, 농촌진흥운동 추진-춘궁퇴치·차금퇴치(借金退治)·차금예방(~1936.8.)

08.20 경성 조선제사회사 여공 500여 명, 대우개선 등 5개항 요구 동맹파업

08.00 신파극단 '경성메가폰' 창설

09.03 한국독립군, 총사령 지청천, 부사령 김창환 임명

09.20 한국독립당·반만군(중국) 연합, 북만주 쌍성보서 일본군 공격(제1차 쌍성보전투)

09.21 '조선유교회' 창립-전국적인 사회교화기관 유교 단체, 친일 단체

09.24 〈조선곡물검사령〉 공포(10.1. 시행)-현미·백미·소맥·대두·채두·완두의 국영검사 실시

09.27 〈이출우검역규칙(移出牛檢疫規則) 개정〉 공포(11.1. 시행)-구제역 살처분 정책 도입

09.30 충남도청, 공주에서 대전으로 이전

10.01 부산·대구·군산·목포·진남포에 취인소 설치, 경성·인천취인소 합병 인가

10.01 조선상공회의소 설립-일본자본가들의 독점적 상권 보장

10.04 조선은행, 1원 권 발행

10.07 〈조선경마령〉 공포(1933.1.1. 시행)-연 2회 8일 이내 경마 개최

10.10 한인애국단원 이봉창(1900~1932), 일본 이치가야(市谷)형무소에서 사형 순국

10.11 〈중앙시험소 시험분석 및 감정 규칙〉 공포 시행

10.20 김원봉, 남경 교외 탕산 선사묘에서 조선혁명군사정치간부학교 개교(~1935.9.)

10.22 〈조선부동산 융자 및 손실보상령〉 공포

10.25 송병조·이동녕·조소앙, 남경에서 '한국대일전선협회' 결성-독립운동가 대동단결 목적

10.24 안창호, 경성지법서 예심 결정-〈치안유지법〉 위반 혐의로 기소
11.07 한중연합군, 2차 쌍성보전투-일본군·만주군 반격에 연합군 쌍성보 포기·후퇴(~11.22.)
11.07 충남 대전 군시제사공장 직공 800여 명, 노동시간 단축 요구, 기아동맹 총파업
11.10 의열단·한국독립당·조선혁명당·대한인국민회, 한국대일전선통일동맹 조직-상해사변 계기
11.10 일제 '정신작흥운동(精神作興運動)' 개시-조선 인민의 황국신민화 촉진
11.17 독립운동가 이회영(1866~1932), 중국 대련경찰서에서 고문으로 옥사
11.18 윤봉길, 중국 상해에서 일본 나가사키(長崎)로 압송
11.20 통영운하(공사비 30만원) 및 부대사업 해저 도로(공사비 18만5000원) 준공
11.26 전남 광주 종연방직 여공 300여 명, 임금인상 요구 총파업
11.27 황해도 해주구세요원, 한국의 첫 '크리스마스실' 발행
11.27 한중연합군의 중국 측 고봉림 부대, 일본군과 휴전-한중연합군 와해
12.02 광혜원 설립자, 주한외교관 선교사 알렌(1858~1932) 사망-양화진 외국인 묘지 안장
12.02 조선총독부, '조선나예방협회' 창립-나병 예방 및 구료 시설 설치
12.03 신극단 '명일극장' 결성
12.10 〈조선소작조정령〉 공포(1933.2.1.시행)-소작쟁의 조정·억제 목적
12.16 다니타(谷多喜磨), 조선신탁㈜ 설립-자본금 1천만 원
12.19 한인애국단원 윤봉길(1908~1932), 일본 가네자와(金澤) 육군형무소서 총살형 순국
12.20 조선총독부, 쌀값 하락과 일본 반대로 산미증식계획 중지 발표
12.25 조선어학회, 개성에서 한글맞춤법통일안 회의 원안 제1독회 개최(~1933.1.)
12.26 안창호, 경성지방법원에서 징역 4년 언도-1933.3.28. 대전형무소로 이감
12.26 조선민족유일당책진회 중앙집위장 김동삼, 신의주지법에서 징역 10년 선고
12.30 한국유일독립당 상해촉성회 집행위원 현정건(1887~1932), 옥고 후유증으로 병사
00.00 서로군정서 부독판 여준(1862~1932) 사망

01.28 [중국] 제1차 상해사변 발생
02.02 [국제연맹] 제네바군축회의 개최
02.04 [미국] 레이크 플레시드에서 제3회 동계올림픽 개최
03.01 [일본] 중국 동북지방에 만주국 수립(수도 장춘)
05.05 [중국] 중국-일본, 상해에서 정전협정 성립

05.06 [프랑스] 대통령 두메르(1857~1932), 정신이상자인 러시아의 시인에 암살
05.15 [일본] 군장교 쿠데타, 수상을 사살 (5.15사건)
05.20 [미국] 파일럿·작가 이다아멜리아 에어하트, 여성 첫 대서양 논스톱 횡단비행 성공
06.16 [독일] 로잔배상회의, 독일의 배상금 절하
07.09 [미국] 면도날을 교체할 수 있는 면도기 발명가 질렛(1855~1932) 사망
07.21 [영국] 캐나다 오타와서 제국경제회의, 영국연방 내의 특혜관세제도 채택(블록경제 형성)
07.30 [국제] 제10회 로스엔젤레스 올림픽 개막
07.31 [독일] 나치, 독일 총선거에서 제1당으로 부상
08.06 [이탈리아] 제1회 베네치아 영화제 개막
09.04 [국제] 오스트리아 빈서 세계평화회의 개막, 14개국 대표 80인 참가
09.11 [이탈리아-소련] 상호불가침조약 조인
09.22 [사우디아리비아] 사우디아라비아왕국 성립
10.03 [이라크] 영국으로부터 독립
10.03 [인도] 간디, 인도총독에 선전포고 반영운동 개시
10.09 [독일] 제1차 세계대전 배상불응 선언
10.10 [소련] 세계 최대 레닌발전소 준공
11.08 [미국] 루스벨트, 제32대 대통령에 당선
11.29 [프랑스-소련] 양국 불가침조약 조인
12.01 [중국] 정부, 낙양서 남경으로 천도
12.15 [멕시코] 국제연맹 탈퇴
12.18 [독일] 수정주의·사회주의 이론 제창자 에두아르트 베른슈타인(1850~1932) 사망

1933 계유(癸酉) 대한민국15 소화8 민국22

01.03 경성 아현리 공사장 한인 인부 100여 명, 임금인하에 반대-일본인 감독과 충돌
01.04 경남 진해 동양제사공장 여공 300여 명, 노동시간 단축요구 쟁의
01.09 경인버스 운전수, 부당해고에 반대 총파업
01.10 〈조선상품권취체령〉 공포(2.1. 시행)-중소상공업자 구제, 백화점 상품권 발행 규제

01.11 김극배·권상노·장지영, 종로 백합원에서 '조선문흥회' 창립-문헌수집·도서출판 등
01.12 평양 평천리에서 고구려 시대의 대운하 유적 발견
01.14 경성의 가정부인 등 200여 명, 조선여자소비조합 조직-화장품·약품·염료부 등 3부
01.15 서울↔일본 오오사카 일반통화 개통-요금 2원 70전, 국제전화 첫 개통
01.16 경성부립진료소 개업-1934.1. 경성부립병원으로 개칭
01.16 〈임시조선미곡조사위원회규정〉 공포-일본 수출 조선미 통제 목적
01.17 민족대표 33인, 기독교 목사 양전백(1869~1933) 사망
01.26 경성의학전문학교, '만주인'의 입학 허가
01.30 삼남의병도대장(공주·회덕·진산·금산·용담 등지 활동) 김동신(1871~1933) 사망
01.00 동아일보사, 월간 여성지 ≪신가정≫ 창간(~1936.9.)
01.00 민속학회, 학술지 ≪조선민속≫ 창간(편집·발행인 송석하)(~1940)
01.00 수양동우회 기관지 성격의 ≪동광≫, 통권 49호로 폐간(1926.5. 창간)
02.04 경성여자기독청년회·직업여성구락부, 중앙기독청년회관서 '여성대토론회' 개최
02.07 오대근·김백홍·황윤상·김삼열 등, 상해한인반제동맹 재조직-8.9. 상해한인독서회로 개칭
02.11 녹기동인회·녹기연구소·공제부·전선녹화연맹, 친일단체 '녹기연맹' 발족-내선일체 구현
02.13 신의주지법, 참의부원 김정범에 징역 10년 언도-1932.8. 피체, 1941.6. 가출옥
02.13 경성고무공업소 여공 160여 명, 임금인하 반대 동맹파업
02.17 장진강수력전기회사 설립
02.17 '조선무역협회' 창립-회장 조선은행 총재(임원 대부분 일본인), 만주 수출의 촉진
02.17 평양 세창고무공장 직공 130명, 임금삭감에 항의 총파업
02.20 〈면화증산계획〉 발표-10년 간 면적 25만 정보, 생산고 4억2000만 근 목표
02.00 재만한국독립당·남경 한국혁명당, 신한독립당 창당-당수 홍진, 위원 김상덕·신익희 등
03.01 한국대일전선통일동맹, 각단체대표자대회 개최(남경)-단일대당 결성·임시정부 해산 결의
03.02 경상남도, '1면 1교제' 완성
03.04 원종 창시자 김중건(1889~1933), 공산주의 길림구국군에 사망
03.07 낙동강철교 준공-길이 1,060m, 총 경비 70만 원
03.07 미국 경제공황으로 조선·일본 내 미곡가 폭락
03.07 부산 구포대교(현 구포다리) 준공 개통
03.07 여운형 등, ≪중앙일보≫ 제호 ≪조선중앙일보≫로 변경 창간(~1937.11.)

03.07 조선 주식시장, 미국공황으로 휴장(~3.8.)
03.08 대구의학전문학교(전 대구의학강습소) 개교-1951.10. 경북대 의과대학에 통합
03.08 〈조선교육령〉 개정(4.1. 시행)-사범학교 수업연한 1년 연장
03.11 조선혁명당의 한중연합군, 만주 흥경현성의 일본·만주 연합군 공격 점령
03.17 남화한인청년연맹 백정기 등, 상해 홍구공원 육삼정서 일본 정관계 인사 처단 미수·피체
03.17 평양 일대 제철공장 노동자 안정옥, 노동자 권익활동 중 피체, 서대문형무소에서 옥사
03.22 전조선육상경기연맹 창립-조선 육상경기의 공명정대한 진보 발달과 통제 융화 도모
03.23 신의주비행장 착공(1934.7.2. 완공)
03.25 친일단체 '경성교화단체연합회' 발회-국체관념 함양을 위한 사회교화 강연회 개최 등
03.27 사상범·보통범 분리수용 결정-안창호 등 사상범(독립운동가 등) 대전형무소에 수용
03.28 〈미곡통제법〉 공포-미곡 수량, 시가조절 및 통제를 위한 미곡 매입·매도 허용
03.29 〈외국위체관리법〉 공포(5.1. 시행)-〈자본도피방지법〉 폐지
03.30 서울시내 전차·버스, 병합 운영 폐지-전차는 시내, 버스는 교외 운행
03.00 송만갑 등, 창악연구단체 '조선성악연구회' 창립
04.01 ≪동아일보≫·≪조선중앙일보≫·≪조선일보≫, 〈한글맞춤법통일안〉 신철자법 채용
04.01 급행열차 '히카리호' 운행-부산↔신의주↔장춘, 소요시간 22시30분, 평균 시속 39㎞
04.08 윤치호·송진우 등, '전국나단체연합회(全國癩團體聯合會)' 조직
04.12 국민부 조선혁명군 변낙규 등 군자금 모금 중 피체-변낙규, 10년형, 신의주형무소 복역
04.15 한국독립군·중국구국군, 북만주 사도하자 전투에서 일만연합군 격퇴
04.20 중국 남경의 '조선혁명군사정치간부학교'(교장 김원봉), 1기생 이육사 등 26명 졸업
04.20 평양 대동공장 여공 160여 명, 임금인상 요구 동맹파업
04.26 경성방송국, 한국어 방송을 제2방송으로 하는 이중방송 개시
04.26 김동인의 〈운현궁의 봄〉, ≪조선일보≫에 연재(~1934.2.)
04.29 일본, 한인 교육기관 오사카 동명학원 폐쇄
04.00 양세봉, 길림성 통화현 강전자에 '조선혁명군속성군관학교' 설립-혁명군 보충 목적
04.00 경성제2고녀 교사 村岡哲夫·수양단 조선지부 간사 宮田保兩, '전조선체조연맹' 창립
05.01 경성전화국에 가입한 총 수 8,728명
05.06 동아일보사, 서울시내 각 학교장 초청-브나로드운동 토론회 개최
05.08 한중연합군, 만주 영릉가에서 급습한 일본군·만주군 약 1,500여 명과 교전, 격퇴

05.10 각도, 도제(道制) 적용 이후 첫 도회의원 총선거 실시-283명 당선(조선인 241명)
05.11 각도 고등경찰과, 불온 작가 명부 작성-'사상전환 계획' 수립
05.16 홍난파 작곡·이은상 작사, 『조선가요작곡집』 1집 간행-〈봄처녀〉·〈고향생각〉 등 수록
05.18 〈특별연고삼림처분(特別緣故森林處分) 심사규정〉 공포
05.22 〈축음기 레코드취체규칙〉 공포(6.15. 시행)-레코드 수입·이입·판대 등 도지사에 신고
05.30 최초의 중유(重油) 자동차, 용산↔의정부 시운전 성공
05.00 남화한인청년연맹 정화암·오면직·엄형순 등, 일본 총영사관에서 활동한 이종홍 처단
05.00 임정 국무령 김구, 장개석과 중국육군군관학교 낙양분교 한인특별반 설치 합의-11월 설치
06.02 동아일보 주관, 한산도에서 충무공이순신영정봉안식 및 제승당 중건 낙성식
06.02 경성제대 '만몽문화연구회'(1932.11.17 설립) 발회식-1938. '대륙문화연구회'로 개칭
06.03 한국독립군(지청천)·중국호로군, 일만연합군 격퇴-동경성 점령(동경성전투)
06.05 제주도 초우동맹사건 관련자 김한정 등 17명, 대구복심법원에서 징역 5~2년 언도
06.10 발명학회, 최초의 과학 잡지 ≪과학조선≫(발행인 이승학) 창간(~1944.1.)
06.10 국민부원 서원준, 사리원경찰서 순사부장 저격-6.17 피체, 1935.4. 평양형무소 순국
06.11 광양만 염전확장공사(5개년 계획) 착공
06.11 조병옥·배성룡 등, 조선경제학회 창립총회 개최
06.14 방공연습을 위해 서울지역 3일간 등화관제 실시
06.18 조선총독부, 압록강·두만강 유역에 독립군 '국경감시단' 설치-독립군 출입 감시
06.19 직업여성구락부, 서울시내 장곡천정공회당에서 '직업여성위안음악회' 개최-입장료 30전
06.30 삼남 일대에 대홍수 발생
07.01 서울↔도쿄 직통전화 개설(7.15. 개통)
07.01 한중연합군, 만주 대전자령서 일본 이이즈카 연대 섬멸(대전자령전투)
07.07 소록도 나환자촌 준공-1933.9. 환자 수용 시작
07.12 동아일보사, 브나로드운동 3기 시작-계몽대원 1,506명, 315개소
07.15 조선일보사, 문자보급운동 차원에서 '전국보건체조 순회강습회' 개최
07.19 충남 조선운송주식회사 대전지점 인부 120명, 임금인하 반대 동맹파업
07.24 황해도 해주고보생 10여 명, 비밀결사 혐의로 피체
08.01 남화한인청년연맹 오면식·엄형순, 일본군대에 재목 제공한 삼덕양행 옥관빈 처단
08.02 부산 환대고무공장 직공 300여 명, 임금인상 요구 파업

08.05 〈기부금모집취체규칙〉 공포-기부금 모집, 도지사 허가 받게 함
08.09 〈조선고적·명승·보물·천연기념물보존령〉 공포
08.09 황해도 봉산·서흥·평산 서당학생·교사, 비밀결사 교육자동지회 조직 혐의 피체
08.12 만주 조선혁명당군 김일룡·이해천 등 30여 명, 만주 흥경현 일만군 공격 중 전사
08.15 평북 의주금광 광부 200여 명, 노동시간 단축 임금인상 요구 파업
08.17 서울 중앙상공 직공 150여 명, 임금인하 반대 동맹파업
08.18 목포 동아고무공장 직공 130여 명, 임금인하 반대 총파업
08.22 무장독립운동·여성교육에 힘썼던 남자현(1872~1933), 하얼빈에서 사망
08.22 경성 소화제사 여공 300여 명, 감독의 학대와 보수 불균등 이유로 동맹파업
08.25 〈조선사방사업령〉 공포-임야사방공사 시작
08.28 전국 풍수 피해, 741명 사망
08.31 전국 금융조합·산업조합·어업조합, 조선금융조합연합회 설립-도지부로 개편, 체계 확립
08.31 1934년도부터 대학 및 전문학교에 '사상 감독관' 배치 결정-학생 좌경사상 단속
08.00 미츠이(三井) 재벌, 조선맥주(현 하이트맥주) 설립-자본금 600만 원, 국내 첫 맥주회사
09.01 한국독립군, 왕청·영안의 산림부대와 연합-동녕현 일본군 공격, 중국군 무지원에 패배
09.09 만주사변 후 최초의 조선총독부 알선 '만주이민단' 서울역 출발
09.14 윤치호 등 90여명, 서울에서 '조선우생협회(朝鮮優生協會)' 조직-민족 개조 주창
09.19 조선아식축구심판협회 후신, 조선축구협회(회장 박승빈) 창립-현재 대한축구협회
09.19 충남 대전 군시제사공장 여공 500여 명, 식단 개선요구 단식동맹
09.19 경성고무공장 여공 120여 명, 대우개선 등 7개항 요구 총파업
09.21 경성 종연방직 여공 500명, 파업-처우개선·임금인상 요구
10.01 이광수의 장편 〈유정〉, ≪조선일보≫ 연재(~12.31.)
10.04 중앙고보생 한동정 등, 중앙반제동맹 조직-항일 동맹휴학 단행
10.07 평양부립박물관(일명 낙랑박물관) 개관-낙랑 유물 주로 발굴, 전시
10.12 평양 목공조합원 80여 명, 임금인상 요구 동맹파업
10.13 재만 한국독립군(사령관 지청천), 중국 오의성 부대 습격에 33명 구금
10.16 방응모·박영효·한상룡, '조선신궁봉찬회' 창립-조선신궁건립10주년기념사업 목적
10.17 부산 태화고무공장 직공 130여 명, 임금인하 반대 파업
10.21 인천 부두노동자 400여 명, 운임인하 반대-객주조합사무소 습격, 동맹파업

10.29 조선어학회, 한글날 맞춰 〈한글맞춤법통일안〉 확정 발표-3개년 간 125회 회의 개최
10.00 한국독립당·조선혁명당·의열단·한국혁명당 등 대표, 상해서 각단체연합주비위원회 조직
10.00 지청천 이하 한국독립군 간부, 중국육군군관학교 낙양분교 한인특별반 설치로 관내 이동
11.02 한인애국단원 유상근·최흥식, 대련재판소서 무기~10년 선고-관동군사령관 등 암살 시도
11.04 정평적색농민조합 발각-12.14. 원회극 등 35명, 경성복심에서 최고 6년형 선고
11.15 중국 중앙육군군관학교 낙양분교에 '한인특별반' 설치-1년 만에 해산
11.20 영흥수산흥업회사 소작어민 200여 명, 어획 물가 인상요구 총파업
11.25 충남 공주의 '금강철교'(현 등록문화재 제232호) 준공
11.25 진주고보생 22명, 독서회사건으로 피체
11.28 강릉고보생 48명, 독서회사건으로 피체
11.00 동래고보학생 6명, 악질교원 배척 등 7개 조항 요구, 20여 일간 동맹휴학
11.00 서울 서대문에 최초의 양재학원 김영애양재봉연구소 신설
12.16 춘천 소양교(397m) 준공-1932.7. 착공
12.17 선남은행·경일은행 합병, '대구상공은행' 설립-일본인이 은행 지배
12.20 간도공산당사건 관련 이동선 등 22명 사형, 그 외 205명 징역 1~10년 선고
12.00 성광현 등, 황민화정책 선전 작품을 공연한 극단 '황금좌' 창단
12.00 송석하·정인섭·유치진, 서울 옥인동에 조선인형극회 창립-인형극·토속시인형극 연구

01.30 [독일] 히틀러, 독일 수상에 취임
02.17 [미국] ≪뉴스위크지≫ 창간
02.22 [일본] 남양군도 영유권 성명
02.23 [국제연맹] 일본의 만주철퇴안 결의
02.26 [독일] 히틀러, 베를린 국회의사당 방화사건 후 독재권력 획득
03.04 [미국] 루스벨트, 제32대 대통령에 취임
03.10 [미국] 루스벨트 대통령, 뉴딜정책 발표
03.23 [독일] 의회, 독일제정 붕괴 후 바이마르헌법 폐기
04.01 [독일] 나치, 유태인 배척운동 시작
04.04 [미국] 에이크런 비행선, 뉴저지해안 추락 73명 사망
05.10 [독일] 나치스당, 분서의식 거행

05.29 [미국] 스탠다드오일사, 사우디아라비아의 석유화학 60년 기한으로 획득
05.31 [일본-중국] 일본 관동군 대표와 중국군 대표, 당고정전협정 성립
06.06 [미국] 최초의 드라이브인 영화, 미국 뉴저지 월슨가에서 상영
06.12 [국제] 세계공황대책을 협의키 위한 '세계경제회의' 런던서 개막
07.03 [소련] 7개국과 불가침조약 조인
07.06 [미국] 프로야구 첫 올스타전 개막
07.14 [독일] 신정당 수립 금지법 성립(나치스가 유일 합법 정당)
08.09 [독일] 나치돌격대, 스위스 바젤시 침입
09.02 [이탈리아-소련] 불가침조약 조인
10.14 [독일] 제네바군축회의 국제연맹 탈퇴 성명
10.17 [독일] 물리학자 아인슈타인, 미국으로 망명
11.13 [독일] 총선거에서 나치스 대승
11.16 [미-소] 양국 외교관계 수립
12.05 [미국] 금주법 14년 만에 해제
12.27 [중국] 감숙성에 지진, 3만 명 사망

1934 갑술(甲戌) 대한민국16 소화9 민국23

01.05 환성운수주식회사 해주취인점 인부 70여 명, 임금인상 요구 동맹파업
01.07 신의주정미소 여공 70여 명, 인금인상 대우개선 등 요구 동맹파업
01.11 통의부원 최성록, 평북에서 피체-1934.2. 신의주지법서 7년형 선고, 1938.12. 출옥
01.15 임시정부, 진강에서 재중국 각 단체대표 소집-기관지 부활·병인의용대·의경대 강화 등 의결
01.16 김병로·여운형, 조선소작령제정촉진회 조직-일본내각·조선총독부에 〈소작령〉 제정 촉구
01.16 군산 가등정미소 여공 170여 명, 임금인상 요구 동맹파업
01.20 전조선아마추어권투연맹(회장 유억겸) 창립-무도 정신 보급, 권투단체 통일
01.22 경성부, 창신·마포·용산·경성여 등 공립보통학교 신설 결정
01.25 통의부원 양창익, 벽동경찰서 용연파출소 습격 혐의 피체-1934.2 신의주지법 2년형
01.29 조선혁명군 이진무·홍학순·김태묵, 평양복심법원에서 사형·징역 13년 언도

01.30 정의부집행위원 한신옥, 봉천에서 피체-1934.10. 평양지법에서 6년형, 1940.10. 출옥
01.00 의열단 박문희 등 4명, 중국 중앙육군군관학교 훈련생 모집 중 경남 동래에서 피검
02.02 조선미옹호기성회, 정부매상 확대 등 4개항을 조선총독부에 요구
02.02 조선소작령제정촉진회, 전국적인 촉진운동 추진 결의
02.04 경남 밀양 부북수리조합 지주 500여 명, 지주회 조직·수세인하 등 6개항 결의
02.06 곡물연합회·조선상공회의소, 일본의 〈외지미차별대우안〉 절대반대 결의
02.12 강화도에 ≪중외일보≫ 공수-국내 첫 신문 공수
02.15 조선어학연구회, ≪정음(正音)≫ 창간(~1941.4.)-조선어학회의 〈한글맞춤법통일안〉 반대
02.16 이석영(1855~1934) 사망-서간도에서 경학사·신흥무관학교 창설·운영
02.16 경성 등원초자제조공장 직공, 임금인상, 대우 개선 요구 동맹파업
02.25 상해 한국독립당, ≪진광(震光)≫ 창간-상해사변 후 창간, 국한문 혼용, 지하출판
02.00 중국 중앙육군군관학교 낙양분교 한인 92명 입교-책임자 한국독립군 총사령관 지청천
03.01 한국노병회·조선혁명당 양기하(1878~1932), 요녕성 관전현서 교전 중 29명과 함께 전사
03.01 신한독립당·한국독립당·의열단·조선혁명당, 남경에서 대일전선통일동맹 2차 대회 개최
03.03 서울에서 친일단체 '조선대아세아협회' 설립-대일본과 아시아 제국과의 친선 도모
03.03 한국독립당 강병학, 일본 상해사변전몰자초혼제 식장(홍구공원)에 폭탄투척-불발 실패
03.16 상해 일본영사관에 폭탄을 던진 이수봉, 신의주지법에서 징역 7년형 선고
03.18 최중호(1891~1934) 사망-임시정부 인성학교 교장·교민단 단장 역임
03.23 부산부청사(구 부산시청사) 착공(~1936.3.)
03.29 〈면양장려계획〉 발표-10개년 내 면양 10만 마리 목표
03.31 북선3항'(청진 · 나진 · 웅기)↔신경(장춘) 직통 열차 운행 시작
04.02 임시정부, 〈외무부행서규정〉 공포-외무위원회 설치, 위원 조소앙·최동오·이승만·신익희
04.05 최현배, 『중등조선말본』 간행-한글 문법구조, 음성학·품사론·문장론으로 구분
04.08 조선공산당원·광산노동자 박영진(1907-1934) 옥사-노동자의 권익 활동 전개
04.11 〈조선농지령〉 공포(10.20. 시행)-소작계약 법정 기한 3년·소작지임차권 상속 인정
04.14 조선공산당원 이재유, 서대문경찰서 탈출-1935.12. 피체, 1944.10. 옥사
04.15 〈조선부군도소작위원회관제〉 공포(10.20. 시행)-조선농지령 판정 및 조선소작 조정
04.16 경남 함안농장 소작인 100여 명, 소작권 이동에 항의해 연좌농성
04.21 국민부원 이병화, 평북 초산에서 피체-1934.6. 신의주지법에서 7년형 선고

04.27 논산 연산천 공사장 노동자 1,500여 명, 차별임금 철폐요구 총파업
04.30 〈조선소득세령〉 개정-개인소득세 신설
04.00 경성제대 예과, 수학연한 2년→3년 연장, 입학자격 중학졸업→중학 4년제 수료로 변경
04.00 임시정부, '국내외 단체 및 민중전체에 고함' 발표-대동단결·항일운동 촉구
05.01 〈조선총독부세무서관제〉 제정-각 도 재무부 폐지, 세무기관 독립, 경제착취체제 확립
05.01 재동경 한인 700여 명, 메이데이 기념 시위행진
05.10 춘천농업학교, 교사배척 등 요구 농성중인 4학년생 46명 무기정학
05.07 이병도·김윤경·이병기, 진단학회 발기-한국사·언어·문학·주변국 문화 연구-5.11. 창립
05.13 조선운송주식회사 신의주 노동자 100여 명, 한·일 임금차별 철폐요구 동맹파업
05.18 조선혁명군 이진무(1900-1934)·홍학순(1904-1934), 평양형무소에서 사형 순국
05.22 경성 은평제지조합 직공 100여 명, 임금인상 요구 동맹파업
05.23 함남 영흥농민조합사건 관련자 진기섭, 대전형무소 복역 중(징역 2년6월) 옥사
05.25 황해도 겸이포제철, 미츠비시(三菱) 인수 후 1년 만에 조업 재개-연 생산능력 10만 톤
05.00 '신건설사' 사건(제2차 카프사건) 발생-문인·화가·배우·신문 기자·학생 60여 명 검거
05.00 채만식 단편소설 〈레디메이드 인생〉, ≪신동아≫에 연재(~1934.7.)
06.05 무정부주의자연맹·흑색공포단 백정기(1896~1934), 이시하야형무소에서 옥사
06.06 경남 김해 대저·가락면민 등 2천여 명, 일천식공사로 홍수피해 항의, 피해보상 요구
06.09 조선기독교절제회·기독청년면려회 평양연합회, 숭실학교서 금주선전회 개최-5천명 참가
06.19 상해 한인청년단원·상해교민단 총무 정태희, 평양복심법원에서 징역 5년 선고
06.22 〈조선상속령〉 공포(7.1. 시행)-초과 누진율 부과
06.22 조선어학연구회 윤치호·문일평, 조선문기사정리기성회 조직-한글맞춤법통일안 반대 운동
06.26 한중연합군 100여 명, 만주 삼도하자에서 일본 경찰 승차한 자동차 3대 습격
06.29 조선일보사, 문맹퇴치운동 참가 학생 5,478명 동원식 개최
06.29 임시정부 국무위원 김철(1886-1934) 사망
06.30 동아일보사, 학생계몽대원 2,400명 동원식 개최
07.02 경기도, 학생들의 문맹퇴치운동 금지
07.02 신의주비행장 신축 낙성식(1933.3. 착공)
07.05 서울 태서관에서 윤치호·이인·박길룡, '과학지식보급회' 조직-과학 관심 진작
07.08 김기진 등 문인 80여 명. '한글 지지에 대한 선언' 발표-조선어학회 한글맞춤법통일안 준용

07.12 함남 영흥농민조합사건 관련자 채주철 등 20명, 경성복심법원에서 징역 20~3년6월 선고
07.18 임시정부, 일본경찰에 노출된 항주 임시정부 판공처·한국독립당 사무소 폐쇄 결의
07.25 서울 등 9개 지방 경마구락부 통합, '조선경마회' 설립
07.27 〈조선시가지계획령〉 공포(8.1. 시행)-도시계획·토지구획정리사업·건축법 통합
07.30 경성부민관(현 서울특별시 시의회) 착공(~1935.12.)
08.01 박태원 중편소설 〈소설가 구보씨의 1일〉, ≪조선중앙일보≫에 연재(~9.11.)
08.05 평양 일본곡산공업주식회사 종업원 400여 명, 대우개선 등 요구 총파업
08.06 〈종양장(種羊場) 관제〉 공포 시행-우가키 총독의 남면북양정책 일환
08.07 〈활동사진영화취체규칙〉 공포(9.1. 시행)-조선영화 통제하여 문화적·오락적 가치 제고
08.12 조선혁명군 총사령 양세봉(1896~1932), 만주 환인현 소황구에서 일본군 습격에 전사
08.13 함남 홍원농민조합원항쟁사건 정염수 등 34명, 경성복심법원에서 징역 7-2년 6월 선고
08.18 조선방송협회 외곽기구 '방송심의회' 창설-조선총독부의 정책 홍보 하수인 역할
08.19 조선면양협회 창립총회 개최-일만면양협회 지부 성격으로 양털 약탈 목적
08.21 한강인도교(현재 한강대교) 공사 착공(~1936.10.)
08.28 황해도 사리원 교육동지사 사건 김가진·이상룡 등 5명, 해주지법에서 징역 5년 등 선고
08.00 임시정부, 중국육군군관학교 낙양분교 한인특별반 25명, 중앙육군군관학교 제10기로 입학
09.01 신백수·이시우·정현웅·조풍연, 격월간 순문예 동인지 ≪삼사문학(三四文學)≫ 창간
09.14 노덕영 등 5명, 해주지법에서 징역 2년형 선고-황해도 풍천에서 비밀결사 지우회 조직
09.21 황해도 해주돌격대사건 관련자 김춘보 등 6명, 헤주지법에서 징역 5-3년형 선고
09.23 평남도청 폭파 광복단 박태열, 상해에서 피체-1937.2 고등법원 무기징역, 옥사
09.29 조선운송주식회사 대구지점 인부 63명, 해직노동자 복직요구 동맹파업
09.00 대한민국 임시정부, 항주에서 홍보 선전물 ≪임시정부 공보(公報)≫ 창간
10.01 〈나요양소관제〉 공포-나요양소, 소록도갱생원으로 개칭
10.01 흥남제련소 600여 명의 노동자, 노동시간 단축 등 12개 요구조건 제시-파업 관철
10.03 동대문↔청량리 전차궤도 복선 공사 준공
10.09 조선독립당 결사대원 서원준, 평양지법에서 사형 선고-1935.4. 평양형무소에서 사형
10.10 임시정부 초대 교통총장 문창범(1870~1934) 사망
10.13 신의주 왕자제지주식회사 직공 250명, 임금인상 요구 총파업
10.20 북청 신창주재소 무기탈취, 정의부원 김춘배 피체-11.26. 함흥지법에서 무기징역 선고

10.24 간도공산당원, 1개월 동안에 걸쳐 400여 명 피검
10.27 조선어학회, 훈민정음 반포 488회 기념 '제1회 조선어도서전시회' 개최(~10.29.)
11.01 직통 특급열차 부산↔심양(봉천) '노조미호' 운행 개시
11.05 최린 등 천도교 신파 지도자, 친일단체 '시중회' 발회식 거행
11.05 제3차 만주 영구행(營口行) 이민단 출발
11.09 이주석·이현석, 해주지법에서 징역 2년형 선고-중국 중앙육군군관학교 입학생 모집 중 체포
11.11 조선혁명군·국민부 통합, 조선혁명군정부 조직-조선혁명군정부선언서 발표
11.21 조선기독교교육연맹 주최, '전조선기독교 교육자대회' 개최(~11.24.)
11.23 부산 영도대교 개통
11.24 조선박물연구회 주최, 휘문고보에서 '조선박물전람회' 개최(~11.30.)
11.26 조선혁명군 4명, 만주 흥경현 왕청문에서 만주군 40명과 교전
11.28 진단학회, 기관지 ≪진단학보≫(편집 겸 발행인 이병도) 창간(~1941.6.)
11.30 전북 정읍군 용북면 웅본농장 소작인 300여 명, 소작료 인상에 항의 불납운동 전개
11.00 천도교 교령 최린, 친일단체 '시중회(時中會)' 조직-일선융합(日鮮融合) 표방
12.04 평양 차지인(借地人) 300여 명, 평양외성차지인동맹조합 결성
12.07 〈연하전보규칙〉 공포-취급기간 매년 12월 30일부터 1월 6일까지
12.09 〈대좌부(유곽) 창기취체규칙〉 개정(1935.1. 시행)-창기 자유 외출 가능
12.13 황해도 해주군 장곡면 거주 이래진, 색의(色衣) 장려에 분개-단식 자살
12.14 경성 대창직물 여공 150여 명, 작업시간 단축 등 6개항 요구 총파업
12.16 이운수·박태을·김천해·전윤필 등, 조선신문사 조직-재일한인 신문 발간(~1936.7.)
12.20 조선혁명군 조화선·이영걸 등 70명, 관전현 소양지구에서 자위단 유격대와 교전
12.20 경성제대 반제동맹사건의 조정래 등 5명, 경성지법에서 4~3년형 선고
12.24 『진달래 꽃』 시인 김소월(1902~1934) 사망
12.29 〈조선자동차취체규칙〉 공포-보통·특수·소형 자동차로 구분, 가(假) 운전제도 인정
12.31 평양부, 이제(里制) 폐지, 정제(町制)로 통일 결정(1935.4. 시행)
12.00 김구, 한국특무대독립군 조직-중국 중앙육군군관학교 한인 학생 등 80여 명으로 구성

01.26 [소련-폴란드] 불가침조약 조인
02.23 [영국] '위풍당당한 진영' 작곡가 에드워드 엘가(1857~1934) 사망

03.01 [중국] 청의 마지막 황제 푸이, 일본 괴로국 만주국 황제에 즉위
04.16 [일본] 나가사키 화재, 2천여 명 사망
05.21 [이라크] 키르쿠크 유전에서 팔레스타인 하이파항까지 석유파이프라인 완성
07.02 [미국] '신화적 갱스터', 11번의 은행 강도와 2번 탈옥한 존 딜린저 사살
07.04 [프랑스] 물리학자·화학자 퀴리 부인(1867~1934) 사망
08.18 [독일] 국민투표, 총통에 히틀러 선출
09.18 [소련] 국제연맹에 가입
10.05 [프랑스] 원작 '품행제로'의 감독, 장 비고(1905~1934) 사망
10.09 [유고] 국왕 알렉산드르, 프랑스 공식방문 중 크로아티아출신 테러리스트에 피살
10.15 [중국] 중국공산당, 강서성 서금에서 9,600km 대장정 시작(1935.10 옌안 도착)
11.10 [중국] 국민정부군, 서금 점령
11.18 [이탈리아] 『교회법전』 편찬 추기경 가스파리(1852~1934) 사망
11.23 [영국] 근대 사실주의 연극 개척자, 극작가 아서 윙 피네로(1855~1934) 사망
12.13 [미국] 벨전화회사 설립자, 조선업자 윗슨(1854~1934) 사망
12.26 [일본] 최초 직업야구단, '대일본도쿄야구구락부'(요미우리 자이언츠 전신) 탄생
12.29 [일본] 워싱턴 해군군축조약폐기, 미국에 통고
12.29 [쿠웨이트] 석유채굴권, 미국·영국에 허가

1935 을해(乙亥) 대한민국17 소화10 민국24

01.01 조선중앙일보사, 월간 아동지 ≪소년중앙≫(편집·발행인 김동성) 창간(~1940.12.)
01.02 조선어학회 최현배·이희승 등, 충남 온양에서 조선어표준어사정위원회 개최
01.06 동북인민혁명군 박진 부대, 길림 노두구 부근에서 일본·만주 경찰과 교전
01.12 〈조선선박안전령〉 공포(3.1. 시행)-선박에 관한 제규정 마련
01.19 반만군(反滿軍) 15명, 평북 자성군 삼흥면에서 일본 경찰과 교전
01.22 조선신탁, '남조선신탁' 합병-전국 신탁회사 통합
01.23 수원 도립병원에서 농촌운동가 최용신(1909~1935) 병사
01.24 평북 국경지대에 경찰 2,700여명·비행경찰대 배치-조선인민혁명군 국내진공·공작 저지
01.31 블라디보스토크에서 임시정부 국무총리 이동휘(1873~1935) 사망

01.31 홍천 십자가당 사건 관련 남궁억 등 4명, 경성지법에서 징역 1년6월-6월 선고
02.01 최초로 종두법 도입한 지석영(1855~1935) 사망
02.01 인천노동조합운동 관련 정갑용 등 3명, 경성지법에서 징역 2년6월-1년6월 선고
02.08 조선혁명군 서원준, 평양복심법원서 사형 확정-4.30 평양형무소에서 사형 순국
02.09 평양면옥 노동자 350여 명, 총파업
02.10 안창호, 대전형무소에서 가출옥
02.10 조선혁명군 총사령 김활석, 만주 구연성에서 만주경찰에 피체
02.13 반만군 100여 명, 평북 동흥지방 습격
02.15 조선혁명군사정치간부학교 출신 홍가근 등 3명, 경성지법에서 징역 3-2년 언도
02.21 중앙고보, 동맹휴학으로 검거된 4학년생 전원 무기정학 처분
02.27 부산↔절영도 전차 개통
02.28 충남 조치원 백정제사공장 직공 170여 명, 대우개선 노동시간 단축 요구 동맹파업
02.00 김광섭·김상용·모윤숙·오희병 등, 시 문예잡지 ≪시원(詩苑)≫ 창간(~1935.12.)
02.00 무성변사 출신들, 신파극단 '예원좌(藝苑座)' 창립(~1945.7.)-상업성 높은 여흥극 공연
02.00 동북인민혁명군 제1군 독립사, 평북 후창군 동흥진 습격
02.00 강화군 유지 유경근 등이 열려던 '이동휘추도회', 강화경찰서 금지
03.02 부산직물·환신견포 직공 150여 명, 임금인상 요구 파업
03.04 중동고보생 180명, 교원 배척 등 6개항 요구 맹휴
03.05 조선혁명군 제3사단장 장명도(1904~1935), 부하 이영주, 일본경찰대와 교전 중 순국
03.09 평북 삭주군 교동 금산광부 600여 명, 임금인상 요구 파업
03.11 3차 태평양노동조합사건 임민호, 함흥지법에서 징역 6년 선고-1933.3. 함흥에서 피체
03.12 임종문·오성덕, 추동청년계 조직 혐의-해주지법에서 징역 4년-2년6월 선고
03.16 진남포 삼화노동조합 수상 인부 300여 명, 임금인상 등 요구 동맹파업
03.17 경남 합천군 도로공사장 인부 120명, 임금인상 요구 파업
03.18 함북 나진우편국에 최초의 자동전화교환기 설치(지멘스 할스케 식)
03.22 〈조선은행법〉 개정(4.1. 시행)-화폐 세율, 0.5%→0.3% 인하
03.25 무정부주의자 정화암·엄순봉 등, 상해조선인거류민회 부회장 이용로 암살
03.25 『고종실록』(47책)·『순종실록』(7책) 완성
03.26 〈경성여자사범학교 설치령〉 공포(4.1. 시행)

03.26 〈조선사업공채법〉 개정-연초전매·사설철도 매수 목적의 자금 조달 공채발행액 증액
04.01 〈실업보습학교규정〉 공포 시행
04.01 의주↔혜산진 북조선척식도로와 국경교량 공사 착공-총공사비 180만 원
04.01 〈초등교육과정의 간이학교 설치〉 발표
04.02 의열단원의 조선혁명간부학교, 남경 황룡산 천녕사에서 제3기생 개학식 거행
04.06 조선총독부, 일본 척무성과 80만 한국 농민의 만주이민 원안 결정
04.08 북만주 재만농민협회에서 활동한 유해권, 상고기각으로 징역 13년 확정
04.09 중국육군군관학교 낙양분교 한일특별반, 1기생 62명 졸업-이후 일본 해산 요구에 중단
04.10 평남 진남포 서선노동조합 부두 인부 200여 명, 임금인상 요구 동맹파업
04.12 서울 신당리 토막민 장봉산 등 5명, 동척의 강제철거 반대운동으로 피체
04.12 함남 문천농민조합사건 관련자 김대윤 등 11명, 함흥지법에서 징역 4년-1년6월 선고
04.14 경성 대창직물주식회사 여공 230여 명, 임금인하 반대 동맹파업
04.18 경성전기, 화물자동차 영업 개시
04.20 〈조선나예방령〉 공포(6.1. 시행)-소록도갱생원 감금실 설치
04.20 조선신문사, 경복궁에서 조선산업박람회 주최-일제, 경복궁을 근대화 선전장 활용
04.21 금융조합연합회에서 '해군협회 조선본부' 발회식 개최-일제 해군 사상의 계발 보급
04.22 조선프롤레타리아예술동맹(KAPF), 일제의 강압에 해체 결의
04.24 양주동·이희승·이극로, 조선음성학회 창설-조선어학회의 외래어표기법통일안 작업 참여
04.25 〈조선마약취체령〉 공포-아편의 정부 전매제 및 제조업 감독
04.25 서울 해동직물공장 노동자 20명, 임금인상 요구 동맹파업
04.30 정의부 서원준(1908~1935), 평양형무소서 사형-순사부장 도미다(富田吉五郎) 사살
04.00 형평사 제13회 전국대회 개최-형평사를 '대동사'로 개칭
05.01 김해진, 월간 종합문예잡지 ≪사해공론≫ 창간(~1939.11.)
05.01 조선은행권 발행-6월 1일부터 종래 은행권과 병행 사용
05.06 재동경무정부주의 조선인 단체 기관지, ≪흑색신문≫ 자금난으로 폐간
05.11 〈형사소송법〉 개정 공포-구류기간 2월에서 필요한 경우 1개월마다 경신
05.14 각 도에 수리조합연합회 설치 인가
05.18 손기정(양정고보), 3회 마라톤대회(조선체육회 주최) 2시간24분28초 세계기록 수립
05.21 부·읍회의원과 면협의회원 개선(改選) 실시

05.25 〈농지이주장려보조규칙〉 공포-영·호남지방 농민, 서북지방으로 이주 권장
05.28 조선프롤레타리아예술동맹(KAPF), 일제의 강압으로 해체
05.30 민생단 사건에 동북인민혁명군 제2군 독립사 개편-사장(師長) 조선인 주진 숙청
05.31 조선독립단 황석삼 등 300여 명, 만주 대계현에서 반만토벌대와 교전
05.00 계용묵 단편소설 〈백치 아다다〉, ≪조선문단≫ 5월호에 발표
06.08 조선어학회, 한글강연회 개최-이극로, 〈한글을 바로 쓰고 바로 읽는 법〉 강의
06.12 〈임야측량규정〉 공포-임야대장 등록 토지 측량, 지적산정, 임야도 정리 규정
06.12 조선일보사, 서울 중구 태평로 사옥 준공
06.12 평양 동양제사공장 여공 400여 명, 임금인상 요구 동맹태업
06.21 신의주 삼무학교생 450명, 일본인 교장의 영리적 학교경영에 항의 동맹휴학
06.29 경성전매지국 평양공장 설치
06.00 안동성공서 이등(伊藤伊八) 시학관, 중국 집안현에서 '고구려 벽화' 발견
06.00 김문준·이시형 등, 일본 오사카에서 ≪민중시보≫(조선어) 창간(~1936.9.)
07.02 박승빈, 문법서 『조선어학』(조선어연구회) 간행-1925년 집필 시작, 8년 만에 탈고
07.05 의열단·한국독립당·조선혁명당·신한독립당·대한독립당, 중국 남경에서 민족혁명당 창당
07.12 민족혁명당, 중앙위원회, 화북지부 등 5개 지부 설치 결의
07.13 평남 진남포제련소 직공 1,200명 총파업-임금 인상과 8시간 노동제 등 요구
07.24 이상 〈오감도〉, ≪조선중앙일보≫에 연재 시작(~8.8.)
07.24 의열단 등 5개 단체, 민족혁명당에 진행사업 인계 후 해산
07.25 가정부인회, 최초의 '여자수영강습회' 개최-1주일간 회비 50전, 수영장 입장료 5전
07.25 이윤옥 등 서대문형무소 '사상범' 50여 명, 사형집행 반대 등 요구 단식투쟁
07.29 조선총독부, 소작쟁의 격증 대비로 소작관 110명 증원, 각 도·군에 배치
07.00 일본 전력연맹계, 조선전력 설립-자본금 2,000만 원
07.00 양기탁·유동열, 김규식·조소앙·최동오의 민족혁명당 입당-임정 송병조·차리석 잔존
08.01 불교시보사, ≪불교시보≫ 창간(주간 김태흡)(~1944.4.)-중일전쟁 협력, 창씨개명 지지
08.01 각 지방 고등보통학교에 일본인 현역 장교 배치-강제 군사훈련 실시
08.02 〈신원보증령〉 공포 시행-자신의 신원을 보증할 연대보증인 3명 필요
08.02 부산 삼화고무공장 노동자 780여 명 파업
08.06 함남 〈도영검사제〉 도입(9.1. 시행)-함남 목탄가격 폭락에 통제, 출하 증진 조율

08.13 심훈의 장편소설 〈상록수〉, ≪동아일보≫ 현상문예 당선(9.19.~1936.2.15. 연재)
08.20 북만주 목단강시 한인 상공업자 250여 명, 조선인상무회 조직
08.28 〈조선제사업령(製絲業令)〉 공포-제사업자, 총독의 면허 발급
08.29 〈종합대박물관 설치계획〉 발표-예산 200만 원
08.29 평북 동양척식주식회사 '불이서선농장' 소작쟁의 발생-소작인 222명, 소작권 승인 문제
08.30 〈식산계령〉 공포(12.13. 시행)-5명 이상 농민, 식산계 설립 후 금융조합·산업조합 가입
08.00 홍재룡·홍재묵·이정근, 경기 강화에 최초의 인조견 공장 '조양방직주식회사' 설립
08.00 고등보통학교에 현역 장교 배치-강제 군사훈련 실시
09.15 8월 1일 반전데이 사건 이후 관련자 120여 명, 함흥경찰서에 피체
09.19 조선일보, 국내 첫 음악 콩쿠르 '전조선음악콩쿠르' 개최
09.20 조선총독부, 각 학교에 신사참배 강요
09.20 한검추·왕평거, 만주에서 한중항일동맹회 창립-일제 타도 동북 회복, 한국독립 달성(~1937)
09.21 부산방송국(JBAK) 개국-최초의 지방 방송국
09.25 조소앙·박창세 등, 민족혁명당 창당 반대-항주에서 한국독립당재건선언 발표.
09.29 조선육상경기협회, 제1회 전선육상경기선수권대회 개최
09.00 남경 중앙육군군관학교, 민족혁명당의 책임보장 아래 교포학생 26명 입학 허가
09.00 인기가요, 이난영 〈목포의 눈물〉(작사 문일석, 작곡 손목인) 발표
10.01 경성중앙전화국, 자동전화교환기 설치(스트로저식)
10.01 대전·전주·광주, 읍에서 부(府)로 승격
10.01 서울 용산의 철도종사원양성소 구내에 '철도박물관' 개설
10.01 임시정부 김구, 중국정부의 실력자인 진과부에게 공군 창설 요청
10.02 조선어학회 이희승 등 31명, 충남 온양에서 '조선어표준어사정위원회' 개최
10.03 각종 사회교화단체 연합체, 친일 '조선교화단체연합회' 설립-황도사상·일본신앙심 고취
10.04 〈조선항공장려규칙〉 공포 시행-항공 사업의 포상 규정
10.04 최초의 우리말 발성영화 〈춘향전〉(경성촬영소 제작), 단성사에서 상영
10.05 조선혁명군사정치간부학교, 제3기생 36명 남경에 파견
10.11 나고야(名古屋) 재일 한인 1천여 명, 차별대우에 '시당국규탄 조선인대회' 개최
10.17 조선일보사, 월간 종합잡지 ≪조광≫ 창간(~1944.12.)
10.20 부산공회당에서 부산체육회 창립총회 개최

10.20 남경 민족혁명당 중앙집행위원회, 조소앙·박창세·문일민·김사준·이창기·박경민 등 제명
10.22 정의부·국민부·조선혁명당에서 활동한 김준택(1865~1935) 옥중 순국
10.21 전남 고흥군 도양읍 소록리에 '소록도갱생원(현 국립소록도병원)' 준공
10.26 학생운동으로 검거된 함흥고보 강석주 등 14명, 함흥지법에서 징역2년 선고
10.31 광복단 사건 한국원 등 6명, 평양지법에서 사형·징역 3년 선고-1936.4. 무기징역 감형
11.01 함경북도 나남항 개항
11.01 만철 북선선(청진↔나진)(현 도문선) 완전 개통
11.01 배구자·홍순언, 서울 충정로에 한국 첫 연극전용공간 '동양극장' 개관-객석 600여 석
11.11 상해 임시정부의 인성학교 폐교
11.15 평남기독교계 학교장, 도내 고등보통학교 교장회의에서 신사참배 거부
11.20 〈기상신호규정〉 개정 공포(12.1 시행)-매일 2회(오전 10시, 오후 4시) 기상 예보
11.22 히구치(樋口虎三), 군산에 남한 내 유일한 '조선제지회사' 창립-자본금 50만 원
11.25 함남 동흥리 장진강수력발전소 준공-평남 평양 등 서북지방 송전 개시, 33.4만㎾
11.26 민족대표 길선주(1869~1935) 목사 사망
11.26 사상범보호단체 '소도회(昭道會)' 조직-회원 130여 명, 사회주의자 회유
11.00 이동녕·이시영·김구 등, 중국 항주에서 '한국국민당'(이사장 김구) 조직
11.00 임시정부, 항주→진강으로 옮김
12.03 청진비행장 개장-청진↔장춘 연락비행 개시
12.04 평양시내 기독교계 학교, 황자명명식(皇子名命式) 신사참배에 불참
12.05 조선혁명군 안광두 등, 만주 석인구에서 일만군에게 피체-12.6, 안광두 음독 자결
12.10 경성부민관 준공-철근 콘크리트 구조 3층, 연면적 5,676m², 높이 45m(1934.7.~)
12.15 동양극장 전속극단 '청춘좌' 조직(~1945.5.)-전속배우 월급제로 첫 직업배우 탄생
12.21 조선일보사, 국어보급 위해 한글교재 10만 부 발행, 배포

02.28 [미국] 캐러더스, 최초의 합성섬유 '폴리머 66' 개발 성공
03.06 [독일] 재군비 선언
03.16 [독일] 제1차 세계대전 이후 강화조약, 베르사유조약 파기 선언
03.20 [페르시아] 국호, '이란'으로 개칭
03.22 [독일] 유럽 최초로 정기적인 TV방송 개시

05.01 [독일] 레니 리펜슈탈, 영화 '의지의 승리'(출연: 아돌프 히틀러)로 국가대상 수상
05.12 [폴란드] 초대 대통령 피우수트스키(1867~1935) 사망
05.19 [영국] 아랍 독립운동 도운 영국 탐험가, 토머스 로렌스(1888~1935) 사망
05.31 [파키스탄] 퀘타(Quetta) 대지진으로 6만 명 사망
06.08 [프랑스] 파리에서 최초의 자동차 박람회 개막
06.19 [국제] 국제노동회의, 1주 40시간 노동제의 원칙, 근본조약으로 채택
07.03 [폴란드] 크라쿠프 역사학파 대변했던 역사가 보브진스키(1849~1935) 사망
07.05 [미국] 노동자의 단결권, 노동의 자유를 보장한 전국노동관계법(와그너법) 성립
07.12 [프랑스] 간첩 누명 쓴 드레퓌스 사건의 육군장교 드레퓌스(1859~1935) 사망
07.14 [소련] 모스크바에서 사회-공산-급진사회당의 80만 반파쇼 데모
07.25 [국제] 코민테른 제7차 세계대회, 모스크바서 개최
07.30 [영국] 문고본 대명사 『펭귄북스』 출간
08.01 [중국] 공산당, 구국항일통일전선 제창
08.31 [미국] 의회, 중립법 의결
09.15 [독일] 뉘른베르크법 공포-유태인의 독일국적 박탈, 독일인과 성관계·결혼 금지 등
09.17 [필리핀] 케손 초대대통령에 당선
09.18 [중국] 항일구국동맹 결성
10.03 [이탈리아] 에티오피아 침공
10.10 [미국] 거슈인 작곡, 오페라 '포기와 베스' 초연
11.15 [필리핀] 대통령 자치정부 수립, 연방공화국 성립

1936 병자(丙子) 대한민국18 소화11 민국25

01.09 평남도지사, 의명학교 교장 이희만 소환-신사참배 이행 강요
01.13 조선총독부, 학생사상취체 전문관을 각도 경찰부에 배치
01.13 평남도지사, 기독교계 학교의 신사참배거부에 관한 담화 발표
01.15 조선총독부, 경성부민관에서 심전개발위원회(心田開發委員會) 개최-황국신민화정책 일환
01.18 동양화가 김은호 화백 제자 김기창·장우성, 후소회(後素會) 조직-친목과 동문전 개최

01.18 평양 숭실전문·숭실학교 교장 윤산온, 일제의 신사참배 요구 거부-1.20. 교장 파면
01.20 남경에서 민족연합전선으로 결성된 민족혁명당, 기관지 ≪민족혁명≫ 창간
01.21 숭의여학교, 평남도지사에게 신사참배 불참 통고-2.22. 교장대리 임명 취소
01.23 일본 화가산현 기세중선 철도공사 조선인 300여 명, 노임인상 등 요구분쟁 발생
01.25 조선총독부, 학무국 내에 사상계 설치-교육자들의 사상단속 목적
01.28 조안득·최영진·윤락삼·인진명·이김진 등, 우가키 총독 암살계획 발각·피체
02.01 조선총독부, 외국비료 수입 결정-조선질소공장의 폭리 견제책
02.03 용정 동흥중학생, 일본 영사관의 산발금지·남녀공학제 폐지·일어사용 강요에 동맹휴학
02.03 조선혁명군 제1중대 이여송 등 13명, 만주에서 일본 헌병대와 교전
02.06 〈조선토지측량표령〉 공포-만주의 측량을 시급히 추진 목적
02.07 조선여자기독교절제회, 각지방 140여 개 절제회 동원 금주단연운동 대선전 전개
02.14 경성부 구역 확장-고양군·시흥군·김포군 등 70개리 편입
02.17 함남 정평농민조합사건의 한영윤·이재필 등, 함흥지법서 사형 선고-1938.3. 7년형
02.21 중국 여순감옥에서 신채호(1880~1936) 뇌일혈로 사망
02.21 맹혈단 유형석, 상해에서 주중일본공사(有吉明) 암살혐의로 피체-해주지법서 5년형 선고
02.00 김은호·허백련(동양화)·박광진(서양화) 등, 중학동에 최초의 '조선미술원' 창립
02.00 윤봉관·김인선, 일본에서 비밀결사 '애국청년회' 조직-독립운동 전위대(~1936.10.)
03.02 전남진도농민조합사건 어규선·곽재필, 대구복심법원에서 징역 2년 6월 선고
03.05 태평양노동조합 관련 김필학 등 3명, 함흥지법에서 징역 3년 6개월-1년 선고
03.06 조선일보, 여성지 월간 ≪여성≫ 창간(~1940.12.)
03.15 김구가 결성한 한국국민당, 기관지 ≪한민(韓民)≫ 창간(~1937.4.)
03.18 엄순봉, 경성지법서 사형 선고-상해 일본공사 암살계획·조선거류민단 부회장 사살
03.19 조선어사전편찬회(1929.10. 결성) 해산-사업 전부 '조선어학회'로 이관
03.19 전남 광양광업소 갱부 570명, 노동시간 연장반대 파업
03.23 경기도, '동'을 '정(町)'으로 개정
03.26 안익태, 미국 필라델피아에서 〈애국가〉 작곡 발행
03.31 길림구국회 비밀결사원 12명, 만주에서 일본요인 암살 계획 중 피체
03.00 중공 동만특위·동북인민혁명군 2군, '동북인민혁명군'을 '동북항일연군'으로 개칭
03.00 춘천고보 남궁대·이찬우·문세현·용환각·백흥기·조규식 등, 비밀조직 상록수 결성

04.03 남만주 이민단 700명, 전남 광주 송정역·함평역에서 출발
04.07 조선결핵예방협회(회장 정무총감) 발족
04.16 함흥 도변철공장 직공 102명, 동맹파업
04.27 대한독립단원 차천모(1889~1936), 10년형 복역 중 옥사-군자금 모금 중 피체
04.30 함흥형무소 감옥수 370여 명, 만세 시위
05.01 경부선 복선화 착공(~1944.12.)
05.01 택시 미터기 정착 의무화
05.05 오성륜·엄수명·이상준 등, 만주에 재만한인조국광복회 조직-10대 강령규약·창립선언 발표
05.17 간도공산당사건 최성훈 등 4명, 청진지법에서 사형-징역 10년 선고
05.21 관서체육회, '전조선축구대회'(대회장 조만식) 개최
05.21 최현배, 『중등교육조선어법』 간행
05.22 백정기(1896~1936), 주중일본공사 암살혐의로 무기복역 중 나가사키 감옥에서 옥사
05.22 조만식·최윤각·김병연·김성업, 을지문덕묘산수보회 창립
05.26 강원도 삼척 소화광업회사 광부 147명, 동맹파업
05.28 〈미곡자치관리법〉 공포-미곡 풍작에 따라 조선·일본·대만 내 생산 미곡의 자치적 관리
05.00 김동인 단편소설 〈무녀도〉, ≪중앙≫ 5월호 발표
06.03 조선총독부 발행 조선민력-음력 폐지, 양력 발행 결정
06.05 〈조선오물소제령〉 공포(1937.10. 시행)-경성의 오물·악취 등 위생문제 해소 목적
06.08 경성역 조일택시 운전사 50명, 동맹파업
06.18 간도공산당사건 관련 이동선·주현갑 등 18명, 고등법원서 사형 확정
06.25 재동경 명치대학생 박용칠 등, 조선유학생연학회 조직
07.08 동양척식주식회사, 함북 부령군에 '부령수력전기' 설립-자본 1,000만 원(1940.12. 발전)
07.09 경성시장 통제-중앙도매시장 창설 준비 차원
07.10 인천소년형무소 설치-개성소년형무소 소년수 이감
07.11 한국국민당(김구), 한국국민당청년단 창설-청년 20명·중국중앙육군군관학교 출신 17명
07.12 회령비행장 공사장 인부 200여 명, 파업
07.13 조선총독부, 외사경찰제 실시 결정-각도에 테러리스트 범죄수사과 외사과 설치
07.15 낙동강 제방공사 준공(1933.3.~)
07.16 박차정·이성실, 민족혁명당 산하 '남경조선부인회' 창립-부녀자들 민족의식 고취

07.17 조선혁명군 제2중대장 김창화 등 17명, 압록강 경비중인 일본경찰 감시선 공격
07.20 경춘선(서울↔춘천) 착공-87.3㎞, 1939.7. 준공
07.21 간도공산당사건 관련자 이동선 등 18명 사형 집행
07.22 경성전기, 전차 구간과 요금 개정-1구간 5전
07.23 청춘좌, 종로 우미관에서 〈사랑에 속고 돈에 울고(홍도야 우지 마라)〉 공연
07.24 전남 광양군 초남광업 광부 233명, 동맹파업
08.05 미나미 지로(南次郎), 제7대 조선총독 임명(~1942.5.)
08.09 손기정, 제11회 베를린올림픽에서 마라톤 세계신기록(2시간29분2초) 우승
08.09 〈조선불온문서임시취체령〉 공포-지하신문 등 출판물 취체 법위 일층 확대
08.11 〈사원규칙〉 제정 시행-신사 사원규칙 폐지
08.14 〈조선관유재산령〉 폐지-일본의 〈국유재산법〉 공포(1937.4. 시행)
08.19 민족대표 33인, 천도교 도사 나용환(1864~1936) 사망
08.25 동아일보, 손기정 베를린 마라톤 제패 사진 일장기 말소 게재
08.25 낙양분교 출신 김영 등 6명, 한국특무대독립군 활동 중 피체-평양지법 검사국에 송치
08.27 동아일보, 손기정 일장기 말소사건으로 무기 정간(~1937.6.)
08.27 한국국민당 산하단체 한국국민당청년단, 기관지 ≪한청(韓靑)≫ 창간
08.00 극예술연구회 탈퇴파와 예술좌 합동, 신극단체 '조선연극협회' 창립
08.00 조선석유(주), 원산공장에서 최초로 석유 정제 시작
09.01 경성 영화조선사, 월간지 ≪조선영화≫(편집 겸 발행인 신량) 창간
09.05 평북 불이서선농장 소작민 1만여 명, 영구소작권 인정 등 요구, 군중집회
09.09 선만척식주식회사 창립 총회 개최-조선인 만주 대량이주 목적
09.16 『상록수』 소설가 심훈(1901~1936), 장티푸스로 사망
09.20 민족·사회주의 사상전향자 단체·친일단체 '대동민우회' 조직-내선일체·황국신민화 목적
09.28 중앙고보 독서회사건 관련자 한동정 등 8명, 경성지법서 징역 3년-1년 선고
09.29 신용욱, 조선 유일 민간항공사 '신항공사업사' 설립-1941.5. 조선항공사업사 개칭
09.30 도시계획으로 함북 청진의 민가 1000호 철거당함
09.00 동양극장 전속극단 '호화선(豪華船)' 창립-상업연극 표방, 대부분 일본어로 공연
09.00 이진수·박태정 등 100여 명, 동경에서 ≪조선일보≫ 발행, 독립사상 고취로 피체
10.00 명치좌(현 명동예술극장) 준공-지하1층 지상4층 규모, 영화·연극 전용극장

10.01 수원읍, 1읍 19면을 29정리(町里)로 폐합, 동명 개칭
10.03 경성부 서소문에 '경성변호사회'(조선인 중심) 설립
10.07 평양선교사회, 평양노회 이사파견 철폐-숭실전문·숭실중학·숭의여학교 경영 중지 결정
10.08 부산 동양법랑철기회사 직공 300여 명, 노동시간 단축 요구 동맹파업
10.20 이재유·이관술, 경기도 양주군 공덕리에서 '조선공산당재건 경성준비그룹' 조직
10.21 경성·평양·광주 등 주요 도시 7개소에 '감찰소' 설치 결정-사상범 감찰
10.23 한강인도교 두 번째 개통식-총연장 381m, 총공사비 210만 원
10.28 조선어연구회, 표준말 어휘집 『조선어표준말모음』 간행-490회 한글반포기념일에 간행
10.29 함남 이원군 만덕산에서 진흥왕순수비각 낙성식 거행
11.00 서정주·김동리 등, 격월간 문예동인지 ≪시인부락≫ 창간(~1937.12.)
11.00 을지로 황금좌(구 국도극장) 준공-지상3층, 지하 1층 규모-1999.10. 철거됨
11.03 중앙선(서울 청량리↔경주) 착공(~1942.4.)
11.05 〈조선변호사령〉 시행-경성조선인변호사회 해체, 제일경성변호사회 조직
11.10 상해 인성학교장 선우혁, 재상해일본총영사관의 일어교육 강요 불복-무기휴학 선언
11.15 평양방송국(JBBK) 개국-부산방송국에 이어 지방 방송국 두 번째
11.16 부관연락선 금강환(金剛丸) 취항-7천 톤 급(~1951.10.)
11.16 조선주판매주식회사 창설-가격 통제, 배급 원활, 품질 동일 목적
11.21 광정단 단원 오창순, 함흥지법에서 무기징역 선고-삼수군 영성주재소 습격
12.01 경부선(서울↔부산) 특급열차 아카츠키호 운행 개시-6시간 45분, 평균속도 시속 66㎞
12.05 장로교 경북노회, 계성중학·신명여중 존폐문제 토의
12.12 〈조선사상범보호관찰령〉 공포(12.21. 시행)-치안유지법 관련 집행유예·석방·가출옥자
12.16 전라선(전주↔순천)(185.7km) 완전 개통-1914.2. 착공 23년 10개월 만에 개통
12.18 강서경찰서에 폭탄을 투척한 한국원(?~1936), 경성형무소에 복역 중 옥사
00.00 인기가요, 김정구 〈눈물 젖은 두만강〉(김용호 작사, 이시우 작곡) 발표
00.00 통의부·정의부·고려혁명당에서 무장 활동하던 오동진(1889~1936) 사망

01.20 [영국] 에드워드 8세, 영국왕 즉위
02.05 [미국] 찰리 채플린의 '모던 타임스' 개봉
02.15 [독일] 히틀러, '국민차(Volkswagen)' 제조계획 발표

02.26 [일본] 황도파 장교들, 국가의 전면적 개조, 군사정부수립 요구 쿠데타(02.26사건)
02.27 [러시아] 조건반사 개념을 발전시킨 생리학자 파블로프(1849~1936) 사망
03.05 [영국] 최신예 전투기, 스피트 파이어 처녀비행
03.07 [독일] 로카르노조약 폐기, 라인 비무장지대 진주
05.08 [독일] 역사학자 오스발트 슈펭글러(1880~1936) 사망
05.09 [이탈리아] 에티오피아 병합 선언
05.12 [영국] 사진미학의 이론을 정립한 사진가, 피터 헨리 에머슨(1856~1936) 사망
06.03 [에티오피아] 이탈리아에 합병 후, 황제 하이레 세라시에, 영국으로 망명
06.04 [프랑스] 인민전선의 레온 브룸내각 성립, 최초의 사회당정권
06.14 [러시아] 소설가 막심 고리키(1868~1936) 사망
06.18 [프랑스] 인민전선내각, 주40시간 노동제 가결
06.30 [미국] 마가렛 미첼의 『바람과 함께 사라지다』 출간
07.11 [독일-오스트리아] 군사협정 성립
07.18 [스페인] 내전 발발
08.19 [스페인] 『노래의 책』 시집 가르시아 로르카(1898~1936) 사망
09.26 [네덜란드·프랑스·스위스] 금본위제 폐기
10.19 [중국] 『아큐정전(阿Q正傳)』 작가 루쉰(1881~1936) 사망
11.02 [영국] BBC, 세계 최초의 TV방송 시작
11.03 [미국] 루스벨트, 제32대 대통령에 재선
11.08 [스페인] 프랑코, 스페인 총통 취임
11.18 [독일-이탈리아] 스페인의 프랑코정권 승인
11.23 [미국] 사진잡지, ≪라이프(Life)≫ 창간
11.25 [일본-독일] 방공협정 체결
12.05 [소련] 스탈린헌법 채택
12.10 [영국] 영국왕 에드워드8세, 심슨부인과의 사랑 위해 퇴위
12.10 [이탈리아] 근대 희곡의 혁신자 피란델로(1867~1936) 사망
12.12 [중국] 서안사변 발발
12.31 [스페인] 소설가·극작가·철학자 미겔 데 우나무노(1864~1936) 사망

1937 정축(丁丑) 대한민국19 소화12 민국26

01.05 한국민족혁명당, 남경 본부에서 전당대회를 열고 '조선민족혁명당'으로 개명
01.07 조선일보, 국내 첫 어린이 신문 ≪소년조선일보≫ 창간-매주 월요일 1면 발행
01.11 부산 부두노동자 300여 명, 동맹파업 결의
01.12 〈외국위체관리법〉 공포(7.31. 시행)-수입화물대금 결제, 외국위체은행 지불 제한
01.13 민족대표 33인, 유여대(1878~1937) 사망
01.25 경성구호회·개성대성회·부산보성회 등 17개 단체, '사상범 보호단체'로 지정
01.26 평양에서 연극단체 예술좌 간부 11명, 사상운동 혐의로 피체
01.28 충청남도 공주지법, 대전으로 이전 결정-1938.7.1. 이전
01.28 부산 조선방직회사 직공 3천명, 임금인상 요구, 파업
01.29 장항제련소 전 직공 총파업 단행
01.29 민족혁명당원 김순곤, 상해 일본총영사관 폭파혐의로 경성지법에서 징역 5년 선고
01.31 중국 화북지방 거주 한인, 임시정부 산하단체 재중국한족항일동지회 발족
01.00 무정부청년동맹 흑색공포단 수령 김성수, 상해에서 피체-1938. 해주지법서 18년 선고
02.01 대구비행장(현 대구공군비행장) 개장
02.01 미북장로교 선교사실행위원회, 평양 비밀회합 숭실전문·숭실중학·숭의여학교 폐교 등 결의
02.17 철도국, '경성역'-여객 전용, '청량리역'-화물역 전용 발표
02.17 조선혁명군 고이허(최용성)·김명암·이상관, 관동군 토벌대와 교전 중 피체·총살
02.19 조선총독부, 전국 도립병원의 정신병동 신설 결정
02.19 상제교(上帝教) 포덕사 최선기, 일본왕 비방 글을 충남지사에 보내 피체
02.20 최현배, 문법책『우리말본』간행-처음으로 국어의 문법체계 완성
02.23 부산 문현동 산토채취장 인부 1,200명 파업-임금인상 요구
02.24 부산항 개축공사장 인부 1,500명 파업-임금 인하에 분개
02.24 김활란·손정규, 친일단체 '조선부인문제연구회' 조직-전쟁·식민지 협력 목적의 생활개선
02.00 한국국민당 안우생 등, '한국청년전위단' 조직-1937.9. 한국국민당청년단에 합병
02.00 민족혁명당, 우파(김창환-한국민족혁명당)와 좌파(김원봉-조선민족혁명당)로 분열
02.00 박윤옥 등 평양에서 비밀결사 열혈회 조직-1939.11. 피체
03.03 광주 수피아여학교, 조선총독부의 미션계학교 탄압정책에 휴교 선언

03.03 목포 남장로교 영흥학교·정명여학교생 1천여 명, 폐교조치 발표에 단식 동맹휴학
03.10 목포전기·조선와사전기·대전전기·남조선전기·대흥전기·천안전 등, '조선전기' 설립
03.10 조선총독부 강요로 제1차 간도이민단 1만 1,900명 출발
03.14 민족대표 33인, 최성모(1874~1937) 목사 사망
03.15 남궁태·용환각 등, 춘천서 항일비밀결사 '독서회' 조직-1939. 상록회로 확대
03.17 조선총독부, 일본어 강제 사용 시달-모든 직장에서의 일본어 사용 지시
03.22 수원농림비밀결사사건 관련 이용필 등 6명, 대구복심법원서 징역 3-2년 선고
03.23 경기도 시흥 철도공사 인부 170여 명, 파업
03.24 전국 형무소, 복역수를 장기수·여수·소년수 등으로 분리 수용 결정(4.1. 시행)
03.25 진흥왕순수비보존회 조직(함남 이원) 권승하·신병무·김재평 등, 취지서 불온 이유 피체
03.26 진해시멘트공장 직공 600여 명, 임금 쟁의
03.29 『봄봄』 소설가 김유정(1908~1937) 사망
04.01 함흥사범학교 개교
04.03 방공훈련을 위한 '경성부 방호단' 결성-중구·용산구·동구·영등포구 방호단 통제
04.03 김봉규 등 6명, 평남 강서독서회 사건 관련 피체
04.13 만주독립군 총사령관 김동삼(1878~1937), 경성형무소에서 옥사
04.13 '조선학생체육총연맹' 결성-전조선 대학·전문·중학교 스포츠 단체의 일원적 통제
04.14 〈가출옥사상범처우규정〉 공포-가출옥자 보호관찰소에 통지, 지휘 감독 받음
04.14 언론인·한국노병회·맹혈단 등 활약한 오면직(1894~1937), 해주형무소에서 사형 순국
04.15 천주교 전주·광주교구 설치
04.17 시인 이상(1910~1937), 사상혐의로 수감 중 병보석으로 출감 후 도쿄서 사망
04.17 평양조선물산장려회(1920.7. 조직), 조선총독부 명령으로 강제 해산
04.00 조선민족혁명당에서 제명된 지청천·최동오, 남경에서 '조선혁명당' 재결성
05.02 김영환·최남선·이광수, 친일단체 '조선문예회' 발족-문예·연예의 친일 사회풍교 정화
05.02 거문도 항만수축공사 인부 150명 파업
05.11 한국인 노동자 10만여 명, 만주에 강제이주 결정
05.22 만주 봉천조선인청년회, 조선어학회의 '조선어사전편찬' 지원 결의
05.29 조선어업조합중앙회 설립-전국 어업조합과 도별 어업조합연합회 총괄·감독
05.00 ≪만몽일보≫, ≪간도일보≫(용정) 인수

06.01 춘천공립농업학교 3~4학년생 80여 명, 교무주임 배척 동맹휴학
06.02 손기정 선수 일장기말소사건으로 정간된 ≪동아일보≫ 복간
06.03 조선애국부인회, 각 지방의 지부·분회에 '애국자녀단' 단칙 송부, 조직 촉구
06.04 동북항일연군, 함남 혜산진 보천주재소 습격(보천보 전투)
06.05 청진방송국 개국-소만국경 인접지역에 국방정책상 필요로 설치
06.06 수양동우회 사건 시작-치안유지법 위반 혐의-1941.11. 최종 무죄 판결
06.17 혈맹단원 김락제, 주중일본대사 저격혐의로 상해에서 피체, 서울로 압송
06.29 미국 북장로교 조선미션회총회 개최-대구의 계성·신명 학교의 경영 중지 결의
06.30 동북항일연군 제2군 400여 명, 만주 간삼봉에서 일본군 19사단 74연대 전투, 승리
07.01 안성·송정·강진·영천·예천·거창·원주·길주 등 17개 지역, 읍(邑)으로 승격
07.07 중국 북경 교외에서 노구교 사건 발생-중일전쟁 발발
07.10 사회주의운동가 한위건(1896~1937) 사망
07.12 의열단 특무대장 장종필, 상해에서 피체-부산으로 압송
07.16 임시정부, 중일전쟁 발발 이후 '군사위원회' 설치-한국광복군 창설 계획 수립
07.20 간도공산당사건 관련 김명균·유덕해 등, 청진지법에서 사형 선고
07.22 〈사립학교규칙〉 개정 공포-사립학교 통제 강화
07.24 일제 전쟁지원 친일단체 '조선군사후원연맹' 결성-군인 원호사상 보급 등(~1941.7.)
07.27 조선총독부, 중일전쟁 발발 후 각도에 〈전시체제령〉 통첩
07.28 체신박물관 개관, 우정의 역사자료의 보존·관리
08.01 한국독립당·조선혁명당 등 독립운동 우익진영, 중국 남경에서 '한국광복진선' 조직
08.03 〈조선폭리취체령〉 공포-대상 품목, 금속 및 원료·묵연·봉사·석면·운모·기계 부품 등
08.09 〈아리랑〉 영화감독 나운규(1902~1937) 사망
08.10 안창호 등 148명, 수양동우회 조직 혐의로 종로경찰서에 피체
08.10 평북 기독교청년회 문흥선·김영엽·강신명 등 피체-금주금연운동 유인물 불온 이유
08.12 ≪조선일보≫·≪동아일보≫, 일본군 국방헌금 위문금 접수
08.12 대성학교 학우회, 조선총독부 명령으로 강제 해산
08.15 재중한인무정부주의자, 한인항일별동대 명의로 한중연합군 결성 촉구 선언문 발표
08.17 한국독립당·조선혁명당·한국국민당+미주 한인독립당 등-한국광복운동단체연합회 조직
08.18 조선은행, 지폐 50전·10전 발행-중일전쟁 후 소액권 필요, 조선은행권 군용화폐 지정

08.20 홍승원·이숙종·김활란 등 조선부인들로 구성된 전쟁후원단체 '애국금차회' 결성
08.21 서울에 등화관제 실시-오후 7시부터 실시
08.23 윤치호·최린 등 25명, 일본군의 국위선양에 대한 기도제 거행 결의
08.30 고등보통학교 교과목서 '한문' 폐지
08.00 조선귀족 59명, 친일단체 '동요회' 결성-국체명징·내선일체 실현, 1만원 국방헌금
08.00 한국광복운동단체 연합, '대중일전국선언' 발표-중한 양민족 연합, 왜구 잔멸 등
09.01 조선임업개발주식회사 창립-일제의 전시임업정책 대행
09.01 동경 거주 조선인 40명, 관동대진재 조난자 위령제 거행
09.06 조선총독부, 전국 학생 총동원, 신사참배 국방헌금 위문대 증정 등 각종 행사 독려
09.06 재광동한국청년전위단, 한국국민당청년단과 통합선언 발표.
09.07 신사참배 거부 광주 수피아여학교·숭일학교, 목포 영흥·정명학교 폐교 명령
09.07 전주 신흥학교 교장 인톤(Linten), 신사참배 거부 자진 폐교 선언
09.07 〈조선산금령〉 공포(9.8. 시행)-금물 취득 시 금지금(金地金)으로 제련, 조선은행에 매각
09.07 조선압록강수력발전회사(자본금 5천만 원) 설립-압록강·도문강에 수력발전업 설치
09.09 경성조합은행, 〈임시자금조정법〉 통제권의 조선총독부에 일임 결의
09.10 〈임시비료통제법〉 공포 실시-비료의 배급 통제 강화
09.11 씨름협회, 전국씨름선수권대회 개최
09.11 서울에 이어 두 번째로 대구에서 등화관제·방공연습 실시
09.12 〈국민정신총동원 실시요강〉 발표-중일전쟁 전면 개시, 동시에 자국민의 지지 협력 촉구
09.14 〈군수공업동원법〉 실시 결정-중일전쟁에 따라 조선 내 모든 공업력 예속화
09.18 평북 강계 영실학교장 감부열(A.Campbell), 신사참배 거부 표명
09.22 〈수출입품등임시조치법〉 공포 시행-중일전쟁 하 철강제품 등 수출품 통제 강화
09.23 농산어촌 진흥운동, 국위선양기원제 및 농산어민 생산보국선서식 거행
09.27 전남 순천 매산·매산여학교·담양 광덕학교, 신사참배 거부로 폐교
09.30 장로교 미션회장 N.A.Rhodes, 북장로교 선교부 학교경영 중단·선교회 인계 결의 통고
10.01 부산 대신동에 부산공설운동장(현 구덕종합운동장) 신설
10.01 평북 삭주군 압록강 수풍발전소 착공-1943.11. 제1기 공사 준공
10.01 조선총독부, 〈황국신민서사〉 제정-민족말살정책의 일환
10.03 대한인국민회 제1차 대표대회 개최, 중앙집행위원장 김호 선출

10.04 조선혁명군 출신 정운준(1916-1937), 일본경찰 살해혐의로 평양형무소에서 사형 순국
10.05 중한청년연합회, 기관지 ≪항전시보≫ 간행
10.07 조선총독부 경무국, 서양영화 50%만 상영허가 결정
10.08 '황국신민체조' 제정-전학생들에게 황국신민체조 실시 강요, 황국신민화정책 일환
10.11 〈군기보호법〉 공포-군사비밀·도서물건 등 군기보호에 대한 단속 강화
10.12 채만식의 장편소설 〈탁류〉, ≪조선일보≫에 연재(~1938.5.17.)
10.12 경성복심법원, 간도공산당사건 김춘택에 사형 선고
10.14 경인도로수축공사 준공-총공사비 99만원, 길이 40㎞, 폭 26m
10.14 장종섭 등 5명, 영흥군 화전민조합 관련 혐의로 함흥 헌병대에 피체
10.15 〈임시자금조정법 조선 시행 건〉 공포-한국의 금융을 군수산업에 우선 배분
10.15 조선자금자치조정단 조직-전시 금융통제를 통한 전쟁자금의 효율적 동원
10.19 남경 중앙육군군관학교 입학생 모집 관련 안재홍 등, 경성지법에서 징역 2년 선고
10.20 나환자 300명, 부산에서 소록도로 이송
10.21 만주국 수도 신경(현 장춘)에서 친일 한글신문 ≪만선일보≫ 창간-만몽일보·간도일보 통합
10.29 조선총독부, 1938년부터 한국 농민의 만주 이주 통제 결정
10.00 한국국민당, 남경방송국을 통해 '항일반만(抗日反滿)' 방송 개시
10.00 한국국민당, 기관지 ≪한민(韓民)≫ 및 항일·반전 팜플렛 발행, 각지에 배포
10.00 김원봉, 낙양분교 한인특별반 출신 추원규·장락수 등 국내에 파견-정세 정탐케 함
11.02 현원식 등 132명, 함북 명천군 비밀결사 어민조합준비회 관련 혐의로 피체
11.03 후쿠오카 조선인, 조선인단체연합시국대회 개최-소련의 조선인 박해 항의 결의문 선포
11.05 ≪조선중앙일보≫ 폐간-손기정 일장기 말소사건 이후 무기정간 기간 내 내분 문제
11.08 병인의용대·맹혈단 김창근(1901~1937), 상해 일본총영사관 습격, 사형 순국
11.09 대학교·전문학교 학생들 '단발령' 실시
11.11 민족혁명당원 최영식·남화한인청년연맹원 김현수, 상해거류조선인 회장 이갑령 저격
11.12 명천농민조합운동 관련 현춘봉 등 40명, 청진지법에서 징역 8-2년 선고
11.19 〈방공법(防空法) 조선시행령〉 공포-경호단·소방단·수방단 조직, 후방 전쟁태세 강화
11.21 인천 월미도 돌제 준공식-폭 12m
11.23 대한민국 임시정부, 호남성 장사로 이전
11.25 전국 1,400여 곳 장날에 양력 사용 결정(1938.1. 시행)

11.26 부산 복본양말공장 여공 37명, 신체검사 취소 등 요구 동맹파업
11.30 평남 안주군 소작인 400여 명, 일본인 지주와 마름의 횡포에 투쟁
11.00 덕수궁미술관 별관 준공-지하1층, 지상 3층 화강암 석조 건물
11.00 소련 극동시베리아거주 한인 20만 명, 우즈베키스탄·카자흐스탄 등지로 강제 이주
12.00 조선불교중앙교무원, 북지황군위문단 결성-중일전쟁에 참전한 일본군 위문
12.01 일본, 재만 한인의 치외법권 철폐
12.03 서울에 지하방공피난소, 방호수용소·저수지 등 시설 착수
12.10 〈조선임시비료배급통제령〉 공포(1938.1. 시행)-비료의 수급·가격 등 통제
12.16 신협극단 관계자 황정구, 치안유지법 위반혐의로 송치
12.23 일제, 각급 학교에 '천황' 사진 배포-경배 강요
12.00 좌익 조선민족혁명당·조선민족해방동맹·조선혁명자연맹, 조선민족전선연맹 결성

02.16 [미국] 듀폰사, '나일론(Nylon) 인조섬유 특허 획득
03.15 [미국] 시카고의 쿡 카운티 병원, 세계 최초 혈액은행 설치
04.01 [미얀마(버마)] 인도서 독립
04.26 [독일] 독일군, 스페인 북부의 게르니카 폭격
05.06 [독일] 호화 비행선, '힌덴부르크' 미국 상공서 폭발
05.28 [오스트리아] 개인심리학을 수립한 알프레트 아들러1870~1937) 사망
06.04 [프랑스] 피카소, 에스파냐 내란을 주제로 전쟁의 비극성을 표현한 '게르니카' 완성
06.19 [영국] 『피터팬』 저자 제임스 배리(1860~1937) 사망
06.23 [미국] '갈색 폭격기' 권투선수 조 루이스, 세계헤비급 챔피언 획득
07.02 [미국] 여자 비행사 에어하트, 세계최초의 세계 일주 비행 중 남태평양에서 실종
07.07 [중국] 북경 교외에서 노구교사건(중일전쟁 발발)
07.09 [국제] 터키·이란·이라크·아프가니스탄 4개국, 상호불가침조약 조인
07.11 [일본] 중국 화북에 출병 성명
07.12 [중국] 국민정부, 항일전쟁 결의, 중앙군에 동원령
07.20 [이탈리아] 물리학자, 라디오 전신체계 발명가 마르코니(1874~1937) 사망
07.28 [일본] 화북주둔 일본군, 총공세 개시, 북경 점령
08.09 [중국] 제2차 상하이 사변 발발

08.21 [중국-소련] 불가침조약 조인
09.02 [프랑스] 근대 올림픽의 아버지 쿠베르탱(1863~1937) 사망
09.28 [국제] 국제연맹 총회, 중일전쟁을 일으킨 일본 비난결의를 만장일치로 채택
10.01 [중국] 중국공산당 강서성(江西省)에 정권 수립
10.19 [뉴질랜드] 원자 물리학 기초 확립자 어니스트 러더퍼드(1871~1937) 사망
10.28 [몽골] 자치정부 수립
11.03 [국제] 벨기에 브뤼셀에서 중일전쟁에 관한 9개국 회의 개최, 일본 비난선언 채택
11.06 [영국] 배우 포브스 로버트슨(1853~1937) 사망
11.06 [이탈리아·일본·독일] 3국 방공(防共)협정 가입
11.10 [브라질] 신헌법 공포, 독재 성립
11.11 [미국] 샌프란시스코 골든게이트 브리지 개통
12.03 [헝가리] 서정시인 요제프 어틸러(1905~1937) 사망
12.09 [스웨덴] 증기터빈·착유기 등 발명가 달렌(1869~1937) 사망
12.10 [소련] '카라한선언'의 외교관 레프 카라한(1889~1937), '모스크바재판'에 총살
12.11 [이탈리아], 국제연맹 탈퇴
12.13 [중국] 일제, 중국 민간인 4만2천여 명 무차별 학살, 난징대학살
12.14 [중국] 북경에 중화민국임시정부 수립
12.28 [프랑스] 인상주의 작곡가 모리스 라벨(1875~1937) 사망

1938 무인(戊寅) 대한민국20 소화13 민국27

01.01 전국 1400개 장날, 양력 사용 시작
01.01 서울에서 농업전문잡지 ≪농업조선≫ 창간(~1939.10.)
01.04 중일전쟁 관련 〈조선광업경찰규칙〉·〈금사용절감령〉·〈백금제한령〉 공포
01.10 덕수궁미술관, 제1회 문부성미술전람회 출품작 전시(~3.10.)
01.15 일본 육군성, 조선에 〈지원병제도실시계획〉 발표
01.19 재동경조선노동자합동조합 해산 결정
01.21 만주 이민자의 '선만이민훈련소', 강원 평강군 고삽면 세포리에 설립-105명 수용

01.21 재동경조선일반노동조합 해산
01.22 조선총독부, 각도에 일어강습소 1,000여 개 설치-일어 강습 지시
01.25 〈인조석유제조사업법〉 공포-인조석유제조회사에 대한 지방세 면제
01.25 김윤경, 국어학사 『조선문학급 어학사』 출간
01.00 이운파·남곡인 등, 극단 '신극장'(대표 이운파) 창립
01.00 김경진·박희도·김용주, 전쟁협력단체 '조선보국회' 결성-전시총동원체제 선전·국방헌금
01.00 황해도 31개 공립보통학교, 2부제 실시-학생 1,200명 증가
01.00 조선민족혁명당 노종균, 친일파 이갑령 저격으로 상해서 피체-1939.6. 해주감옥서 옥사
02.01 반 김구계통의 이창기·신기언·이운환 등, 중국 호남성 장사에서 한국청년단 결성
02.03 평양신학교 교수 박형용 외 학생 7명, 신사참배 반대로 피체
02.07 방응모·김성수, '조선지원병제도제정축하회' 결성-조선에 지원병 제도 시행 축하
02.09 조선예수교장로회 평북노회, 장로교 최초로 신사참배를 국가의식으로 인정
02.12 조선호텔서 조선 내 일간신문 25개사 '조선춘추회' 조직-일제 언론 통제정책에 협조
02.13 김태연(김단야, 1900~1938), 소련 비밀경찰에 의해 처형
02.16 경성 경찰, 서점 70여 개소 검색-서적 다량 압수
02.17 일본 경찰, 천도교 멸왜기도운동 적발, 관련자 피체
02.24 서대문경찰서 고등계, 연희·이화전문학교 도서관 수색-불온 출판물 압수
02.26 보성전문학교 도서관 수색, 적색 서적 압수
02.26 〈조선육군특별지원병령〉 공포(4.3. 시행)-만 17세 이상, 소학교 졸업 이상인 자 지원
02.00 부산, 제2차 남빈(현 자갈치시장) 매축공사 준공
03.03 〈3차 조선교육령〉 개정 공포-조선어·성경 과목 폐지, 교명 소학교·중학교로 개칭 등
03.07 정평농민조합재건운동 관련 한영태 등 5명, 경성복심법원에서 징역 7-4년 선고
03.08 경성·인천·개성·수원 일대에서 방공훈련 실시
03.10 안창호(1878~1938), 동우회사건에 복역 중 병보석으로 출감 후 대학병원서 사망
03.15 〈소학교규정〉·〈중학교규정〉·〈고등학교규정〉·〈사범학교규정〉 공포
03.15 〈조선사업공채법〉 개정-공채발행·차입금한도액 84,150만 원→89,350만 원으로 인상
03.26 해주 조선시멘트회사 직공 600여 명, 임금인상 노동시간 단축 등 요구 총파업
03.28 서울 본정경찰서 고등계, 조선교육협회에 해산 명령-4.2. 조선교육협회, 해산 결의
03.29 개성·평양·진남포의 행정구역 확장 결정(4.1. 시행)

03.31 평양 숭의·숭실학교, 신사참배 거부로 폐교
04.01 보통학교를 '소학교'로 고등보통학교를 '중학교'로 개칭
04.01 좌익계열의 항일 조선민족전선연맹(남경) 기관지 ≪조선민족전선≫ 창간
04.02 신교육령에 '조선교육협회'(1922.11. 조직) 해산-기부금 10만 원, 한규설 유족에 반환
04.04 〈조선도로령〉 공포(12.1. 시행)-1·2·3등 외 도로, 국도·지방도·부도·읍면도로 구분
04.09 독일 유학파 김재훈, '경성음악전문학교' 설립-독일의 전문교육시스템을 본떠 설립
04.09 평양 대동군 형산공립보교 교사 김병준, 민족의식 고취 혐의로 피체
04.12 북경 일본대사관 내 '조선과' 신설
04.15 〈경성제국대학관제〉 개정-이공학부 설치
04.15 조선일보사 주최, 제1회 전선도시대항축구선수권대회 개최
04.19 독립운동가 양기탁(1871~1938), 중국 강소성(江蘇省)에서 사망
04.19 조선총독부, 중등학교 조선어 시간, 수학·실업으로 대치시킬 것을 각 도에 지시
04.20 정무총감, 국민정신총동원운동 실시-침략전쟁 수행 시 인적·물적 통제와 수탈 목적
04.25 〈우편규칙〉 개정 공포(5.1. 시행)-소포우편물 폭·둘레 확대, 배달증명료 4전 인상 등
04.25 함흥 영생학교 교사 송기수, 민족의식 고취 혐의로 피체
04.26 조선항일유격대, 중국 임강현 6도구, 쌍산자전투에서 일본군 격파(~4.27.)
04.00 〈원료수입제한령〉에 따른 원료공급난으로 전국의 고무공장 휴업
05.01 김종익, 경성여자의학강습소 인수 후 '경성여자의학전문학교' 개교
05.03 전문학교에 중국어 과목 신설
05.07 한국독립당·한국국민당·조선혁명당 대표, 조선혁명당 남목청에서 통합문제 협의
05.07 남목청 3당 대표 회의 시 이운한, 권총 발사-김구 등 중상·현익철 사망.
05.09 〈전주·군산부·춘천읍 시가지계획〉 결정 공포(6.1. 시행)
05.10 〈국가총동원법〉(4.1. 공포), 조선에도 적용-인적·물적자원 마음대로 동원·통제
05.11 조선프롤레타리아예술가동맹(KAPF) 소설가 조명희(1894~1938), 하바로브스크에서 사망
05.22 안재홍 등 흥업구락부 100여 명 검거(흥업구락부 사건)
05.22 수원에서 기독교도 최계만 등 4명, 신사참배 거부로 공판 회부
05.26 미북장로교 선교부, 한국 교육사업 포기 결의-대상 학교 중등 15, 초등 110여 개교
05.26 한중연합군 부사령 김병조(1895~1936), 상해에서 서울로 압송 중 자결, 치료 중 순국
05.31 조선총독부, 각종 토목공사에 부인동원령 시달

05.00 광주비행장 준공-신항공사업사, 경성↔광주 주3회 왕복 운행
06.01 평양에 사립 '대동공업전문학교' 설립 인가-기계과와 야금과 개설, 수업연한 3년
06.05 이왕가미술관(현 국립현대미술관 덕수궁관) 개관-한국 고미술품·일본 근대미술품 전시
06.08 동래 주우광산 광부 150여 명, 임금인상 요구 총파업
06.11 평양 선교경찰서 고등계, 기독교 관계자 37명 소집, 신사참배 강요
06.13 경성제대 강당에서 '육군지원병훈련소' 입소식(202명) 거행
06.13 〈학교근로보국대 실시요강〉 발표-중등학교 학생들 근로동원
06.13 〈휘발유 및 중요 판매 취체령〉 공포(7.1. 시행)
06.14 인천 선내(船內) 인부 200여 명, 동맹파업
06.14 용강군민 400여 명, 경찰과 충돌 150여 명 피검
06.18 수양동우회 사건 관련자 갈홍기 등 16명, 대동민우회에 가입 변절성명서 배포
06.18 ≪조선일보≫·≪동아일보≫, 비상시국 선언 발표-내선일체·지원병제도 협력 다짐
06.26 조선총독부, 각 도지사에게 '근로보국대 조직' 통첩-만 12세~40세까지 남녀 대원
06.29 제1회 경기도 방공훈련 실시-방공경보 신속 전달 및 등화관제 훈련 실시(~7.4.)
06.00 조선총독부, 가정방호조합연합회 결성-전시체제하 주민 통제, 동원
07.01 전시통제 친일단체 '국민정신총동원 조선연맹' 결성-지원병·창씨개명·공출·헌금 등 독려
07.04 조선체육회·조선학생경기연맹 해산, 일본인 조선체육협회에 흡수
07.04 최창익·김학무 등 50여 명, 조선청년전시복무단 결성-1939. 팔로군 지역으로 북상
07.06 민족대표 33인, 홍기조(1865~1938) 사망
07.07 평양 '내선교역자간친회', 친일 '조선기독교연합회' 설립-기독교 황민화·내선일체 완성
07.07 김원봉, 중국군사위원회에 조선의용대 조직 정식 제안-10.10. 조선의용대 결성
07.09 〈판매가격취체규칙〉 제정 공포-면·피혁·고무제품의 물가 통제
07.11 한국국민당(김구), 청년단 창립 선언문 발표
07.12 〈수출제한령〉 시행-면제품 소비절약 강화 위해 만주·중국·관동주에 수출 제한
07.14 신의주 동중학교 비밀결사 독서회원 유충록 등 7명, 치안유지법 위반·검사국 송치
07.17 임시정부, 중국 호남성 장사에서 광동성 광주로 이전
07.19 문세영·이윤재·한징, 『조선어사전』 발간-<한글맞춤법통일안> 표기 방식 첫 사전
07.19 『조선사』 35권, 『조선사료총간』 20종, 『조선사료집』 3질 간행
07.23 조선총독부, 교원-관공리에게 제복 착용 지시

07.24 시국대응전선사상보국연맹 결성-조선사상범 보호관찰소의 외곽단체(~1940.12.)
07.26 평양 서성리 대동공장 노동자 110여 명, 임금인상 요구 동맹파업
07.27 〈폭리취체령〉 개정 이후 가격표 붙인 상품 등장-전쟁 중 물가의 폭등 억제 목적
07.27 〈조선총독부교학관시찰규정〉 공포-황국신민교육 철저 시행 목적
07.28 명천농민조합사건 관련 김일천 등 283명, 청진지법에서 비공개 재판
07.00 조중헌 등, '조선국방협회' 조직-국체명징과 '애국사상' 고취
08.01 〈조선공업조합령〉 공포-공업조합 장악, 관제화
08.15 조선방공협회 설립(총재 정무총감)-방공사상·국방사상 강화, 일본정신 앙양
08.23 국가총동원법 의거 〈학교졸업자사용제한령〉 공포-업자간 기술인력 과열 쟁탈 방지
08.29 해외 각 독립운동단체연합, 제27주년 국치기념일선언 발표
08.30 〈항공기재조사업법 시행규칙〉 공포 시행-항공기재 규격 통제, 항공기 대량생산 목적
08.00 서울 한인·일본인 60명, 친일 '목요회' 결성-회원친목·내선일체·황민적 정신수련 도모
08.00 동북항일연군, 영안현 석두하자 홍도하자 부근 664고지에서 전투
09.01 낙동강철교 착공-경남 밀양시 삼랑진읍과 김해시 생림면 연결 철교(~1940.4.)
09.03 경성지법, 전향성명서 발표한 흥업구락부원 신흥우 등 45명에게 기소유예 처분
09.04 문명기 등, 친일 '광제회(廣濟會)' 조직-일본신 모시는 선반 가미다나 보급(~1940)
09.06 ≪동아일보≫에 연재되던 현진건의 소설 『무영탑(無影塔)』 압수
09.10 조선예수교장로회 27회 총회(평양) 신사참배 결의-9.13. 선교사 회원 25명, 항의서 제출
09.00 경기도 양주군 노해면에 육군특별지원병훈련소(현 육군사관학교 자리) 준공
10.01 부산↔북경, 특급열차 '대륙호' 운행 시작-소요시간 38시간45분, 평균 시속 53㎞
10.01 불량아수용소, 전남 목포 고하도에 '목포학원' 개원-15~16세 전후 소년범죄 방지
10.01 평택·논산·이천·장항·하동·고성·장승포·장연·안악·삼척·고저·옹진, '읍'으로 승격
10.01 해주군, '부'로 승격
10.01 조선방송협회, 전북 이리방송국 개국-호출부호 JBFX
10.10 김원봉, 중국 한구에서 '조선의용대' 결성(180여 명)-1942.4. 일부 광복군에 편입
10.14 고려공산당·조선공산당 만주총국 출신 윤자영(1894~1938), 동방공산대학 재학 중 처형
10.16 임시정부, 광동성 광주에서 광서성 유주로 이동
10.17 동북항일연군, 장백현 20도구 대포도구 전투
10.19 혁명가 김산(장지락; 1905~1938), 중국 연안에서 중국공산당에 비밀리 처형됨

10.24 연안 최초로 서해 해방방공훈련 개시-오전 9시부터 서해에 등화관제(~10.26.)
10.19 강원도 춘천공립중학교생 8명, 한인학생 차별에 항의, 맹휴 계획 중 사전 발각
10.28 가수 황금심·이인근, 부산 대생좌 공연 중 '삼천리에 봄이 왔다'는 노래로 피체
10.30 조선음악가협회 흡수·통합, 경성음악협회 결성
10.00 〈조선시가지계획령시행규칙〉 개정 공포-경인·나진·단천·신의주, 신흥공업지구로 지정
10.00 경성부, 물자절약운동 차원에서 각 소학교에 목도리·모자 착용금지 통첩
10.00 최창익·허정숙 등, 조선청년전위동맹원 일부를 이끌고 중국 연안으로 이동
10.00 대한민국 임시정부 군무부, 군사학편수위원회 설치-조성환 등 군사학 편수
11.02 조선총독부, 부·읍·면의원 선거운동 제한 방침 결정-호별 방문 금지 등
11.05 〈수출입품임시조치법〉에 따라 '고무사용 제한'(11.10. 시행)
11.05 〈조선사도(私道)규칙〉 공포 시행(12.1. 시행)-사도 신개축 시, 읍면장 허가 필요
11.06 '조선섬유협회' 설립(재단법인)-면화와 기타 섬유작물 재배장려와 조사 연구
11.09 경무국 경무과에 '경제경찰계' 설치- 총력전체제 강화 목적, 통제경제 위반사항 단속
11.10 동양 최초 '특별도제(特別都制)' 실시-1939년 나진청 신설, 청장이 행정·경찰·세관 총괄
11.20 평양 목공조합원 200여 명, 물가앙등으로 임금인상 요구 태업
11.26 조선일보사, 부민관에서 제1회 영화제 개최-무성영화 33편, 발성영화 12편 참가
11.28 안중근 조카 안낙생, 상해 일본영사관에 피체·인천 압송-1940.5. 해주지법서 3년 선고
11.28 평양농업학교생 50여 명, 노동시간 단축 등 요구 동맹휴학
11.00 동북항일연군, 몽강현 남패자 부근에서 1,500여 명의 일본군 숙영지 습격
12.01 '군인원호회 조선지부' 설치-중일전쟁 참전 군인 및 유가족 후원단체
12.01 만주국, 조선인 간도특설대' 신설-동북항일연군·팔로군 등 항일조직 공격
12.01 조선은행, 100원권 새로 발행-일본 내각 인쇄국 인쇄, 수노인상 도안
12.07 조선총독부 육군지원병훈련소 제1기생 202명, 훈련 후 졸업
2.08 차신호·최선주·서재근 등, 하와이 호놀룰루에서 중한민중동맹회 조직
12.15 〈조선등화관제규칙〉 공포 시행-경계·공습 단계별 등화관제 방법·요령 규정
12.15 연희전문교수 백남운·이순탁·노동규, 치안유지법 위반혐의로 경성지법 검사국 송치
12.16 이병도 등 60여 명, 『다산전집』 출판기념회 거행
12.18 조선민족혁명당 이용준, 주중일본대사 저격혐의로 상해 일본영사관에 피체-5년 옥고
12.20 선원·수의사·제철공·의사·운전수, '특수등록제' 실시-국민총동원 체제하 노동력 통제

12.22 용산구 청파동에 숙명여전(현 숙명여자대학교) 개교

12.27 전 금융기관 협의단체 '조선금융단' 설립-전시체제하 예금이자 조율, 저축권장 등

12.29 신세기사, 예술종합잡지 ≪신세기(新世紀)≫ 창간

12.00 대구시내 각 직조공장 노동자 290여 명 파업

00.00 인기가요, 남인수, 〈애수의 소야곡〉(작사 이부풍, 작곡 박시춘) 발표

00.00 인기가요, 황금심 〈알뜰한 당신〉(작사 이부풍, 작곡 전수린) 발표

02.22 [일본] 〈육군특별지원령〉 공포

02.24 [미국] 화학회사 듀폰사, 나일론 재질 칫솔 판매

03.12 [독일] 독일군, 오스트리아 침공

04.01 [일본] 〈국가총동원법〉 공포(5.5. 시행)-중일전쟁에 요구되는 물자 약탈

04.20 [독일] 베를린올림픽 기록영화 '올림피아' 개봉

06.04 [국제] 제3회 월드컵(프랑스) 개막

06.14 [미국] 별의 시선속도, 분광학적으로 측정한 천문학자 윌리엄 캠벨(1862~1938) 사망

07.07 [팔레스타인] 아랍-유태인 충돌

07.12 [소련군·일본군], 만주 장고봉(張鼓峯)을 두고 국경 분쟁 발생

07.30 [미얀마] 수도 랑군서 불교도와 회교도 충돌, 사상 3000여 명

08.03 [이탈리아] 유태인의 대학통학 및 취학 금지

08.19 [중국] 장개석, 공산당계 단체에 해산 명령

09.30 [국제] 영국·프랑스·독일·이탈리아, 뮌헨협정 체결

10.21 [일본] 일본군, 중국 광동 점령

10.22 [미국] 체스터 칼슨, 세계 최초의 건조식 복사기 발명

10.27 [국제] 듀폰사, 나일론 첫 상품화

10.27 [일본] 일본군, 중국 무한 3진 점령

10.30 [미국] CBS 라디오 '화성인의 습격' 드라마 방송, 실제로 오인 대소동

11.10 [터키] 터키공화국의 국부, 케말 파샤(1881~1938) 사망

11.16 [영국] 이탈리아의 이디오피아 병합 승인

11.22 [독일] 마그데브르크서 열차 충돌, 227명 사망

11.22 [독일-이탈리아] 로마서 문화협정 조인

11.26 [소련-폴란드] 양국 불가침조약 경신
12.06 [독일-프랑스] 양국 불가침조약 체결
12.06 [스위스] 화학자 뮐러 DDT 발명
12.08 [독일] 과학자 오토 한과 프리츠슈트라스만, 원자핵 분열 성공

1939 기묘(己卯) 대한민국21 소화14 민국28

01.01 박희도, 친일 월간지 ≪동양지광≫ 창간-내선일체와 전시체제 강화 목적(~1945.5.)
01.07 〈국민직업능력신고령〉 공포(6.1. 시행)-중일전쟁 중 군수품 생산 위해 직업 실태파악
01.12 평양 양화점합동작업장 노동자 60여 명, 임금인상 요구 동맹파업
01.14 〈가사조정령(家事調停令)〉 공포(7.1. 시행)-가족 내 분쟁 해결, '가사심판소' 신설
01.14 〈조선징발령세칙〉 공포 시행-마필·자동차 외에 우마차까지 징발에 포함
01.15 조선의용대 대본부, ≪조선의용대통신≫ 창간-한중 간 연합항일공작 홍보(~1942.1.)
01.17 경성상공회의소에서 '조선수출공예협회' 창립 총회-제3국 공예품 수출무역 진흥
01.17 이화여전, '양장제복' 착용 발표-무채색 위주의 몸에 꼭 맞는 양장 교복 착용
01.18 동북항일연군, 장백현 동소산·가어하·홍로산자 등에서 만주군 격파(~1.24.)
01.21 조선변호사협회·경성변호사회, 인권옹호운동 전개-행정집행령 남용, 피의자 부당 구속
01.25 조선방공협회, 격 월간지 ≪방공의 조선(防共の朝鮮)≫ 창간-계발·선전 사업 일환
01.28 청주 가마니 생산자 300여 명, 검사원의 구타에 항의 판매거부
01.00 평양 군화제조 노동자들 동맹파업
02.01 김연만·이태준·김용준, 월간문예지 ≪문장≫(편집·발행인 김연만) 창간(~1941.4.)
02.04 하기락·하창진·김정수·홍종한 등, 와세다대학동창회에서 한글사용 금지 반대 발언에 피체
02.06 〈소작료통제령〉 공포(12.18. 시행)-소작쟁의 봉쇄, 1920년 이후 소작쟁의 140,969건
02.09 조선미 수출 급증에 따라, 만주·중국으로의 쌀 수출 한시적 제한
02.11 윤치호 등, 친일협력단체 '조선지원병후원회' 결성-1939.3. 전국에 132개소 조직
02.11 조선일보사, 국민정신총동원 조선일보연맹 결성
02.23 일본 거치시(高知市) 한인청년들, 반도청년단 창립
03.01 재중경 한인 400여 명, 국민당 시당부 대례당에서 3·1운동 20주년 기념식 거행

03.02 경남 합천군민 847명, 만주 길림성 오가자로 이주
03.03 〈경성광산전문학교설치령〉 공포(4.1. 시행)-경성고등공업학교 내 광산학과 분리, 독립
03.03 천도교청년당, 제13차 전당대회 개최, 국민정신총동원연맹 가입 결정
03.08 〈조선도로령〉 실시(4.1. 시행)-수익자 부담제 결정, 자동차 영업자에게 부과
03.10 임시정부 국무원 비서장·외무부장·군무부장 역임한 오영선(1886~1939) 사망
03.10 임시정부, 중국 광서성 유주에서 사천성 기강으로 이전
03.10 조선악극단(O.K레코드) 사장 이철, 일본 공연 중 태극기 사용에 피체, 극단 철거명령
03.13 전북 남원지방 빈농 357명, 만주로 집단 이주
03.14 친일단체 '황군위문작가단' 발단-김동인·박영희·임학수 참여, 일본군 위문 목적
03.15 용환각·문세현 등, 도쿄에서 비밀단체 독서회 조직-1939.12. 경성지법에서 2년6월 선고
03.16 국내 노동력 부족으로 중국인 노동자 1,000명 1차적으로 이입
03.18 민족대표 33인, 신홍식(1872~1937) 사망
03.22 춘천 등 5개 군민 800명, 만주로 집단 이주
03.24 박관준·박영창 부자, 일본제국의회 회의장에 '동아대국 국교개종 건의서' 투척-국내 송환
03.29 경남 남해군 노동자 325명, 함남 풍산수력전기 공사장으로 이주
03.29 하얼빈교향악단(지휘 슈바이코프스키), 내한 연주,
03.30 〈공장사업장기능자양성령(工場事業場技能者養成令)〉 공포(9월 시행)-중견기계공 양성
03.31 〈국경취체법〉 공포-함북 경흥군 및 두만강 일부지역 출입자, 함북 도지사 허가 필요
03.00 고려영화협회 주인규·박창환, 경기도 고양에 '고협' 조직-1940.12. 친일연극단체 가입
03.00 일본광업주식회사, 전시 하에 광부 1만 명에게 단체 생명보험 실시
04.01 국가총동원법에 의한 〈사회이익배당 및 자금융통령〉 공포(4.10. 시행)
04.01 이건우·이연호, 중경에서 ≪청년호성(青年呼聲)≫ 창간-민족전선통일, 독립사상 고취
04.01 '조선석탄조합연합회' 설립-조선 내 석탄 통제에 협력, 석탄 연료 공급 확보 목적
04.01 부산 9개 소학교, 4학년 이상 교과에서 한국어 폐지
04.03 조선정신인 '조선심'을 강조한 역사가 문일평(1888~1939) 사망
04.04 경북 김천군민 250여 명, 북만주로 집단 이주
04.04 평북철도회사 소속 신의주 운전수100여 명, 동맹파업
04.05 기독교계열 독립운동 비밀결사 '십자당' 조직한 남궁억(1863~1939) 사망
04.07 '조선산금협의회' 조직-조선총독부의 산금5개년계획 추진

04.10 못·철사·철판 등 배급통제 실시
04.12 조선일보사, '조선일보문화상' 제정-예술·과학·체육의 3개 부문
04.15 경남 하동군민 114명, 만주로 집단 이주
04.16 김천군민 351명, 만주로 집단 이주
04.16 동북항일연군, 장백현 호동구 전투 승리
04.18 압록강수력발전소 수몰지역민 2만여 명, 선만척식주식회사 강요로 1차 만주 이민
04.00 인기가요, 남인수 〈감격시대〉(작사 강해인, 작곡 박시춘) 발표
04.00 3차 조선교육령에 신 교과서 배포-수신·국어·산술·국사·지리·이과·수공(手工)·창가
04.00 뉴욕의 중국후원회, 조선의용대 미주후원회로 개편
04.00 경복중 출신 이현상 등 7명·중앙학교 출신 남상갑 등 8명, 흑백당 조직-1942.10. 발각
05.06 각 운동단체의 정신 방면, '국민정신총동원운동'으로 통합-농촌 애국반·진흥회 병립
05.07 이수영·심임휴·이제동 등, 일본 나고야에서 비밀단체 '민족중흥회' 조직
05.21 전국 부·읍·면 의원 선거 실시
05.24 전남 고흥군 노동자 250여 명, 함남 풍산으로 집단 이주
05.30 육군지원훈련병 후기생 203명, 양주군 공덕리 훈련소에서 수료식 거행
05.30 일본 리츠메이칸대 조선인학우회 김정묵·이수근, 특고과(特高課)에 한국어 사용 요구
05.00 조계종 총본산의 사명, '태고사'로 결정
05.00 한국광복진선 3단체·조선민족전선 4단체 대표, 중국 기강에서 통일회의 개최-통합 실패
06.01 '국민등록' 개시-〈국민직업능력신고령〉에 따라 134종 직업에 3개월 이상 종사자
06.02 경남 진주육운주식회사 운전수 60명 동맹 파업-전시수당 요구
06.11 천도교본부, 전국 20만 신도 동원 '국민정신총동원 천도교연맹' 결성
06.14 서울 6대신문사, '배영국민대회(排英國民大會)' 개최-영국 타도를 주장
06.15 경부선(대전↔서울) 복선 열차 운행 시작
06.16 일본 경시청, 재일한인학생들의 '예술좌' 창립 6주년 기념 연극 금지
06.20 3·1운동 주도로 7년간 옥고를 치른 이기송(1888~1939) 사망
06.24 안기석·김승구 등, 연극계 최초의 친일극단 '협동예술좌' 창립
06.28 〈군용자원보호법〉 공포-군용자원 15부류 비밀지정, 위반자 10년 이하 징역
06.30 경성부민관서 '조선목탄협회' 창립 총회-목탄 생산판매의 합리화, 탄가 유지
06.30 동북항일연군, 연길현에서 일본군 12명 사살(천보산동이연광산전투)

06.00 마산 항만시설 준공
06.00 한인애국단 조직 노종균(1894~1939), 상해에서 특무공작 중 피체, 해주형무소에서 옥사
07.01 황민화운동단체 '내선일체실천사' 결성-내선일체 구현 목적
07.03 〈경방단 규칙〉 공포-치안강화를 위해 소방대·방호단 통합
07.08 〈국민징용령〉 공포-한국인 반발 우려 지원형식의 노동력 징발-일본 탄광·공장 배치
07.08 〈조선인사조정령〉 공포(8.1. 시행)-법원에 의한 가족·친족 간의 분쟁 해결
07.11 친일단체 '배영동지회'(회장 윤치호) 결성-전국적 차원의 적극적인 배영운동 전개
07.14 신사참배 거부한 마산 창신학교·의신학교 폐교
07.15 전향한 공산주의 이론가 중심의 '대륙경제연구소', ≪대륙경제≫ 창간
07.17 한국광복운동단체연합회(김구계)·조선민족전선연맹(김원봉계), '전국연합진선협회' 창립
07.18 김석원·김활란, 조선일보사 강당에서 친일 관련 〈비상시국 생활합리화〉 주제로 강연
07.18 출판·인쇄업자, '조선서적배급회사' 설립-사상선도 관련 출판물의 신속한 배포
07.22 경춘선(87.3km) 개통(1936.7.~)
07.25 강계수력발전소 착공-총 설비용량 3만9600kW, 총 저수량 1억8500만㎥ 댐 축조 공사
07.28 조선총독부, 각 대학·전문학교와 중등학교에 '해군 교련' 실시 결정
07.00 '내선일체'를 선전하던 문화운동단체 '국민문화연구소', ≪국민문화≫ 창간
07.00 전문·고등학교 입학시험에서 영어 과목 철폐-배영운동의 일환
08.01 충남 부여에 '조선총독부중견청년훈련소' 설치-침략전쟁 동원 목적
08.01 총독부박물관 부여분관 개관
08.01 〈종업자고입제한령〉 시행-기존의 공장에 근무하고 있는 기술 인력의 이동 방지
08.01 선도교(仙道教) 교주 김중섭 등 10명, 징역 5-3년 선고
08.04 간도 안도현에서 동북항일연군 제2·3방면군 연합, 일·만군 100여 명 사살(대사하전투)
08.09 〈조선임시비료배급통제령〉 공포-중요 비료 수출 허가제 실시
08.10 〈공장취업시간제한령〉 공포 시행-1일 12시간제 작업
08.10 철도국, 처음으로 목탄자동차 시험
08.11 조선총독부, 매1일 '흥아봉공일(애국일)' 제정-일본국기(히노마루) 게양, 기미가요 제창
08.14 서울에 자전거로 승객용 트레일러를 끄는 '인동차(人動車)' 등장
08.15 백백교 별파인천교 교주 김용주, 경성지법에서 징역 15년 선고
08.16 조선영화인협회 결성-일제 침략전쟁에 조선 영화인들을 동원·선전 목적

08.19 평양 동우고무공장 직공 150명 동맹 파업-임금 인상 요구
08.19 화가 지성열, 화신갤러리에서 종군화가 개인전 개최(~8.25.)
08.26 〈미곡최고판매가격제〉 실시-현미 1석당 최고가격 38원 판매
08.27 뉴욕·시카고·LA 등지에서 백일규 등 진보적 인사들 '조선의용대 후원회' 창립
08.27 중국 기강에서 7당 협의체, '한국혁명운동통일7단체회의' 개최
08.30 경성부, 소학교 2부제 수업 전면 실시 발표
08.30 경남 삼천포농민조합사건 박이기·손영섭 등 11명, 진주지청에서 징역 3년-8월 선고
08.31 서울에서 화학 물질 '카바이드(carbide) 자동차' 시운전
08.00 동양극장 전속배우 황철·차홍녀, 동대문 인근의 제일극장을 중심으로 극단 '아랑' 창립
08.00 평북 후창광산 노동자 파업
09.01 경북 영일군 조천면 공립소학교 학생 300여 명 동맹휴학-일본인 교장 배척
09.06 워로시로프스크 한인 소련군 76연대 3,800여 명 해산-장병들, 카자흐스탄에 강제이주
09.11 국민정신총동원 조선예수교장로회연맹 결성-장로교, 전쟁 협력 목적 총회 안에 조직
09.19 일본 각의, 〈가격 통제의 응급조치에 관한 건〉 결정
09.21 친일파 박영효(1861~1939) 사망
09.23 '조선공업조합중앙회' 설립인가-사무소 식산은행·공업조합 지도 및 중소공업 진흥
09.28 동북항일연군, 안도현 올기강 부근에서 전투
09.30 〈국민징용령 시행규칙〉 공포(10.1. 시행)
09.00 서울 소공동에 정자옥(丁子屋)(현 롯데백화점) 신축 준공
09.00 〈조선인총동원령〉에 따라 친일단체 '조선국방부인회' 설치(본부 함북 나남)
10.01 〈국민징용령〉 실시-1945년까지 45만 명 동원
10.01 임시정부 '군사특파단'(단장 조성환) 조직-한국광복군 창군, 병사모집·군사훈련 실시
10.06 〈조선미곡임시증산5개년계획〉 확정-제3차 산미증산계획, 목표 2,600만 석
10.08 서울↔상하이 국제전화 개통
10.08 경성성서학원 대강당서 '국민정신총동원 조선예수교동양선교회성결교회연맹' 결성
10.09 〈조선백미취체규칙〉 공포(11.1. 시행)-7분도 이하 백미 판매금지, 잡곡·현미 취식
10.11 경성고무공장 직공 200여 명 동맹파업-임금인상 대우개선 요구
10.11 재일 교토 성봉중학교 한인 학생 345명, 퇴학처분에 항의, 동맹 휴학
10.12 홍진, 대한민국 임시정부 임시의정원 의장에 선출

10.16 조선유림대회, 조선유도연합회 결성-국민정신총동원운동 협력 결의
10.21 평양 산정현교회 장로 조만식·오윤선 등, 신사참배 거부로 사임
10.26 동경학생예술좌 주영섭 등, 불온연극 공연혐의로 경성지방법원에 송국
10.29 박영희·유진오·최재서·이광수 등, 친일단체 '조선문인협회' 결성
10.00 모던 일본사, 조선예술상 제정-조선 문학·연극·영화·무용·음악·회화 분야, 상금 500원
10.00 대구사범학교 학생들, 황민화교육 반대 독서회 조직-민족·역사·문화 서적 윤독
10.00 중국 내 무정부주의자연맹, 중경서 '한국청년전지공작대' 결성(1941.1. 한국광복군에 편입)
11.01 부산↔북경 직통 급행열차 흥아호 개통
11.01 〈외국인 입국체재 및 퇴거령〉 공포(11.15. 시행)-대부분 선교사들 투옥·추방
11.03 전국 4천여 대학·전문학교·고보학생, '조선학생정신연맹' 결성-학생 통제 목적
11.06 '조선축산주식회사' 창립-민간 축산 이용과 처분, 축산물 배급거래 등 통제
11.09 〈조선소운송업령〉 공포-기차 '1역 1점'주의, 700여 역 2,200여 소 운송점 정리·통합
11.10 〈조선민사령〉 개정 공포-한국인, 일본식 성명 '창씨개명' 강요(1940.2.11. 신청 시작)
11.11 임시정부, 향후 3년간 〈독립운동방략〉 발표-조직·군사·외교·선전·재정 등 각 영역
11.18 한국청년전지공작대(대장 나월환), 중경에서 서안으로 출발
11.21 임시의정원, 지청천·차리석 제안으로 '매년 11월 17일'을 '순국선열기념일'로 제정
11.25 나환자 요양 '소록도갱생원' 시설 확장-나환자 1,200명 추가, 총 6천 명 수용
11.25 '조선미곡시장주식회사' 창립총회 개최-미곡 배급, 미곡공출 담당
11.00 방공·방첩을 위한 관민협력의 '방공협회', 재단법화-지부 3,500단, 부원 20만 명
11.00 조선악극단, 김정구·이난영 등, 전국 장기 순연 시작
12.03 대한민국 임시정부 군사특파위원 조성환·황학수 등 6명, 서안에 파견-교포 초모공작
12.03 대한민국 임시정부, 선전위원회 설치-독립운동투쟁사 선전 목적
12.09 화신화랑서 송정훈 종군화가 개인전 개최(~12.13.)
12.15 〈총동원물자사용수용령〉 공포-양곡 및 송진·아주까리기름, 놋그릇, 숟가락 등
12.18 〈소작료통제령 시행규칙〉 공포 시행-소작쟁의 원천 봉쇄
12.19 예수교장로회 평양노회, 신사참배 거부로 구속된 주기철 목사의 사임 결의
12.31 대한인국민회, 미국 LA에서 국민회대표대회 개최
12.00 이관술·김삼룡 등, '경성콤그룹' 조직-박헌영 가담
12.00 조지훈 〈승무〉, 박목월 〈산그늘〉, ≪문장≫에 발표

12.00 조선총독부, ≪동아일보≫에 자진 폐간 종용

00.00 일본으로의 노동자 송출 시작

▩▩▩▩▩▩▩▩▩▩▩▩▩▩▩

01.24 [칠레] 칠란 지진-3만 명 사망

01.28 [아일랜드] 『캐서린 백작부인』 극작가·시인 예이츠(1865~1939) 사망

03.10 [일본] 일본군, 중국 해남도에 기습상륙

03.14 [미국] 존 스타인벡, 『소설 분노의 포도』 출간

04.30 [미국] 최초의 TV 방송 시작

05.08 [스페인] 국제연맹 탈퇴

05.11 [일본] 일본군, 만주와 몽골의 국경지대인 노몬한에서 소련군과 충돌

05.12 [영국-터어키] 상호원조조약 조인

05.17 [국제] 스웨덴·노르웨이·핀란드, 독일의 상호불가침조약안 거부

05.20 [미국] 팬아메리칸항공, 뉴욕-유럽 간 정기노선에 '양키클리퍼호' 취항

06.22 [중국] 국민당군, 공산당 세력 신4군 공격, 9천명 전사(평강사건)

07.07 [독일] 유태인의 지위에 관한 시민법 공포

07.15 [일본] 〈국민징용령〉 공포

07.26 [미국] 대일 통상항해조약 파기 통고

08.19 [독일-소련] 베를린서 통상협정 조인

08.27 [독일] 세계최초의 제트기 '하인켈 178' 실험 비행성공

09.03 [국제] 영국-프랑스, 독일에 선전포고, 제2차 세계대전 발발

09.08 [독일] 독일군, 폴란드 수도 바르샤바 침공

09.16 [일본-소련] 정전협정 체결

09.17 [소련] 소련군, 폴란드 진주

09.22 [오스트리아] 정신과 의사, 정신분석의 창시자, 프로이트(1856~1939) 사망

09.28 [독일-소련] 독소우호조약 조인, 폴란드 분할점령 결정

09.30 [일본] 〈국민징용령 시행규칙〉 공포(10.1 시행)

10.11 [미국] 아인슈타인 등, 미국에 원폭 개발 촉구

10.19 [터키] 영국·프랑스와 상호원조조약에 조인

10.24 [미국] 나일론 스타킹 델라웨어 윌밍턴에서 발매 시작

11.11 [일본] 근대 화가 무라카미 가가쿠[村上華岳](1888~1939) 사망
12.14 [국제] 국제연맹, 핀란드 침공 이유로 소련 제명
12.14 [미국] 〈바람과 함께 사라지다〉 개봉-감독: 빅터 플레밍, 주연: 비비언 리, 클라크 게이블
12.27 [터키] 에르진간시에 대지진-10만 명 사망

1940 경진(庚辰) 대한민국22 소화15 민국29

01.04 각도에 '경제경찰과' 신설-군수물자 공급 확충, 국제수지 균형 유지
01.04 〈조선영화령〉 공포-조선영화 제작·배급·상영 통제, 영화를 파쇼적 침략정책에 이용
01.10 조선문화사, 친일잡지 ≪태양≫(발행자: 서춘) 창간-'천황폐하만세' 고창 주장
01.11 〈조선직업소개령〉 공포-한국인 노동력의 유출을 위한 시책 마련
01.22 내선일체실천사, 친일잡지 ≪내선일체≫ 창간-'황도(皇道)정신'의 발양 등
01.23 죽령터널(4,500m) 개통-양평↔원주
01.26 〈방공건축규칙〉 공포-공습 대비, 건축물 위장·방화벽 입구 조작, 방호실 설치 등
01.27 서울시내 정미업자, '경성식량배급조합' 창립-식량 수급 원활, 가격 공정성 확보
01.27 일본 와세다대 한규종 등 4명, 독립운동에 대한 발언으로 경시청에 피체
01.31 〈육운통제령 및 해운통제령〉 공포(2.25. 시행)-전쟁 물자의 우선 수송 방침 결정
02.09 〈방공건축규칙〉 시행지-경성·인천·부산·평양·신의주·함흥·원산·흥남·청진·나진 등
02.11 '창씨개명' 강제 실시(~8.10.)-322만 호(80%), '창씨' 계출
02.14 〈묘지규칙〉 개정-묘지, 신고제를 허가제로 변경
02.19 안재홍, 보안법 위반으로 복역 중 만기 출옥
02.20 동북항일연군 제1로군 총사령 양정우 전사-일본 군경 포위망에 기아 속에 항전
02.20 한국 근대불교의 개혁운동가, 백용성(1864~1940) 스님 입적
02.23 〈선원보험법(船員保險法)〉 공포 시행-양로금·요양·사망 수당 등 지급
02.24 동북항일연군, 길림성 무송현 백석탄에서 일만군 토벌대 소탕
02.29 〈육운통제령〉에 의한 수송통제품, 석탄 등 18개 품목 결정
03.03 조선사편수회, 『조선사』 37권 완간(1932.3.~)
03.05 총독 미나미(南次郞), '창씨는 강제가 아니라 내선일체를 실현하는 어진 정치'라 발표

03.05 국민협회대표 13도 도회의원 25명, 조선의 참정권 청원 위해 도쿄로 출발
03.08 일본경찰, 후쿠오카 순회공연 중인 대동가극단의 한국어 사용 금지-민족의식 도발 이유
03.09 일본유학생 안병익·이창덕 등 14명, 독립운동단체 '죽마계' 조직
03.12 조선어학회 이극로 등, 『조선어사전』(전 7권) 출판 인가 받음
03.13 임시정부 전 국무총리 이동녕(1869~1940), 중국 쓰촨성(四川省)에서 사망
03.21 조선광업진흥㈜ 설립-자본금 1,000만 원, 금을 제외한 광물 개발 촉진
03.21 조선수력전기㈜ 창립-수력 자원 독점
03.25 〈조선소년원령 및 조선교정원령〉 시행-'치안확보'로 황국신민화를 위한 '보호교화'
03.25 동북항일연군 제1로군 제2방면 부대, 마에다 토벌대 전멸(홍기하전투)
03.27 〈피혁배급통제령〉 개정(4.10. 시행)-가죽 사적소비와 자유매매 금지
03.00 만주에서 활동하던 '항일유격대', 일제의 대토벌로 소련으로 이동 결정
04.01 〈가격통제령〉에 따라 청주·맥주·청량음료·사탕 등, 판매가격 결정
04.01 '조선무선통신학교' 개교-전쟁 중 민간통신사 양성
04.01 조선철도주식회사 부설 운영 '경북선(김천-안동)' 국유화-길이 115.2㎞, 단선철도
04.03 손병희를 도와 3·1운동에 앞장선 박인호(1854~1940) 사망
04.05 문봉조·이경득 등 12명, '백백교사건'에 경성지법 사형 성고-1941년 문봉조 사형 집행
04.18 평양의학전문학교(현 평양의과대학) 학생들, 관립 이관에 반대 궐기 대회
04.20 호놀룰루에서 재미한족연합위원회 조직-미주지역 독립단체 통합
05.01 경성부민, 식량배급에 매출표제 실시
05.01 전보 이용자 급증에 경조(慶弔) 전보 제도 폐지-신년·크라스마스 축하 전보 제외
05.05 총독 미나미, 도지사 회의에서 식량조달대책으로 미곡의 자유매매 금지 언급
05.08 한국국민당·조선혁명당·한국독립당 통합, 충칭에서 한국독립당(위원장 김구) 창립
05.10 출판업자·잡지업자 50여 명, '조선출판협회' 조직
05.20 한국청년전지공작대, 중국 서안 가설극장에서 일선장병 위문품 모집 공연
05.22 장개석, 한국광복군 편성에 동의-중국 군사위원회에 광복군 창설 협조 지시
05.26 김봉반·김병목 등 재일대판전문학교 학생, 항일단체 '계림동지회' 조직(~1941.2.)
05.00 한국독립당 중앙집행위원장 김구, '한국광복군편연계획대강'을 장개석에게 제출
06.00 동아일보 사장 박관수 등, 신문용지 파지 매각혐의로 종로경찰서에 구금
06.01 〈사탕전표제〉 실시-사탕의 편재 방지, 일반 가정 배급 원활-매월 매호 한 근씩

06.02 '조선농업보국청년대' 결성-조선인 청년을 농번기에 일본 농가에 파견
06.07 조선어학회, 〈외래어표기법통일안·일본어표기법·한국어음만국음성기호표기법〉 발표
06.18 조선경제통제협력연락회 창립-전시통제경제 강화에 따른 물가문제 해결
06.23 이수형 등 22명, 일본 나고야(名古屋)에서 피체-비밀결사 민족부흥회 조직·활동
06.26 상하이 한인동포들, '김옥균기념비 발기회' 개최
07.01 조선총독부, 학생들의 만주·중국 여행 금지
07.09 조선해상방공연맹 결성-해상방공사상 보급, 선박 방공시설 정비 등
07.13 조선토지개량협회 해체 후 '조선수리조합연합회' 창립-간척사업으로 농민 착취
07.14 경기도 학생근로대 조직-48개 중등학교 1만3,773명 참가
07.15 전문학교생 100여 명, 만주국 건설 봉사 '학생노동대'로 조직 파견
07.20 〈조선잡곡등배급통제규칙〉 공포(8.1. 시행)-잡곡의 배급 통제
07.23 기계화국방협회 조선지부(재단법인) 결성-전쟁 후원 및 조선인 군사훈련 실시
07.27 국민정신총동원 경성연맹, 신사참배 강화책을 각 연맹에 통첩
07.00 '동아신질서' 건설 목표에 따라 '만주건설근로봉사대반도학생대', 만주에 파견
07.00 중국 시안에서 한국청년전지공작대 기관지 《한국청년》 창간
08.01 황해도 해주항 개항-용당반도의 첨단부에 축항한 부동항
08.02 도쿄 청산학원생 박윤옥 등 6명, 비밀결사 '열혈회' 활동 혐의로 피체
08.10 《조선일보》·《동아일보》 폐간-당시 발행부수 6만3,000부(조선), 5만5,000부(동아)
08.17 국민정신총동원 조선연맹, 전시생활체제 강요-생활 검소화, 6시 기상, 정오 묵도
08.20 '쌀 배급제' 실시, 출하·판매 금지
08.21 이광수·주요한 등 41명, 수양동우회 사건으로 경성복심법원에서 징역 5-2년·집행유예
08.26 조선광업진흥주식회사 창립(자본금 1천만 원)-전쟁수행에 필요한 특수 광물 개발
08.31 〈청소년고입제한령 시행규칙〉 공포(9.1. 시행)-청소년의 군수 관련 산업에 고용 유도
08.00 조선물산장려회 해산-1923.1 창립 이후 20여 년 간 경제적 민족주의 운동 전개
09.01 경성일보사 주최, '시정30주년 기념' 조선박람회 개최
09.01 전시국민생활체제 실시-전시체제 철저 이행 강요
09.01 정동제일예배당에서 각 지방 교회대표, 국민정신총동원기독교조선감리회연맹 결성
09.06 조선이주협회 창립, 만주 개척민 사업 촉진-1941.11. 재단법인으로 개조
09.09 조선총독부 학무국, 학생복장을 '국방색'으로 통일

09.17 임시정부, 중국 충칭 가흥빈관에서 '한국광복군 총사령부' 설립-총사령 지청천
09.17 조선폐품통제주식회사 창립(자본금 100만 원)-철설·비철금속설 회수와 배급통제
09.20 기독교반전공작사건 조작-신사참배 반대한 주기철·최봉석·최상림 목사 등 193명 피체
09.27 강원도 양양발전소 건설
09.00 일본 사이타마[琦玉] 중학 한국 유학생 100여 명, 자숙회 조직(~1941.7.)
09.00 대한민국 임시정부, 중국 기강에서 '충칭'으로 이전
10.01 평양↔길림(吉林, 만주 중부의 주요 도시) 직통 열차 운행 시작
10.07 동북항일연군, 안도현 황구령 북쪽에서 일제의 특수부대 소탕
10.09 임시정부, 〈임시약장〉 4차 개헌 공포-국무위원제를 '주석제'(주석 김구)로 개정
10.14 재조선 일본인, '황도선양회' 발회-황도사상 보급, 가미다나(神棚) 보급 운동 전개
10.14 국민정신총동원운동, 국민총력운동으로 개편
10.16 국민정신총동원 조선연맹, '국민총력 조선연맹'(총재 총독)으로 개편
10.18 일제의 어용단체 조선영화제작자협회 발족
10.20 간도관리사, 신민부 참의원 원장 이범윤(1856~1940) 사망
10.20 〈국민직업능력신고령 개정〉 공포-16-20세 이상 청소년 직업 등록 강제
10.20 〈국민징용령 개정〉 공포-국민등록자 이외의 대상자 필요시 증발
10.24 부산2상·동래중학교 학생, 군사훈련 반대 시위 항쟁-노다이(乃台) 사건
10.25 후지와라가극단·하얼빈교향악단, 부민관에서 비제 '카르멘' 공연
10.25 중국 정부, 한국광복군의 중국 전선 참전 승인
10.30 조선구세군, '조선구세단'으로 개칭-전시 협력을 목적으로 개조
10.00 조선감리회연맹, '국민총력기독교조선감리회연맹'으로 개편
11.00 조선청년전위동맹·조선민족해방동맹 통합, 조선민족해방투쟁동맹 결성
11.01 경성흥행협회, 서양 영화 상영 금지
11.03 함흥중학교 학생 7명, 항일비밀결사 '동광사' 조직
11.09 〈종업자이동방지령〉 공포(12.5 시행)-채광업·금속공업 지정 기술자 등록, 이동 통제
11.10 국민정신총동원 천주교경성교구연맹, 국민총력천주교경성교구연맹으로 개편
11.12 한국광복군 김학규, 중경 국제방송으로 광복군 당면공작내용 발표·국내외 동포 호응 촉구
11.18 국민정신총동원천도교연맹, 국민총력천도교연맹으로 개편
11.20 인천에 적십자사 결핵요양원 연수장 개원

11.23 대구사범 학생 이태길·박찬웅·문홍의 등, 항일 비밀결사 문예부 조직

11.29 한국광복군 총사령부, 중경에서 '서안'으로 이전-한국광복군 제2지대 결성

11.30 경성·부산·평양에 지방체신국 설치

11.30 부관연락선 화물선 일기환(壹崎丸) 취항(~1948.6.)

12.01 경성·부산·함흥 지방철도국 개국

12.01 총력연맹, 전애국반원에 미곡 공출 이행과 5억 원 저축운동 전개 지시

12.03 이청원, 반파쇼전선 통일운동 전개혐의로 東京형사지방재판소 검사국 송치

12.05 국민총력 조선예수교장로회 총회연맹 결성

12.10 조선영화제작자협회 발족-〈조선영화령〉에 따른 영화업계 통제 목적

12.10 강원도 춘천농업학교 독서회(1938.9. 결성) 발각

12.11 국민총력연맹 이사회, 국민사상 통일·국민총훈련·생산력 확충 등 총력연맹요강 결정

12.11 국민총력경성부연맹, 연하·연회·증답(贈答)·여행 폐지 결정

12.14 시국대응전선사상보국연맹 개편, '경성대화숙' 결성-사상통제·전향의 적극 추진

12.14 동경농업대 김두혁·김태훈·김운하 등 12명, 동경형사지방재판소 검사국 송치

12.16 고베 북신상업학교생 배상권 등 7명, 징역 2-3년 선고-한인유학생회 조직 혐의

12.22 유치진·임선규·홍개명, 친일단체 '조선극작가동호회' 결성-전시체제에 맞는 희곡 제작

12.22 친일 조선연극협회(회장 이서구) 결성-1942. 조선연예협회와 통합, 조선연극문화협회

12.25 부민관에서 '황도학회' 결성식-황도사상의 교육·선전

12.27 국민총력조선연맹문화부 결성-문화활동을 통한 일제의 황민사상·황민생활 고취

12.28 윤효중·김정수 등, 친일민술 단체 재단법인 '대화숙' 출범

12.00 안익태, 베를린 필하모니 오케스트라 지휘

12.00 경성콤그룹 김삼용 등, 서대문경찰서에 피체

00.00 안중근 동생 임시정부 의정원 안공근(1889~1940) 사망

01.29 [일본] 오사카에서 철도 충돌-191명 사망

03.23 [독일-이탈리아] 히틀러-무솔리니 동맹 체결

04.09 [독일] 노르웨이와 덴마크 침공

05.09 [노르웨이] 대독 항전 중지

05.09 [소련] 소련군, 독일군이 차지한 프라하 점령

05.10 [독일] 독일군, 베네룩스 3국에 침입
05.10 [독일] 독일군, 프랑스의 요새 마지노선 우회 돌파
05.10 [영국] 처칠, 영국 수상에 취임
05.13 [미국] 근대 헬리콥터 원조인 시콜스키 VS300, 첫 비행 성공
05.14 [네덜란드] 독일군에 항복
05.15 [미국] 나일론 스타킹, 미국 전역에서 판매 시작
05.28 [벨기에] 독일에 항복
06.10 [노르웨이] 독일에 항복
06.10 [이탈리아] 영국·프랑스에 선전포고
06.14 [프랑스] 독일군, 프랑스 파리 입성
06.22 [독일] 세계를 11지역으로 구분(쾨펜기후구분), 기상학자 쾨펜(1846~1940) 사망
07.01 [프랑스] 드골장군, 영국서 자유프랑스정부 수립
07.10 [프랑스] 제3공화정 폐지
07.30 [국제] 범미외상회담, 공동방위결의 채택(Havana 선언)
08.12 [독일] 독일군, 영국 본토 공습 시작
08.18 [미국-캐나다] 공동방위조약 성립
08.20 [소련] 소비에트 연방의 정치가·사상가 트로츠키(1879~1940) 피살
08.20 [중국] 공산당 8로군 40만, 출격작전 개시
09.03 [미국-영국] 방위협정 조인
09.07 [독일] 독일기, 영국 본토 폭격
09.10 [독일] 나치 독일기, 영국 버킹검궁 폭격
09.13 [이탈리아] 무솔리니, 이집트 침공
09.16 [미국] 선발징병법 성립, 18~26세의 모든 남성, 강제징병
09.22 [일본] 일본군, 인도차이나반도 침공
09.27 [일본·독일·이탈리아] 베를린에서 3국동맹 조인
10.15 [인도] 민족지도자 간디, 반영 불복종 운동 개시
10.28 [이탈리아] 이탈리아군, 그리스 침공
11.05 [미국] 프랭클린 루스벨트, 미국 최초로 대통령에 3선
12.07 [일본] 미국의 진주만 기습공격

12.21 [미국]『위대한 개츠비』 작가 피츠제럴드(1896~1940) 사망

1941 신사(辛巳) 대한민국23 소화16 민국30

01.01 무정부주의 계열 한국청년전지공작대(중국 서안), 한국광복군 5지대 편입(지대장 나월환)
01.10 〈신문 등 게재 제한령〉 공포·시행-신문지 기타 출판물 게재 제한·금지 법령
01.10 중국 산서성 남태항산서 '화북조선청년연합회'(회장 무정) 결성-팔로군 소속 조선인
01.15 조선어학회, 『외래어표기법통일안』 간행-1940.6. 로마자표기법·외래어표기법 제정
01.15 〈지문 분류 규정〉 공포
01.16 원산상업학교생 한태운 등, 비밀결사 혐의로 원산 경찰서에 피체
01.23 대구사범 학생 임굉·장세파·이태길 등, 비밀결사연구회 조직-1941.7. 발각, 옥고
01.25 경성음악학회, 친일 단체 '조선음악협회'에 흡수 통합
01.26 친일단체 '조선연예협회'(회장 이철) 결성-일본국민문화 향상 목적
01.30 부산동래중학교생 등 10여 명, 부산지법에서 일본군 대좌 습격사건에 실형 구형
01.00 친일잡지 신시대사, ≪신시대≫ 창간-전시(戰時) 관련 기사 대중 잡지(~1944.2.)
02.02 평양 등지의 미국·영국 선교사 부인 15명, 반전운동계획 중 피체
02.05 한국광복군 기관지, ≪광복≫ 창간호 발행
02.07 이효창, 제11회 '명치신궁국민체육대회동계대회' 빙상스피드(남) 3천·1만m 2관왕
02.11 재일본 조선인 장학사업단체 조선장학회 설립-학병을 위한 예비적인 조치로 결성
02.12 〈조선사상범예방구금령〉 공포(3.10. 시행)-미전향 사상범, 서대문형무소에 감금
02.15 대구사범 권쾌복·문홍의·이동우, 비밀 다혁당(茶革黨) 조직-민족의식 양양·문예미술운동
02.21 조선총독부, '조선청년단' 조직-가입 14~30세, 국방의 '전위전사'로의 양성 목적
02.22 친일단체, '경성미술가협회' 조직-1941.3. 조선미술가협회로 개칭
02.23 민족대표 33인 박동완(1883~1941) 사망
02.24 조선미술대전 추천 작가 중심의 친일 미술단체, '구신회' 창립
02.25 임시정부 주석 김구, 미 루스벨트 대통령에게 〈대한민국 임시정부 승인 요청서〉 발송-거부
02.28 일본 지바현(千葉縣) 명륜중학교 무정부주의자 손원식 등 3명 피체
02.00 대한민국 임시정부, 한국광복군 창설과 관련 국내 및 재 중국 동포 포고문 발표

02.00 동아일보 기자 양재하 등, 월간종합 잡지 ≪춘추≫ 창간(~1944.10.)
03.01 중국 중경에서 한국광복군 한적병 모집하는 제3징모처 발족
03.02 광주서중생 기환도 등, 비밀결사 '무등회' 조직
03.06 〈국방보안법〉 공포(5.10. 시행)-국방상 외국에 외교·재정·경제 등 보호 목적
03.08 농업노무자 임금 전면 통제(3.15. 시행)
03.10 〈조선상업조합령〉 공포(3.15. 시행)-소규모 상업의 조직화 법적 근거 마련
03.12 야마구치고등학교·홍성중학교 한인유학생 19명, 비밀결사 여우회 사건에 검사국 송치
03.15 〈국민근로보국령〉을 통해 학도보국대 조직-국민학교 고등과·전문·중등 고학년 대상
03.16 유치진 등, '현대극장' 창립-일제의 침략 전쟁 찬양과 일제 정책 선전
03.16 현대극장 부설연구소, '국민연극연구소'(소장 함대훈) 창립
03.20 동아경제간담회조선위원회 창립-총력전 체제하 조선 '국토종합개발계획' 수립
03.25 〈조선교육령〉 개정-소학교를 '국민학교'로 개칭
03.31 〈국민학교규정〉 공포(4.1. 시행)-'황국신민' 양성에 중점
03.00 조선의용대 대원들 화북으로 진출, 중경 본부대원·일선 공작원 제외-7월 화북지대 성립
04.01 〈생활필수물자통제령〉 공포-전쟁 확대로 군수물자 생산 장려, 생활필수품 생산·소비 억제
04.01 평원선(평양↔원산) 개통
04.05 만화가·문학가 30여 명, 친일단체 '조선만화가협회' 발족
04.20 미주 각 단체대표, 호놀룰루에서 '재미한족연합위원회' 조직-항일독립운동 강화 목적
04.23 태고사(현 조계사), 조선불교 총본산으로 결정
04.23 부관연락선 화물선 3,000톤급 대마환(對馬丸) 취항-화물 수송 강화 목적
04.23 일본 법정대학생 김승권, 비밀결사 조직 활동 중 체포, 검사국에 송치
04.24 전 조선 국민학교생 대표에게 '천황' 숭배 고취 목적에서 신사참배 강요
04.28 〈조선우수이출통제규칙〉 공포(5.1. 시행)-조선 소의 수입출 통제
04.28 일본 중앙대 권태동 등 3명, 유학생 포섭 중 중 피체-동경형사지방재판소 검사국에 송치
05.02 경성제국대학 이공학부 발족-태평양전쟁에 따른 이공계 학생 수요 급증 요인
05.05 민족부흥회 사건 관련 김두희, 일본 나고야(名古屋)지방재판소에서 징역 2년 선고
05.07 한국독립당, 중경에서 첫 전당대회 개최-7대 당책 규정, 삼균주의 홍보, 민족의식 환기
05.09 동경주계상업학교생 김영교, 광복 활동 중 체포-동경형사재판소 검사국에 송치
05.10 전국 13도 도의원 선거 실시-218명 선출, 690명 입후보

05.13 도쿄 한인 부두노동자 2명, 독립기도 혐의로 동경형사지법 검사국에 송치
05.14 〈무역통제령〉 공포(8.1. 시행규칙 공포 시행)
05.15 부산고등수산학교(현 부경대학교) 개교
05.16 재만조선인교육문제간담회, 만주 신경에서 개최-선만일여(鮮滿一如) 구체화 결의
05.00 평남 중화군 중파리에서 고구려 고분벽화 발견-진파리 제1~4호분
06.01 허천강수력발전소, 흥남까지 동양 제일의 고압 송전 개시
06.01 ≪전북신보≫ 창간-전북·군산일보, 신문통제 정책에 순응하여 자발적 해소
06.04 소화공업학교 야간부생, 비밀결사 BKC단 조직, 자금 모집 중 용산경찰서에 피체
06.04 임시정부, 주미외교위원장 이승만을 워싱턴 주재 전권대표로 임명
06.05 오대산 월정사 방한암, 제1대 종정에 당선
06.16 조선해운조합연합회 조직-조선 근해 해운 통제, 법적 조합으로 개조
06.18 주석 김구·외교부장 조소앙, 미 대통령에게 임시정부 승인 요청 공함 발송
06.26 〈조선고무배급통제규칙〉 공포(7.1. 시행)-고무 수입억제에 따라 고무 회수 철저
06.28 조선총독부 '조선노무협회' 창립-조선인 노동력의 해외 송출업무 담당
06.30 양정중학교생 서주원·신형균, 동지회 조직 활동 중 피체-1942.7. 함흥지법서 2년 선고
06.00 친일 국민시가연맹(國民詩歌聯盟) 결성, 일본 찬양-1943.4. 조선문인보국회로 통합
07.01 조선주택영단 창립-6만 호(영등포·돈암동·방동·신길동·상도동) 건설-주택난 해소
07.01 일본 미에현(三重縣) 기주광산 한인노동자 12명, 일본경찰 폭행죄로 검사국에 송치
07.06 김재영, 독립 활동 도모 중 피체-동경형사재판소 검사국에 송치
07.07 재동경민족주의그룹 박용진, 일본 경시청에 검거되어 경남경찰부에 인계
07.08 화북조선청년연합회 연안지회 설립-회장 정율빈 등 22명, 조선간부학교 설치안 결의
07.23 일본 기옥중학생 윤만영·고종만 등, 자숙회 활동 중 피체-포화재판소 검사국에 송치
08.05 압록강수력전기 수풍발전소 1호기, 만주에 송전-9.1. 국내 송전, 9.28. 영업 송전
08.06 김봉반, 일본 오사카에서 계림동지회 조직, 독립운동 전개 중 피체
08.13 윤정희·김판석 등, 동경에서 미국·중국과 연락, 독립활동 중 피체, 동경지법에 송치
08.20 조선장로교신도애국기헌납기성회 조직-전쟁용 비행기 헌납 지원 단체
08.24 흥아보국단준비위원회 결성-황국정신 고양, 시국 인식 철저
08.25 김동환(삼천리 사장) 등, 임전대책협의회 결성-채권가두유격대, 저축보국운동 전개
08.26 〈임시보조화폐의 형식 등을 정하는 건〉 공포(9.1. 시행)-순알루미늄제 10전·5전 발행

08.29 〈금속류회수령〉 공포(10.1. 시행)-철·동 또는 황동·청동의 동합금 재료의 물자 회수
08.29 임시정부, 루즈벨트·처칠의 공동전선 발표 환영-임시정부에 대한 승인과 군비원조 요구
08.30 작곡가·바이올리니스트 홍난파(1898~1941) 사망
08.00 보천보 전투 관련자 6명, 사형 선고
09.01 압록강수력전기 수풍발전소 제2호기, 평양 송전 개시
09.03 조선임학회·조선방송협회, '조선과학보급협회' 창립-국민총력조선연맹에 적극 협조
09.11 일본 가고시마(鹿兒島) 실과종합중학 한인 학생, 빈중회 조직-지방재판소 검사국에 송치
09.13 경성구호회 등 사법보호단체, 조선사법보호협회 결성-보호구 설정, 유력자 위원 임명
09.19 반덕일, 일본 교토에서 일본 경시청에 피체
09.21 전국적 '근로보국대' 조직-주로 도로·철도·비행장·신사(神社) 등의 건설에 동원
09.25 김형철, 도쿄에서 조선독립청소년단 건설당(建設黨) 활동 중 동경형사지법에 송치
09.27 동경고등공과생 문장희 등 5명, 비밀결사 '명광회' 조직 활동 중 피체
09.00 조선교화단체연합회의 전위여성격려대 조직-각지 여성 위원 파견, 친일 강연 실시
09.00 김세학·김순창·한관수 등, 독립활동 중 피체-1942.5. 동경지방재판소에서 2년 선고
10.01 내선일체운동단체 '정학회' 결성-황도사상 보급 등 사상활동에 주력
10.01 소사·여주·장호원·홍성·온양·만달·개천·희천·양덕·용암포·고성·금화, '면'→'읍' 승격
10.01 경상북도 당국, '미곡자유판매' 일절 금지
10.03 도쿄에서 한인 신문배달원에게 민족의식 고취하던 박천한 등 3명 피체
10.04 김병순, 나고야(名古屋)에서 민족운동 혐의로 피체
10.07 일본 야마구치 후동천댐 축조공사 한인노동자 330명 휴업-노동시간 단축 등 요구
10.10 장덕수 등, 일본 오사까에서 조선독립청년당 조직 활동 중 피체
10.09 명치대 학생 김용수, 민족운동 혐의로 피체
10.16 유귀복 등, 교토에서 비밀결사 조직 활동 중 피체-대판재판소 검사국에 송치
10.21 김삼수, 일본 오이타현(大分県)에서 유언비어 죄로 대분재판소 검사국에 송치
10.22 임전대책협의회·흥아보국단준비위원회 통합, 조선임전보국단 결성-'황민화' 정책 선도
10.22 중등 이상의 학생들 대상 '학교총력대' 결성-총력전에 강제편입, 전공분야에 집단 동원
10.30 장개석, 〈한국광복군행동9개준승〉 공포-광복군·조선의용대 중국군사위원회에 예속
10.30 〈조선국민저축조합령〉 공포-전쟁 지원책으로 보험 강요
11.07 '지원병보급설전대' 조직-청년·학생들에게 지원병 취지 설명, 지원 촉구

11.14 〈육운통제령〉 개정 공포(12.5 시행)-여객·화물 통제 강화, 육상 수송력 강화
11.18 권업회·노인동맹단 등에서 활동한 김치보(1859~1941) 사망
11.19 임시정부, 중국군사위원회 광복군행동준승 9개항 수락 결정-광복군, 중국군 작전지휘권
11.21 〈국민근로보국협력령〉 공포-어린 학생들 군용비행장·방공시설·요새지 강제 사역
11.25 봉오동전투에서 큰 전과를 올린 군무도독부 사령관 최진동(1872~1941) 사망
11.25 임시정부, 미국 워싱턴에 구미외교위원회(위원장 이승만) 설치
11.26 일본 북해도 천야우룡광업소 한인노동자 47명, 갱내 작업 취로 거부
11.28 임시정부, 〈대한민국 건국강령〉 발표-정치이념(삼균주의)·독립전쟁 준비 태세 천명
11.30 〈국민등록〉 실시-14세 이상 40세 미만 청장년, 유사시 인적 동원 실시
11.30 조선호텔에서 '조선동아구락부' 결성-국민총력조선연맹의 가맹 단체
11.00 극단 '호화선', '성군'으로 개명하고 재 창단
11.00 친일 일문 문예지, ≪국민문학≫ 창간- 친일 작가군의 어용 문학잡지
12.01 〈국민노동보국협력령〉 공포-남(14-40세), 여(14-25세), 근로보국대 강제 동원
12.01 조선민족해방동맹, 〈옹호한국임시정부선언〉 발표-임시정부로의 통일 주장
12.07 일본, 미국의 진주만 기습공격(태평양전쟁 발발)-재미한인 1세, 적성외국인으로 분류
12.07 재미한인 1세, 일본인들과 같이 '적성외국인' 분류-거주지 제한, 은행예금 동결
12.08 국내 거주 외국인 신부-교구장 67명 피체
12.10 김구·조소앙, 〈대한민국임시정부대일선전성명서〉 발표-일본에 선전 포고
12.10 조선민족혁명당, 제6차 전당대표대회에서 임시정부 참여 결정
12.12 조선의용대, 일본군과 중국 호가장 전투-중국공산당 팽덕회·주덕·등소평 등 탈출
12.14 재미한족연합위원회, 재미한인의 전시국방복무요령 발표
12.19 〈전시범죄처벌의 특례에 관한 법률〉 공포(12.24. 시행)-등화관제 중 범죄자, 중형
12.20 한국독립당, 〈태평양전쟁에 임하는 동지동포에게 고하는 격문〉 발표
12.22 〈철제품 제조제한규칙〉 공포(12.25. 시행)-군수용 자재 우선, 제한 품목 2백여 종 추가
12.26 임시정부, 중국 국민당 정부로부터 원조 받기 시작
12.26 조선의용대, 일본군과 중국 하북성의 형태전투 전개
12.27 〈농업생산통제령〉 공포 시행-군량부족 해결책으로 잠업 중단, 뽕밭에 간작 실시
12.27 〈조선상업조사규칙〉·〈조선공업조사규칙〉 공포 시행
12.29 〈적산관리법시행규칙〉·〈조선광석배급통제규칙〉·〈제강원철제조장려금교부규칙〉 공포

12.29 함흥농업학교·사범학교생 비밀단체 '철혈단' 95명 피체
12.00 중국 군관학교 전시간부훈련단 국군장교훈련소 특설

01.04 [프랑스] 관념론 철학자, 직관주의 베르그송(1859~1941) 사망
01.06 [미국] 프랭클린 루즈벨트 대통령, 반파시즘 선언
01.10 [독일-소련] 신우호협정 체결
03.05 [미국-파나마] 방위협정 조인
03.11 [미국] 루스벨트 대통령, 무기대여법에 서명-전쟁중립 포기
04.04 [이라크] 쿠데타 발생
04.06 [독일] 독일군, 그리스-유고 진입
04.10 [미국] 그린란드에 미군기지 설치
04.13 [세르비아] 베오그라드, 독일군에게 함락
04.13 [소련-일본] 중립조약 조인
04.17 [유고슬라비아] 독일에 항복
04.19 [프랑스] 국제연맹 탈퇴
04.21 [그리스] 독일에 항복
04.26 [독일] 독일군, 그리스 아테네 점령
05.06 [소련] 스탈린 소련 수상에 취임
05.19 [베트민] 베트남독립동맹 결성
05.29 [미국] 가수 빙 크로스비, '화이트 크리스마스' 녹음
06.08 [영국-프랑스] 연합군, 시리아와 레바논 진격
06.22 [독일] 소련에 선전포고
06.26 [그리스] 언어학자 하드지다키스(1848~1941) 사망
06.29 [폴란드] 피아니스트, 폴란드공화국 초대 총리 파데레프스키 사망
07.08 [독일-이탈리아] 유고분할 협정에 조인
07.21 [독일] 최초로 소련 수도 모스크바 공습
07.21 [일본-프랑스] 인도방위협정 체결
08.01 [미국] 일본에 석유 수출 전면 금지
08.01 [미국-소련] 경제원조협정 조인

08.07 [인도] 시인·사상가 라빈드라나드 타고르(1861~1941) 사망
08.14 [미국-영국] 루스벨트와 처칠, '대서양헌장' 발표
09.03 [독일] 아우슈비츠 강제수용소에서 유태인 독가스 처형 시작
09.20 [독일] 독일군, 우크라이나의 수도 키에프 점령
09.21 [독일] 배(胚)발생 유도를 발견한 동물 발생학자 슈페만(1869~1941) 사망
09.24 [프랑스] 런던서 프랑스 레지스탕스국민회의 창설
10.02 [독일] 독일군, 소련 모스크바 총 공격
10.25 [프랑스] 오르피즘 창시 화가 로베르 들로네(1885~1941) 사망
11.02 [영국] 노동당수에 휴 케이츠켈(Hugh Gaitskell) 재선
11.26 [미국] 헐 미국무장관, 일본에 중국침략에서 손 떼도록 최후통첩
12.07 [일본] 미국의 진주만 기습공격, 태평양전쟁 발발
12.11 [독일-이탈리아] 미국에 선전포고
12.11 [일본-독일-이탈리아] 단독불강화협정 조인
12.16 [일본] 세계 최대 일본 전함, '대화(大和)' 진수
12.25 [일본] 홍콩 점령
12.26 [국제] 미국·영국·중국, 군사동맹 체결

1942 임오(壬午) 대한민국24 소화17 민국31

01.02 고려혁명군 사령관 김경천(1888~1942) 블라디보스토크서 사망
01.04 뉴욕한인교회 중심으로 '미주동부대한부인회' 조직
01.08 국민총력조선연맹, 매월 1일 '애국일 행사', 8일 '대조봉대일(일본왕 선전포고일)'로 변경
01.08 박종천·박기주, 치안유지법 위반 혐의로 동경형사지방재판소 검사국 송치
01.14 〈조선군사령〉 공포
01.16 〈철도 운임 30% 인상〉 공포(2.1. 실시)-태평양전쟁의 비용 조달 목적
01.20 중소상공업자를 위한 〈갱생금융제도〉 실시-폐업자·전업자에게 부흥자금 대부
01.21 조선총독부 이동영사 단체 조선영화계발협회 창립-한 해 3,669회, 5백만 명 관객 동원
01.25 한국 빙상 1세대 이효창, 12회 명치신궁빙상경기대회 일반남자 1,500·10,000M 우승

01.25 임시정부 선전위원회, 〈국내외 동포들에게〉 성명서 발표
01.25 〈조선잠사업통제령〉 공포-조선잠사통제회사 설립, 잠사업체 완전 통제 체제로 전환
01.26 비밀결사 명광회 활동 중 피체된 문장희 등 5명, 동경재판소 검사국에 송치
01.29 고창중학교생 백남순, 민족의식 고취혐의로 경성지법에서 징역 1년 6월 선고
01.30 주석 김구, 장개석에게 임시정부 승인 요청-장개석 총통, 승인 보류
01.00 정학회 산하의 의용봉공단, '총후정신대' 결성-일본·조선 혼연 일체화 운동 전개
02.01 대한독립단원 이광호(1885~1942), 평북 초산에서 군자금모금 중 일경과 교전 중 순국
02.01 박영규·조영진 등 8명, 교토에서 동지포섭으로 피체, 교토재판소에 송치
02.02 일본 전천(田川)광업소 한인노동자 190명 태업-일본인 관리자, 한인노동자 폭행 항의
02.06 조선흥농회, 제1차 증미경진회 표창식 개최-식량 약탈 목적
02.08 김제옥 등 2명, 일본 북구주 민족독립운동 학생그룹 관련혐의로 피체
02.11 〈기업정비령〉 공포-전쟁물자 조달 목적(6.15. 시행)
02.14 체육단체 강제 해산, '조선체육진흥회' 결성-전쟁 수행을 위한 국방체육 진흥 목적
02.15 미국 LA에 민병대 '한인국방경위대'(사령관 김용성) 창설(맹호군)-2.29. 임시정부 인준
02.16 제1호 '대동아전쟁국채' 36만 원, 제1회 '특호전시저축채권' 40만원 발매 시작
02.18 일본 이시카와(石川縣) 제4고등학교 최동명 등 13명, 민족주의 그룹 관련 혐의로 피체
02.20 〈식량관리법〉 공포-식량의 수급 및 가격 조정과 배급 통제
02.21 〈인지세법〉 개정 공포-각종 인지세 인상
02.25 전 임시의정원장 송병조(1877~2942), 중경에서 서거
02.26 동아연맹협회원 윤석복 등, 독립운동 혐의로 일본 우라가(新奈川縣)에서 피체
02.27 워싱턴에서 '한인자유대회' 개최-루스벨트 대통령에게 임시정부 승인·무기 지원 요청
02.00 조선총독부, 설날(음력 1월 1일) 폐지-양력 '설날'만 인정
02.00 한국광복군 징모 6분처 주임 김학규 등 특파단, 곤양에 파견-적 후방 징모·선전 공작
03.01 조선총독부, 가정의 금속류 강제 회수 시작
03.01 임시정부, 3·1선언 발표-중·미·영·소에 임시정부 승인 요구
03.01 징병대상자(만 20세 이하 청년) 일제 조사-1924년 갑자생 대상
03.05 100여 개 청년훈련소에 전임 교원 배치-군사훈련 강화
03.13 중국군사위원회 위원장 장개석, 한국광복군 총사령부 참모장에 윤정보 임명
03.14 대일본부인회 조선본부 설립-총력전 체제에 여성 동원, 20세 미만의 미혼자 대상

03.17 명륜전문학교(현 성균관대학교) 설립 인가-1944. 명륜연성소로 격하
03.22 중국 입법원장 손과, 중경에서 동방문화협회 주최 한국문제강좌에서 임시정부 지지
03.23 일본 사법보호제도 의용한 '조선사법보호사업령 및 조선사법보호위원회령' 공포
03.23 〈조선대가조합령(朝鮮貸家組合令)〉 공포-대가 소유자·경영자로 법인 조직
03.23 〈조선소년령〉 공포(3.25. 시행)-14세 이하 청소년 감화시설 명분으로 '선감학원' 설립
03.25 〈약품 및 위생재료 생산·배급 통제 규칙〉-조선생약통제(주), 생약(한약) 일괄 수매
03.25 친일 문학단체 조선문인협회, ≪조선문인협회회보≫ 창간-한국어문의 말살 목적
03.25 조선상업조합중앙회 창립-전시 경제 통제 강화에 따른 상업조합·연합회 지도·감사
03.31 한국광복군 5지대장 나월환(1912~1942), 중국 서안에서 부하에 피살
03.00 〈조와(弔蛙)〉 글 게재한 『성서조선』 관계자 김교신 등 기독교도 피검-성서조선사건
03.00 한국광복군 5지대와 기존 1·2지대 통합-신편 2지대 조직, 중국 서안에 주둔
03.00 〈전시해운관리령〉 공포-100톤 이상의 선박 징발
04.01 조선마사회 설립-전쟁수행에 필요한 말 확보 및 마사(馬事) 진흥 목적
04.01 중앙선(청량리↔경주) 개통
04.14 김병준·김광수 등 4명, 도쿄에서 독립운동 협의로 일본 경시청에 피체
04.16 전국 중등학교 글라이더 활공훈련 정식 과목 설치
04.17 제1기 조선육군특별지원병 1,052명, 양주 노해면 조선육군특별지원병자훈련소 입소
04.20 임시정부, 조선의용대를 한국광복군에 합편 결정
04.20 임시정부, 외교연구위원회 설치안 등 의결-8월 신익희 등 4명, 외교위원으로 선출
04.23 '대동아전쟁' 국채 200만 원 발매 시작
04.26 LA에서 '한인국방경위대(일명 맹호군), 캘리포니아정부의 공식 인가상 수여
04.28 한국광부군, 전선 공작 인원 〈우대잠행규례〉 공포
04.30 최현배, 훈민정음의 이론적·역사적 문제를 다룬 『한글갈』 출판(정음사)
04.00 국민학교 모형비행기 제작 교육과정 설치 결정
04.00 정인과 등, 기독교계 언론을 대표하는 친일언론사 '기독교신문협회' 창립
04.00 중국 국민정부 국방최고위원회, 한국 임시정부 승인안 의결
05.01 경성후생실내악단 결성-전시체제하 일본국민음악의 보급
05.01 대중잡지 ≪삼천리≫(1929.6. 창간), ≪대동아≫로 개제·발행-노골적인 친일 잡지로 전락
05.01 조선총독부, 전국건민운동(健民運動) 전개-체력연성·보건여행·병마박멸 등

05.01 조선총독부, 조선어학회 기관지 ≪한글≫(통권 93호) 강제 폐간
05.01 조선춘추회 해산, '조선신문회' 조직-전시체제 하 조선 내 언론계의 강력 통제
05.01 '조선영화배급사' 인가 영화의 제작·배급 통제·장악, 영화를 선전의 전용물로 이용
05.05 한미협회 회장 크롬웰, 미 국무장관에서 임시정부 승인 촉구
05.09 일제, 조선에 〈징병령제〉 실시 발표(1943.8. 시행)
05.11 보통은행통제회·지방은행통제회 창립
05.13 임시정부, 한국광부군에 '부사령직' 증설 의결
05.18 조선의용대장 김원봉, 한국광복군 부사령에 선임
05.18 화북조선독립동맹 산동분맹 설립
05.20 〈조선염전매령〉 공포-소금의 생산·공급을 조선총독부가 독점 장악
05.25 민족대표 33인, 신사참배 거부 이필주(1869~1942) 목사 사망
05.25 조선인 군속 모집 시작-미·영포로 수용소에 배치
05.25 『메밀꽃 필 무렵』 소설가 이효석(1907~1942) 사망
05.29 고이소 쿠니아키(小磯國昭), 제8대 조선총독 부임(~1944.7.)
05.30 경성식량보국대 결성-식량의 가공업자·배급업자·판매업자·운송업자 중심으로 조직
05.00 숙명고녀, 첫 여학생 교련 실시
05.00 양주동, 『조선고가연구』 간행-『삼국유사』와 『균여전』에 수록된 향가 25수 해석
05.00 징병제도시행준비위원회 설치-선전·호적정비·일어보급·청년연성 실시
06.03 중국 태항산전투(중국 팔로군↔일본군)에서 조선의용대 윤세주(1901~1942) 전사
06.09 경기도 내 1차 모집 징용 노동자 240명, 북해도로 출발
06.15 쿠바 하나바에서 열린 전승연합대회 개최-대한민국 임시정부 승인
06.16 치안유지법 위반 피검자 정암우, 형기 만료되었으나 비전향 이유로 예방구금 처분
06.19 〈금융통제단체령〉 공포-조선금융단 설치
06.24 임시정부, 외교연구위원회(회장 조소앙·부회장 신익희) 설치
06.26 조선의용대 미주후원회연합회, 조선민족혁명당 미주총지부로 개칭
06.29 임시정부, 〈국기 양식 일치안〉 제정 공포
07.02 재일유학생 이장우 등 4명, 비밀결사 조직혐의로 피체-동경형사지법에 송국
07.06 이승만, '미국의 소리(Voice of America)'를 통해 동양·남미 동포 격려 연설 방송
07.06 함북양곡회사·평남양곡회사 설립 인가

07.10 김두봉·최창익 등, 중국 연안서 화북지역 한인통일전선 단체, 조선독립동맹 결성
07.26 조선연극협회·조선연예협회 통합, 친일단체 '조선연극문화협회' 결성
07.30 김규일·지인덕 등, 독립운동으로 도쿄에서 피체-야마구치지방재판소에 송국
07.00 국민총력연맹, 가정의 유기그릇 공출 지시
07.00 동북항일연군, 동북항일연군교도려(88여단) 조직-중국 동북지역 한국인·중국인 혼성
07.00 조선의용대, 조선의용대 개편 선언-대한광복군에 편입, 군사적 좌우 통합
08.02 반공 지하조직, '백의사' 조직
08.12 일본 경시청에 검거된 김경이, 육군형법 위반으로 동경구치소에 수감
08.17 조선총독부, 연희전문의 적산 접수, 일본인 다카하시(高橋濱吉) 교장 부임
08.17 코베(神戶) 중앙신학교생 전영창 등 5명, 애국심 고취활동 혐의로 코베지법에 송국
08.26 탄광 등 특수노무자(特殊勞務者)의 최고 임금 결정(9.1. 시행)
08.30 고희동·김은호 등, 조선남화연맹 결성-'남화정신'을 기초로 작품의 연구·발표
08.00 각종 군수용재 원활 수급 위해 〈조선신탄배급통제규칙〉 공포-신탄재 생산출하 통제
09.00 대한광복군총사령부, 중국 서안에서 중경으로 이동
09.03 부여 부소산 서쪽에서 백제 벽화 발견
09.05 『조선어사전』 편찬에 관련된 정태진, 함흥영생여자보통학교 사건 관련자로 피체
09.08 〈조선목재통제령 시행규칙〉 공포-목재를 원목·제재·판매 3부분별로 통제
09.23 조선인·일본인 영화업계 통합, 조선영화제작주식회사 발족
09.26 〈조선기류령〉(주민등록제) 공포(10.15. 시행)-90일 이상 본적 외 거소자 기류부 기재
09.27 부관연락선 천산환(天山丸) 취항(~1945.7.)
09.30 제2회 청장년 국민등록 실시-총동원체제의 기초자료(~10.10.)
10.01 〈조선청년특별연성령〉 공포-17~21세까지의 모든 청소년 대상 군사훈련 실시
10.01 임시정부, 국기에 대한 경례의식 결정
10.01 조선어학회 회원, 최현배·이희승·이극로 등 11명 독립운동 혐의로 피체(조선어학회사건)
10.01 한국광복군 제2지대 제3구대 제3분대(분대장 김문호, 대원 21명) 편성
10.11 김구·조소앙·지청천, 중국 손과·오철성 등 400여 명, 중경서 '한중문화협회' 결성
10.20 조선민족혁명당 등 좌익 측 인사 14명, 의정원 의원으로 선출되어 통합정부 이룸
10.21 조선어학회 이강래·이병기·김선기·이만규 등 7명, 홍원경찰서에 연행
10.23 이인·이은호·안재홍 등 8명, 조선어학회사건에 피체-33명 피체, 29명 구속

10.26 의열단 간부 김대지(1891~1942) 사망

10.26 조선영화기획심의회(회장 경무국장) 발족-조선영화제작주식회사 감독

10.29 명동교회 장로, 명동학교 설립자 김약연(1868~1942), 간도 용정에서 사망

11.01 조선방송협회 목포보조방송소(현 KBS목포방송국) 개설-1945.1. 방송국 승격

11.02 임시정부, 〈전선공작인원우대조규〉 폐지 결정

11.03 국민총력조선연맹, 생산력 증강 추진 운동 전개

11.04 이광수·박영희·유진오 등 친일문인, '대동아문학자대회' 개최-'대동아공영권' 선전 목적

11.11 조선소년심판소 개청

11.14 〈국민학교 양호학급 규정〉 공포·시행-신체허약·정신박약·약시·난청 등, 양호훈도 임명

11.19 국내와 만주에서 대종교 주요 간부 21명 구속

11.20 일본 내각, 〈조선징병제도 실험 요강〉 결정

12.01 〈무선통신전시특별규정〉 제정-함선 안전항행 위해 함선 착발 무선전보 사보취급 제한

12.01 전국 721개소 3만 명, 조선청년특별연성소 입소-일본어 교육 주력

12.05 조선교육심의회, 조선인 회유 목적에서 의무교육 실시 결정(1946년부터)

12.05 조선의용대 김원봉, 광복군총사령부 부사령 겸 제1지대장에 취임

12.08 〈조선농지개발영단령〉 공포-주요 농산물의 증산에 필요한 농지 개발

12.10 경성의복갱생조합 발족

12.16 임시의정원, '한국광복군행동9개준승' 취소안 의결-한국광복군의 자주적 활동 보장

12.16 조선호텔서 '조선의사회'(회장 일본인 사카이 나카(坂井)) 창립

12.20 노기남 신부, 한국 최초로 주교에 임명

12.25 임시정부, 독립운동자 및 가족 생활비 지급 의결

00.00 인기가요, 남인수 〈낙화유수〉(작사 박남포, 작곡 이봉룡) 발표

01.02 [일본] 일본군, 마닐라 점령

01.08 [독일] 독일·이탈리아·일본, 군사동맹

01.19 [일본] 버어마 침입

01.20 [독일] 반제회의 개최, 유태인의 학살 결정

02.01 [중국] 모택동, 정풍운동 시작 선언

02.15 [싱가포르] 영국 군인, 일본군에 항복

03.08 [일본] 일본군, 버마(미얀마) 수도 점령
03.09 [일본] 일본군, 남부 인도네시아 점령
04.18 [미국] B25기, 일본 본토에 최초의 공습
04.24 [캐나다] 『빨간머리 앤』 여류작가 몽고메리(1874~1942) 사망
05.06 [일본] 일본군, 필리핀 레히돌 섬 점령
05.29 [미국] 영화배우 존 배리모어(1882~1942) 사망
06.01 [미국-중국] 무기대여협정 조인
06.04 [일본] 버어마에 군정시행
06.05 [미국] 불가리아·루마니아·헝가리 3국에 선전포고
06.05 [미국-일본] 미드웨이 해전-태평양전쟁의 주도권, 일본에서 연합군으로 넘어옴
06.11 [미국-소련] 상호원조조약 조인(워싱턴)
06.12 [독일] 안네 프랑크, 『안네의 일기』 쓰기 시작
06.15 [프랑스] 알베르 카뮈, 소설 『이방인』 출판
06.18 [미국] 원폭 제조 '맨해튼 프로젝트' 가동
06.30 [프랑스] 통렬한 풍자의 재능을 가진 작가 레옹 도데(1867~1942) 사망
07.02 [소련] 자본주의 잔재를 풍자적으로 비판한 작가 예브게니 페트로프(1903~1942) 사망
07.23 [독일] 히틀러, 소련의 스탈린그라드 점령 명령
07.25 [일본] 중앙식량영단 설립
08.00 [일본] 조선·대만·타이·말레이시아·필리핀·자바·보르네오에 포로수용소 설치
08.07 [미국] 미군, 솔로몬제도 동남부에 있는 화산섬, 과달카날 섬에 상륙
08.08 [미국-일본] 솔로몬제도 방면에서 '솔로몬해전' 발발-미국이 제해권 장악(~11.24)
08.08 [인도] 국민회의파, 영국 철퇴결의안 가결
08.13 [국제] 모스크바에서 미국·영국·소련 회담
08.31 [독일] 독일군, 소련의 스탈린그라드에 돌입
09.01 [일본] 청장년의 국민등록 실시
09.11 [아일랜드] 반미-반영 소요, 미군철수 요구
10.02 [미국] 드골 망명정권 승인
10.16 [인도] 태풍으로 인한 홍수로 4만여 명 사망
10.23 [영국-독일] 몽고메리가 롬멜을 제압한 엘 알라메인 전투

11.08 [미국-영국] 양국 연합군(사령관 아이젠하워), 북아프리카 상륙작전
11.12 [미국] 과달카날 해전서 일본 대패
11.19 [소련] 소련군, 스탈린그라드서 독일군에 대반격 개시
12.02 [미국] 시카고대 페르미, 우라늄 핵분열 연쇄반응실험 성공
12.23 [일본] 대일본언론보국회 결성
12.31 [일본] 카달카날 철퇴 결정

1943 계미(癸未) 대한민국25 소화18 민국32

01.06 한인국방경위대 맹호군, 샌프란시스코 지대 결성
01.14 조선농지개발영단 창립-중요 농산물 증산에 필요한 농지 개발 목적
01.17 보국정신대 조직, 징용 강화
01.21 일제, 대학예과 수업 연한, 3년에서 2년으로 단축
01.26 임시정부 조소앙·김규식·조성환·유동열·박찬익 등, 분조회 결성-한국광복군행동9개준승 개정
02.01 조소앙, 〈전후한국문제불능찬동국제공관〉 성명서 발표-국제공동관리(신탁통치) 논박
02.01 일제, 철도국, 교통국으로 개편-세관·해사·항공 등을 관계 부문에 이관
02.02 경성부, 〈호적정비동원령〉 공포-한인 징병제 적용에 따른 대비 목적
02.03 일본 후쿠오카현 고송해목(高松海木) 훈련소 한인 여성 노동자 97명, 단식동맹 결성
02.17 〈조선교육령〉 4차 개정-수업연한 단축·중학생 토목공사·국민학생 송탄유 채집 동원
02.20 외무부장 조소앙, 중국 외교부장 송자문에게 광복군행동9개준승 폐지 제의서 제출
02.23 각계 여성 50여 명, 중국 중경에서 '대한민국애국부인회(주석 김순애)' 재건
02.24 일제, 매주 월요일, '연성일(鍊成日)'로 제정-군사훈련 강화 목적
02.00 임응구·김인승 등, 한일합작의 친일 미술단체 '단광회' 창립
03.01 외무부장 조소앙·중국정부 요인 등, 중경 가릉빈관에서 3·1운동 24주년 기념식 거행
03.01 일제, 물품세·유흥음식세·입장세 인상 징수
03.01 〈조선인징병제〉 공포(10.1. 시행)-대상자 : 1943년 3월 1일 기준 만 20세 남자
03.01 일제, 징병·징용 목적 하에 전국 호적조사 실시
03.04 임시정부, 한국인민증·한인여행증 발급 결의-재중한인 거주, 여행편의 제공 목적

03.05 일제, 제36회 육군기념일 기념, 육군미술전람회 개최(~3.14.)
03.30 〈조선전력관리령〉 공포-조선수력·조선송전·부영수력 통합, '조선전업주식회사' 설립
03.30 〈대한민국 임시잠행관제〉 공포 시행-임시정부 조직법
04.01 경성대화숙, 경성음악연구원 개원-일본정신 현양·내선일체 강화·전향자 선도보호
04.01 전필순 등 감리교·장로교 경기노회 소속 혁신분자들, 일본기독교 조선혁신교단 조직
04.01 일제, 주세·지세 증세, 직물세 신설, 마권세(馬券稅) 인하
04.09 경성부 내 16개 국민학교에 처음으로 양호 훈도 배치
04.13 임시정부 군무부의 군사위원회 해산 결의(1937.7.~)
04.14 조선의용대원 김일곤(1912~1943), 중국 산서성 태항산 전투서 전사
04.17 친일문화단체 통합, '반도문인보국회' 결성-일제의 태평양전쟁 후방에서 지원
04.20 일본 우라가(新奈川縣) 토목공사 한인 노무자 45명, 합숙조장 경질요구 동맹파업
04.23 〈조선석유전매령〉 공포(7.1. 시행)-조선총독부가 석유의 전매권 소유
04.25 '빼앗길 들에도 봄은 오는가' 시인 이상화(1901~1943) 사망
04.25 '운수좋은 날' 소설가 현진건(1900~1943) 사망
04.26 〈전시학도체육훈련실시요강〉 발표-체육훈련 철저, 전투기술훈련 강화
04.00 조선총독부 기구 개편-광공국·교통국·농상국 신설
05.07 채필근·전필순 등, 조선예수교장로회 해체 후 '일본기독교 조선장로교단' 창립
05.10 홍진·김기원 등, 재중자유한인대회 개최-워싱턴회담(국제공동관리 논의) 반대
05.20 광주서중학교(현재 광주제일고) 학생, 반일 동맹휴학 단행
05.21 장개석, 대한민국 임시정부가 요청한 정부보조비·교민생활비 증액 승인
05.23 대구상업학교 비밀결사 태극단 단장 이상호 등, 대구경찰서 형사에 피체
05.27 대일본해양소년단 경기도 지부 주최, 일본 해군기념일 맞아 '해양소년단' 조직
05.00 조선민족혁명당 김원봉, 주인영국군총사령부 맥켄지와 조선민족군선전연락대 파견 약속
06.01 원불교 창시자 박중빈(1891~1943) 사망
06.10 경성부, 구제(區制) 실시-중구·서대문구·종로구·용산구·동대문구·영등포구·성동구
06.17 중국군 배속 의열단원 이원대(1911~1943), 일본군과 교전 중 피체, 고문 순국
06.27 친일단체 '조선서도보국회' 설립-서도(書道)를 통해 총력결집, '대동아문화건설' 목표
06.28 일본 미야자키(宮崎縣) 적강비행장 한인노동자 40여명, 임금체불에 항의 사무실 파괴
06.29 〈조선석탄배급통제령〉 공포-석탄의 생산 및 수입업자, 조선석탄주식회사에 매도

06.00 대한광복군 총사령 지청천, 영국 동남아전구사령관 몬트비튼 대장과 군사상호협정 체결
07.05 〈육군항공관계 예비역병과 보충 및 복역임시특례〉 공포
07.07 시인 윤동주, 사상범으로 일본 교토에서 피체
07.11 중한민중동맹단 다수 탈퇴, '조선민족혁명당 하와이총지부'(위원장 민찬호) 출범
07.20 북로군정서 등에서 활동한 대종교인 이정(1858~1943) 옥사
07.22 조선총독부, 〈학도전시동원체제 확립 요강〉 시달-재학생의 국방, 생산력 확충에 동원
07.26 김구·장개석, 중국군사위원회에서 면담-김구, 카이로회담에서 한국의 완전독립 관철 요청
07.28 〈해군특별지원병령〉 공포(8.1. 시행)-해군도 육군과 같이 사실상 강제 모병 실시
07.31 〈국민학교령·공립학교관제〉 개정
07.00 신극단 '청년극장', '태양'과 통합-황민화정책 선전 작품을 주로 공연
07.00 〈노무조정법〉 공포(9.1. 시행)-사무업무 등 17개 직종에 14세~40세 남자 취업 금지
07.00 원산·해주·대전 방송국 개국
08.03 안희제(1885~1943) 만주에서 병사-대동청년당 조직, 백산상회 설립, 중앙일보 경영
08.07 종이극 '조선화극유한회사' 발족-친일적인 사회교육과 내선일체 계몽
08.09 〈조선식량관리령〉(9.13. 시행) 공포-각도에 양곡주식회사 지정
08.12 일본 나가사키현 당진탄광 한인노동자 50여 명, 노무계원 폭행에 항의, 사무소 습격
08.13 대한광복군, 연합군(영국군) 요청으로 미얀마 전선(일본군의 서부전선)에 군대 파견
08.23 고마령 전투 참전 참의부군 김형빈(1894~1943), 수감 후유증에 순국(1930.4. 10년 형)
08.28 제3회 청장년 국민등록 실시-만16세~40세 미만의 청장년 남자 대상, 징병 목적
09.01 조선↔만주 특별지급통화 개시-지급통화 범위·처리순서 통제, 일반가입자 사용 억제
09.01 〈개정 국민징용령〉 시행
09.00 진단학회 해산(1934.5.~)
10.01 조선에 〈국민징용령〉 적용-1945년까지 45만 명 동원
10.01 동일은행·한성은행 통합, '조흥은행'으로 개칭·창립
10.04 재미한족연합위원회 이사부, 이승만을 임시정부 외교고문으로 추천
10.05 관부연락선 콘론마루(崑崙丸), 미해군 잠수함 어뢰에 격침-544명 사망
10.05 전화기 공출-전시체제 하 전화 이용 자숙 강요
10.05 조선식량관리영단 창립(자본 3,000만 원)-식량배급계획에 따른 주요 식량 배급·저장
10.06 LA 조선민족혁명당 미주지부, 기관지 《독립》 창간

10.08 〈생산증강노무강화요강〉 발표-여자의 노무를 적극적으로 통제 동원
10.14 〈교육에 관한 전시비상조치방책〉 발표-이공과·사범교육 확대, 문과계 축소·폐쇄
10.14 정춘수 등 감리교 혁신파, 교단 명칭을 '일본기독교 조선감리교단'으로 개칭
10.15 일제, 〈애국채권규칙〉 공포-애국채권 발행 목적
10.15 국가총동원법에 의한 〈통제회사령〉 공포
10.20 일본 육군성, 전문학교 조선인 학생의 징병유예 폐지·학병지원제 실시
10.21 북로군정서 총재 비서·군자금 모금에 힘쓴 강철구(1894~1943), 목단강형무소에서 옥사
10.25 대한독립군 총사령관 홍범도(1868~1943), 카자흐스탄 크질오르다에서 사망
10.25 제1회 학병징병 검사 실시-국내 대상자 1000여 명 선발, 국내외 전체 7,200여 명
10.26 조선민족혁명당, 중국 국민당에 적후방선전공작비 차관 요청
10.29 조선총독부 관리 936명 감원
11.06 '조선종교단체전시보국회' 결성-특별지원병제도 독려 등
11.08 일제, 학도병에 지원 거부 적령자 및 졸업생에 징용영장 발급
11.13 징병제 지원 단체 '학도선배단'(단장 정용신) 총회 개최
11.14 조선총독부 중추원, 학병지원 거부자에 휴학, '징용'키로 결정
11.20 국내 학병 적격자 1천 명 중 959명 지원 완료-국내·일본유학생 등 전체 지원율 38.7%
11.22 김용중, 워싱턴에서 영문판·반월간지 ≪The Voice of Korea(한국의 소리)』 출간
11.24 〈중학졸업자동원방침〉 결정-남자:기술자·공원으로 동원, 여자: 근로정신대로 활용
11.00 보성전문 이철승 등, 학병거부운동 시작-학병거부이유서, 조선 총독에게 우송 계획 등
11.00 유동열·채원개·이준식 등, 한국독립당 탈당-조선민족혁명자통일동맹 결성
11.00 임시의정원, 미국·영국·중국 3국 원수에게 카이로선언에 대한 감사 메시지 타전
12.01 제1회 학병 '출병' 단행-959명
12.01 카이로선언문 발표-'적당한 시기'에 라는 조건을 붙여 한국 독립 결의
12.05 주석 김구, 카이로선언 '적당한 시기' 표현 반대, 일제 패망 시 한국 즉시 독립 성명
12.07 재미한족연합위원회, 카이로선언 대책 협의-미·영·중 3국 원수에 감사 전문 발송
12.08 한글학자 이윤재(1888~1943), 조선어학회사건 관련 함흥형무소에서 옥사
12.11 전국금융통제회, 각 은행의 당좌예금 이자 폐지 결정(1944.4.1. 시행)
12.28 조선중요물자영단 창립-조선 내 중요 전시군수물자 생산·통제
12.00 미주독립운동단체 한인동지회 이승만계, 한인연합회에서 탈퇴

12.00 부산항 제4부두 준공
00.00 인기가요, 백난아 〈찔레꽃〉 발표

01.31 [독일] 독일군, 스탈린그라드 전투 항복
02.02 [이탈리아] 무솔리니 수상 사임
02.09 [미국] 주48시간 근무제 실시
02.09 [일본] 카탈가나루섬에서 철퇴
04.06 [프랑스] 생텍쥐페리, 『어린왕자』 출간
04.15 [미국] 원자폭탄제조연구소 개소(소장 오펜하이머)
04.19 [독일] 바르샤바 게토에 거주하는 유태인, 나치스에 봉기
04.25 [러시아] 극작가·출연가 네미로비치 단첸코(1858~1943) 사망
05.12 [독일] 북아프리카 주둔 독일군·이탈리아군, 연합군에 항복
05.14 [벨기에] 두 차례 만국평화회의 성사시킨 국제변호사 라퐁텐(1854~1943) 사망
06.03 [프랑스] 알제리에서 드골 지휘하에 국민해방위원회 결성
06.10 [국제] 코민테른 해산
06.22 [미국] 디트로이트서 인종 폭동
06.26 [미국] ABO식 혈액형분류법 개발한 생물학자 란트슈타이너(1868~1943) 사망
07.10 [국제] 연합군, 이탈리아 시칠리아 섬에 상륙
07.10 [미국] 항성위치도 제작, 별의 시차 측정한 천문학자 슐레징거(1871~1943) 사망
07.25 [이탈리아] 무솔리니 실각
08.01 [버마(미얀마)] 영국으로부터의 독립선언
08.17 [국제] 캐나다서 루스벨트(미국)-처칠(영국) 수뇌회담, 퀘벡회담 개최(~8.24)
08.21 [덴마크] 사실주의 작가 폰토피단1857~1943) 사망
09.03 [이탈리아] 연합군에 항복
09.08 [독일] 독일군, 이탈리아 로마점령
09.13 [중국] 장개석, 중화민국 총통에 취임
09.15 [독일] 독일군, 무솔리니 구출, 이탈리아 북부지방에 사회공화국(살로공화국) 수립
09.22 [이탈리아] 파시스트공화국정부 성립

10.05 [일본] 관부연락선 곤륜환, 미국 잠수함에 격침, 544명 사망
10.09 [네덜란드] 스펙트럼선 분열(제만효과) 발견한 물리학자 제만(1865~1943) 사망
10.09 [미·영·소] 3국 외무장관, 모스크바서 회담
10.13 [이탈리아] 독일에 선전 포고
10.14 [필리핀] 일제점령하 필리핀, 공화국 독립선언
10.30 [일본-중국] 일화동맹(日華同盟) 조약 체결
10.31 [일본] 군수회사법 공포(12.17. 시행)
11.18 [일본] 몰락한 사무라이 가문 출신 자연주의 소설가 도쿠다 슈세이(1871~1943) 사망
11.22 [국제] 루스벨트·처칠·장제스, 카이로회담 개최
11.22 [레바논] 프랑스로부터 독립
11.27 [국제] 카이로선언 채택(12.1 발표)
11.28 [국제] 루스벨트-처칠, 카이로회담 직후 테헤란에서 스탈린과 회담
12.03 [미·영·소] 3거두, 테헤란선언, 3국의 협력과 전쟁수행 선언
12.10 [영국] 태평양함대 창설
12.24 [일본] 징병 적령을 1년 인하-만 20세에서 19세로 낮춤

1944 갑신(甲申) 대한민국26 소화19 민국33

01.10 대구상업학교 비밀조직 태극단원 이상호·서상교·김상길 등, 대구지법에서 징역 7-3년 선고
01.16 시인·독립운동가 이육사(1905~1944), 북경 감옥에서 옥사
01.20 대학·전문학교 조선인 학병(사범·이공계 제외), 4,385명 첫 입대-상당수 소위 임관
01.31 조선식산은행, 첫 할증금부애국채권 발행-전쟁비용 충당, 총 발행액 2천5백만 원
01.00 경복중학생(현 경복고등학교) 이현상·남상갑 등, 반일결사 '흑백당' 발각
02.01 여객 열차 감축, 화물 열차 증설
02.01 조선은행, 갑 10원 권, 갑 5원 권 지폐 발행
02.08 〈총동원법〉에 따라 제1차 조선인 대상 징용 실시-광산·군수공장에 동원
02.10 〈조선여자청년연성소규정〉 제정-조선 여자 청년에 일본어 학습과 기술지도
02.14 〈전시특수손해보험법〉 공포

02.15 〈조선총독부재판소령 전시특례〉 공포-종전 3심제, 2심제 원칙으로 개정
02.18 조선수산업회 설립-전시체제 하 수산단체 조직 간소화, 통제력 강화
02.21 조선어학회사건 관련 한글학자 한징(1886~1944), 함흥형무소에서 옥사
03.01 한국독립당 기관지 ≪독립평론≫ 창간
03.01 〈조선구호령〉 공포-징병·노무징용 실시 후 65세 이상 14세 이하 생활·의료보조 등
03.06 일제, 전국 신문의 석간 폐지
03.10 결전미술전 개최-일제 군국주의 찬양, '황국신민' 영광 고취, 전시총동원체제 독려
03.12 김영현(1907~1944), 간도일본영사관 습격에 무기징역(1933.12.) 함흥형무소 옥사
03.13 대한민국애국부인회 회장 김마리아(1891~1944) 사망
03.14 급행열차 전부 폐지
03.15 조선총독부, 형사재판에 2심제 채택
03.18 일제, 〈학도군사교육강화요강〉·〈학도근로동원비상조치요강〉 발표
03.20 연변교민회 회장 역임한 구춘선(1857~1944) 사망
03.22 임시정부, 〈주 동맹국 각 전구 특파원 복무 규정〉 제정, 공포
03.28 〈국민학교 양호훈도시험규칙〉 공포·시행-간호부 면허장 소지자만 응시 자격 부여
03.00 일본 유학생 하준수, 학병 거부 후 경남 산청군서 무장투쟁 조직 '보광당' 조직
03.00 일본군에서 탈출한 학병 출신 김상태·안국보·이준승·한춘규 등 한국광복군에 편입
03.00 임시정부, 국내공작특파위원회(위원장 김구) 및 군사외교단(단장 지청천) 설치
04.01 임시정부 군무부, 〈공작계획대강〉 작성-국외 무장부대의 통일적 지휘 등 13개항
04.01 일제, 군수 광공업 생산책임제 실시
04.01 첫 징병검사 실시-수험률 94.5%, 갑종(33.5%)·을종(57.1%)·병종(05.6%) 등(~8.20.)
04.02 임시정부 선전부, 중국국민당 선전부와 합작, 중경방송국을 통해 '한국어 방송' 실시
04.08 제2차 징용 실시-주요 공장 광산 종업자 대상
04.10 대한군정서에 가입, 신건원주재소 습격한 신언성(1896~1944) 사망
04.15 신사참배 반대로 옥고를 치른 최봉석(1869~1944) 목사, 병보석 후 사망
04.20 임시정부 제36차 임시의회, 〈임시약장〉을 〈한국임시헌장〉으로 개정
04.21 신사참배 거부한 주기철(1897~1944) 목사, 평양형무소에서 옥사
04.22 〈조선총독부군무예비훈련소관제〉 공포-평양·양주·시흥 훈련소 설치, 5월부터 훈련
04.22 임시정부, 제5차 개헌 〈한국임시헌장〉 공포-주석·부주석제 실시, 주석 권한 강화

04.24 임시정부 주석 김구·부주석 김규식 등 14명 국무위원 선출-좌우연합정부 구성
04.28 〈학도동원규정〉 공포-국민학교 4학년 이상 강제 동원 체제 확립
04.00 월정사 주지 이종욱 등, 조선불교근로보국대 결성-일제의 총동원 체제에 적극 협력
04.00 전문학교 보성→경성척식경제, 연희→공업경영, 이화·숙명→농업지도원양성소로 개칭
04.00 임시정부 기관지 ≪독립신문≫ 속간-1919.8~1932 발행, 1933~1943 복간 발행
05.06 하와이 군정장관, 한인들의 '적성 외국인(일본인) 분류' 공식 해제
05.06 임시정부, 황학수·차리석·김붕준·최석순·이상만·윤기섭을 생계설계위원으로 선정
05.26 임시정부, 중국 군사위원회가 제안한 '한국광복군행동9개준승' 폐기 의결
05.27 의열단 단장 김원봉 부인, 항일독립운동에 헌신한 박차정(1910~1944) 사망
05.00 한국광복군 2·3지대, 주중국 미공군사령관 웨드마이어 장군 지원에 낙하산부대 창설
06.03 진해에서 제1회 해군병 징모 검사 실시-해병단에 직접 입단
06.10 재미한족연합위원회 워싱턴사무소 개설-재미한족연합회·주미외교위원부 갈등 산물
06.10 임시정부, 〈재무부령〉 제1호 '인구세 증가 및 징수에 관한 건' 발표.
06.17 〈미곡강제공출제〉 시행-쌀 2,600만석, 보리 1,000만석, 잡곡 900만석 등 목표 설정
06.17 〈조선선원령 전시특례〉 공포(7.1. 시행)
06.17 임시정부 외무부장 조소앙, 미 국무장관 코델 헐에게 임시정부 승인 촉구 공문 발송
06.20 〈전시비상금융대책정비요강〉 발표-연합군의 공습 대책의 일환
06.26 미술사학자 고유섭(1905~1944) 사망
06.27 임시정부, '해외교민호적등기실시안'을 내무부가 관장해 실시키로 의결
06.29 독립운동가·시인 한용운(1879~1944) 사망
06.00 미·영·중·소 등 30여 국에 임시정부 승인 요구-식미지국 프랑스·폴란드 임시정부 승인
07.03 임시정부 주석 김구, 국무위원 전원의 명의로 장개석에게 임시정부 승인 요청
07.20 〈국민징용령〉 개정, 실시-조선인 청장년 남성을 일반 징용
07.24 아베 노부유키(阿部信行), 제9대 조선총독 부임(~1945.9.)
07.24 임시정부, 〈대한민국임시정부 중앙직원 급여 잠행규정〉 제정 공포
08.01 일제, 길림성 막석에 국립반도인청년특별연성소 설립-재만조선인 훈련소
08.03 〈전국금융통제령〉 공포-금융기관 일요일 휴무제 폐지. 첫째·셋째 일요일 제외
08.03 임시정부, 〈주미외교위원회 규정〉 공포
08.08 〈피징용자표창규정〉 공포 시행-공장 등에 현원 징용된 피징용자 대상

08.10 여운형, 국내에 지하비밀단체 '건국동맹' 조직-1945.8. 조선건국준비위원회로 개칭
08.11 임시정부, 법무부 〈법규편찬위원회 조례〉 제정, 공포
08.12 임시정부, 〈한국대미외교사절관리규정〉 제정, 공포
08.13 강우규 의사의 사이토 총독 암살계획을 도운 한흥근(1886~1944) 사망
08.14 임시정부, 〈회계검사잠행조례〉 제정 공포
08.15 동래중학생 반일결사 조선독립당원 피체
08.21 〈조선의료령〉 공포-의생(한의사)규칙 폐지, 의사·치과 의사만 자격 규정
08.23 〈여자정신근로령〉 공포-12~40세 미혼 여성 대상, 여자근로정신대 합법화
08.23 중국군사위원회, 김구에게 '한국광복군행동9개준승' 취소 통보-한국광복군, 임정 지휘
08.25 광복진선계 청년들, 중국 중경에서 한국청년회 조직
08.28 임시정부, 〈재투한인생활위원회 조직 규정〉 제정 공포
08.00 일제, 부·읍·면 행정구역별로 '총후봉공회' 결성-징병 군인·군속과 그 가족 후원
08.00 일제, 천주교 신부 구속, 신부·신학생을 군인 또는 노무자로 징용
08.00 평양·대전·연안 등 각지 성당을 군대용으로 접수
09.01 조선인 현역병 채용자 입영 시작-1943년도 30,327명 입영
09.02 〈관립수산전문학교규정〉 공포-관립부산고등수산학교, 수산전문학교로 승격
09.05 주석 김구, 총통 장개석 면담-국내와의 연락 및 지하공작을 위한 협조 요청
09.05 〈애국채권규칙〉 폐지, 〈복표규칙〉 시행-식산은행, 5원 이하 복표발행(30년내 상환)
09.09 갱생소년들로 구성된 '조선소년보국정신대' 진발식 거행
09.15 민족대표 33인 권병덕(1867~1944) 사망
09.15 임시의정원, 중국 호추원 등 35명에게 '한국영세중립국안' 철회 요구
09.24 이성환 등, 민간 전쟁 협력 단체 '국민동원총진회' 발회
09.30 조선어학회사건 최현배 등 12명 예심종결-이윤재·한징 옥사, 장지영·정열모 석방
09.00 총후봉공회, 군인원호회 조선지부의 하부조직으로 새로 개편
10.03 임시정부, 국내 비밀공작 목적의 '국내공작위원회' 설치 결의
10.05 주석 김구, 총통 장개석 면담, 임시정부의 승인 요구
10.15 〈경성제국대학대학원의 특별연구생에 관한 령〉 공포 시행
10.15 조선은행, 갑 1원 권(무번호권) 지폐 발행
10.16 조선상공경제회 창립-전시경제체제 강화를 위한 상공단체 통제

10.23 임시정부, 광복군 귀속 대비 '한국광복군총사령부 잠행조직조례' 확정-직급·관급 구별
10.26 조선공산당 재건을 위한 비타협적 운동을 전개한 이재유(1905~1944) 옥사
10.27 〈군수회사법〉 조선에 시행-조선 내 군수물자 생산·가공·수리에 관한 법령
10.00 평양 대화숙 내에 '대화악단'(단장 윤두선) 부설
11.01 조선은행, 갑 100원 권 지폐 발행
11.11 임시정부, 재미한인 13개 단체의 주미외교위원부 인준불가 전문 발송-외교위원 임명
11.15 조선은행, 갑 10원 권(무번호권) 지폐 발행
11.28 임시정부, '재미동포에 대한 포고문' 공포-주미외교위원부 외교위원 임명 문제
11.00 김연수·최남선·이광수 등, 선배격려단 조직-한인 유학생의 학병 참전 독려
12.01 체신국, 지하방공통신사령부 설치-지하실에 자동식 전화교환기, 무선송수신기 설치
12.07 〈군수회사법〉에 따라 제1회 군수회사 55개사 지정
12.08 각 종교단체 연합 '조선전시종교보국회' 창립-종교계를 총망라한 전쟁 협력단체
12.09 임시정부, '한국광복군총사령부 잠행조직 조례' 공포
12.10 태평양전쟁 제3주년기념의 전쟁협력단체, '반도무훈현창회' 발기회 개최
12.20 춘천방송국(현KBS춘천방송국) 개국-50W 출력, 호출부호 JBMK, 주파수 600Kc
12.27 〈군수회사징용규칙〉 공포 시행-여성도 현원 징용 시행
12.28 경부선 복선화 준공
12.30 일본군 군속 이상문·임헌근 등, 인도네시아 자바섬 암바라와에서 '고려독립청년당' 결성
12.00 학병 김완룡·박성화·최정수·전상엽 등 70여 명 학병거부항쟁, 검거

01.01 [시리아] 독립
01.08 [일본] 각의, 학도근로동원방책요강 결정
01.18 [일본] 군수·육군·해군·운수통신성, 군수회사법으로 150개사를 군수회사로 지정
01.18 [일본] 긴급국민근로동원방책요강 발표-여자정신대의 동원 강화
01.23 [노르웨이] 『절규』 화가 에드바르크 뭉크(1863~1944) 사망
02.01 [네덜란드] 추상미술 운동의 대표적인 화가 몬드리안(1872~1944) 사망
02.01 [미국] 미군, 마샬군도 상륙
02.01 [일본] 군사교육 전면적 강화 발표
02.10 [일본] 국민등록, 12세부터 60세까지 확대

03.19 [독일] 독일군, 헝가리에 진주
03.23 [일본] 일본군, 인도 침입
04.04 [이탈리아] 베수비우스 화산(1,277m) 폭발
05.01 [일본] 일본-만주 양국, 관세 면세 실시
05.15 [독일] 아이히만, 헝가리 유대인을 아우슈비츠 강제수용소로 이송 시작
06.02 [프랑스] 국민해방위원회, 프랑스공화국 임시정부로 개칭
06.04 [미국-영국군] 이탈리아 로마 점령
06.06 [국제] 연합군, 노르망디 상륙작전 시작
06.15 [독일] 장거리로켓 V1, 런던 공격 시작
06.16 [프랑스] 역사가 마르크 블로크(1886~1944) 사망
06.17 [아이슬란드] 덴마크로부터 독립
06.19 [일본] 필리핀 마리아나 해전서 일본군, 미군에 참패
07.01 [국제] 미국 브레튼우즈서 연합국 44개국 참가, UN국제통화금융회의 개막
07.07 [독일] 스냅샷의 창시자 사진작가 잘로몬(1886~1944) 사망
07.07 [미국] 미군, 서태평양 북마리아나 제도의 사이판섬 점령-일본군 전멸
07.16 [일본] 사이판섬 수비대 전멸
07.18 [일본] 도조(東條)내각 총사퇴
07.20 [독일] 히틀러 암살미수사건 발생[7·20사건]
07.21 [미국] 미군 괌 상륙, 일본군과 전투(괌섬전투)-미군 1,400명, 일본군 2만명 전사(~8.21)
07.22 [일본] 고이소 쿠니아키[小磯國昭] 내각 성립
07.31 [프랑스] 『어린왕자』 작가 생 텍쥐페리(1900~1944), 비행 중 적기에 격추, 실종
08.01 [폴란드] 바르샤바 시민, 반소련 무장 봉기
08.04 [독일] 안네 프랑크 가족, 독일군에 체포, 『안네의 일기』 발견
08.05 [일본] 대본영, 정부 연락회의 폐지-최고전쟁지도회의로 개칭
08.07 [미국] 최초의 전기기계식 계산기, '마크 I', 하버드 대학서 처음 가동
08.25 [프랑스] 연합군, 파리 입성-드골 장군 개선
09.01 [일본] 대만징병제 실시
09.02 [미국] 대독일 전후처리에 관한 모겐소안 공표
09.02 [핀란드] 독일과 단교 성명-독일의 국외철퇴 요구

09.04 [소련] 소련군, 헝가리에 진입
09.05 [독일] 안네 프랑크 가족, 강제수용소로 이송
09.05 [소련] 불가리아에 선전 포고
09.08 [독일] 대륙간탄도미사일 'V2 로켓', 첫 발사
09.08 [불가리아] 공산주의자의 무장봉기, 조국전선정부 수립
09.09 [프랑스] 드골 임시정부 수립
09.12 [루마니아] 모스크바에서 미국·영국·소련과 휴전협정 조인
09.13 [일본] 일본은행, 중국연합준비은행에 2억 엔 공여
09.16 [소련-몽고] 휴전협정 조인
09.20 [일본] 일본군, 미얀마·운남 방면에서 전멸
10.03 [국제] 연합군, 그리스에 상륙
10.10 [미국] 미군, 일본 오키나와·미야코·아쯔미오시마 공격
10.15 [독일] '사막의 여우' 롬멜 장군, 히틀러 암살미수사건 연루혐의로 자살
10.18 [일본] 대본영, 첩1호작전발동 명령-필리핀 방면에 주력, 결전 수행 작전
10.20 [국제] 맥아더장군과 니미츠의 함대, 필리핀·일본 공격-필리핀 레이테섬 상륙작전
10.20 [국제] 소련군·유고인민해방군, 베오그라드를 독일군으로부터 탈환
10.25 [일본] 가미카제 특공대[神風特攻隊] 첫 전투
11.01 [미국] 사이판 기지 B29, 일본본토 폭격 개시
11.05 [프랑스] 혈관봉합술 발달시킨 생물학자 알렉시 카렐(1878~1944) 사망
11.07 [미국] 루스벨트, 미국 대통령에 4선
11.08 [독일] 신무기 미사일 V-2호 발명
11.22 [영국] 천문학자 스텐리 에딩턴(1882~1944) 사망
11.24 [미국] 미공군 B29 70여대, 일본의 도쿄 첫 공습
11.29 [알바니아] 독일로부터 독립
12.02 [프랑스] 이탈리아계 작가 필리포 마리네티(1876~1944) 사망
12.05 [소련] 모스크바서 공산당·좌익정당에 의한 헝가리 임시민족정부(다르노키 장군) 성립
12.13 [프랑스] 현대추상미술 선구자 러시아 출신의 화가 칸딘스키(1866~1944) 사망
12.18 [프랑스] ≪르몽드≫ 지 창간
12.30 [프랑스] 미래주의운동 창시자 『장 크리스토프』 작가 로맹 롤랑(1866~1944) 사망

1945 을유(乙酉) 대한민국27 소화20 민국34

01.04 인니 자바섬 고려독립청년당 손양섭·노병한 등, 암바라와 의거-일본군 등 12명 사살
01.09 임시정부, 대한광복군 〈각종 표식 제정안〉 마련-표식·제복
01.18 '조선어학회사건' 판결 공판(함흥지법)-2~6년 언도, 불복 공소(광복 후 출감)
01.24 독립운동가 염온동(1898~1945) 사망-임시정부 의정원 의원·군무부 과장 등 역임
01.26 군수회사법에 〈군수충족회사령〉 공포-군수사업 이외 군수상 필요한 사업 통제
01.31 중국 안휘성 부양의 한국광복군 훈련반 졸업생, 임시정부가 있는 중경에 도착
02.05 한중문화협회, 일본군에서 탈출한 한인 청년 35명 환영대회 개최
02.08 한국독립당을 탈당한 홍진·유동열 등, 신한민주당 창당
02.09 임시정부, 독일에 선전 포고
02.11 친일단체 '대화동맹'(위원장 윤치호) 조직-필승 체제 확립과 내선일체 촉진 목표
02.15 조선은행, 갑 5원권 지폐 발행-전시금융체제 하에서의 마지막 은행권
02.16 일본 후쿠오카 형무소에서 시인 윤동주(1917~1945) 옥사
02.00 2차 징병검사 실시(~5월)-신장(152㎝ 이상), 체중·질병 검사-4만5천명 징병
02.00 〈이공과계 학생의 입영연기 정지령〉 발표-이공과계 전문학교 이상 징병
02.00 학병 성동준·김영남 등 7명, 중국 강소성 소주의 일본군 탈출, 일본군 초소 급습
03.01 경부선(부산↔신의주) 복선 개통
03.05 〈국민근로동원령시행규칙〉 공포-총원근로 배치, 전력 증강
03.07 송몽규(1917~1945), 후쿠오카형무소에서 옥사-1944.4. 교토지방법원서 징역 2년 선고
03.08 임시정부, 김호·한시대 등 9명을 샌프란시스코회의 참가 대표로 선출
03.16 박관준(1875~1945) 장로, 신사참배 반대로 6년간 평양형무소 복역 중 옥사
03.16 홍진 등 50여 명, 중국 중경에서 한국구제총회 창립
03.18 〈결전교육조치요강〉 발표-국민학교 이외 1년간 학업 정지, 학생 총동원
03.24 임시정부, 중국군사위원회에 일본군 탈출한 한적 병사의 '한국광복군훈련반' 설치 의뢰
04.03 주석 김구, 한국광복군과 미국 OSS 간 군사합작 승인
04.04 〈주요 도시 소개령〉 발표-건물·시설 등을 정리하는 기업 소개, 시설 회수 단행
04.04 임시정부, 중국과 새 군사협정 체결-독자적 군사행동권 획득
04.08 부산 제2상 학생 신사현·최재규·서봉태 등, 부산공회당에서 열린 미영격멸대회 성토

04.14 한국광복군 백창섭, 국내에 잠입 활동–충청도·전라도 일대에서 애국 사상 고취
04.29 부관연락선 일반 승객 승선 금지
04.00 임시정부·재미한족연합위원회, 샌프란시스코회의에 이승만 파견–미국 거부로 불참
05.05 경남 진해에서 고등상선학교(현 한국해양대학교) 설립
05.13 학병 탈출 후 광복군에서 활동 중 피체된 한성수(1920~1945), 남경형무소에서 순국
05.21 〈전시교육령 및 시행규칙〉 공포(7.1. 시행)–교사·학생 학도대 조직
05.25 부관연락선 신라환, 미공군 B52 기뢰에 침몰
05.00 서안 한국광복군 제2지대, 50명 대원 선발–제1기 OSS훈련 시작
05.00 장개석 총통 지원 하에 중국 서안·부양에 한국광복군 특별훈련반 설치
05.00 조문기·유만수·강윤국 등, 서울 관수동서 항일비밀결사 대한애국청년당 조직
06.08 친일단체 '조선언론보국회'(회장 최린) 결성–언론·출판을 통한 전쟁 지원 목적
06.16 〈조선국민의용대조직요강〉 발표–조선국민의용대 남 12~65세, 여 12~45세
06.23 박춘금, 친일단체 '대의당' 창당–전쟁 협력과 황도주의 확산
06.30 한국광복군 징모 제6분대, 제3지대(지대장 김학규)로 확충 개편
07.07 국민의용대 조선총사령부(총사령 정무총감) 조직
07.20 기독교 신교 여러 파, 일본기독교조선교단으로 강제 통합
07.23 이종욱·안정식·정인익 등 1백여 명, 부민관에서 친일단체 국민동지회 조직
07.24 대한애국청년단원 조문기 등, 아시아민족분격대회 장소인 부민관에 폭탄 투척
07.00 한국광복군, 국내정진군총지휘부(총지휘관 이범석) 설립–국내 탈환 작전 결정
08.01 미군기, 부산 수정동 주택가 폭격–조선인·일본인 15명 사망
08.04 한국광복군 제2지대에서 실시한 제1기 OSS 훈련 완료, 국내정진 작전 추진
08.06 미국, 히로시마에 '리틀보이' 원폭 투하–14만 명 사망 추정, 한국인 2만 여명 포함
08.06 의친왕 둘째 아들 이우(李鍝, 1912~1945), 일본 히로시마 원폭에 사망
08.07 김구·지청천 등 19명, 서안 도착–OSS 총책임자 도노반 소장과 국내진공작전 논의
08.08 소련, 일본에 선전 포고
08.08 소련군, 일본군 무장해제 목적으로 북한에 진군
08.09 미국, 일본 나가사키에 원자폭탄 '팻맨' 투하–7만여 명 사망(한국인 1만여 명)
08.10 김구·지청천·이범석, 한국광복군 국내정진대의 국내 진입작전 결정
08.10 대한민국 임시정부, 저녁 8시 방송을 통해 일제의 포츠담선언 무조건 수락 인지

08.10 송진우, 조선총독부의 정권 이양 교섭 거절
08.11 소련 군함 2척, 함북 웅기항에 상륙
08.11 한국광복군 국내정진군 편성(총지휘관 이범석)-함경도~경남 남해 잠입 계획 수립
08.12 소련군, 함북 나진항에 상륙
08.12 여운형, 조선총독 아베와 정권 이양 교섭에 동의
08.12 화북조선독립동맹, 일본군 내 한인 병사의 투항, 의용군 가입 촉구 호소문 배포
08.13 한국광복군 총사령 지청천, 이범석 지대장에게 미국 OSS와 함께 국내 진입 지시
08.13 미국 측, 소련에 북위 38도선을 경계로 한반도 분할 점령, 일본군 무장 해제 제안
08.13 소련 지상군 1개 사단, 함북 청진항에 상륙
08.14 조선총독부, 조선은행권 남발-9월 5일까지 73억5500만 원
08.15 일왕 히로히토 항복 방송, 조선총독 패전 발표, 조선건국준비위원회 결성(~10.7.)

08.16 KAPF서 활동한 임화 등, 좌파문학운동 단체 '조선문학건설본부' 창립
08.16 건준 위원장 여운형, 휘문중학교서 '해방의 의의와 민족의 나갈 길' 연설
08.16 박순천·황신덕·박승호 등, 여성정치단체 '건국부녀동맹' 발족
08.16 서울파 공산주의자 이영·정백 등, 장안파공산당 결성(~11.21.)
08.16 이범석·김준엽·장준하·노능서 등 국내정진대, 국내 진입 시도
08.16 일제강점기 투옥된 '사상범·경제범' 석방
08.16 조선학술원(위원장 백남운)(현 대한민국 학술원) 창설
08.16 해방군 입경설로 10만 민중, 서울역에 환영 차 운집
08.17 임시정부 제39차 임시의회 개최-미국 대통령에게 전후 문제 처리에 참가 표명
08.17 임영신·이은혜 등, 조선여자국민당 창당-건준 반대, 이승만 지지
08.17 조선어학회사건 투옥 독립운동가, 최현배·이극로·이희승·정인승 등 함흥형무소에서 석방
08.18 대한광복군 국내정진대-미국 OSS요원, 여의도비행장(C-47기) 착륙, 일본군 제지로 회항
08.18 이기영·이태준·임화 등, 좌익계열 문화단체 '조선문화건설중앙협의회' 조직
08.18 조선총독 아베(阿部信行), 조선건국준비위원회에 행정권 이양 취소 발표
08.18 임시정부 주석 김구, 서안에서 중경으로 귀환
08.20 박헌영 등 경성콤그룹·화요파 인물들, 공산당재건협의회 결성
08.20 소련군사령관 치스챠코프, '조선인민에게' 포고-인민위원회 조직, 붉은군대에 협력

08.21 조선건국준비위원회, 선언과 강령 발표
08.22 소련군, 평양 입성
08.24 조선건국준비위원회, 일본인 매도물 매입 금지령
08.24 일본 해군 수송선 우키시마호(4,740톤) 폭발-한국인 사망자 524명·수천 명 실종
08.24 주석 김구, 장개석에게 임시정부 귀국 문제 및 교포 보호요청의 '비망록' 제출
08.25 소련군, 38선 일대 배치 완료
08.26 조선건국준비위원회, 기구(1국 12부) 및 인사 결정
08.26 서울↔해주 간 유선 단절, 최초로 남북 통화 두절
08.26 소련군 제25군사령관 치스챠코프 대장, 평양에 군사령부 설치-군정체계 수립
08.27 소련군사령부, 평양 건국준비위원회를 '평남인민정치위원회'로 개편
08.28 임시정부, 중경서 한국독립당 제5차 대표대회선언
08.30 귀환장병대·귀환군인동맹, 좌익계 군사단체 '조선국군준비대' 결성(~1946.1.)
08.31 조선재외전재동포구제회(위원장 유억겸) 결성-중국·일본·만주 등 재외동포 구호
09.00 담배, '승리' 시판(~1947.5.)
09.01 보수정당 '조선국민당'(위원장 안재홍) 결성-좌경화되는 건준에 반발(~9.24.)
09.01 좌익계의 학병 출신, '조선학병동맹'(대표 왕익권) 결성-좌경 활동 및 반탁운동
09.02 연합군사령관 맥아더, 북위 38선을 경계로 '미소분할점령책' 발표
09.02 오키나와 주둔 미 24군단(사령관 하지 중장), 경성지구 진주 결정-9.8. 인천상륙
09.02 화천주둔 소련군, 38선을 넘어 춘천까지 들어와 행정권·경찰권 이양 요구 후 귀환
09.03 주석 김구, '국내외 동포에게 고함' 발표-새 국가 건설의 이상을 동포에게 선언
09.04 조선통신사, ≪조선통신≫ 창간(종로2가 장안빌딩)-사장 김승식, 부사장·발행인 김용채
09.06 제1회 건국준비위원회 중앙집행위원회 개최, 조선인민공화국(여운형) 선포
09.07 송진우·김준연, 국민대회준비위원회 발족-건국준비위원회 반대, 임시정부 봉대 주장
09.08 미 24군단(사령관 하지 중장), 인천 상륙
09.08 미군, 야간통행금지 첫 발령-경성·인천 두 지역에 밤 8시~아침 5시까지
09.08 변영로·오상순·박종화 등, 조선문화협회(후신 중앙문화협회) 결성-좌익문단에 대항
09.08 서울서 가장 먼저 나온 일간신문, 좌익계 ≪조선인민보≫(발행인 김정도) 창간
09.09 미 극동사령부, 미군정 실시 포고(맥아더 포고령 제1호)
09.09 조선 총독, 조선총독부에서 항복 문서에 조인

09.10 국내 송진우·허헌·여운형 등, 국민대회 소집 후 임시정부의 귀국 촉구 서한 발송
09.11 경의선 철도 운행 중단
09.11 미국, 한국에 GARIOA(미국점령지역구제기금) 원조-기근·질병, 구호·경제안정 지원
09.11 미군정장관에 아놀드 소장(제7보병 사단장) 취임
09.11 조선공산당 중앙당(총비서 박헌영) 재건
09.11 하지 중장, 미군정 시정방침 발표-현존한 조선의 행정기관 이용
09.12 조선건국준비위원회 민중자치기구, 서울시인민위원회 결성
09.12 조선건국준비위원회 주최, 미군 환영 시가 행진
09.12 임시정부 주석 김구, 중국 국민당 오철성에게 귀국 여비와 교통편 제공 요청
09.12 아베(阿部) 총독 파면-미국 제7보병 사단장 아놀드 소장, 군정장관
09.14 경성, '서울'로 개칭
09.15 미국-소련 양군, 38선에서 첫 상봉
09.15 미군정청, 경성방송국 접수
09.15 조선미술건설본부 좌익계, 조선프롤레타리아 미술동맹 창립-10.30. 조선미술동맹 개칭
09.16 장덕수·조병옥·김병로 등, 보수정당 한국민주당(수석 총무 송진우) 창당(~1949.2.)
09.17 사회민주당과 명제세를 중심으로 '민중공화당' 결성
09.17 이기영·한설야·한효 등, 조선프롤레타리아 문학동맹(위원장 이기영) 결성
09.19 소련군 육군 대위 김일성, 소련군과 함께 원산항에 입국
09.20 미군정청 설치-미군청, 영어 공용어화 결정
09.21 미 국무부, 임시정부에 개인자격 귀국 시 교통수단 제공 용의 전달
09.22 조선프롤레타리아 음악동맹 결성
09.23 조선육상경기연맹(현 대한육상경기연맹) 창설
09.24 조선국민당, 사회민주당·자유당·민중공화당 등 통합 '국민당'으로 개칭(위원장 안재홍)
09.25 맥아더 사령부, 〈조선 내 일본인 예금동결령〉 공포-체신국, 일본인의 저금 취급 중지
09.25 미군정청, 38선에 도로 차단기 설치-남북한 통행 통제
09.25 중국 국민당, 미국이 대한민국 임시정부를 승인하면 승인 의사 표명
09.28 나웅·강호·송영 등, 조선프롤레타리아 연극동맹(위원장 나웅) 결성
09.29 미 40사단, 부산 도착
09.29 미군정청, 미군 점령 조선지역 22시부터 04시까지 야간통행금지 포고

09.30 조선식량영단, 조선생활필수품회사로 개칭-식량 배급 및 저장사업
09.30 조선프롤레타리아 예술동맹 결성-조선프롤레타리아 문학·음악·미술·연극 동맹 규합
10.00 재중한인청년들 한국광복군에 편입, 한구·남경·항주·상해·북경·광동 등에 잠편지대 편성
10.00 한교선무단, 화북·화중·화남에 설치-교포들의 생명과 재산 보호활동 전개
10.00 해태, 국내 첫 과자 '연양갱' 출시
10.01 조선도서관협회(현 한국도서관협회) 발족
10.01 조선체육회(현 대한체육회, 회장 이병학) 발족
10.01 종합일간지 ≪제주신보≫(현 ≪제주일보≫) 창간
10.01 한미 환율 50대 1로 조정
10.05 미군정청, 〈최고소작료 결정의 건〉 공포-소작료, 총생산량 1/3 초과 금지
10.05 미군정청, 군정장관 고문에 김성수 등 한국인 11명 임명
10.05 미군정청, 식량통제 해제·미곡시장 자유화
10.05 서중석 등, 조선혁명자구원회 결성-좌익계열의 구호단체
10.05 ≪자유신문≫(발행인 정인익) 창간-진보적 민주주의 지지(~1961.8.)
10.08 미 6사단, 목포 도착
10.09 한국광복군 인면전지공작대 9명 전원, 인도 콜카타에서 중국 중경으로 귀환
10.09 미군정청, 일제시기 특별법 12개 폐기-치안유지법·예비검속법·출판법 등
10.09 조선공산당, ≪해방일보≫ 창간(~1946.5.18.)
10.10 32개 정당·사회단체, 38선 철폐 요구
10.10 아놀드 군정장관, '조선인민공화국' 부인 성명
10.10 일본인 70만 명, 본국 송환 시작(~1945.12.)
10.10 조선축구협회(현 대한축구협회) 부활
10.10 평양에서 비밀리에 조선공산당 북조선5도당책임자 및 열성자 대회 개최
10.11 미군정청 대법원장에 김용무(6.25전쟁 당시 납북) 임명
10.11 지역 유지 10명, 대구서 ≪영남일보≫(≪동인제≫) 창간
10.13 북한지역 독립적 공산당 조직, 조선공산당 북조선분국 설치-책임비서 김용범
10.14 김남천, ≪자유신문≫에 해방 후 최초의 연재소설, 「45년 8월 15일」 게재
10.14 이갑성·명제세·김성숙·이극로·임화 등, 정당통일기성회 조직-정당·사회단체 통합
10.14 평양서 김일성 귀국 환영 군중대회 개최

10.15 서울시내 국민학교 교원 400명, 발령장 발부
10.15 재일본조선인연맹(현 재일본조선인총연합회) 결성-교포귀국·생활돕기·우리말 강습
10.16 이승만, 미국에서 환국
10.17 경성제국대학, '경성대학'으로 개칭
10.17 미군정청, 남한 각지의 인민위원회 해산 지시
10.20 미 국무성, 한국의 신탁관리의사 표명
10.20 미군정 부대, 본격적으로 한국 진주 시작
10.20 재일본조선인연맹, 일본 각지에 청년대·자치대·보안대·자위대 등 조직
10.21 미군정청 경무부 창설, 지방엔 도지사 밑에 경찰부 설치
10.22 경성여자전문학교, '이화여자전문학교'(현 이화여대)로 환원
10.22 조선음악가협회(현 한국음악협회) 부활-1949.9. '대한음악가협회'로 개칭
10.23 독립촉성중앙협의회(총재 이승만) 결성-좌·우익 망라 민족통일기관 목적의 정치단체
10.23 좌익계 전국신문기자대회, 서울 YMCA회관에서 개최
10.24 ≪팽오통신≫ 창간, 발행인 남궁태(11.27 ≪강원일보≫ 제호 변경)
10.24 미군정청, 조선총독부 경무국 경제경찰과 폐지
10.24 중국 국민당, 임시정부 요인 및 임시의정원 의원을 상청화원으로 초청, 환송연
10.25 좌우익 각 정당, 신탁통치반대 성명
10.27 독립운동가 박열, 일본 아키다 감옥서 22년 2개월 만에 석방
10.27 조선체육회 주최, 자유해방 경축 전국종합대회(제26회 전국체육대회) 개최
10.28 미군정청, 벽보 삐라 간행 및 배포 금지
10.29 북한, 소련 영화 수입 계약 체결
10.29 주석 김구, 장개석 총통을 찾아 귀국 인사
10.30 미군정청, 출판등록제 실시-1945년 12월까지 45개 출판사 등록
10.31 박헌영·이승만 회담-통일전선 문제 협의, 친일파 배제 전제 조건 합의
10.31 서울에서 남조선천도교 청우당(당수 김병제) 결성
10.31 대한자전차경기연맹(현 대한사이클경기연맹) 발족
11.00 남한에 주둔한 미 제24군단 병력 수, 약 7만 명
11.01 대한민국 임시정부, 주화대표단(단장 박찬익) 설치-중국 교포들의 업무 담당
11.01 북조선공산당 기관지 ≪정로(正路)≫(≪노동신문≫ 전신) 창간

11.01 이승만·여운형 회담-국내 통일전선운동 차원에서 여운형, 이승만 전폭지지 피력
11.03 조만식 등, 평양서 조선민주당(당수 조만식) 결성
11.05 임시정부 요인들, 중국 중경 출발하여 상해 도착
11.05 조선공산당 산하의 노동운동단체 '조선노동조합전국평의회(전평)' 결성
11.07 조선미술협회(현 대한미술협회) 창립-미술인들의 반공의식 함양, 결속 목적
11.07 함흥지역 러시아혁명기념 당시 창가 선곡문제로 학교 측과 인민위원회 간 충돌
11.11 손원일·정긍모 등, 해방병단 창설(해안경비대·해군 전신)
11.12 동양척식주식회사, '신조선공사'(1946.2 신항공사)로 개칭(~1946.7.)
11.12 물자배급통제기구 조선중요물자영단, '조선물자영단'으로 개칭
11.12 여운형 등, 중도좌파 정당 '조선인민당' 결성(~1946.11.)
11.13 남북한, 바터제 교역 채택-면포·의약품·고무화(남)↔지류·채과·양회·비누·양초(북)
11.13 미 군정청, 국방과 경비를 전담하는 '국방사령부'(국방부 전신) 설치-모병 실시
11.13 미군정 학무국 편수과장 최현배·이극로 등, 한자폐지회(회장 이극로) 결성
11.13 재일교포 46만6천여 명 귀국(1945.8 현재 재일조선인 240만 명)
11.15 경찰관강습소, 조선경찰학교(현 경찰종합학교)로 개칭
11.16 조선공산당 청년단체, 전국청년단체총동맹(위원장 이호제) 결성
11.16 조선공산당, 대한독립촉성중앙협의회(회장 이승만) 탈퇴-친일파·민족반역자 제거 명분
11.18 평양서 북한노동당의 외곽 여성단체 '북조선민주여성동맹' 결성
11.18 한성극장협회, '서울시 극장협회'로 개편
11.20 조선건국준비위원회, 전국인민위원회대표자대회 개최-친일파·민족반역자·민생문제 협의
11.20 한글학회, 초등 국어 교본(상)『한글 첫걸음』편찬, 문교부에 제공
11.21 이승만, '공산당에 대한 나의 관념' 방송-공산당 비난
11.23 ≪매일신보≫, ≪서울신문≫으로 제호 변경
11.23 ≪조선일보≫ 속간-1940년 8월 폐간 이후 5년3개월 만에 속간
11.23 김구 등 임시정부 요인 15명, 제1진 환국-오후 4시경 김포비행장으로 환국
11.23 신의주 7개교 중학생, 공산당 타도와 공공시설 파괴-24명 사망(신의주학생의거)
11.23 조선교육심의회 구성-미군정청 학무국의 교육 자문·심의, 10개 분과 구성(~1946.3.)
11.24 조선빙상경기협회(위원장 최도용) 창립총회 개최
11.25 이종형, 서울 북창동서 ≪대동신문≫(현 ≪한국경제신문≫) 창간

11.27 미국산업조사단 내한
11.30 한자폐지회, 군정청에 한자폐지 건의-12.8. 초중등 교과서 전부 한글사용 결정
12.00 담배, '장수연' 시판(~1955.8.)
12.00 신생극단 현해탄 공연, 극단 '조선' 창립
12.00 인기가요, 이인권 〈귀국선〉(작사 손노원, 작곡 이재호) 발표
12.01 ≪동아일보≫ 속간-1940년 8월 폐간 이후 5년3개월 만에 속간
12.01 조선독립동맹 김두봉·최창익·김무정 등, 중국 연안에서 입북
12.01 홍진·조성환·조소앙·신익희 등 22명, 임시정부 제2진 환국
12.03 대한민국 임시정부, 경교장에서 환국 후 첫 국무회의 개최
12.03 서울 경복궁에 국립박물관(전 총독부박물관 접수) 개관(관장 김재원)
12.05 미군정청, 군사교육기관 군사영어학교 설치-통역관 및 군간부 양성(~1946.4.)
12.05 조선교육심의회, 미국식의 6·6·4의 신학제 결정
12.06 미군정청, 일본인의 공유·사유 재산 접수
12.06 윤치호(1865~1945), 친일파 규탄에 자결
12.06 진보 문학단체 조선문학가동맹 결성-조선문학건설본부·조선프롤레타리아 문학동맹 통합
12.08 노동조정위원회(한국인 5명, 미군장교 7명) 설치-노사쟁의 조정
12.10 미군정장관 아놀드 해임-미군의 한국 임의 독립 언급 이유
12.13 조선음악가동맹(김재훈) 결성-조선프롤레타리아 음악동맹·조선음악가협회 일부 통합
12.14 이갑성·김여식 등, 민족진영 정당 '신한민족당' 창당(~1946.9.)
12.16 신임 미군정장관 러취 소장 임명
12.16 조선영화동맹 결성-조선영화건설본부·조선프롤레타리아 영화동맹 통합
12.16 초중등교과서, 『한글 첫걸음』 100만부·『한글초등교본』 60만부 배부 시작
12.17 김일성, 조선공산당 북조선분국 책임비서에 취임
12.19 서울운동장에서 '대한민국 임시정부 개선 전국 환영회' 개최
12.20 조선연극동맹 결성-조선연극건설본부·조선프롤레타리아 연극동맹 통합
12.21 우익청년단체 연합체 '대한독립촉성청년총동맹'(총재 이승만) 결성(~1947.8.)
12.22 좌익여성단체 '조선부녀총동맹'(전신 건국부녀동맹)(위원장 유영준) 결성(~1951.1.)
12.24 극단 '민예' 창립 공연-연극 '부활'(~12.31.)
12.24 용산 공작창서 국내 첫 기관차 제작

12.25 조선항공협회, 국내 최초의 종합 항공잡지 월간 ≪항공≫ 창간
12.27 ≪동아일보≫, '소련은 신탁통치 주장, 미국은 즉시 독립 주장' 오보 보도
12.28 모스크바 3상회의, 한국 5개년 신탁통치 실시 발표
12.29 대한민국 임시정부, 서울서 신탁통치반대국민총동원위원회(위원장 권동진) 결성
12.30 국제통신·연합통신 합병, 국내 최대의 종합통신사, '합동통신' 창립(~1980.12.)
12.30 미 군정청 학무국, 교사용 『초등국어교본한글교수지침』 편찬
12.30 한민당 수석 총무, 신탁통치 관련 송진우(1890~1945) 암살
12.31 년말 물가 8월 15일의 30배 증가
12.31 임시정부 내무부장 신익희, '국자(國字)' 제1·2호 선포-경찰, 임정 지휘 하에 둠
12.31 신탁통치 반대시위 전국으로 확산, 미군정청 한국인 직원 총사직

01.01 [프랑스] UN 가입
01.09 [미국] 미국군, 루손섬 상륙
01.27 [독일] 소련군, 아우슈비츠 강제수용소 해방
02.04 [미·영·소] 소련 크리미아 반도서 얄타회담 개최(~2.11.)
02.12 [연합군] 독일 옛 도시 드레스덴 무차별 폭격
02.19 [미국] 미 해병대, 일본 이오지마(硫黃島)에 상륙(2.23. 함락)
03.06 [유고] 티토 임시정부 성립
03.09 [베트남] 미국으로부터 독립 선언
03.09 [미국] 독일 라인강 도하
03.10 [미국] 미군 B-29기, 도쿄 대공습
03.22 [이집트] 카이로에서 7개국 아랍연맹 결성
04.05 [소련] 일본-소련 중립조약 파기
04.06 [소련] 소련군, 오스트리아 빈 침입
04.07 [일본] 전함, '대화' 오키나와 근해서 침몰
04.09 [독일] 반나치스운동을 펼친 천재 신학자 디트리히 본회퍼1906~1945) 사망
04.12 [미국] 프랭클린 루스벨트(1882~1945) 4선 대통령 사망, 해리 트루먼이 승계
04.22 [소련] 소련군, 베를린 입성, 제2차 세계대전 종식
04.24 [독일] 연합군에 항복 제의

04.25 [이탈리아] 무솔리니 체포
04.25 [미군-소련군] 독일 엘베강 토르가우의 다리위에서 해후, 2차대전 종결
04.25 [국제] 샌프란시스코회의 개최-50여 개국 참석, 국제연합(UN) 헌장 공식 채택(~6.25.)
04.27 [이탈리아] 무솔리니, 애인과 함께 처형
04.30 [독일] 히틀러 자살
05.01 [독일] 나치 선전상 괴벨스, 가족과 동반자살
05.02 [소련] 독일 베를린 점령
05.02 [영국-인도군] 미얀마 수도 '랑군' 점령
05.07 [독일] 연합군에 항복
05.08 [알제리] 반프랑스 폭동
05.08 [미국] 트루먼 대통령, 무조건 항복을 권고하는 대일성명 발표
06.26 [국제] 유엔 설립의 근거가 되는 『유엔헌장』 조인
07.16 [미국] 뉴멕시코 사막서 원자폭탄 첫 실험
07.17 [국제] 미국·영국·소련 정상회담, 포츠담회담 개최
07.20 [프랑스] 시인·비평가·사상가 폴 발레리(1871~1945) 사망
07.26 [국제] 미·영·중 정상회담, 독일서 '포츠담선언'
07.28 [미국] B25 폭격기, 엠파이어 스테이트 빌딩 79층에 충돌, 14명 사망
07.28 [미국] 미군 B29기, 일본 내 중소도시 폭격 격화
08.02 [이탈리아] '카발레리아 루스티카나' 작곡가 피에트로 마스카니(1863~1945) 사망
08.15 [프랑스] 나치 부역혐의로 페탱 대통령에 사형 결정
08.17 [인도네시아] 네덜란드로부터 독립, 대통령 수카르노
08.18 [일본] 괴뢰국 만주국 해체, 국왕 부의(溥儀) 소련 억류
08.25 [미국] 미군 인천 상륙 후, 미·소 양군의 북위 38도선 분할점령 방송
08.28 [베트남] 호치민, 베트남공화국 임시정부 수립
09.01 [라오스] 파테트라오, 독립선언
09.02 [일본] 외무부 장관 시게미쓰, 도쿄만의 미국 미조리 함상에서 항복문서에 서명
09.02 [미국] 연합군 최고사령관 맥아더원수, 도쿄에 GHO(연합군사령부) 설치
09.02 [미국] GHQ 지령 1호 발표-일본 육해군 해체와 군수생산 중지
09.02 [베트남] 민주공화국 독립 선언

09.11 [국제] 미국·영국·프랑스·중국·소련 5개국 외상, 런던회의 개막
09.12 [싱가포르] 싱가폴에서 일본 남방파견군 항복 조인
09.14 [국제] 맥아더장군, 일본점령 특별 성명
09.15 [소련] 간도 영유(領有)를 포고
09.25 [국제] 프랑스 파리서 세계노동조합연맹(WFTU) 발족
09.27 [일본] 히로히토 일왕, 미국 대사관의 맥아더 방문
10.09 [국제] 미국·영국·소련·중국, 국제연합 설치 발표
10.22 [몽골] 몽고인민공화국 성립
10.24 [국제] 국제연합, UN 창설
11.06 [일본] 연합국총사령부(GHQ), 일본재벌에 해체 명령
11.11 [국제] 국제연합 교육과학문화기구(UNESCO) 발족
11.16 [국제] 유네스코 창립총회
11.20 [국제] 4개국 국제 군사재판, 뉘른베르크 전범 재판 개정
11.21 [프랑스] 드골수반의 사회·공산·인민의 3당 내각 성립
11.29 [유고슬라비아] 유고 연방인민공화국 선언
12.01 [일본] 육군성·해군성 폐지. 전범 53명에 체포령
12.04 [미국] 초파리 실험으로 염색체 유전설 확립한 유전학자 모건(1866~1945) 사망
12.16 [국제] 모스크바 삼상회의 시작(~12.25.)
12.17 [국제] 국제통화기금(IMF) 발효
12.27 [국제] IMF·IBRD 창립, 달러를 세계 중심 통화로 결정
12.28 [미국] 『아메리카의 비극』 소설가 시어도어 드라이저(1871~1945) 사망

색인

(ㅇ)

(ㅍ)

한 줄로 읽는 한국근대사 연표 1863-1945

1판 1쇄 인쇄 2020년 7월 6일
1판 1쇄 발행 2020년 7월 7일

편저자 이계형
펴낸이 임홍재
디자인 이상현
펴낸곳 국민대학교 출판부
등 록 1975년 6월 17일 제6-33호
주 소 서울시 성북구 정릉로 77
전 화 02-910-4242
인 쇄 삼아인쇄사

ISBN 978-89-7812-460-7 93910

※ 잘못된 책은 바꿔드립니다.

가격 18,000원

이 도서의 국립중앙도서관 출판예정도서목록(CIP)은
서지정보유통지원시스템 홈페이지(http://seoji.nl.go.kr)와
국가자료공동목록시스템(http://kolis-net.nl.go.kr)에서
이용하실 수 있습니다. (CIP 제어번호 : CIP2020027318)